全国物流专业应用型本科“十二五”规划系列教材

现代物流概论

主　编　慕庆国　李雪松
副主编　谷再秋　高红梅　李思寰
　　　　李静宜　张　玥　阮国祥

中国物资出版社

图书在版编目（CIP）数据

现代物流概论/慕庆国，李雪松主编．—北京：中国物资出版社，2012.8（2014.1重印）
（全国物流专业应用型本科“十二五”规划系列教材）
ISBN 978-7-5047-4324-4

Ⅰ.①现… Ⅱ.①慕…②李… Ⅲ.①物流—高等学校—教材 Ⅳ.①F252

中国版本图书馆CIP数据核字（2012）第126309号

策划编辑	王宏琴	**责任印制**	何崇杭　王　洁
责任编辑	郑欣怡	**责任校对**	孙会香　杨小静

出版发行	中国物资出版社		
社　　址	北京市丰台区南四环西路188号5区20楼	**邮政编码**	100070
电　　话	010-52227568（发行部）		010-52227588转307（总编室）
	010-68589540（读者服务部）		010-52227588转305（质检部）
网　　址	http://www.cfpress.com.cn		
经　　销	新华书店		
印　　刷	中国农业出版社印刷厂		
书　　号	ISBN 978-7-5047-4324-4/F·1785		
开　　本	787mm×1092mm　1/16		
印　　张	19.75	**版　　次**	2012年8月第1版
字　　数	481千字	**印　　次**	2014年1月第2次印刷
印　　数	3001—6000册	**定　　价**	36.00元

全国物流专业应用型本科“十二五”规划系列教材编审委员会

况　漠　广州大学
杨浩雄　北京工商大学
段梅丽　辽宁中医药大学
唐连生　广西民族大学
李　文　南昌工程学院
李伟华　吉林工商学院
任淑霞　北华大学
吴　群　江西财经大学
陈　宁　辽宁中医药大学
沈　玲　河北科技师范学院
王晓光　上海金融学院
栾　琨　淮阴工学院
刘宏伟　安徽大学
孔继利　北京科技大学天津学院

总　策　划　王宏琴

序

进入21世纪，随着我国物流产业的飞速发展，物流企业对人才培养和教育提出了新的发展要求，要求高等院校培养出来的人才不再是空有理论知识的人，而是既具有扎实的理论基础，又具有较强的动手操作和实际应用能力，能将有关的专业理论知识熟练地运用到工作实践中去的创新应用型人才。

一般应用型高等院校与重点综合性大学特别是研究型大学的最重要的区别就是将培养目标定位于应用型人才培养上，面向社会办学，为经济与社会发展培养高素质的应用型人才。其培养的人才，一般都具有以下特征：①与社会需要高度吻合，即所学专业知识紧跟经济与社会发展需要；②具有过硬的实践操作能力；③有良好的以人文素质与科学技术素质为内核的综合素质；④具有创新精神。

为了保证应用型人才培养目标的实现，应用型本科院校所使用的教材必须能够满足上述特征的要求。但目前一般应用型高等院校教学中所使用的教材与综合性大学并无明显区别，导致其教学内容与教学方法的应用性特征并不突出。因此，编写一套适应一般应用型高等院校的办学定位和培养目标的教材成为当务之急。

为此，中国物资出版社策划并组织编写了这套“全国物流专业应用型本科‘十二五’规划系列教材”，其无论是在品种设置，还是内容体系构建上，基本做到了以下要求：

(1) 内容新颖，体系完整。本系列教材涵盖了物流管理和物流工程两个专业的专业核心课程，力图全面、准确、系统地阐述各门课程的基本内容，努力做到各课程间合理分工，相互衔接，构成一个较完整的体系。突出了知识体系的框架、知识点的交叉渗透以及各门课程之间的逻辑关系。一方面，在内容结构体系的安排上体现了由简单到复杂，由易到难的渐进过程，适合教与学；另一方面，在内容选择和体例编排上都充分考虑了应用型本科学生知识结构的需要。在形式、结构、内容三方面都力求体现创新，同时吸收各高校精品课程建设的成果，凸显当前高等教育教学改革的发展趋势，避免与同类教材的简单重复。

(2) 突出现实性和可操作性。针对应用型本科的人才培养目标往往定位于培养高素质的应用型人才，其特色在于对知识具有较强应用能力和创新能力，为此，本系列教材在编写上注重教材的实用性和教学效果，注意教学模式的转变、教学内容的更新和教学方法的应用，将专业领域的最新发展趋势和前沿理论、技术及时写入教材之中，使学生尽快掌握这些内容，以利于实际应用。同时，在教材中加强对操作性较强内容的讲解和演练，设置复习思考题、计算分析题及案例分析题等，旨在培养学生的独立思考、独立处理业务、独立解决问题的能力。因而，本系列教材的编写，力求使学生知识能力结构紧密适应物流行业发展的需要，具有较强的职业竞争力。

(3) 体例便于教师教学和学生学习。本系列教材语言简明通俗，结构科学严谨，并配合以丰富的案例分析、补充阅读资料、习题及参考答案等内容，便于教师教学和学生自主学习。在加强主教材编写的同时，本系列教材还将进行立体化教材建设，向使用本教材的师生提供系列的教学解决方案和教学资源包，如教学课件、习题与案例集、学习指导手册等，提高本系列教材的使用效果。

(4) 注重学生应用能力和创新能力的培养。本系列教材编写时除了强化学生的基础知识和基本技能外，还以培养学生的综合素质和创新能力为目标，在介绍基本理论的基础上，突出理论的实际应用，不仅让学生知道理论"是什么"，而且让学生知道这些理论"有什么用"和"怎么用"，从而使学生在学会这些知识之后，能够很快将其运用于实际，在实践中不断加深其对理论的理解，并在实践中对理论有所创新。

本系列教材在构建每门课程的知识模块时，强调相关知识和技术的"五性特征"，即应用性、务实性、适应性、创新性和国际性。因此，适合作为普通高等院校、高等职业院校的物流专业课程教材，也适合作为各层次成人教育和企业培训的教材使用。

全国物流专业应用型本科"十二五"规划系列教材在编写、出版的过程中，得到许多院校、科研院所的专家、教授以及物流企业领导的大力支持，在此一并致谢！同时，由于编写时间仓促，加上编者水平有限，书中有不足之处在所难免，恳请广大读者提出宝贵意见，以日臻完善。

全国物流专业应用型本科"十二五"规划系列教材编审委员会

前　言

市场经济的发展离不开物流，物流管理在市场经济发展中的作用越来越大，但是人们对物流的认识并不清晰，因此，要发挥物流在市场经济中的作用，就必须要完全理解物流的内涵，否则，物流的作用很难发挥。

本书从物流管理知识的十个方面：现代物流导论、现代物流系统、现代物流战略与规划、现代物流环境下的作业及其管理、现代物流信息化及物流信息系统、现代物流营销与服务管理、现代物流成本管理、现代物流绩效评价、新型物流服务及管理模式、现代物流的发展，对物流管理进行了系统、全面的阐述，使读者能够全面、准确、系统地了解物流的基本内涵、基本理论、基本结构和基本体系，正确指导运用物流知识解决市场经济中的问题。本书采用过渡式的教育，每一章通过引导案例，让读者有一种身临其境的感觉，而后进入一般的学习阶段，循序渐进。书中的内容通俗易懂，既适应教，也适应学。本书既可以作为教材，也可以作为一般物流管理知识读物。

由于编者知识、水平有限，难免有一些不当之处，恳请读者批评指正，共同发展。

编　者

2012 年 4 月 11 日

目 录

第一章　现代物流导论

引导案例

卓越亚马逊是例外的成功

用15年的时间，即创建一家营业收入342亿美元的公司。这就是杰夫·贝索斯打造的网络零售王国——亚马逊。从图书到百货，他的目标绝不仅仅是在互联网复制沃尔玛，而是在互联网上建立与消费者的新关系，将信息和技术结合起来，颠覆性地改变传统价值链上供应商、制造商、零售商和消费者之间的格局。归根结底，一切的目标都指向不断地改善消费者的体验。

在中国，卓越亚马逊利用全球领先的技术平台和高效的物流管理能力，在激烈的电子商务市场竞争中高速成长。正如卓越亚马逊总裁王汉华所说，与消费者的直接关系产生的顾客体验是他们决策和行动的基础。在这家公司，技术团队根据公司向用户提供的各种服务来划分。高层会议中，每天必谈的主题是“客户之声”。员工绩效考核的出发点则是顾客满意度。一线员工甚至可以推翻副总裁的决定，依据是顾客满意度的数据。

虽然国外互联网公司在中国鲜有成功案例，但卓越亚马逊依靠全球的技术平台和供应链管理经验，继承了亚马逊创新和精益求精的文化，具备了本地公司的灵活和速度，为卓越亚马逊在中国的成功提供了坚实基础。“卓越亚马逊一定是一个例外的成功案例”，王汉华说。如果他的说法成立，那么卓越亚马逊将成为未来十年影响中国互联网格局的重要力量，与京东、淘宝等同台竞技，电子商务在中国将迎来“疯长”的时代。

技术无疑是亚马逊的核心竞争力之一。当公司规模越来越大时，强大的技术支持为电子商务公司爆发式的增长提供了后台。在中国，卓越亚马逊利用与美国完全相同的亚马逊平台，将前台和后台的技术展现给消费者，给消费者最好的体验。比如：利用Web 2.0技术，为与消费者相关的产品做推荐，都是亚马逊在互联网里首创的；其次，电子商务的竞争越来越多地体现在物流管理中，他们利用亚马逊先进的物流管理技术和理念，提升供应链效率，服务于终端消费者。

亚马逊中国团队在物流管理方面进行了很多本地化创新的实践。比如美国有完善的社会物流体系，分布在全国的19个库房，确保两天之内将货物送到美国的任何地方。但是中国不同，北京库房的货物送到新疆，上海库房的货物送到云南，可能都需要好几天时间。所以，货物要放在离消费者最近的库房中。这意味着需要预测消费者的需求，并在位于北京、上海、成都、武汉等城市的9个库房中预先存放货物。因此，他们对原有的亚马逊物流系统进行了改进。另外，他们还投入精力建设了当地的库房，近年就开设了五个库房，这对于系统、团队、财务、产品都是巨大的挑战。但无论如何，库房一定要设置在有需求的地方，才能保证消费者的体验和送达时间。

卓越亚马逊的产品线正处于逐步发展的过程，从最初的标准化、体积小、单价相对比较低的图书音像，开始尝试单价比较高的手机、数码相机等产品，然后是大家电，再进入高档服装和鞋，再接着是包括食品等日常百货用品，产品的发展对供应链提出了一步步的挑战。他们不断调整适应，每一步都赢得了消费者的积极反馈。

食品面临两个前所未有的新问题。第一个是温控，因为食品超过一定温度是不保鲜的；第二个是有效期的问题。这就需要更高效的物流管理，要保证货品是先进先出，库房设有专门的温控区，系统确保高效运转，控制有效期，比如快接近有效期时，系统会自动提醒（退货或者促销处理等），保证消费者拿到的食品都是在有效期之内的。令人欣喜的是，同年上线食品至今，运转非常顺利。

伴随销售规模的扩大，经营成本的压力会逐渐消化，但更大的压力来自供应链和物流管理、库房的设置、消费的预测等。五年前，卓越只提供 5 万种产品，系统压力并不大，现在达到 200 万种单品，相当于沃尔玛一家门店五六十倍的规模。这需要先进的供应链管理和 IT 系统来支撑，而这正是亚马逊系统的优势——在美国管理的产品超过 1700 万种。因此，实践证明，IT 系统、物流系统具备管理上千万级产品品类的能力。

卓越亚马逊的产品线经历了非常平衡和稳定上升的发展过程。五年前，他们就提出了百货化，目前媒体产品、家电产品、百货产品（化妆品、服装、鞋、食品）各占 1/3 的规模，“3C”产品稍多些，自有品牌的规模还很小，只是在电脑、电脑配件方面作了初步尝试。他们扩张品类的第一种方式是零售供应商业务，是目前最大的销售模式；第二种方式是第三方平台的业务——“我要开店”，进行了内部测试，邀请了部分商家加入系统的测试，即将面向所有的商家进行共测。

不论是零售业务，还是第三方平台业务，对供应商的资质要求都是一样的，因为他们的经营策略有别于其他平台：正品行货，天天低价。要保证是“正品行货”，上游的资质审核就一定要控制住，供应商都必须有正规资质，是正规公司，能够开具正规发票。第三方平台有两种方式：第一种方式是“亚马逊物流”（FBA），业务由供应商自己管理，如定价、产品经销存等，而它后台的支持，比如物流、库房、售后则由亚马逊来管理；第二种方式是在亚马逊开店，由公司自己管理物流、配送和售后服务。考虑到客户体验，他们希望商家选择 FBA（“亚马逊物流”）模式，就是由亚马逊帮客户来做，这样会带来更好的客户体验。因为后台管理正是亚马逊的强项。亚马逊去年在中国建成了 5 个物流中心，这是很大的投入。在亚马逊看来，消费者最关心四个问题，即“有没有，贵不贵，快不快，（售后）好不好”。如果电子商务公司对这四个问题的答案是肯定的，那么消费者一定会经常光顾。所以，卓越亚马逊提出了“多、快、好、省”，全方位满足消费者的利益。“多不多”，目前做了 200 万种的产品品类；“贵不贵”，价格非常有竞争优势，利用亚马逊最先进的比价系统，一天多次掌握竞争对手的价格，以保证亚马逊的价格优势，这是亚马逊的核心技术；“快不快”，库房散布在全国各区域的核心城市，保证在离消费者最近的地区发货，确保他们以最快的时间收到，现在北京、上海、广州、天津、深圳都可以做到当日送达；"好不好"，很多公司的客服业务都是外包给第三方，而卓越亚马逊由自己来做，因为客服至关重要。"多、快、好、省"，是优秀的电子商务公司综合实力的集中体现。王汉华认为，对传统供应商而言，电子商务不仅仅是供应商的销售渠道，更是很好的推广渠道，是传统渠道很好的补充。例如，他们和苹果合作，它的产品主要覆盖一、二线大城市，在三、四线城市没有自己的渠道，因此，他们就可以作为传统渠道的补充。从数据看，40%的销量是来自三、四线城市，即传统渠道无法覆盖的地区。这也充分体现了电子商务的价值——没有区域界限、没有时间限制的商城。

思考题：

1. 卓越亚马逊在物流管理方面采取了什么举措？解决了什么问题？

2. 为什么说物流管理体现了卓越亚马逊的核心竞争力？对于其他的电子商务公司而言，这个观点是否也成立？

第一节　现代物流的产生与发展

一、现代物流的产生

物流活动的历史可谓源远流长。在人类的历史长河中，物流活动与人类朝夕相处、息息相关。物流是社会经济的基础活动。人类对物质不断增长的需求是推动社会发展的根本动力。从小生产时代到大批量生产时代，之后又进入个性化的小批量、多品种消费时代直到电子商务时代，其增长过程就是人类对需求物质的数量、品种和方便快捷性要求不断提高的过程。但是，"物流"这一概念却姗姗来迟，物流的概念在西方国家出现也不过短短80年的历史。

物流的概念，最早来源于西方早期的市场营销方面的著作。1915年的美国阿奇·萧在《市场流通中的若干问题》一书中提出："物流是创造不同的一个问题。"并提到物资时间或空间上的转移会产生附加值。唐纳德·鲍尔索克斯说："在20世纪50年代以前，物流企业所进行的纯粹是建立在基础上的后勤工作，对所存在的综合物流根本没有什么概念和理论。""物流"（Physical Distribution）这一概念直到20世纪50年代后期才在西方的企业组织中被采用。自那时起，开始了对企业组织结构的重新评价，与此同时对运输、仓储、包装、搬运、库存控制、订货业务的职能部门进行了重新分工和设置。1955年，日本专业搬运考察团到美国各地考察工厂的运输问题以后，对美国的工厂运输情况，如采用的搬运设备、搬运方法、库存物品的堆垛方式，与厂内运输有关总体布置以及美国搬运技术的概况，在国内做了详细报道，对日本的搬运组织的发展起到了极大推动作用。在此基础上，日本于20世纪60年代正式引进了PD并译为"物的流通"，物流之父平原直就用"物流"更为简洁地代替"物的流通"这一概念，之后迅速被广泛使用。第二次世界大战期间，美国对军火和军用物资进行战时供应中，首先采取了后勤管理（Logistics Management）。后引入商界，称为Business Logistics。现在以Logistics表示物流，取代了PD。

1973年，席卷全球的石油危机后，在全世界范围内原材料价格猛涨，人工费用的支出也在不断增长，这就使一向依靠廉价原材料、燃料、动力而获取利润的资本家，不再能轻而易举的获得利润。这个局面迫使资本主义国家在其他方面寻找出路。在物流方面采取强有力的措施，以大幅度地降低流通费用，在一定程度上弥补了由于原材料、燃料及人工价格费用上涨而失去的利润。物流费用的节约对许多发达国家石油危机后稳定经济、防止危机的扩大起到了一定作用。由此，物流的地位和作用得到了空前提高。如今，随着管理理念的不断演进，先进技术的层出不穷，物流的效果与效率已今非昔比，物流给企业乃至整个国家带来的巨大经济效益，被称为“第三利润的源泉”。

二、现代物流的发展过程

从20世纪50年代至今，现代物流经历了多次变革，有了很大发展。由于各国的社会经济环境不同，其物流发展进程也有所差异。美国物流管理的研究和实践最为先进、最为完善，一般以美国为例，将现代物流的发展过程分为以下三个阶段：

（一）实物配送阶段（Physical Distribution）

实物配送阶段指第二次世界大战后到20世纪70年代，以实物配送理论与实践的发展为特征的时期。第二次世界大战以后，世界经济环境发生了深刻变化，技术革新层出不穷，管理科学飞速发展，买方市场的局面导致企业竞争加剧，而以顾客需求为中心的市场营销理念的形成，使物流（被认为是为顾客服务的重要手段）逐渐引起企业界、学术界乃至整个社会的重视。1962年美国著名管理学家彼德·德鲁克在《财富》杂志上发表文章，提出物流是“一块经济的黑大陆”，是企业重要的利润源泉等，从而对物流界又产生了一次重大的推动作用。在这一背景下，1963年成立了美国物流管理协会，这是世界上第一个物流专业人员组织，这在一定程度上标志着物流无论是作为一门学科还是一种专业，已从市场营销中分离出来，取得了独立的地位。

然而，这一阶段对物流的研究仍以分销过程为主，即产品从制造商成品库到用户这一阶段。企业内部物流通常被称为物料管理（Material Management，MM），并不包含在物流管理（Physical Distribution）之中。美国物流管理协会的英文名称此时为 National Council of Physical Distribution Management，NCPDM。因此，这一阶段的物流管理被称为实物配送（PD）阶段。

（二）综合物流阶段（Integrated Logistics Management）

综合物流阶段指20世纪70年代后期至80年代末，以综合物流的形成为标志的阶段。当时，企业界及学术界越来越认识到把物料管理与实物配送综合起来管理可以大大提高物流效率与效果。而环境、制度、技术等的一系列变化，使之可成为现实。首先，跨国公司的兴起导致全球性竞争加剧，使企业采用新的物流管理技术、改进物流系统、提供服务水平成为必要；其次，20世纪70年代后，美国首先实行了运输自由化，放松了对运输业的管制，承运人和货主能自由定价，服务的地理范围也可以扩大，承运人与货主之间建立了紧密、长期的合作关系，增加了企业系统地分析物流过程、降低物流成本和改进服务的可能；最后，一些现代管理技术与理念，如 MRP、MRPⅡ、DRP、全面质量管理（TQM）、JIT（Just in Time）的产生及在物流管理中的应用，使人们逐渐认识到需要从生产流通消费的全过程把握物流管理，而微型计算机的商业化及相关信息技术的发展，为物流的一体化管理提供了物质基础和技术手段。1985 年，美国物流管理协会的名称从 National Council of Physical Distribution Management 改为 National Council of Logistics Management，标志着综合物流观念的确立。

（三）供应链管理阶段（Supply Chain Management）

供应链管理阶段指 20 世纪 80 年代后期至今，以供应链管理的产生为标志的阶段。供应链管理是指从初始供应一直到最终用户，向客户提供增值的产品、服务和信息的商务过程的一体化管理。综合物流阶段的一体化管理只限于企业内部，受企业内部资源和活动范围的限制，而供应链一体化是超越企业边界的外部一体化，覆盖从原材料的供应商到制造商、经销商、零售商、顾客的整个过程。这一概念同时又是基于制造商与分销商、零售商及物流服务供应商的战略合作伙伴关系的趋势，强调供应链的整体效率与市场竞争力，以期实现供应链上合作伙伴双赢的理想境地。

2005 年，美国物流管理协会（National Council of Logistics Management，CLM）改名为美国供应链管理专业协会（Council of Supply Chain Management Professionals，CSCMP），更进一步体现了物流管理已全面进入供应链管理阶段。2006—2007 年物流界关注的重心，是将传统的物流环节纳入供应链框架之内。供应链管理，将在未来相当一定时期内，成为主流趋势，围绕供应链管理的流程、绩效考核标准、技术手段、企业战略等问题，将会成为业界研究和讨论的重点问题。

三、现代物流的发展趋势

（一）物流管理模式的发展趋势——供应链管理

产品从原材料采购、制造一直到最终销售所经过的一系列环节所涉及的各个企业形成一条链式结构，称为供应链。

通常，各个企业都按照自我成本最小、效益最优的原则组织生产。下游企业直接面对消费客户，它们对市场需求做出预测，而后根据自己的库存策略做出生产计划和采购计划。这些计划即使十分完善，使企业内部资源配置达到最优，但若不及时跟上游企业联系，一旦上游供货企业未及时供货，下游企业往往措手不及，导致库存下降、生产停滞、顾客流失、效益下降，给企业带来损失和外部风险。同样地，若上游企业不及时了解下游企业的生产情况，盲目供应，势必造成用户的库存增加，挤占用户的有效流动资金，影响用户的正常生产，也会出现类似的困难和风险。这些问题对于处在整个供应链上的企业都存在，最终损害供应链中的每个企业的利益；另外，随着消费水平的提高，消费者的期望也越来越高，他们要求产品和服务具有更好的质量、更大的柔性、更多的选择、更高的价值和更低的价格。

在这种背景下，产品和服务的竞争力并非由单个企业所决定，而是由从原料到产品完成直至销售的整个过程决定，因此必须以协同的方式，把企业内部和外部的资源有效地整合在一起。这意味着企业之间的竞争正在演变为不同供应链之间的竞争，这种竞争模式将成为未来经济的重要特征。

（二）物流运作方式的发展趋势——第三方物流

进入20世纪90年代，随着科学技术的进步和全球化市场的形成，企业面对的竞争越来越激烈，纵向一体化的弊端就显露出来：核心企业负担过重，除了管理生产外，还要管理原材料采购、产品销售等物流活动；一体化成员过多，业务链过长，导致物流、信息流经常被扭曲，市场反应迟钝；核心企业无法集中精力于核心业务，限制了自身竞争力的提高。

在这种情况下，横向一体化模式被提出。该模式是在适应全球市场的竞争，对纵向一体化扬弃的基础上形成的。横向一体化强调企业要集中优势于自己的核心业务，通过借助其他企业的资源和优势业务来完成自身的非核心业务，以达到快速响应市场需求、降低运营成本和风险的目的。对于制造企业来说，其核心业务一般地说就是生产产品，物流业务对于他们来说通常属于非核心业务，这样就具备了第三方物流产生的条件。应该说第三方物流是在企业强调核心业务、横向一体化思想影响下产生的，是社会分工的结果。它所带来的专业化效益、规模化效益，对降低物流成本、提高客户服务水平。增强企业核心竞争力具有重要意义。总之，随着第三方物流的进一步发展，无论对流通领域还是整个社会经济领域，其影响将是长远而深刻的。

（三）物流决策空间的发展趋势——三维立体决策

通常情况下，物流管理决策始于对供应商的采购，止于对消费者的销售，决策目标是尽可能降低物流成本、提高客户服务水平，增强供应链的响应能力。在该目标指导下，企业更多的只是注重经济效益，而很少考虑自身行为的外部性影响。

近年来，随着资源、环境、人口与社会经济发展之间的矛盾日益突出，人们环境意识的增强，环保法规约束力度的加大，企业承担起更多回收、再利用产品的责任，即生产者延伸责任。包括我国在内的世界上许多国家的法律都规定了生产企业（包括进口企业）的这一责任。该制度使企业在进行传统的前向物流决策时，还必须同时考虑逆向物流问题，比如回收模式和回收渠道选择等。另外，企业的（前向）物流和逆向物流活动还必须符合社会经济可持续发展的要求，尽量减少资源消耗、降低外部影响，以绿色物流为目标，使自己成为资源节约型、环境友好型企业。在经济利益、环保法规和社会舆论的驱动下，物流管理的决策空间势必将由一维发展到三维。

第二节　现代物流的概念与特点

一、现代物流的概念

对于现代物流的定义、解释、归属等有很多种。有些对物流的认识停留在比较浅显的层面上，如认为运输、仓储等就是物流，这些只不过是把传统储运统称为物流，或者是认为物流只是一种企业行为，它包含于企业管理或工商管理中。要想理解什么是现代物流，首先要知道物流是如何被定义的，但是关于物流的定义，在全世界范围内，在不同的历史阶段，有不同的含义与解释。但是，尽管物流定义种类繁多，有些物流定义还是大同小异的。因此有必要选择几个近现代比较有代表性的物流定义进行剖析。

（一）美国物流管理协会的定义

1976 年美国物流管理协会（National Council of Physical Distribution Management，CLM）给出的定义是，物流（PD）是以原材料、半成品及成品从产地到消费地的有效移动进行计划，实施和统管为目的而将两种或三种以上活动的集成。这些活动包括但不局限于顾客服务、需求预测、流通信息、库存管理、装卸、接受订货、零件供应并提供服务、工厂及仓库选址、采购、包装、废弃物回收处理、退货业务、搬运和运输、仓库保管等。

2002 年，美国物流管理协会（2005 年改名为美国供应链管理专业协会，简称 CSCMP）又给出定义说，物流是供应链过程的一部分，是对货物、服务及相关信息从起源地到消费地的有效益的正向和反向流动和存储进行的计划、执行和控制，以满足客户要求。（其原文是：Logistics is that part of the supply chain course that plans，implements and controls the efficient，effective forward and reverse flow and storage of goods，services，and related information between the point origin and the point of consumption in order to meet customors' requirements）其定义一开始就把物流限定在供应链的范畴内。这样的限定带来两方面的问题：一是需要对供应链定义并界定范畴；二是需要确定供应链范畴外的领域是否还有物流行为。

（二）欧洲物流协会的定义

1994 年欧洲物流协会（European Logistics Association，ELA）的定义，物流是在一个系统内对人员以及商品的运输，安排及与此相关的支持活动的计划、执行与控制，以达到特定的目的。

（三）日本对物流的定义

日本综合研究所编著的《物流手册》（也是我国最早翻译的国外物流著作）对物流的表述如下：物流是指物质资料从供给者向需要者的物理性移动，是创造时间性、场所性价值的经济活动。从物流的范畴来看，包括包装、装卸、保管、库存管理、流通加工、运输、配送等活动。

（四）我国对物流的定义

进入 21 世纪以后，为适应我国物流业发展的需要，原国家内贸局组织专家编写了《物流术语》，并作为国家标准（GB/T 18354—2001）于 2001 年 4 月颁布，同年 8 月实施；并于 2006 年修订补充了《物流术语》（GB/T 18354—2006），于 2006 年 12 月 4 日发布，2007 年 6 月 1 日实施。《物流术语》（GB/T 18354—2006）对物流概念作出如下表述：物流（Logistics）是指物品从供应地向接受地的实体流动过程。根据实际需要，将运输、储存、装卸、搬运、包装、流通加工、配送、信息处理等基本功能实施有机结合。该定义实质上说了两层意思：第一层是对物流的定义；第二层是说物流的主要功能与内容。

这个定义同样有值得商榷的地方。

第一，在“物品从供应地向接受地的实体流动过程”中，物品只能是实体，所以“实体”两字就显得多余了；第二，“供应地向接受地”只是一个单项的过程，没有考虑物品将来的回收问题。

（五）本书对物流的定义

本书通过对上述比较典型的物流定义进行综合比较分析发现，需要进行深入研究的问题主要有四方面：一是物流所涉及的领域；二是物流的全部价值；三是物流的全过程；四是物流所包含的内容。这就需要在更广泛领域里，更深的层面上研究物流，目的是要对物流的本质特征给予清晰地表达。物流是物品在整个生命周期过程中从供应地向接受地的流动过程，包含运输、仓储、装卸搬运、包装、流通加工和信息处理等功能要素，这个过程创造时间效用、空间效用和其他附加效用。对物流这样的认识，与其他类似概念区别在于从物品的全生命周期去看待物流，研究物流规律，这样既包含正向物流，也可包含逆向物流。

二、现代物流的特点

讨论现代物流的主要特征，是相对于传统物流而言的。现代物流集成了当今世界上许多先进的科技成果和管理方法，并逐步将物流系统聚集成为特征突出的、结构复杂的开放系统。总体而言，现代物流的基本特征可归纳为以下五个方面：

（一）物流过程一体化

现代物流系统的复杂性主要体现在：一是不同功能之间并非都是刚性联系，而是存在大量柔性联系和随机联系；二是根据不同物流需求结构而形成了种类繁多的子系统，这些子系统根据千变万化的需求随机可调，这就需要现代物流系统及其结构要具备一体性。

现代物流具有系统综合和总成本控制的思想，它将经济活动中所有供应、生产、销售、运输、库存及相关的信息流动等活动视为一个动态的系统总体，关心的是整个系统的运行效能与费用。物流一体化的一个重要表现是供应链（Supply Chain）概念的出现。供应链把物流系统从采购开始经过生产过程和货物配送到达用户的整个过程，看做是一条环环相扣的“链”，物流管理以整个供应链为基本单位，而不再是单个的功能部门。在采用供应链管理时，世界级公司力图通过增加整个供应链提供给消费者的价值、减少整个供应链成本的方法来增强整个供应链的竞争力，其竞争不再仅仅是单个公司之间的竞争，而上升为供应链与供应链的竞争。

（二）物流技术专业化

表现为现代技术在物流活动中得到了广泛的应用，例如，条码技术、EDI技术、自动化技术、网络技术、智能化和柔性化技术等。运输、装卸、仓储等也普遍采用专业化、标准化、智能化的物流设施设备。现代物流所特有的组合技术，如智能化仓库（自动化与仓储技术的组合)、单元化托盘(标准化与包装技术的组合)、国际多式联运(集装化与运输技术的组合)等,都是根据社会需求而发展起来的。随着不断发展,多种技术以及与这些技术相匹配的管理方法等的专业化程度越来越高。这些都是为开展现代物流提供了保证,这些现代技术和设施设备的应用也大大提高了物流活动的效率,扩大了物流活动的领域的范围。

(三)物流管理信息化

信息化在实现现代物流作业一体化,系统化方面发挥着越来越重要的基础性作用。现代物流的本质甚至可理解为:基于现代信息处理技术下的实物流程的择优。信息流把现代物流的各子项功能和各个环节有机的、高效率地结合起来,并随时控制着物流系统,按照预定的目标运行,甚至可以说,没有现代信息技术,就不存在真正意义的现代物流。

物流信息化是整个社会信息化的必然需求。现代物流高度依赖于对大量数据、信息的采集、分析、处理和即时更新。在信息技术、网络技术高度发达的现代社会,从客户资料取得和订单处理的数据库化、代码化,物流信息处理的电子化和计算机化,到信息传递的实时化和标准化,信息化渗透至物流的每一个领域。为数众多的无车船和固定物流设备的第三方物流者正是依赖其信息优势展开全球经营的。从某种意义上来说,现代物流竞争已成为物流信息的竞争。

(四)物流标准化和柔性化

物流标准化,尤其是国际标准化是现代物流系统中的一个核心内容。由于现代物流是将越来越多的功能组合在一起,必然需要各种衔接技术或方式。标准化技术恰好可以在衔接环节中最大限度地提高衔接效率。这也就是现代物流能将传统的运输、仓储、包装等功能或环节有机地整合在一起的重要原因,而且从本质上有别于传统功能。

现代物流的柔性化,是以不断分层的物流市场需求为中心或导向并能做出快速反应,及时调整作业内容的一项工作。随着市场需求越来越多样化与个性化,物流需求呈现出种类越来越多,订货周期越来越短,批量越来越小,时间性越来越强,频次越来越高,不确定性越来越明显的特点。柔性化的本质,是要在满足需求的同时有效的控制物流成本。

(五)物流活动社会化

在经历多年的发展巨变后,现代物流作为一个新兴产业得到了充分发展。以仓储、运输和零售配送为主的企业,逐渐发展为“第三方”物流的形态,向社会化物流服务转变,并逐渐成为现代物流的主流;制造业物流,军事物流的方法与应用,也逐渐被商业,公共领域所采用,并在国民经济中发挥着重要作用,而且物流资源社会化,提高了资源利用率,突出表现是第三方物流与物流中心的迅猛发展。随着社会分工的深化和市场需求的日益复杂,生产经营对物流技术和物流管理的要求也越来越高。众多工商企业逐渐认识到依靠企业自身的力量不可能在每一个领域都获得竞争优势。它们更倾向于采用资源外取的方式,将本企业不擅长的物流环节交由专业物流公司,或者在企业内部设立相对独立的物流专业部门,而将有限的资源集中于自己真正的优势领域。据美国东北大学 1998 年对制造业 500 家大公司的调查,将物流业务交给第三方物流企业的货主占 69%,正在研究以后将物流业务交给第三方物流公司的货主占10%。专业的物流部门由于具有人才优势、技术优势和信息优势，可以采用更为先进的物流技术和管理方式，取得规模经济效益，从而达到物流合理化——产品从供方到需方全过程中，达到环节最少、时间最短、路程最短、费用最省。

(六) 物流范围国际化

在产业全球化的浪潮中，跨国公司普遍采取全球战略，在全世界范围内选择原材料、零部件的来源，选择产品和服务的销售市场。因此，其物流的选择和配置也超出国界，着眼于全球大市场。大型跨国公司普遍的做法是选择一个适应全球分配的分配中心以及关键供应物的集散仓库；在获得原材料以及分配新产品时使用当地现存的物流网络，并且把这种先进的物流技术推广到新的地区市场。例如，耐克公司，他们通过全球招标采购原材料，然后在台湾或东南亚生产（大陆也有生产企业），在将产品分别运送到欧洲、亚洲的几个中心仓库，然后就近销售。同样，全球采购原材料和零部件，已经大大降低了汽车的成本，改变了汽车生产线的位置。

第三节　现代物流的分类

在现代的社会经济生活中物流是普遍存在的，对于各个不同领域的物流，虽然构成的基本要素是相同的，但是由于物流的对象、目的、范围和范畴的不同，就形成了不同的物流类型。通常我们可以从物流在社会再生产中的作用、物流系统的性质、物流系统的范围等不同角度将物流分为不同的类别。

一、按物流在社会再生产中的作用分类

(一) 宏观物流

宏观物流是指社会再生产总体的物流活动，是从国民经济整体角度来观察的物流活动，研究国民经济运行中的物流合理化问题。

宏观物流是从总体看物流，而不是从物流的某一个构成环节来看物流。宏观物流研究的主要特点是综合性和全局性。其主要研究的内容是物流总体的构成、物流与社会的关系、物流在社会中的地位、物流与经济发展的关系等。因此，在我们常提及的物流活动中，社会物流、国民经济物流、国际物流都属于宏观物流的范畴。

(二) 微观物流

微观物流是消费者、生产者所从事的实际的、具体的物流活动。在整个物流活动之中的一个局部、一个环节的具体物流活动也属微观物流。其特点是具体性和局部性。主要包括企业物流、生产物流、供应物流、销售物流、回收物流、废弃物物流等。

二、按物流系统涉及的范围分类

物流是一个系统工程，按照物流系统所涉及范围，可将物流分为社会物流、行业物流

和企业物流三大类。

(一) 社会物流

社会物流是对全社会物流的总称，指社会再生产的总体物流活动，是从社会再生产总体角度来认识和研究物流活动的总体行为，一般是指流通领域发生的物流，也是企业外部物流活动的总体，带有宏观性和广泛性，所以也称为大物流或宏观物流。

当前物流科学的研究重点之一就是社会物流，因为社会物资流通网络是国民经济的命脉，流通网络分布的合理性、渠道是否畅通对国民经济的运行有至关重要的影响，必须进行科学管理和有效控制。采用先进的技术手段，才能保证高效能、低运行成本的社会物流系统带来的巨大的经济效益和社会效益。这也是物流科学受到高度重视的原因。

(二) 行业物流

在一个行业内部发生的物流活动被称为行业物流。同一行业中的企业，虽然在产品市场上是竞争对手，但是物流有共性，存在共同利益，在物流领域中可以相互协作，共同促进行业物流的合理化。例如，日本的建筑机械行业提出了行业物流系统化的具体内容，包括各种运输手段的有效利用，建设共同的机械零部件仓库，实行共同集约化配送，建立新旧建筑设备及机械零部件的共用物流中心，建立技术中心以共同培训操作人员和维修人员。目前，我国许多行业协会正在根据本行业的特点提出自己的行业物流系统化标准。

(三) 企业物流

根据中华人民共和国国家标准《物流术语》(GB/T 18354—2006) 对企业物流的定义为“生产和流通企业围绕其经营活动所发生的物流活动”。企业物流，是在企业经营范围内由生产和服务活动所形成的物流系统，运用生产要素，为各类用户从事各种保障活动，即流通和服务活动，依法自主经营、自负盈亏、自我发展，并具有独立法人资格的经济实体。

三、按物流活动涉及的地域范围分类

如果按照物流活动涉及的地域范围分类，物流可以划分为国际物流和区域物流。

(一) 国际物流

国际物流是“跨越不同国家或地区之间的物流活动”，是随着世界各国之间进行国际贸易而发生的商品实体从一个国家或地区流转到另一个国家或地区的物流活动。国际物流是现代物流系统发展很快，规模很大的一个物流领域。由于近几十年国际贸易的急剧扩大，国际分工日益深化，东西方之间冷战的结束以及诸如欧洲等地一体化速度的加快，国际物流成了现代物流研究的热点问题。同时，国际物流也是伴随和支撑国际间经济交往、贸易活动和其他国际交流所发生的物流活动。

(二) 区域物流

区域物流是指全面支撑区域可持续发展总体目标而建立的适应区域环境特征、提供区域物流功能、满足区域经济、政治、自然、军事等发展需要，具有合理空间结构和服务规模，实现有效组织与管理的物流活动体系。区域物流主要由区域物流网络体系、区域物流信息支撑体系和区域物流组织运作体系组成。区域物流相对于国际物流而言，一个国家范围内的物流，一个城市的物流，一个经济区域的物流都处于同一法律、规章、制度之下，都受相同文化及社会因素影响，都处于基本相同的科技水平和装备水平之中。因而，都有其各自独特的特点和区域的特点。

四、按物流活动的功能分类

从水平方向上可以将物流活动划分为供应物流、生产物流、销售物流、回收物流和废弃物物流。

(一) 供应物流

指为生产企业提供原材料、零部件或其他物品时，物品在提供者与需求者之间的实体流动。

(二) 生产物流

指在生产过程中，原材料、在制品、半成品、产成品等在企业内部的实体流动。

(三) 销售物流

指生产企业、流通企业出售商品时，物品在供方与需方之间的实体流动。

(四) 回收物流

指不合格物品的返修、退货及周转使用的包装容器从需方返回到供方所形成的物品实体流动。

(五) 废弃物物流

指经济活动中市区原有使用价值的物品，根据实际需要进行收集、分类、加工、包装、搬运、储存，并分送到专门处理场所时所形成的物品实体流动。

五、按物流活动发生的主体分类

从物流活动的承担主体角度分类，物流可以划分为企业自营物流、专业子公司物流和第三方物流。

(一) 企业自营物流

大多数企业采用“以产定销”的经营模式，其物流运作的模式为企业自备车队、仓库、场地、人员的自给自足地自营物流模式。不过随着市场经济的不断发展，市场调节能力的不断发展，“以销定产”逐渐成为企业新的运作模式。小批量、多品种、快速性和准时供货等市场需求对企业物流提出了更高要求。

(二) 专业子公司物流

专业子公司物流一般是指从企业传统物流运作功能中剥离出来，成为一个独立运作的专业化实体。它与母公司之间的关系是服务与被服务的关系，它以专业化的工具、人员、管理流程和服务手段为母公司提供专业化的物流服务。

（三）第三方物流

第三方物流是独立于供需双方，为客户提供专项或全面的物流系统设计或系统运营的物流服务模式。第三方物流企业应该站在货主的立场，以货主企业的物流合理化为设计物流系统运营的目标。它同货主企业的关系应是密切、长期的合作关系，而不是零星的业务往来。通过第三方物流企业提供的物流服务有助于促进货主企业的物流效率和物流合理化。

六、按物流研究的着眼点分类

从物流研究的着眼点分类，物流又可划分为一般物流和特殊物流。

（一）一般物流

一般物流是指具有某些相同点和一般性的物流活动。物流活动的一个重要特点就是涉及全社会。因此，物流系统的建立以及物流活动的开展必须具有普遍的适用性，物流系统的基础点也在于此；否则物流活动便有很大的局限性和很小适应性，物流活动对国民经济和社会的作用就会受到限制。一般物流研究的着眼点在于物流的一般规律，建立普遍适用的物流标准化系统，研究物流的共同功能要素，研究物流与其他系统的结合、衔接，研究物流信息系统及管理体制等。

（二）特殊物流

特殊物流是指在专门范围、专门领域和特殊行业的物流活动。在遵循一般物流规律的基础上，具有特殊制约因素、特殊应用领域、特殊管理方式、特殊劳动对象以及特殊机械装备特点的物流都属于特殊物流范围。特殊物流活动的产生是社会分工细化、物流活动进一步合理化和精细化的产物。在保持一般物流活动的前提下，能够有特点并形成规模，产生规模经济效益的物流便会形成本身独特的物流活动和物流方式。特殊物流的研究对推动现在物流发展的作用是巨大的。特殊物流又可进一步划分：按劳动对象的特殊性，可分为水泥物流、石油及油品物流、煤炭物流、腐蚀性化学物品物流、危险品物流等；按数量及形体不同有多品种、少批量、多批次产品物流，超大、超长型物流等；按服务方式及服务水平不同有“门到门”的一贯式物流、配送等；按装备及技术不同可划分为集装箱物流和托盘物流等；在特殊的领域可划分为军事物流和废弃物物流等；按组织方式不同可划分为加工物流等。

第四节　现代物流的功能要素

物流具有运输、储存、包装、装卸搬运、流通加工、配送和信息处理等功能要素。其中，运输和储存分别解决了供应者和需求者之间在场所和时间上的分离，分别创造了物流的空间效用和时间效用。信息处理起到物流运作支撑平台的作用，是促使物流合理化的功能要素。配送最能体现物流系统最终的总体服务功能，可以说是完善服务功能的要素。流通加工是物流过程中形成物流增值效用的主要功能要素。包装、装卸搬运在物流过程中更多的是增加成本的功能要素，它们的存在对于完善物流系统、完善物流活动必不可少，但是也必然增加成本支出，形成影响物流成本的功能要素。

一、运输

运输是运用各种设备和工具，将物品从一个地点运送到另一地点的物流活动，其中包括集货、分配、搬运、中转、装入、卸下、分散等一系列操作。运输是物流各环节中重要的组成部分，是物流的动脉。运输是实现物资长距离空间位置转移的活动，之所以强调“长距离”，主要是为了把运输和搬运区别开来。搬运也是一种空间位置转移的活动，但是它是短距离的空间位置转移；而运输是长距离的空间位置转移。

运输主要有公路运输、铁路运输、水路运输、航空运输和管道运输五种方式。各种运输方式中对运输成本影响显著的运营特性主要有运价、运输时间（速度）、货物的灭损情况(安全可靠性)、运输方式的可得性。每种运输方式都有各自的运营特征，如表1-1所示。

表1-1　五种运输方式相关的运营特征

营运特性	铁路	公路	水路	航空	管道
运价	3	2	5	1	4
速度	3	2	4	1	5
可得性	2	1	4	3	5
可靠性	3	2	4	5	1
能力	2	3	1	4	5

从宏观角度讲，运输是国民经济的基础和现行条件。由于运输活动占用时间场、距离远、消耗量大，在社会物流总成本中约占50%的比例，因此，运输是“第三利润源泉”的主要来源。运输创造空间效益，是物流的主要功能要素之一。同时，运输是物流服务的主要方式，世界物流企业的前十强以空运、快递、陆运等业务为主要背景的公司居多。如UPS的陆运和空运业务分别占54%和19%，FedEx的空运和公路运输业务分别占83%和11%。传统运输强调单一的运输方式，提供“站到站”的服务，现代运输追求多式联运，提供“门到门”的物流服务，包裹递送和多式联运等以运输业务为核心的物流服务将具有广阔的发展前景。

二、储存

产品在离开生产线后到达最终消费者之前，一般都要有一个存放、保养、维护和管理的过程，这就是储存。储存又称保管，它是克服季节性、时间性间隔，创造时间效益的活动。

储存是物流的主要功能之一，是社会化大生产的必要条件。如生产企业为了维持生产必须进行原材料储存、零部件储存；流通企业为了保证供应、避免脱销必须进行商品储存；在回收废弃物流通过程中，为了进行分类、加工、运输和处理也需要临时储存。此外，为了应对自然灾害、战争、地震等不可抗拒事件的发生，还需要进行战略性储备。科学合理的储存必须是既能保证生产和经营所需的周转，保证货物进入下一环节前的质量和降低保管费用。“零库存”就是一种尽量降低库存水平，减少原材料和资金积压的先进理念。

储存的过程一般发生在物流中心、生产企业、配送中心、物流据点或流通中心的仓库。在宏观上要做到储存合理化，即储存品种结构合理化、储存数量合理化、储存时间合理化、储存条件合理化。而对储存的具体要求是：充分利用库容，保管好，进出快，损耗少，费用省，保安全。

三、包装

包装是指为在流通过程中保护商品、方便储运、促进销售，按照一定的技术方法而采用的容器、材料及辅助物等的总体名称，也指为了达到上述目的而采用容器、材料和辅助物的过程中施加一定技术方法等的操作活动。

在社会再生产过程中，包装处于生产过程的末尾和物流过程的开头，既是生产的终点，又是物流的始点。作为生产的终点，包装必须根据产品性质、形状和生产工艺来进行，满足生产要求。作为物流的始点，包装完之后，便可发挥对产品的保护作用和物流的作用，最后实现销售。在设计包装同时符合包装的相关标准要求，以达到通过包装的合理性提高物流效率的目的。

包装具有保护、便利、促进销售的功能。按照功能的不同，包装可分为商业包装和工业包装。商业包装是以促进商品销售为主要目的的包装；工业包装是指以保护运输和保管过程中的物品为主要目的的包装。

四、装卸搬运

装卸是指物品在指定地点进行的垂直移动为主的物流作业；搬运是指在同一场所内将物品进行水平移动为主的物流作业。在习惯使用中，物流领域（如铁路运输）常将装卸搬运这一活动称作“货物装卸”；在生产领域中常称为“物流搬运”。

装卸搬运是物流活动中的“关节”，它是对运输、储存、配送、包装、流通加工等活动进行连接的中间环节，若没有装卸搬运，物流就会中断。装卸搬运在物流作业中所占的比重很大，特别是在现代物流中，顾客经常要求企业提供门到门的送货服务，装卸搬运作业发生的频率也就大大增加。因此，必须重视装卸搬运这个作业过程，防止物流成本的增加。

装卸搬运工具、设备、设施的不先进，装卸搬运的效率低，商品流转时间就会延长，商品就会破损，从而加大物流成本。因此装卸搬运要合理化，首先合理选择装卸搬运机械，充分利用机械，实现规模装卸；其次合理选择装卸搬运方式，改进装卸搬运作业方法，利用重力作用，减少能量消耗。从而提高货物装卸搬运的灵活性与可运性。

五、流通加工

流通加工是流通过程中的加工活动，是为了方便流通、方便运输、方便储存、方便销售、方便用户以及使物资得到充分、综合利用而进行的加工活动。流通加工一定要坚持以客户需求为原则。

流通加工在流通中，仍然和流通总体一样起“桥梁和纽带”作用。但是。它却不是通过“保护”流通对象的原有形态而实现这一作用的，它是和生产一样，通过改变或完善流通加工的概念对象的原有形态来实现“桥梁和纽带”作用。

六、配送

配送是在经济合理的区域范围内，根据顾客的需求，对配送中心的库存物品进行拣选、加工、包装、分割、组配、分装上车，并按一定路线循环依次送达各个用户的物流活动。配送强调满足客户的需求，是多种物流业务的有机结合体，可简单归结为“配货”和“送达”两个环节。从运输的角度看，配送是一种支线的、末端的运输。

配送是宏观物流产生社会效益之本。通过配送中心的统筹安排，计划配送，能够使迂回运输、重复运输、空载运输等不合理运输现象降至最低，提高末端运输的效益。

七、物流信息

物流信息指的是在物流活动进行中产生及使用的必要信息，它是物流活动内容、形式、过程以及发展变化的反映。

在物流活动中，物流信息流动于各个环节之间。从广义范围来看，物流信息不仅指与物流活动有关的信息，而且包含与其他流通活动有关的信息，如商品交易信息和市场信息等；从狭义范围来看，物流信息是指与物流活动（如供应、生产、运输、保管、包装、装卸、流通加工等）有关的信息。

物流信息是连接运输、储存、装卸、包装各个环节的纽带，没有各物流环节信息的通畅和及时供应，就没有物流活动的时间效率和管理效率，也会失去物流的整个效益。物流信息是物流系统整体的中枢神经。

第五节　现代物流的作用

现代物流作为一种先进的组织方式和管理理念，之所以受到世界各国企业、政府、研究机构的普遍重视并迅速发展，归根结底是由于现代物流在提高企业和国民经济整体竞争力、优化产业结构、改善投资环境、推动社会信息化等方面发挥着重要作用。因此，大力发展现代物流，对我国经济发展有着重要而深远的意义。

现代物流产业发展程度是衡量一个国家产业化水平和综合竞争力的重要标志。从世界经济发展过程来看，物流的高度发展与工业化发展过程相一致。英国工业革命后“世界工厂”的形成，日本经济奇迹及其工业化进程都得益于先进的物流系统。国内外成功企业的发展经历也告诉我们，建立或运用先进的物流体系，能更快地提高企业的竞争力。如美国戴尔计算机公司、美国波音飞机公司、通用汽车公司和我国的海尔集团，无不借助先进的物流体系保证其核心竞争力。

现代物流是一个国家现代化的重要内容。流通现代化包括现代物流、连锁经营和电子商务，其核心是现代物流，没有物流现代化就不可能有流通现代化，因为流通现代化的其他两个内容连锁经营和电子商务的发展均有赖于物流的支撑。目前，我国正处于全面建设小康社会和实现现代化的发展阶段。可以肯定地说，没有现代物流的充分发展，就难以实现一个国家的现代化。

现代物流的作用主要表现在以下七个方面：

一、保值

物流有保值作用。也就是说，任何产品从生产出来到最终消费，都必须经过一段时间、一段距离，在这段时间和距离过程中，都要经过运输、保管、包装、装卸搬运等多环节、多次数的物流活动。在这个过程中，产品可能会淋雨受潮、水浸、生锈、破损、丢失等。物流的使命就是防止上述现象的发生，保证产品从生产者到消费者移动过程中的质量和数量，起到产品的保值作用，即保护产品的存在价值，使该产品在到达消费者时使用价值不变。

二、节约

搞好物流，能够节约自然资源、人力资源和能源，同时也能够节约费用。例如，集装箱化运输，可以简化商品包装，节省大量包装用纸和木材；实现机械化装卸作业，仓库保管自动化，能节省大量作业人员，大幅度降低人员开支。重视物流可节约费用的实例比比皆是。被称为“中国物流管理觉醒第一人”的海尔企业集团，加强物流管理，建设起现代化的国际自动化物流中心，一年时间将库存占压资金和采购资金，从15亿元降低到7亿元，节省了8亿元开支。

三、缩短距离

物流可以克服时间间隔、距离间隔和人的间隔，这自然也是物流的实质。现代化的物流在缩短距离方面的例证不胜枚举。在北京可以买到世界各国的新鲜水果，全国各地的水果也常年不断；邮政部门改善了物流，使信件大大缩短了时间距离，全国快递两天内就可送到；美国联邦快递，能做到隔天送达亚洲15个城市；日本的配送中心可以做到，上午10点前订货、当天送到。这种物流速度，把人们之间的地理距离和时间距离一下子拉得很近。随着物流现代化的不断推进，国际运输能力大大加强，极大地促进了国际贸易，使人们逐渐感到这个地球变小了，各大洲的距离更近了。

城市里的居民不知不觉地享受到物流进步的成果。南方产的香蕉全国各大城市一年四季都能买到；新疆的哈密瓜、宁夏的白兰瓜、东北大米、天津小站米等都不分季节地供应市场；中国的纺织品、玩具、日用品等近年大量进入美国市场，除了中国的劳动力价格低廉等原因外，则是国际运输业发达，国际运费降低的缘故。

四、增强企业竞争力、提高服务水平

在新经济时代，企业之间的竞争越来越激烈。在同样的经济环境下，制造企业，比如家电生产企业，相互之间的竞争主要表现在价格、质量、功能、款式、售后服务的竞争上，可以说，像彩电、空调、冰箱等这类家电产品在工业科技如此进步的今天，质量、功能、款式及售后服务，目前各企业的水平已经没有太大的差别，唯一可比的地方往往是价格。近几年全国各大城市此起彼伏的家电价格大战，足以说明这一点。那么支撑降价的因素是什么？如果说为了占领市场份额，一次、两次地亏本降价，待市场夺回来后再把这块亏损补回来也未尝不可。然而，如果降价亏本后仍不奏效又该如何呢？不言而喻，企业可能就会一败涂地。在物资短缺年代，企业可以靠扩大产量、降低制造成本去攫取第一利润。在物资丰富的年代，企业又可以通过扩大销售攫取第二利润。可是在新世纪和新经济社会，第一利润源和第二利润源已基本到了一定极限，目前剩下的一块“未开垦的处女地”就是物流。降价是近几年家电行业企业之间主要的竞争手段，降价竞争的后盾是企业总成本的降低，即功能、质量、款式和售后服务以外的成本降价，也就是我们所说的降低物流成本。

国外的制造企业很早就认识到了物流是企业竞争力的法宝，搞好物流可以实现零库存、零距离和零流动资金占用，是提高为用户服务，构筑企业供应链，增加企业核心竞争力的重要途径。在经济全球化、信息全球化和资本全球化的21世纪，企业只有建立现代物流结构，才能在激烈的竞争中，求得生存和发展。

五、加快商品流通、促进经济发展

在谈这个问题时，我们用配送中心的例子来讲最有说服务。可以说，配送中心的设立为连锁商业提供了广阔的发展空间。利用计算机网络，将超市、配送中心和供货商、生产企业连接，能够以配送中心为枢纽形成一个商业、物流业和生产企业的有效组合。有了计算机迅速及时的信息传递和分析，通过配送中心的高效率作业、及时配送，并将信息反馈给供货商和生产企业，可以形成一个高效率、高能量的商品流通网络，为企业管理决策提供重要依据，同时，还能够大大加快商品流通的速度，降低商品的零售价格，提高消费者的购买欲望，从而促进国民经济的发展。

六、保护环境

环境问题是当今时代的主题，保护环境，治理污染和公害是世界各国的共同目标。有人会问，环保与物流有什么关系？不妨举例说明一下。

当你走在马路上，有时会看到马路一层黄土，这是施工运土的卡车夜里从车上撒漏的，碰上拉水泥的卡车经过，你会更麻烦；马路上堵车越来越厉害，你连骑自行车都通不过去，噪声和废气使你不敢张嘴呼吸；深夜的运货大卡车不断地轰鸣，疲劳的你翻来覆去睡不着……所有这一切问题都与物流落后有关。卡车撒黄土是装卸不当，车厢有缝；卡车水泥灰飞扬是水泥包装苫盖问题；马路堵车在于流通设施建设不足。这些如果从物流的角度去考虑，都会迎刃而解。

如果我们在城市外围多设几个物流中心、流通中心，大型货车不管白天还是晚上就都不用进城了，只利用两吨小货车配送，夜晚的噪声就会减轻；政府重视物流，大力建设城市道路、车站、码头，城市的交通阻塞状况就会缓解，空气质量自然也会改善。

七、创造社会效益和附加价值

实现装卸搬运作业机械化、自动化，不仅能提高劳动生产率，而且也能解放生产力。把工人从繁重的体力劳动中解脱出来，这本身就是对人的尊重，是创造社会效益。

例如，日本多年前开始的“宅急便”、“宅配便”，国内近年来开展的“宅急送”，都是为消费者服务的新行业，它们的出现使居民生活更舒适、更方便。当你去滑雪时，那些沉重的滑雪用具，不必你自己扛、自己搬、自己运，只要给“宅急便”打个电话就有人来取送，人还没到滑雪场，你的滑雪板等用具已经先到了。

再如，超市购物时，那里不单单是商品便宜、安全，环境好，而且为你提供手推车，你可以省很多力气，轻松购物。手推车是搬运工具，这一个小小的服务，就能给消费者带来诸多方便，这也是创造了社会效益。

从以上的例子我们能够看到，物流创造社会效益。随着物流的发展，城市居民生活环境，人民的生活质量可以得到改善和提高，人的尊严也会得到更多体现。

关于物流创造附加值，主要表现在流通加工方面，比如，把钢卷剪切成钢板、把原木加工成板材、把粮食加工成食品、把水果加工成罐头，名烟、名酒、名著、名画都会通过流通中的加工，使装帧更加精美，从而大大提高了商品的欣赏性和附加价值。

第六节　现代物流相关理论和发展

一、现代物流相关理论

现代物流相关理论比较多，主要有商物分离论、黑大陆和物流冰山学说、第三利润源学说、后勤说（后勤工程学说）、效益背反说、成本中心学说等。

（一）商物分离论

商物分离理论是物流科学赖以生存的先决条件。所谓商物分离，是指流通中的两个组成部分——商业流通和实物流通各自按照自己的规律和渠道独立运动。社会进步是流通从生产中分离出来之后，并没有结束分化及分工的深入和继续。现代化的分工和专业化是向一切经济领域延伸的。第二次世界大战以后，流通过程中上述两种不同形式出现了更明显的分离，从不同形式逐渐变成了两个有一定独立运动能力的不同运动过程，这就是所称的

“商物分离”。

“商”指“商流”，即商业性交易，实际是商品价值运动，是商品所有权的转让，流动的是“商品所有权证书”，是通过货币实现的。

“物”指“物流”，即物的“实际流通”，是商品实体的流通。本来商流、物流是紧密结合在一起的，进行一次交易，商品便易手一次，商品实体便发生一次运动，物流和商流是相伴而生并形影相随的，两者共同运动，同样过程，只是运动形式不同而已。在现代社会诞生之前，流通大多采取这种形式，甚至今日，这种情况仍不少见。

商流和物流也有其不同的物质基础和不同的社会形态。从马克思主义政治经济学角度看，在流通这一统一体中，商流明显偏重于经济关系、分配关系、权力关系，因而属于生产关系范畴。而物流明显偏重于工具、装备、设施及技术，因而属于生产力范畴。所以，商物分离实际是流通总体中的专业分工、职能分工，是通过这种分工实现大生产式的社会再生产的产物。这是物流科学中重要的新观念。物流科学正是在商物分离基础上才得以对物流进行独立的考察，进而形成的科学。但是，商物分离也并非绝对的，在现代科学技术有了飞跃发展的今天，优势可以通过分工获得，优势也可以通过趋同获得，“一体化”的动向在原来许多分工领域中变得越来越明显，在流通领域中，发展也是多形式的，绝对不是单一的。

（二）黑大陆和物流冰山学说

1. 物流黑大陆学说

著名的管理学权威德鲁克曾经讲过：“流通是经济领域里的黑暗大陆”，德鲁克泛指的是流通，但是，由于流通领域中物流活动的模糊性尤其突出，是流通领域中人们更认识不清的领域，所以，“黑大陆”说法现在转向主要针对物流而言。

“黑大陆”说法主要是指尚未认识，尚未了解，在黑大陆中，如果理论研究和实践探索照亮了这块黑大陆，那么摆在人们面前的可能是一片不毛之地，也可能是一片宝藏之地。黑大陆说也是对物流本身的正确评价：这个领域未知的东西还很多，理论和实践皆不成熟。

2. 物流冰山说

物流冰山说是日本早稻田大学西泽修教授提出来的，他专门研究物流成本时发现，现行的财务会计制度和会计核算方法都不可能掌握物流费用的实际情况，大家只看到物流费用露出海水上面的冰山一角，而潜藏在海水里的整个冰山却看不见，海水中的冰山才是物流费用的主体部分。一般来说，企业向外部支付的物流费用是很小一部分。真正的大头是企业内部发生的物流费。

“物流冰山”说之所以成立，有三个方面的原因。一是物流成本的计算范围太大；二是运输、保管、包装、装卸、以及信息筹备物流环节中，以哪几种环节作为物流成本的计算对象问题；三是选择哪几种费用列入物流成本中的问题。

（三）第三利润源学说

“第三利润源泉”的说法主要出自日本，是对物流潜力及效益的描述。第一利润源：

一般把生产中降低物质材料消耗而增加的利润称为第一利润源；第二利润源：把因节约式劳动消耗而增加的利润称为第二利润源（通过提高管理技术、水平，采取先进的管理手段，降低人力资源消耗）；第三利润源：把节约物流费用而增加的利润叫第三利润源（日本早稻田大学西泽修教授提出）。

第三利润源的理论，反映了日本人对物流的理论认识和实践活动，反映了他们与欧洲人、美国人的差异。一般而言，美国人对物流的主体认识可以概括为“服务中心”型，而欧洲人的认识可以概括为“成本中心”型，显然，“服务中心”和“成本中心”的认识和“利润中心”的差异很大。“服务中心”和“成本中心”主张的是总体效益或间接效益，而“第三利润源泉”的“利润中心”的主张，是指的直接效益。

（四）效益背反和物流的整体观念

1. 效益背反

在经济学中，“效益背反”是指“对同一资源的两个方面处于相互矛盾的关系之中，要想较多地达到其中一个方面的目的，必然使另一个方面的目的受到部分损失。”在物流的各项活动（运输、保管、搬运、包装、流通加工）之间存在“效益背反”。例如，减少仓库据点数量并尽量减少库存，必然使库存补充变得频繁，增加了运输成本。

物流效益背反说说明了物流的若干功能要素之间存在着损益的矛盾，即某一个功能要素的优化和利益发生的同时，必然会存在另一个或另几个功能要素的利益损失，反之也如此。为此，必须注重研究物流的总体效益，使物流系统化，使系统的各个部分应该有机地结合起来，以最低成本，实现最佳效益。

2. 物流的整体概念

美国学者用“物流森林”的结构概念来表述物流的整体观点，指出物流是一种“结构”，对物流的认识不能只见功能要素而不见结构，即不能只见树木不见森林，物流的总体效果是森林的效果，即使是和森林一样多的树木，如果各个孤立存在，那也不是物流的总体效果，这可以归纳成一句话：“物流是一片森林而非一棵棵树木”。

对这种总体观念的描述还有许许多多的提法，诸如物流系统观念、多维结构观念、物流一体化观念、综合物流观念、后勤学和物流供应链管理等都是这种思想的另一种提法或者是同一思想的延伸和发展。

（五）“成本中心”、“利润中心”、“服务中心”的观点

这实际是对物流系统起什么作用、达到什么目的的不同认识、不同观念，因而也派生出不同的管理方法。成本中心的含义，是物流在整个企业战略中，只对企业营销活动的成本发生影响，物流是企业成本的重要产生点，因而，解决物流问题，并不主要是为要搞合理化、现代化，主要在于支持保障其他活动，而主要是通过物流管理和物流的一系列活动降低成本。所以，成本中心既是指主要成本的产生点，又是指降低成本的关注点，物流是“降低成本的宝库”等说法正是这种认识的形象表述。显然，成本中心的说法没有将物流放在主要位置，尤其没有放在企业发展战略的主角地位，改进物流如果目标只是在于降低成本，这势必也会影响物流本身的战略发展。当然，成本和利润是相关的，成本和企业生

存也是相关的，成本中心也不是只考虑成本不顾其他，但毕竟是人们对物流主体作用和目标的认识。利润中心的含义，是物流可以为企业提供大量直接和间接的利润，是形成企业经营利润的主要活动。非但如此，对国民经济而言，物流也是国民经济中创利的主要活动。

二、现代物流理论的发展

近些年来，随着市场经济的发展，传统物流逐步向现代物流转型，物流业具有了新的内涵，现代物流业的发展受到了前所未有的关注，物流持续升温，发展势头迅猛。物流业已由过去的末端行业，上升为引导生产、促进消费的先导行业。新业态的出现，外部环境的变化使现代物流理论面临新环境的挑战，因此物流的理论还需要发展和更新。总体而言，现代物流理论的发展和面临的挑战主要体现在以下几个方面：

（一）电子商务物流

电子商务物流管理是指在社会再生产过程中，根据物资资料实体流动的规律，应用管理的基本原理和科学方法，对电子商务物流活动进行计划、组织、指挥、协调、控制和决策，使各项物流活动实现最佳协调和配合，以降低物流成本，提高物流效率和经济效益的管理活动。电子商务时代，由于企业销售范围的扩大，企业和商业销售方式及最终消费者购买方式的转变，使得送货上门等业务成为一项极为重要的服务业务，促使了物流行业的兴起。物流行业即能完整提供物流机能服务，包括运输配送、仓储保管、分装包装、流通加工等以收取报酬的行业。信息化、全球化、多功能化和一流的服务水平，已成为电子商务下的物流企业追求的目标。

电子商务是在计算机技术、网络通信技术的互动发展中产生和不断完善的。特别是近年来随着不断涌现的新信息技术，众多公司能够更好、更快、更廉价地实现电子商务功能。电子商务代表着未来贸易方式的发展方向，对现代物流业的发展起着同样的推动作用。

（二）绿色物流

根据中华人民共和国国家标准《物流术语》（GB/T 18354—2006）规定，绿色物流（Environmental Logistics）是指在物流过程中抑制物流对环境造成危害的同时，实现对物流环境的净化，使物流资源得到最充分利用。它包括物流作业环节和物流管理全过程的绿色化，是以经济学一般原理为基础，建立在可持续发展理论、生态经济学理论、生态伦理学理论、外部成本内部化理论和物流绩效评估基础上的物流科学发展观。

绿色物流的内涵包括以下五个方面：

（1）集约资源。这是绿色物流的本质内容，也是物流业发展的主要指导思想之一。通过整合现有资源，优化资源配置，企业可以提高资源利用率，减少资源浪费。

（2）绿色运输。运输过程中的燃油消耗和尾气排放，是物流活动造成环境污染的主要原因之一。因此，要想打造绿色物流，首先要对运输线路进行合理布局与规划，通过缩短运输路线，提高车辆装载率等措施，实现节能减排目标。另外，还要注重对运输车辆的养护，使用清洁燃料，减少能耗及尾气排放。

(3) 绿色仓储。绿色仓储一方面要求仓库选址要合理，有利于节约运输成本；另一方面，仓储布局要科学，使仓库得以充分利用，实现仓储面积利用的最大化，减少仓储成本。

(4) 绿色包装。包装是物流活动的一个重要环节，绿色包装可以提高包装材料的回收利用率，有效控制资源消耗，避免环境污染。

(5) 废弃物物流。废弃物物流是指在经济活动中失去原有价值的物品，根据实际需要对其进行搜集、分类、加工、包装、搬运、储存等，然后分送到专门处理场所后形成的物品流动活动。

(三) 虚拟物流

虚拟物流的概念最初是由美国的 Stuart 等人于 1996 年在阿肯色州大学物流协会的报告中提出的。当时 Stuart 认为，利用日益完善的通信网络技术及手段，将分布于全球的企业仓储虚拟整合为一个大型物流支持系统，以完成快速、精确、稳定的物资保障任务，满足物流市场的多频度、小批量的订货需求。

虽然后来有一些国外学者开始研究虚拟物流，但是到目前为止虚拟物流尚没有形成统一的定义。Miles 和 Gregory 认为虚拟物流在本质上是“即时制”在全球范围内的应用，是小批量、多频度的物资配送过程。它能够使企业在世界的任何地方都能以最低成本跨国生产产品并获得所需物资以赢得市场竞争和获得竞争优势。

《物流术语》(GB/T 18354—2006) 将虚拟物流定义为运用计算机网络技术进行物流运作与管理，实现企业间物流资源共享和物流模式优化配置。虚拟物流主要分为四方面：

(1) 虚拟物流组织：它可以使物流活动更具市场竞争的适应力和赢利能力。

(2) 虚拟物流储备：它可以通过集中储备、调度储备以降低成本。

(3) 虚拟物流配送：它可以使供应商通过最接近需求点的产品，并运用遥控运输资源实现交货。

(4) 虚拟物流服务：它可以提供一项虚拟服务降低固定成本。

对于中小企业来说虚拟物流的意义十分重大。中小企业在大的竞争对手面前经常处于不利的地位，他们从自己的物流活动中不但无法获取规模效益，而且还会加大物流成本的消耗。虚拟物流可以使这些小企业的物流活动并入到一个大的物流系统中，从而实现在较大规模的物流中降低成本，提高效益。

(四) 物联网

物联网 (Internet of Things) 这个词，国内外普遍公认的是 MIT Auto－ID 中心 Ashton 教授 1999 年在研究 RFID 时最早提出来的。在 2005 年国际电信联盟 (ITU) 发布的同名报告中，物联网的定义和范围已经发生了变化，覆盖范围有了较大的拓展，不再只是指基于 RFID 技术的物联网。

物联网 (IOT) 通过智能感知、识别技术与普适计算、泛在网络的融合应用，被称为继计算机、互联网之后世界信息产业发展的第三次浪潮。物联网被视为互联网的应用拓展，应用创新是物联网发展的核心，以用户体验为核心的创新是物联网发展的灵魂。

物联网可分为三层：感知层、网络层和应用层。

感知层是物联网的皮肤和五官识别物体，采集信息。感知层包括二维码标签和识读器、RFID标签和读写器、摄像头、GPS、传感器、终端、传感器网络等，主要是识别物体，采集信息，与人体结构中皮肤和五官的作用相似。

网络层是物联网的神经中枢和大脑信息传递和处理。网络层包括通信与互联网的融合网络、网络管理中心、信息中心和智能处理中心等。网络层将感知层获取的信息进行传递和处理，类似于人体结构中的神经中枢和大脑。

应用层是物联网的“社会分工”与行业需求结合，实现广泛智能化。应用层是物联网与行业专业技术的深度融合，与行业需求结合，实现行业智能化，这类似于人的社会分工，最终构成人类社会。物联网注定要催化中国乃至世界生产力的变革。

（五）第四方物流和第五方物流

1. 第四方物流

第四方物流（Fourth Party Logistics，4PL）是1998年美国埃森哲咨询公司率先注册的。他们所提出的概念是一个供应链集成商调集和管理组织自己的以及互补性服务提供商的资源、能力和技术，来提供一个综合的供应链解决方案。

第四方物流可以定义为综合供应链的整合和作业的组织者，它负责向第一方（供应方）、第二方（需求方）和第三方（物流服务提供者）提供供应链管理、物流咨询、物流培训等系统供应链解决方案。因此，第四方物流成功的关键在于为顾客提供最佳的增值服务，即迅速、高效、低成本和个性化的服务。

第四方物流是在第三方物流的基础上演化而来，它与第三方物流在一定程度上有相同的一面，但也有区别，主要表现在以下方面：

（1）第四方物流为客户提供部分或一整套完善的供应链解决方案和服务。第四方物流负责传统第三方物流之外的职务，即负责传统第三方安排以外的功能整合。第四方物流不仅控制和管理特定的物流服务，而且对整个物流过程提出方案，并将整体过程集成起来，为顾客提供最佳的增值服务，即迅速、高效、低成本和人性化的服务、而第三方物流只负责具体的部分物流职能运作。

（2）第四方物流是在第三方物流的基础之上进化和发展的，比第三方物流的涵盖面要广，技巧更复杂。它所依托的手段主要是现代的思想理念、现代的信息网络和现代的管理方式。它所提供的供应链解决方案具有很好的系统化和完整性。同时，当在供应链的运作过程中发现问题时，第四方物流能进行供应链的重新优化整合，这一点是第三方物流的差距所在。第三方物流缺少对供应链运作的专长和整合技能，在功能范围上也不如第四方物流广阔。

（3）第四方物流是从整个供应链的角度来考虑，为的是协调供应链使其顺畅运作，第三方物流就是被协调的其中一方。

（4）第四方物流的思想必须依靠第三方物流的实际运作才能实现并得到验证；第三方

物流又迫切希望得到第四方物流在优化供应链和方案方面的指导；它们是共生关系。

2. 第五方物流

第五方物流（Fifth Party Logistics，5PL）的概念最早是由JP摩根（亚太）收购兼并部总裁史丹利于2002年在香港网丰物流进行投资调研的时候提出的。2004年在香港贸易发展局举办的奥港服务洽谈会的研讨会上，香港网丰物流集团运营总裁冯祖期先生再次提出第五方物流的概念。

第五方物流是指在物流实际运作中提供电子商贸技术去支持整个供应链，并能组合各接口的执行成员为企业的供应链协同服务，是物流对未来发展趋势的评价，是专门为第一方、第二方、第三方和第四方提供的物流信息平台，供应链系统管理优化、供应链集成、供应链资本运作等增值服务性活动。

第五方物流企业是专门对物流信息资源进行管理的物流企业，并不实际承担具体的物流作业活动。它是一个系统的提供者、优化者、组合者。所谓一个系统的提供者，是指第五方物流以IT技术为客户组合供应链的各个环节，将平台系统放进客户的实际运作中，收集实时资讯，以达到评估、监控、快速回顾运作信息的作用；所谓一个优化者是指第五方物流可以促进物流标准化的实现；所谓一个组合者是指第五方物流是一个用户之间可以寻求多种组合，构成多接口、多用户、跨区域、无时限的物流平台。第五方物流不只是一个系统信息流的提供者，信息继承者，系统的组合者，同时还是一个完备的供应链体系。

第五方物流是以IT技术为基础，着眼于整个供应链。它与第四方物流的区别在于，第四方物流只是一个供应链的集成商，提供的物流信息系统只是在顾客已有的物流信息系统基础上进行优化、完善，所以更多的是针对一个企业或者是一些企业，即一种构架对一种构架的物流信息系统。同时，第四方物流公司还要参与实际物流运作的完成，不能算是一个完整意义上的软件服务商。而第五方物流是一种标准化物流信息系统提供者，这个供应链上的任何环节都可以安装这个物流信息系统与自己的上下游企业进行无缝对接。在这个系统平台上的任何信息都是公开化、透明化的，它是一个层面对一个层面的物流信息系统。

第五方物流与第三方物流的区别在于，第三方物流是只生产经营为集中精力搞好主业务，把原来属于自己处理的物流活动，以合同方式委托给专业物流服务企业，与此同时通过信息系统与物流服务企业保持紧密联系，以达到对物流全过程管理和控制的一种物流运作与管理方式。第三方物流作为中间商以合同的形式，在一定期限内给企业提供所需的全部或部分物流服务。它是一个为外部客户管理、控制和提供物流服务作业的公司，但并不是产品供应链的一部分，仅是第三方。与第三方相比，在信息形态上，第五方物流是层面对层面而第三方物流和第四方物流分别是点对点、架构对架构。在仓储形态上，第五方物流是对信息的处理，运输形态是信息结构，管理形态是信息形式。

另外，从第一方物流到第五方物流，并不代表规模越来越大，只是说明运营的核心不同而已。第一方物流是自营性物流，第二方物流是资产性物流，第三方物流是合约是物流，第四方物流简单地说是满足供应链需求的物流，第五方物流是在第四方物流的基础上，建立一个电子物流网络。

练习思考题

1. 简述现代物流的发展过程和发展趋势。

2. 美国、欧洲、日本、中国关于物流的定义分别是什么？你是如何理解的？

3. 现代物流具有哪些特征？

4. 现代物流如何分类？

5. 现代物流的功能要素有哪些？并分别予以解释。

6. 现代物流的作用是什么？

7. 现代物流理论包括哪些？

8. 现代物流理论有哪些新发展？

9. 简述第三方、第四方和第五方物流的主要区别。

10. 从网站或报刊中查找有关我国现代物流发展和企业实施有效物流管理的文章，并写出读后感。

第二章　现代物流系统

引导案例

高效物流系统——海尔生命线

作为世界著名的家电跨国企业，海尔的产品每天要通过全球5.8万个营销网点，销往世界160多个国家和地区，每月采购26万类物料、制造1万多类产品，每月接到6万个销售订单。对于海尔集团来说，高效率的现代物流系统就意味着企业内部运作的生命线。

海尔的物流系统可归纳为"一流三网"。"一流"是指以订单信息流为中心；"三网"分别是全球供应链资源网络、全球用户资源网络和计算机信息网络。围绕订单信息流这一中心，将海尔遍及全球的分支机构整合在统一的物流平台之上，从而使供应商和客户、企业内部信息网络这"三网"同时开始执行、同步运行，为订单信息流的增值提供支持。

"一流三网"的同步模式实现了四个目标：为订单而采购，消灭库存；通过整合内部资源、优化外部资源，使本来的2336家供应商优化到了840家，建立了更加强大的全球供应链网络，有力地保障了海尔产品的质量和交货期；实现了三个即时（JIT），即JIT采购、JIT配送和JIT分拨物流的同步流程；实现了与用户的零距离。目前，海尔100%的采购订单由网上下达，使采购周期由原来的平均10天降低到3天；网上支付已达到总支取额的20%。

通过对海尔物流系统案例的分析，我们能得到什么启示？海尔的物流系统不仅实现了"零库存"、"零距离"和"零营运资本"，而且整合了内部，协同了供货商，提高了企业效益和生产力，方便了使用者。海尔物流系统概括讲就是"一流三网"，但内部各方面却非常复杂，囊括了生产、流通各环节，如果没有共同的规划可以遵循制约各个环节各自独立的去发展，海尔物流系统就不会实现它的四个目标，所以，通过对海尔物流系统的规划与设计有助于增强企业的赢利能力，提高竞争力。

物流是一个系统，物流系统具有一般系统的基本特征，为实现社会经济的可持续发展，人们必须用系统的观点、系统的方法来对物流系统的各组成部分不断修改、完善，即重新规划设计物流系统，方能使物流活动按照人们设定的目标有效运行，达到系统整体的最优化。因此，对物流系统构成要素进行分析与诊断，对物流系统进行整体规划与优化没计，是推进物流系统化，构筑效率化物流系统，实现物流合理化、效率化有效途径。本章从系统的概念、特征、模式等入手，系统介绍物流系统的构成、特点、物流系统的目标、物流系统设计的具体步骤以及物流系统的绩效评价等内容。

第一节　系统的定义及其特点

系统论是现代管理学的基本范畴之一，也是物流管理的基础理论，现代物流是一个动态的、复杂的系统组合，并且各构成要素之间存在强烈的效益背反现象，往往随着消费需求、市场供给、购销渠道、商品价格等社会经济影响因素的变化，其系统内的各构成要素及运行方式经常发生变动。为实现社会经济的可持续发展，人们必须用系统的观点、系统的方法来对物流系统的各组成部分不断修改、完善，即重新规划设计物流系统，才能使物流活动按照人们既定的目标有效运行，达到系统整体的最优化。因此，如何建立优化的物流系统，是物流管理决策的中心内容。

一、系统的概念

“系统”这个词来源于古希腊 System，有“共同”和“给以位置”的含义。近代比较完整地提出“系统”一词概念的是亨德森，后来发展为贝塔朗菲的“一般系统论”。1948年，诺伯特·维纳创立了“控制论”。美国经济学家肯尼思·博尔稧又尝试把控制论与信息论结合起来，并于1956年发表了题为《一般系统论：一种科学的框架》的文章。1968年，贝塔朗菲在出版的《一般系统理论的基础、发展和应用》一书中，更加全面地阐述了动态开放系统的理论，该书被公认为一般系统论的经典著作。

现代意义的系统概念已成为重要的哲学方法论概念和重要的科学概念，其确切定义依照学科、使用方法和解决的问题而有所区别，我们将使用社科领域普遍接受的定义：所谓系统是由两个或两个以上相互联系又相互区别的单元结合而成，形成实现特定功能的有机结合体。每个单元又可称为一个子系统，每个子系统又可分为更小的子系统。系统本身又处于更大的系统之中，这个更大的系统被理解为该系统所处的环境。

从一般意义可以对系统概念做如下理解：

1. 系统是由若干要素（单元）组成的

这些要素可能是一些个体、元件、零件，也可能其本身就是一个系统（或称为子系统）。如运算器、控制器、存储器、输入/输出设备组成了计算机的硬件系统，而硬件系统又是计算机系统的一个子系统。

2. 系统有一定的结构

一个系统是其构成要素的集合，这些要素相互联系、相互制约。系统内部各要素之间相对稳定的联系方式、组织秩序及时空关系的内在表现形式，就是系统的结构。例如，钟表是由齿轮、发条、指针等零部件按一定的方式装配而成的，但一堆齿轮、发条、指针随意放在一起却不能构成钟表；人体由各个器官组成，但各个器官简单拼凑在一起并不能成为一个有行为能力的人。

3. 系统有一定的功能，或者说系统要有一定的目的性

系统的功能是指系统与外部环境相互联系和相互作用中表现出来的性质、能力和功

能。例如，信息系统的功能是进行信息的收集、传递、储存、加工、维护和使用，辅助决策者进行决策，有助于企业实现目标。

二、系统的特征

1. 系统的整体性

系统的整体性是指组成系统的各个要素不是简单地集合在一起，而是有机地组成一个整体，每个元素要服从整体，追求整体最优，而不是每个元素最优。这就是我们通常所说的全局观点。有了系统的整体性，即使在系统中的每个元素并不十分完善，但通过综合、协调，仍然可使整个系统达到较完美的程度。反之，如果不考虑整体效果，单纯地追求每个元素达到最好的结果，则从全局看系统可能是最差的系统。

2. 系统的层次性

系统的层次性是指系统的每个元素本身又可看做一个系统，人们称为是系统的“子系统”。以国民经济系统为例，它的下面有许多子系统，如工业系统、农业系统、银行系统、商业系统、交通系统等，而交通系统又可分为民航系统、公路系统、铁路系统、水运系统等。

3. 系统的相关性

系统的相关性是指组成系统的各个元素相互关联并相互作用。例如在国民经济系统中，工业系统为农业系统提供机械设备、化肥等，而农业系统为工业系统提供原料、粮食和市场等。系统各个元素的相互关联、相互支援和相互制约，使之有机结合成为有特定功能的社会系统。

4. 系统的目的性

任何系统都是有目的和目标的。例如教育系统的目的是为了提高教学水平、提高人的素质，其目的是通过系统的功能达到和实现的，因此任何系统都具备某种功能。

5. 系统对环境的适应性

系统对环境的适应性是指任何系统都处于一定的环境之中，系统总要受到环境的影响和制约。系统也要对环境的变化做出某种反应。人们把环境对系统的影响称为刺激或冲击，而系统对环境的反应称为反响。系统对环境的适应性表现为环境对系统提出的限制和系统对环境的反馈控制作用。

三、系统的一般模式

系统是相对外部环境而言的，并且和外部环境的界限往往是模糊过渡的，所以严格地说系统是一个模糊集合。系统是两个或两个以上既相互区别又相互作用的、能完成某一功能的单元之间的有机结合，它是一个综合体，用数学函数式可表示为：

$$S=f(A_1, A_2, A_3, \cdots, A_n)$$

式中：S——系统；

A_n（$n\geqslant 2$）——单元元素。

外部环境向系统提供劳力、手段、资源、能量、信息，称为“输入”。系统以自身所具有的特定功能，将“输入”进行必要的转化处理活动，使之成为有用的产成品，供外部环境使用，称为系统的输出。输入、处理、输出是系统的三要素。如一个工厂输入原材料，经过加工处理，得到一定产品作为输出，这就成为生产系统。

外部环境因资源有限、需求波动、技术进步以及其他各种变化因素的影响，对系统加以约束或影响，称为环境对系统的限制或干扰。此外，输出的结果不一定符合理想，可能偏离预期目标，因此，要将输出结果的信息返回给输入，以便调整和修正系统的活动，这称为反馈。

根据以上关系，系统的一般模式如图 2-1 所示。

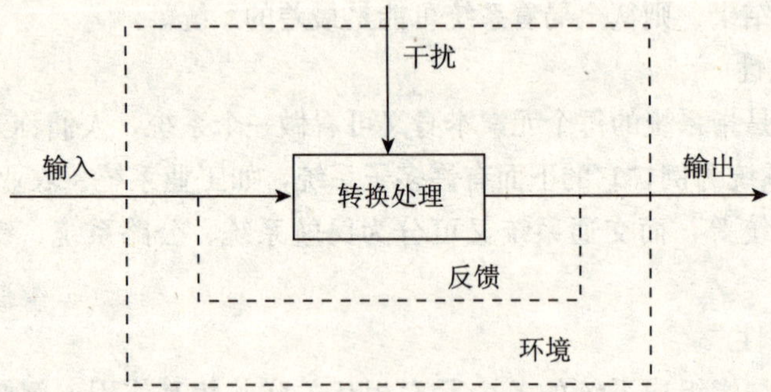

图 2-1　系统的一般模式

四、系统的结构

系统是由两个或两个以上元素及元素间形成的特别关系所构成的有机整体。其中元素是形成系统的基础，元素之间的关系是构成系统的不可缺少的条件。系统的变化是系统元素通过各种关系不断运动变化引起的。系统作为一个整体并具有一定功能，都要通过元素之间相互联系来实现。在一个企业系统中，通过人、财、物、信息等诸元素相互结合而形成的各种联系，进行各种各样的生产经营管理活动。所有元素在各种关系中不断运动，相互作用，表现为企业系统的运行情况。研究各元素之间的关系是研究系统的中心问题，是分析和改善系统的关键。

提出系统的概念，是科学研究方法的一个发展。系统概念的出现，不再把事物看成是孤立的、不变的，而看成是发展的、相互关联的一个整体。当然只有系统的概念还不能解决具体问题，现代科学技术把系统的概念应用具体化，建立了一套逻辑推理、数学运算、定量地处理系统内部关系等一整套系统分析方法。

第二节　现代物流系统的定义及模式

系统性是现代物流最基本的特征，物流系统就是系统论在物流领域中的应用，是运用系统原理对物流进行整体规划设计、组织实施协调控制的过程。它能使物流作业以优质的服务水平、最低的物流总成本，实现物流系统的整体合理化、效益最大化。

一、现代物流系统的定义

现代物流系统是由物流各要素所组成的、要素之间存在着有机联系并具有使物流功能合理化的综合体。具体地讲，现代物流系统就是指在一定的时间和空间里，由所需移动的物资、包装设备、装卸搬运机械、运输工具、仓储设施、人员和通信联系等若干相互制约的动态要素所构成的具有特定功能的有机整体。

对于物流系统来说，首先要有明确的目的，即物流系统要实现的目标。构筑物流系统的目的可以归纳为这样几个：

（1）将货物按照规定的时间、规定的数量送达目的地。

（2）合理配置物流中心，维持适当的库存。

（3）实现装卸、保管、包装等物流作业的省力化、效率化。

（4）维持合适的物流成本。

（5）实现从订货到出货全过程信息的顺畅流动等。

物流系统的另一关键点是"构成要素的有机结合体"。物流系统的构成要素分为两大类，一类是结点要素，另一类是线路要素，也就是说，仓库、物流中心、车站、码头、空港等物流据点以及连接这些据点的运输线路构成了物流系统的基本要素，这些要素为实现物流系统的目的有机结合在一起，相互连动，无论哪个环节的哪个要素的行动发生了偏差，物流系统的运行就会发生紊乱，也就无法达成物流系统的目的。

二、现代物流系统的模式

在实际生活中，物流系统的表现形式各种各样，但是不管什么样的物流系统，它们都具备共同的系统模式。

（一）物流系统一般模式

物流系统同样具备系统的一般要素，即具有输入、处理（转换）、输出、干扰（限制和制约）、反馈等功能。依当前信息技术的发展而言，现代物流系统是信息化、现代化、社会化和多层次的物流系统。该系统主要针对物流的需要，采用网络化的计算机技术及先进的管理手段，严格地进行一系列物流作业活动，定时、定点、定量地将货物交给各类不同的用户，满足其对商品的需求。物流系统的一般模式如图 2-2 所示。

1. 输入

输入就是通过提供资源、能源、设备、劳力等手段对某一系统发生作用，统称为外部环境对物流系统的输入。包括原材料、设备、劳力、能源等。

2. 处理（转换）

处理是指物流本身的转化过程。从输入到输出之间所进行的生产、供应、销售、服务等活动中的物流业务活动称为物流系统的处理或转化。具体内容有：物流设施设备的建设；物流业务活动，如运输、储存、包装、装卸、搬运等；信息处理及管理工作。

3. 输出

物流系统与其本身所具有的各种手段和功能，对环境的输入进行各种处理后所提供的物流服务称为系统的输出。具体内容有：产品位置与场所的转移，各种劳务，如合同的履行及其他服务等，信息、场所时间形质效用、成本费用等。

4. 干扰（限制和制约）

外部环境对物流系统施加一定的约束称为外部环境对物流系统的限制和干扰。具体有：资源条件、能源限制、资金与生产能力的限制、价格影响、需求变化、仓库容量、装卸与运输的能力、政策的变化等。

5. 反馈

物流系统在把输入转化为输出的过程中，由于受系统各种因素的限制，不能按原计划实现，需要把输出结果返回给输入，进行调整，即使按原计划实现，也要把信息返回，以对工作做出评价，这称为信息反馈。信息反馈的活动包括：各种物流活动分析报告，各种统计报告数据，典型调查，国内外市场信息与有关动态等。

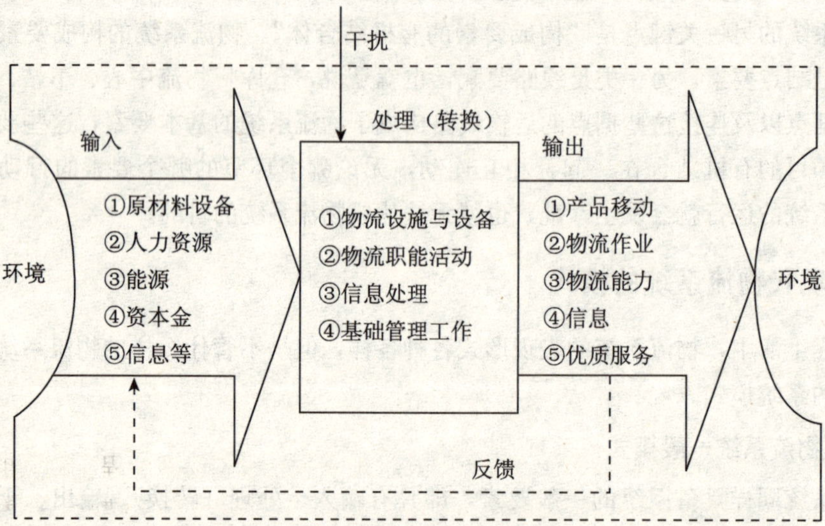

图 2-2 物流系统的一般模式

（二）物流系统的实体模式

物流系统的实体模式包括两个方面：第一，物流的各个环节通过物资实体的运动将它们联系在一起，各个环节间相互协调，根据需要适时、适量地调度物流过程涉及的资源，形成流动的实体网络；第二，通过信息以网络的形式将物流企业各部门、各物流企业、各生产企业和各商业企业等连在一起，实现了社会的各部门、各企业之间低成本的数据高速共享，实现物流过程的相互衔接和资源调度，形成物流的虚拟网络。如图 2-3 所示。

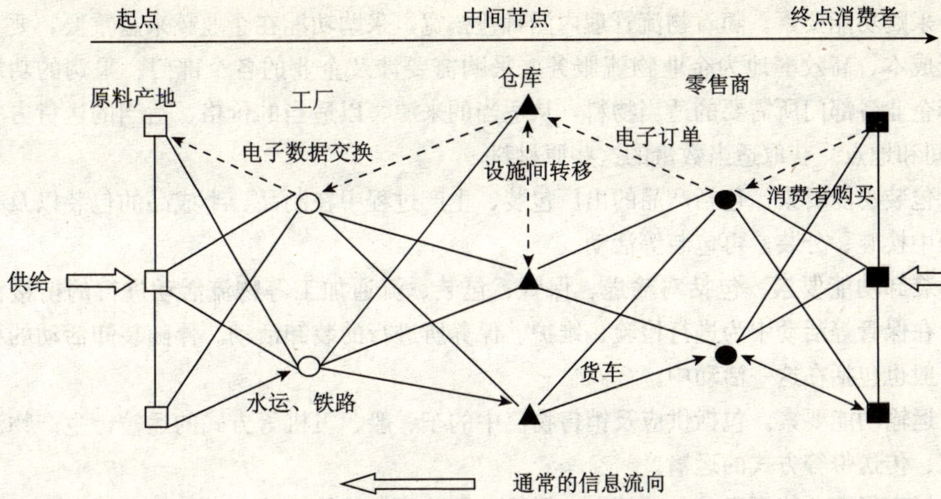

图 2-3 物流系统的实体模式

第三节 现代物流系统的构成及特点

一、物流系统的构成

(一) 物流系统组成要素

1. 现代物流系统的一般要素

现代物流系统的一般要素由三方面构成。

(1) 劳动者要素。它是现代物流系统的核心要素、第一要素。提高劳动者的素质，是建立一个合理化的现代物流系统并使它有效运转的根本。

(2) 资金要素。交换是以货币为媒介的。实现交换的现代物流过程，实际也是资金运转过程。同时，物流服务本身也是需要以货币为媒介，现代物流系统建设是资本投入的一大领域，离开资金这一要素，现代物流不可能实现。

(3) 物的要素。物的要素包括物流系统的劳动对象，即各种实物。缺此，现代物流系统便成了无本之木；现代物流中物的要素还包括劳动工具、劳动手段，如各种物流设施、工具、各种消耗材料（燃料、保护材料）等。

2. 现代物流系统的功能要素

现代物流系统的功能要素指的是现代物流系统所具有的基本能力，这些基本能力有效地组合、联结在一起，便成了现代物流的总功能，便能合理、有效地实现物流系统的总目的。现代物流系统的功能要素一般认为有采购、运输、储存保管、包装、装卸搬运、流通加工、配送、物流信息等，如果从物流活动的实际工作环节来考察，现代物流主要由上述八项具体工作构成。换句话说，现代物流能实现以上八项功能。

(1) 采购功能要素。随着物流管理内涵日益拓宽，采购功能在企业越来越重要，要真正做到低成本、高效率地为企业物流服务，采购需要涉及企业的各个部门。采购的功能是：选择企业各部门所需要的适当物料，从适当的来源、以适当的价格、适当的送货方式（包括时间和地点）获取适当数量的这些原材料。

(2) 包装功能要素。包括产品的出厂包装、生产过程中在制品、半成品的包装以及在物流过程中换装、分装、再包装等活动。

(3) 装卸功能要素。包括对输送、保管、包装、流通加工等物流活动进行的衔接活动，以及在保管等活动中为进行检验、维护、保养所进行的装卸活动。伴随装卸活动的小搬运，一般也包括在这一活动中。

(4) 运输功能要素。包括供应及销售物流中的车、船、飞机等方式的运输，生产物流中的管道、传送带等方式的运输。

(5) 储存保管功能要素。包括储存、保管、保养、维护等活动。

(6) 流通加工功能要素。又称流通过程的辅助加工活动。这种加工活动不仅存在于社会流通过程中，也存在于企业内部的流通过程中。所以，实际上是在物流过程中进行的辅助加工活动。企业、物资部门、商业部门为了弥补生产过程中加工程度的不足，更有效地满足用户或本企业的需求，更好地衔接产需，往往需要进行这种加工活动。

(7) 配送功能要素。配送是物流进入最终阶段，以配送、送货形式完成社会物流并最终实现资源配置的活动。配送活动一直被看成运输活动中的一个组成部分，看成是一种运输的延续形式。所以，过去未将其独立作为物流系统实现的功能，未看成是独立的功能要素，而是将其作为运输中的末端运输对待。但是，配送作为一种现代流通方式，集经营、服务、社会集中库存、分拣、装卸搬运于一身，已不是单单一种送货运输能包含的，所以将其作为独立功能要素。

(8) 物流情报功能要素。包括进行与上述各项活动有关的计划、预测、动态（运量、收、发、存数）的情报及有关的费用情报、生产情报、市场情报活动。

上述功能要素中，运输、储存保管分别解决了供给者与需要者之间场所和时间的分离，分别是物流创造“空间效用”及“时间效用”的主要功能要素，因而在现代物流系统中处于主要功能要素的地位。运输与储存保管两大功能要素也就是传统储运的功能要素。

3. 现代物流系统的支撑要素

现代物流系统的建立需要有许多支撑手段，尤其是处于复杂的社会经济系统中，要确定现代物流系统的地位，要协调与其他系统的关系，这些要素必不可少。主要包括：

(1) 体制、制度。物流系统的体制、制度决定物流系统的结构、组织、领导、管理方式，国家对其控制、指挥和管理方式是现代物流系统的重要保障，有了这个支撑条件，现代物流系统才能确立在国民经济中的地位。

(2) 法律、规章。现代物流系统的运行，都不可避免地涉及企业或人的权益问题，法律、规章一方面限制和规范物流系统的活动，使之与更大系统协调，另一方面是给予保障。合同的执行、权益的划分、责任的确定都靠法律、规章维系。

(3) 行政、命令。现代物流系统和一般系统不同之处在于，现代物流系统关系到国家军事、经济命脉，所以，行政、命令等手段也常常是支持现代物流系统正常运转的重要支撑要素。

(4) 标准化系统。是保证物流环节协调运行，保证现代物流系统与其他系统在技术上实现联结的重要支撑条件。

4. 现代物流系统的物质基础要素

现代物流系统的建立和运行，需要有大量技术装备手段，这些手段的有机联系对于现代物流系统的运行有决定意义。这些要素对实现物流和某一方面的功能也是必不可少的。主要有：

(1) 物流设施。它是组织现代物流系统运行的基础物质条件，包括物流站、场，物流中心、仓库，物流线路，建筑物、公路、铁路、港口、管道等。

(2) 物流装备。它是保证现代物流系统开动的条件，包括仓库货架、进出库设备、加工设备、运输设备、装卸机械等。

(3) 物流工具。它是现代物流系统运行的物质条件，包括包装工具、维护保养工具、办公设备等。

(4) 信息技术及网络。它是掌握和传递物流信息的手段，根据所需信息水平不同，包括通信设备及线路、传真设备、计算机及网络设备等。

(5) 组织及管理。它是物流网络的“软件”，起着联结、调运、运筹、协调、指挥其他各要素以保障物流系统目的的实现。

(二) 物流系统

物流系统包括了硬件系统和软件系统，其中软件系统包括管理系统、作业系统和信息系统三个部分。

1. 管理系统

物流管理系统是企业管理信息系统中的一类，是计算机管理信息系统在企业物流管理领域的应用。具体地讲，物流管理系统可以理解为通过对与物流相关信息的加工处理来达到对物流、资金流的有效控制和管理，同时为企业提供信息分析和决策支持的人机交互系统。物流管理系统主要包括储运管理模块、订单管理模块、货物管理模块、财务处理模块、决策支持模块、跟踪管理模块等部分，物流管理系统就是围绕着货物进行运行，在各种功能模块的支持下，保证信息流快速交互和物流业务数据在各个环节和部门的共享，以此达到物流在不同供应链节点的协调和无缝连接，从而最大限度上减少物流过程中重复、不必要的环节和资源的浪费，在保证物流服务质量的基础上，实现物流成本最小化。

2. 作业系统

作业系统是指运输、储存、包装、装卸搬运、流通加工等职能系统。它是为了实现物流各项作业功能的效率化，通过各项作业功能的有机结合增进物流效率化的统一体。该系统中最重要的就是运输系统和仓储系统。运输在传统物流和现代物流中都具有非常重要的地位，因为它是联结供求的桥梁和纽带，只有通过运输系统才能实现物资的传递。现代物流系统中的运输系统更加注意了服务成本、服务速度和服务的持续一致性。在设计物流系统时，要使运输速度和成本趋向平衡。仓储系统与运输系统一样也是在传统物流系统与现代物流系统中都处于重要地位的子系统。仓储系统主要涉及仓储管理和库存控制。

3. 信息系统

信息系统又称“物流情报系统”，这个系统是传统物流所不具备的。它包括订货，发货管理，在库、出库管理等职能，力求完成商品流动全过程的信息活动。它同其他职能，如采购、生产、销售等有机地结合在一起，通过信息的顺畅流动，从而提高物流系统的工作效率，是实现作业活动效率化的支持系统。信息子系统在现代物流系统中处于一个中心的地位。

二、现代物流系统的特点

（一）物流系统是一个“人—机”系统

物流系统由人与各类劳动手段，如设备、工具所组成。它具体表现为人运用运输设备、装卸搬运机械、仓库、港口、车站等设施，作用于物资的一系列生产活动。在这一系列的物流活动中，人是系统的主体。对“人”要特别强调服务意识；对“机”要重视利用现代物流技术设备，做到因地制宜，处理好“人—机”关系。

（二）物流系统是一个有效整合系统

这个系统总体要比个别的部分或功能的简单相加更大。它不是物流各环节的简单组合，而是组合后形成的放大效应。因此对物流系统的管理要特别强调运行的协调性，强调各环节间相互联系与区别。因为，物流系统又是一个可以分割为诸多独立作业的子系统，即各环节的独立性。

（三）物流系统是一个复杂系统

具体表现为：物资的品种多、数量大；人员构成复杂；空间分布广；业务门类多；资金占用量大。

（四）物流系统是一个动态系统

物流系统一般要联系多个企业客户，随着需求、供应、渠道、价格的变化，系统内部的要素及系统的运行也经常发生变化。物流系统常受到社会生产及需求的广泛制约，所以物流系统必须是具有适应环境能力的、随环境变化而变化的动态系统。

（五）物流系统是一个多目标系统

物流系统的总目标是实现其整体经济效益最大化。但物流系统各要素存在非常强烈的“效益背反”现象。因此，实际工作中要同时实现物流时间最短、服务质量最佳、物流成本最低这几个目标几乎是不可能的。例如，在储存子系统中，为保证供应、方便生产，人们会提出存储的物资高库存、多品种的办法；而为了加速资金周转、减少资金占用，人们又会提出降低库存的要求。这些相互矛盾的问题在物流系统中广泛存在，因此，针对不同时期，选择不同目标也是物流系统管理的要点之一。

第四节　现代物流系统的目标

所谓物流系统目标，就是把物流诸环节联系起来，视为一个物流大系统，进行整体设计和管理，以最佳的结构，最好的配合，充分发挥其系统功能和效率，以实现高服务、低成本的物流系统目标。物流系统的目标就是物流系统合理化，物流合理化是一种兼顾成本与服务的“有效率的系统”，所谓系统的效率是指“一个系统的产出与投入之比”。物流系统的产出是物流服务，产出的多少可以用服务水平高低来衡量和评价；物流系统的投入是为提高物流服务所消耗的活劳动和物化劳动，体现为物流成本。以最低的物流成本达到可以接受的物流服务水平，或以可以接受的物流成本达到最高的服务水平，这样的系统都是“有效率的系统”。如何达到“有效率的系统”，即如何处理好物流成本与服务水平之间的关系就是物流合理化的过程。

一、物流服务与物流成本的关系

高水平的物流服务是由高的物流成本来保证的，企业很难既提高了物流服务水平，同时也降低了物流成本，除非有较大的技术进步。一般来说，提高物流服务，物流成本即上升，它们之间存在着效益背反。并且，物流服务与物流成本之间并非呈现线性的关系。

如图 2-4 所示，在服务水平较低阶段，如果追加 X 单位的服务成本，服务质量将提高 Y；而在服务水平较高阶段，同样追加 X 单位的成本，提高的服务质量 Y'（$Y'<Y$）。

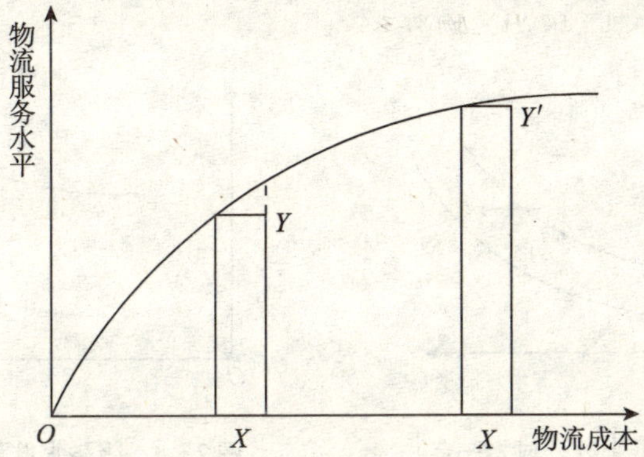

图 2-4　物流服务于成本

图 2-4 给予我们的启示是，投入相同的成本并非可以得到相同的物流服务的增长。与处于竞争状态的其他企业相比，在处于相当的服务水平的情况下，要想超过竞争对手，提出并维持更高的服务标准就需要有更多的投入，因此一个企业在作出这种决定时必须经过仔细研究和对比。

美国市场营销权威科特勒提出：“物流目的必须引进投入与产出的系统效率概念，才能得出较好的定义。”即把物流看成是由多个效益背反的要素构成的系统，避免为了固执地达到单一的目的，而损害了企业整体的利益。企业决策在提出降低物流成本的要求时，必须认真考虑物流成本下降与物流服务之间的关系。

一般在对物流服务和物流成本作决策时，通常考虑以下四种方法：

（1）在物流服务水平不变的前提下考虑降低成本。不改变物流服务水平，通过优化物流系统来降低物流成本，这是一种追求效益的方法，如图 2-5 所示。

（2）为提高物流服务不惜增加物流成本。这是许多企业在面对特定顾客或其特定商品面临激烈竞争时采取的积极做法，如图 2-6 所示。

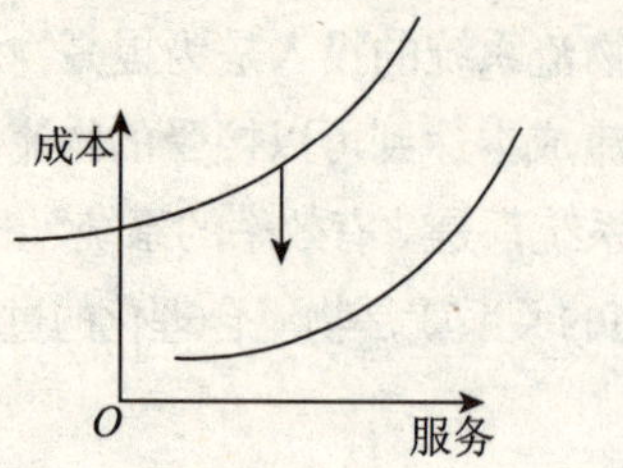

图 2-5　服务水准一定，成本降低

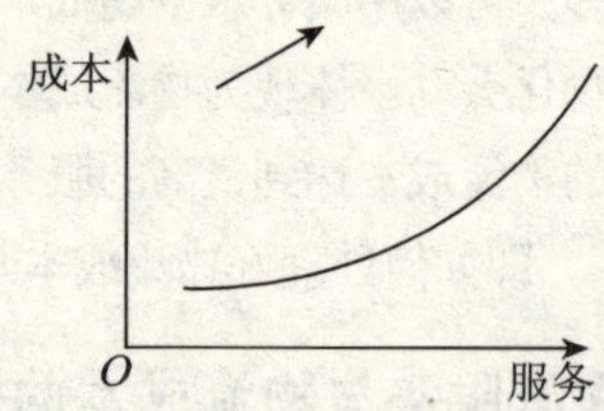

图 2-6　服务水准与成本同时上升

（3）在成本不变的前提下提高物流服务水平。这是一种追求效益的办法，也是一种有效地利用成本性能的办法，如图 2-7 所示。

（4）用较低的成本来实现较高的物流服务。这是增加销售、增加效益、具有战略意义的办法，如图 2-8 所示。

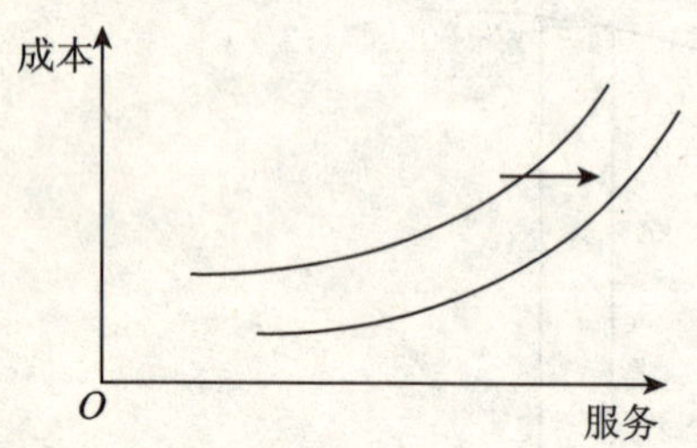

图 2-7　服务水准上升，成本一定

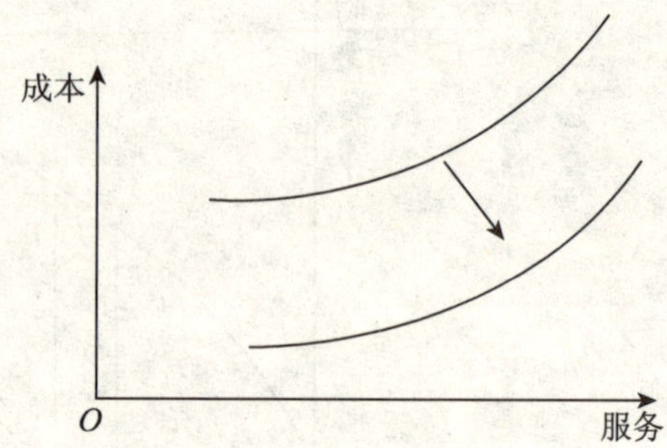

图 2-8　服务水准与成本同时下降

具体到企业如何定位，还应该通盘考虑各方面的情况，如商品战略和地区销售战略、流通战略和竞争对手、物流成本与物流系统所处的环境等因素。

二、物流系统的目标

从物流系统的概念可以知道，对于物流系统来说，首先要有明确的目的，即物流系统要实现的目标。总的来说，物流系统的目标可以归纳为以下几个方面。

1. 服务性（Service）

所谓服务性是指能想客户之所想，急客户之所急，按照客户的要求设计物流服务产品。在为客户服务方面，要求无脱销、无货损等事故，力求服务项目完善、降低服务费用，以达到客户满意。

2. 速送性（Speed）

速送性要求把商品按客户指定的地点、准确迅速地送到目的地。为此，应把物流设施建在需求较集中的地区附近，或者利用高速（或高等级）公路，实行按专门路线配送（货运专线运输）。

3. 空间有效利用（Space Saving）

随着经济的发展，城市土地价格一直有上涨的趋势。由于地皮紧张，为了能有效地利用土地面积，发展相应的物流机械（高位货架）和立体化设施，提高空间利用率已成为物流系统的重要目标之一。

4. 规模适当（Scale Optimization）

在这方面包括：物流规模与经济发展相适应，物流设施的集中与分散是否适当，引入机械化、自动化实现效率的提高，信息处理现代化所需要的电子计算机和通信技术，以及物流网络的建立与完善等。

5. 库存控制（Stock Control）

库存量大小的原则是：既能保证供应，又要减少资金占用。如果库存增加，则需要更多的货物保管场所，而且还会由于库存而占用过多的资金。因此，物流系统必须具有及时调整变动库存的功能。“零库存”是库存管理的理想目标。

6. 安全性（Safe）

过硬的安全是最大的节约。物流系统的各个环节、过程都应坚持“预防为主”的观念，避免由于安全而导致的各类物流作业事故，给企业和客户造成损失。

7. 总成本最低（Lowest Total Cost）

在物流市场激烈竞争的情况下，价格不能比社会平均成本高出很多，否则会招来更多的竞争者。因此，个别物流企业的物流成本只有降低到平均成本以下，才有可能赚取高额利润。另外，单项成本的降低，并不意味着总成本的降低。如库存费用降低，会导致运输费用上升，二者必须找到一个最佳的配合点，这就是所谓的经济订购批量。

第五节　现代物流系统的设计与实施

物流管理就是为了实现物流系统目标而进行的规划、设计、组织和控制活动。物流系统规划与设计是企业物流管理的关键环节，是一个围绕企业所涉及的物流活动进行详细设计的过程，就是把物流系统的各个子系统联系起来作为一个大系统进行整体的设计和管理，以最佳的结构、最好的配合，充分发挥其系统功能和效率，实现整体物流系统运行合理化和物流系统化的总目标；组织是汇集和配置物流资源以实现目标；而控制指测量物流系统绩效，当偏离目标时，采取修正措施。

一、物流系统规划与设计的目标

物流系统规划与设计的核心就是用系统的思想和方法对物流的各个功能进行整合，从而更好地实现物流系统发展的目标，实现以最小投入获得最大产出。因此，做好物流系统规划是保证物流系统健康、良性发展的前提条件。可见，物流系统规划与设计的目标就是为服务收益、总成本最小化和创造物流价值。

(一) 服务收益

物流系统规划设计能提供具有更高运行效率的物流服务，以确保用户需求。基本的物流系统服务水平要从可得性、作业表现和服务可靠性三个方面加以衡量。

1. 可得性

可得性意味着拥有存货，能始终满足顾客对材料或产品的需求。根据传统的范例，存货可得性越高，所需的存货投资就越大。虽然当前科学技术正在提供新的方法，使存货的高度可得性与高额的存货投资无关，但是因其具有重大的影响，所以存货可得性的开发仍然是至关紧要的。

2. 作业表现

作业表现是处理从订货入库到交付的过程。作业表现涉及交付速度和交付一致性。绝大多数顾客都希望快速交付，然而，这种快速如果反复无常，则快速交付并无多大价值。当一个供应商答应第二天交付，但往往都迟到时，顾客便没有得到满足。因此，要实现顺利作业，厂商一般首先要寻求实现服务的一致性，然后再提高交付速度。

作业表现的另一个方面是故障。很少会有哪家厂商许诺在任何情况下都表现完美。故障是指可能发生的物流表现的失败，如产品损坏、分类不正确或单证不精确等。当这类故障发生时，厂商的表现可以从需要多少时间恢复来进行考察。作业表现关系到厂商如何处理顾客各方面的需求，包括每天都可能发生的服务失败。

3. 服务可靠性

服务可靠性是指物流的质量属性。就质量而言，关键是要正确及精确地衡量可得性和作业表现。只有通过全面的表现衡量，才有可能确定总的物流作业是否达到所期望的服务目标。要实现可靠的服务，就需要明确地制定并实施有效的库存可得性和作业表现的标准。

(二) 总成本最小化

物流总成本是企业管理物流运作的重要指标，如何才能在企业利润最大化及满足一定的客户服务水平的前提下降低物流总成本是所有企业的一项经营目标。

普遍认同的一种物流成本计算方法为：企业物流总成本（Total Logistics Costs）＝运输成本（Transportation Cost）＋存货持有成本（Inventory Carrying Cost）＋物流管理成本（Logistics Administration Cost)。因此，优化部分物流成本会减少单项物流成本，但同时会造成物流总成本的增加。所以，企业必须把物流看做一个整体系统，以减少物流总成本为目标来管理物流运作。

无论是企业物流还是物流企业，如何对自身物流资源进行优化配置，怎样实施管理和决策，以期用最小的成本取得最大的效益，都是其面临的最重要问题之一，物流被看做制造企业最后的也是最有希望降低成本、提高效益的环节。

(三) 创造物流价值

物流系统要想成为企业的竞争优势，最关键的就是要具有把企业自身的运作与主要客户的预期、需求相统一的能力。这种对客户服务的承诺，从成本结构上来讲就是物流价值。在进行物流系统规划和设计时，必须考虑物流服务成本的合理性，协调物流设施能力与企业采购、生产制造和市场营销要求之间的关系，以降低成本，获取最大的竞争优势，并且企业提供的服务必须与特定的用户的需求相关联。

在开发管理工具、协助对成本与服务之间进行权衡取舍方面，一个完善的物流系统运作策略中应该能够准确地估算出实现不同质量服务水平所需要的不同运作成本的构成。

二、物流系统规划与设计的原则与影响因素

(一) 物流系统规划与设计的原则

物流系统规划与设计必须以物流系统整体的目标为中心。物流系统整体的目标是使人力、物力、财力和人流、物流、商流、信息流得到最合理、最经济、最有效的配置和安排，既要确保物流系统的各方面参与主体功能，又要以最小的投入获取最大的效益。

1. 系统性原则

系统性原则是指在物流系统规划与设计时，必须综合考虑、系统分析所有会对规划产生影响的因素，以获得优化方案。首先，从宏观上看，物流系统在整个社会经济系统中不是独立存在的，它是社会经济系统中的一个子系统，物流系统与其他社会经济子系统不但存在相互融合、相互促进的关系，而且还存在相互制约、相互矛盾的关系。因此，在对物流系统进行规划与设计时，必须把各种影响因素考虑进来，达成整个社会经济系统的整体最优；其次，物流系统本身又由若干子系统，如运输系统、存储系统、信息系统等构成。这些物流子系统之间不仅相互促进，而且也相互制约，即存在着大量的“二率背反”现象，这就要求我们在进行物流系统规划与设计时在物流系统内部也要系统考虑。因此，在进行物流系统规划与设计时，必须坚持发挥优势、整合资源、全盘考虑、系统最优的系统性原则。

2. 可行性原则

可行性原则是指在物流系统规划与设计过程中必须使各规划要素满足既定的资源约束条件，即物流系统规划与设计必须要考虑现有的可支配资源情况，必须符合自身的实际情况，无论从技术上，还是从经济上都可以实现。为了保证可行性原则，在进行物流系统规划与设计时，要与总体的物流发展水平、社会经济的总体水平及经济规模相适应，既要体现前瞻性和发展性，又不能超越企业本身的整体承受能力，以保证物流系统规划与设计的实现。

3. 经济性原则

经济性原则是指在物流系统的功能和服务水平一定的前提下，追求成本最低，并以此实现系统自身利益的最大化。显然，经济性也是物流系统规划追求的一个重要目标，经济性原则具体体现在以下几个方面。

(1) 连续性。良好的系统规划设计和设施布局应该能保证各物流要素在整个物流系统运作过程中流动的顺畅性，消除无谓的停滞，以此来保证整个过程的连续性，避免浪费。

(2) 柔性化。在进行系统规划设计时，要充分考虑各种因素的变化给系统带来的影响，这样有利于以后的扩充和调整。

(3) 协同性。在进行物流系统规划与设计时，要考虑物流系统的兼容性，或者说是该

物流系统对不同物流要素的适应程度。当各种不同的物流要素都能够在一个物流系统中运行时，表明该物流系统的协同性好，能够发挥协同效应、降低整体物流成本。

(4) 资源的有效利用率。物流系统的主体投资在于基础设施与设备，属于固定资产范畴，也就是说不管资源的利用率如何，固定成本是不变的。因此，提高资源的有效利用率就可以降低物流成本。

4. 社会效益原则

社会效益原则是指物流系统规划与设计应该考虑环境污染、可持续发展、社会资源节约等因素。一个好的物流系统不仅在经济上是优秀的，在社会效益方面也应该是杰出的。物流的社会效益原则越来越受到政府和企业的重视，目前，中国倡导的循环经济中，绿色物流是其中的重要组成部分。另外，政府在法律法规上将会对物流系统的社会效益问题做出引导和规定，例如，要求生产某些电子产品的厂家回收废旧产品，这就是一个逆向物流的问题。

（二）物流系统规划与设计的影响因素

物流系统的规划设计是为了更好地配置系统中的各种物流要素，形成一定的物流生产能力，使之能以最低的总成本完成既定的目标。因此，在进行物流系统规划与设计时，有必要考察分析影响物流系统绩效的内在和外在因素，只有这样，才能做出合理的物流规划与设计方案。一般来说，影响物流系统规划与设计的外在因素主要有以下几个方面。

1. 物流服务需求

物流服务项目是在物流系统规划与设计的基础上进行的。物流服务需求包括服务水平、服务地点、服务时间、产品特征等多项因素，这些因素是物流系统规划与设计的基础依据。由于物流市场和竞争对手都在不断地发生变化，为了适应变化的环境，必须不断地改进物流服务条件，以寻求最有利的物流系统支持市场发展前景良好的物流服务项目。

2. 行业竞争力

为了成为有效的市场参与者，应该对竞争对手的物流竞争力做详细分析，这样可以掌握行业基本服务水平，寻求自己的物流市场定位，从而发展自身的核心竞争力，构筑自身合理的物流系统。

3. 地区市场差异

物流系统中，物流设施结构直接同顾客的某些特征有关，地区人口密度、交通状况、经济发展水平等都影响着物流设施的规划与设计。

4. 物流技术发展

信息和网络技术等对物流发展具有革命性的影响，及时、快速、准确的信息交换不但可以随时掌握物流动态，还可以用来改进物流系统的实时管理控制及决策，为实现物流作业一体化、提高物流效率奠定基础。

5. 流通渠道结构

流通渠道结构是由买卖产品的关系组成的，一个企业必须在渠道结构中建立企业间的商务关系，而物流活动是伴随着一定的商务关系而产生的。因此，为了更好地支持商务活动，物流系统的构筑必须考虑流通渠道的结构。

6. 经济发展

经济发展水平、居民消费水平、产业结构直接影响着物流服务需求的内容、数量和质量，而集货、运输、配载、配送、中转、保管、倒装、装卸、包装、流通加工和信息服务等则构成了现代物流活动的主要内容。为此，物流系统应适应物流服务需求的变化，不断拓展其功能，以满足经济发展的需要。

7. 法规、政策、工业标准等

运输法规、税收政策、行业标准等都将影响物流系统的规划与设计。

在进行物流系统规划与设计中，需要考察的内在因素主要有以下基本数据：即所研究商品（Products）的种类、品目等；商品的数量（Quantity）多少，年度目标的规模、价格；商品的流向（Route），生产商配送中心、消费者等；服务（Service）水平，速达性、商品质量的保持；时间（Time），即不同的季度、月、周、时业务量的波动、特点；物流成本（Cost）。

以上 P、Q、R、S、T、C 是影响物流系统规划与设计有关数据的六个要素，这些数据是进行物流系统规划与设计必须具备的。

三、物流系统规划与设计的内容

从物流系统的地位看，可将物流系统规划与设计分为物流战略层、策略层（战术层）和运作层的规划与设计；从规划所涉及的行政级别和地理范围看，又可将物流系统规划与设计分为国家级物流系统规划与设计、区域物流系统规划与设计、行业物流系统规划与设计、企业物流系统规划与设计等，本书主要讨论企业物流系统的规划与设计。

在企业物流系统中，物流系统的活动一般主要包括客户服务、库存计划、运输及仓储四个部分。物流系统规划与设计的战略层是确定以上四个部分的战略。物流系统规划与设计的策略层和运作层是在以上四个部分战略确定的基础上对物流活动进行统一管理，通过物流流程的设计和一定的方法并以物流组织与物流管理信息系统为基础，完成物流系统的运作，通过衡量来实现对物流系统的评价和控制，进而保证物流目标的实现。

（一）客户服务系统的规划与设计

客户服务是一种以客户为导向的价值观，是整合及管理在预先设定的最优化成本—服务组合中的客户界面的所有要素。客户服务是一切物流活动的最终目标。

对于物流系统而言，客户是物流的最终目的地。客户可以是消费者的家、零售店、批发商、生产厂商和配送中心等，在某些情况下，客户也可以是对交送产品或服务拥有所有权的企业或个人，还可以是在供应链中同一企业内的不同组织，或是在同一供应链下位于不同地区的商业伙伴。但无论什么类型的客户，接受服务的客户都是制定物流运作要求的中心和驱动因素。因此，在制定物流战略时，很关键的一点就是企业要充分认识到物流系统必须满足客户的需求，即在合适的地点、合适的时间以合适的方式、合适的价格将合适的产品、服务或信息送达客户方。

这部分的主要任务是确定物流服务标准，并围绕已制定的服务标准，设计有效的监测指标体系，按照客户的需求，制定等级服务标准，扩展服务范畴。在此基础上，需要建立职责明确、科学规范的服务质量考核体系，对服务过程进行绩效测定，使企业能够据此改善客户服务，以其特色鲜明的服务理念给客户提供全面、快捷、亲切的服务，为加强企业管理积累信息资料及管理经验。

(二) 库存系统的规划与设计

在物流系统中，必须维持产品的充足供应，以满足客户和制造商两方面的需求，因此，库存控制是非常关键的。库存不仅会消耗物理空间、人力资源的时间和资产，还占用了资金。因此，企业的库存战略即是在满足客户服务目标的基础上，确定和维持可能的最小库存水平。这部分的规划与设计主要是在衡量库存水平与服务水平的基础上，确定合适的库存水平，确定订货周期、订货点等内容，以及库存的分布情况，从而制定相应的库存管理和控制的方法。

(三) 运输系统的规划与设计

物流过程的一个主要组成部分是产品从原产地到消费地的移动或流动，以及可能发生的产品退货。在实体上，运输连接了选择采购的供应主体和决定作为受客户服务政策制约的客户。衡量运输系统的三个标准分别为成本、速度和服务的稳定性。运输系统的目标是在客户服务政策决定的反应时间内，用最低的成本限制下的运输设备连接物流系统的网络结构，包括选择中间商、选择运输方式、选择运输路径及对运输时间进行安排，联合运输的安排及管理等内容。

(四) 物流节点的规划与设计

物流节点的规划与设计即物流系统的网络规划。物流网络是组织物流活动的基础条件，其规划设计在物流系统中占有极为重要的战略地位。具体而言，物流网络规划需要根据物流运作的实际要求，明确所构建的物流系统网络体系的功能定位，确定产品从原材料起点到市场需求终点的整个流通渠道的结构。其主要内容包括物流设施的类型、数量、层次与位置的确定、物流体系网络功能与布局规划。

(五) 物流业务流程

物流业务流程描述了企业如何开展物流业务，是企业物流运作实施人员开展业务并相互配合的指南。企业物流运营管理需要有明确的业务流程及相关标准，物流业务流程规划要解决的就是这个问题。业务流程规划要建立、理顺企业主要的物流业务流程，在允许的条件下，还要通过借助信息技术、计算机仿真技术模拟业务处理，从而检测可能存在的问题，便于进一步完善和优化业务流程。

(六) 物流组织

多数物流项目的实际结果与预订目标相差甚远，主要原因在于物流组织不力。随着信息时代经济环境步伐的加快，传统物流组织已经不能适应新的发展需求，在物流流程再造、设施重置、物流项目外包及运输网络再规划等方面，金字塔式的组织很难再适应现代物流系统活动的管理需求。

在物流系统的规划中，除了优化设计、控制和评价外，组织的环境适应性、持续改进、员工自治和目标的统一已成为管理人员普遍关心的问题。有效的和有效率的物流组织是物流系统管理中极其重要的因素。企业面临的问题和挑战主要不在于战略决策的制定，而在于系统、结构、任务、人力、公司、文化等层面的问题。上述因素组合在一起即为物流系统的组织结构。本部分涉及的主要是企业如何建立有效的物流组织，包括战略与作业运作、集权与分权、职能结构等内容。

（七）物流管理信息系统的规划与设计

物流信息系统是指由人员、设备和程序组成的，为物流管理者执行计划、实施、控制等职能提供信息的交互系统，与物流作业系统一样都是物流系统的子系统。

物流信息系统是建立在物流信息的基础上的，只有具备了大量的物流信息，物流信息系统才能真正发挥作用。在物流管理中，要寻找最经济、最有效的方法来克服生产和消费之间的时间距离和空间距离，就必须传递和处理各种与物流相关的信息，即物流信息。它与物流过程中的订货、收货、库存管理、发货、配送及回收等职能有机地联系在一起，从而使整个物流活动能够顺利进行。

在企业生产经营的整个活动中，物流信息系统与各种物流作业活动密切相关，具有有效管理物流作业系统的职能。它起到两个主要作用：一是随时把握商品流动所带来的商品量的变化；二是提高各种有关物流业务的作业效率。

物流信息系统的规划与设计从调查用户的需求和确定满足这些需求的绩效标准开始，开发能够将用户的需求与公司目前的能力相匹配的物流信息系统。并且必须调查目前的运行情况，找出需要监控的领域。通过此部分的规划与设计，企业能够确定需要哪些战略决策和运营决策，以及决策需要什么样的信息与通过什么形式来展现给系统用户。

四、物流系统规划与设计的步骤

满足一定服务目标的物流系统由若干子系统组成，物流系统设计包含了众多可能的选择，从物流网络构筑到仓库内部布局等，需要对每一个子系统或环节进行规划与设计。每一个子系统的设计需要与其他子系统和整个物流系统相互协调、相互平衡。因此，首先需要形成一个总框架，在总框架的基础上采用系统分析的方法，对整个系统的各个部分进行统筹规划与设计。物流系统规划与设计的过程大致可分为五个阶段。

（一）建立目标和约束条件

在整个物流系统设计的过程中，最重要的是确定物流系统设计的目的和目标。目标定位直接决定着物流系统的组成部分。例如，对企业物流系统设计来说，解决系统内部目标不一致问题的依据需要考虑以下几个因素：资源可得性、物流系统规模、物流系统各组成部分的相对重要性、系统费用、系统整合程度。最好的方法当然是考虑整个系统，然而在某些条件下，系统输入条件的改变和系统的每个部分联系不大、时间有限及物流系统太大等都不能作为整个系统来解决，那么一个比较实际的方法是分步考虑问题，设计独立部分，最后再将其结合起来。另外，由于物流系统庞大而繁杂，各子系统之间相互影响和相互制约也十分明显，且系统受外部条件的限制也很多。因此，在物流系统设计时就需要判明各种问题和约束，特别是那些暂时无法改变的系统制约因素。

（二）深入调查，制定设计方案

1. 收集基础数据

在物流系统规划与设计中，最基础的工作就是进行大量的相关基础数据的调查和收集，作为系统设计的参考依据。一个物流系统设计方案的有效性依赖于调查而获得的基础数据的准确程度和全面程度。调查的内容主要根据设计目标、调查对象来确定。一般物流系统设计需要调查的基础数据包括以下几个方面。

（1）物流服务需求。物流服务需求既是物流系统产生的动因，又是构建物流系统的基础依据，有什么样的物流服务需求，就需要有相应的物流系统与之相对应。物流服务需求具体包括以下几项。

①服务水平，如缺货率、送货时间、服务费用等；

②客户分布，如现有的和潜在的顾客分布等；

③产品特征，如产品尺寸、重量和特殊的搬运需求；

④需求特征，如顾客的订单特征、顾客订货的季节性变化、顾客服务的重要性程度等；

⑤需求规模，如 OD 流量等；

⑥需求服务内容，如需要提供的各项服务；

⑦其他。

（2）现有物流资源。每个物流系统都是独一无二的，物流系统设计前必须对现有物流资源进行全面的调查分析。需要调查的项目包括下列几项。

①现有物流设施设备状况，如物流节点分布、规模及功能、交通网络、运输设备、仓储设备、信息系统等；

②现有物流系统的基本运营状况，如组织管理体系、服务模式、营业状况、服务种类、作业方式、单据流程、作业流程等；

③制约因素，如现有设施中暂时不可更改的部分。

（3）社会经济发展状况。主要调查物流服务的产业特征、产业模式、经济规模等。

（4）竞争状况。调查竞争者的服务水平、物流资源配置和网络布局、服务方式、营业状况等。

基础数据的调查方法主要有企业访谈调查、问卷调查、查找相关统计资料、现场调查、计算机检索等。

2. 基础数据分析

在完成数据收集之后，提出异常数据，确定数据样本容量，对数据进行分类归并，再计算整理分析。分析使用了过去活动中得来的技术和数据用以评估物流战略和战术方案的可行性。

（1）对所分析问题给出定义。对所分析问题给出定义的首要任务是：确定方案和可接受的不确定性的范围。问题是，怎样利用确定的方案和参数建立研究的目标与约束的条件。例如，对一个分销中心地点的问题分析必须确认所评估的是特定的位置。

（2）使用基准线进行有效的分析。利用合适的方法或工具对现今物流环境进行基准线分析。将结果和过去收集的有效数据进行比较，以决定历史和分析结果的适合程度。这种比较应当集中于确认重要的差别和确定可能错误的原因方面。潜在的错误可能是由于不正确或不精确的数据输入、不合适或不准确的分析程序或无效的数据等造成的。当碰到差异时，必须识别错误，并及时予以改正。

(3) 完成方案分析。一旦方法有效，下一步是完成系统方案的评价。分析必须采用手工或电子的手段确定每个方案的相关绩效特征。选择应当充分考虑到管理政策及实施情况，包括诸如分销中心数目、库存目标水平或者运量大小等因素可能发生的变化。

上述分析完成后，最佳的绩效方案被定为进一步做敏感度评估的目标。其中无法控制的因素，如需求、因素成本或竞争行为等在评价不同运作条件下，方案的潜在选择能力是变动的。

（三）对备选设计方案进行评价、选择、修订

对物流系统进行方案评估的目的就是针对备选方案的经济、技术、操作等层面的可行性做出比较与评价，以帮助决策者选择最优或最满意的方案。主要的评估方法有程序评估法、因素评估法和目标设计法。评估的内容主要包括成本与收益的评估、物流系统方案风险评估。在进行评估后便要确定备选方案，并对备选方案进行修订和进一步完善。

（四）方案实施

物流系统方案的实施过程是一个相当复杂的过程，方案设计的实际可操作性在这里将得到验证。这就要求实施者根据决策者选出的最优设计方案，严格按照方案设计的要求逐步实施。在此过程中，可能会遇到各种实际问题，有些是设计者未能事先预料到的。因此，在方案的实施过程中，实施者首先要充分领会设计者的整体思路和设计理念，在遇到问题时应尽可能最大限度地满足设计要求，如果确有无法满足的部分需要对设计方案做必要调整时，也要保证不影响物流系统整体目标的实现。此过程的主要任务是确定实施计划、确定实施进度计划、确定验收标准及对计划的具体实施。

（五）结果评价

如果说方案评估是一个在没有实施方案的前提下，仅凭专家、实践者的经验预先检验模拟效果，并加以评价的话，那么这最后阶段的实效评价就是实际的方案实施结果的评价。评价的方法和方案评估方法基本是一致的，最常用的方法是因素评价法和目标评价法。其中，不同点在于对评估过程中的指标打分不再是凭借专家经验的主管判断，而是实际结果的客观评价。实效评价的目的是通过实际检验方案设计的优劣，以此作为季候物流系统设计的参考和借鉴。

练习思考题

1. 什么是系统？系统有哪些特征？
2. 你是如何理解物流系统的概念以及特点的？
3. 物流系统的目标有哪些？
4. 影响物流系统规划与设计的因素有哪些？
5. 物流系统规划与设计的步骤有哪些？
6. 物流系统评价的指标体系有哪些？

课后案例

二汽物流系统改造

第二汽车制造厂（以下简称二汽）始建于1969年，是依靠我国自己的力量，采取“聚宝”方式设计、建设和装备起来的现代化汽车生产企业，也是国家明确重点支持的三大汽车集团之一。

二汽的创建，曾经经历了一个依靠自己的力量、土法上马、艰苦创业的过程。初建时期，从各个部件厂到总装厂的物料搬运系统比较粗糙。在东西长约30千米、由北宽约8千米的十堰的一条山沟里，分布着二汽27个部件厂。总装系统试运行时，由于搬起系统的原因，曾经出现总装厂前面的广场上车辆堵塞、人满为患、急需装配的部件进不来、暂时不需要装配的部件挤满了车间、影响总装配线顺利运行的混乱局面。

为了改变这种局面，需要改造二汽的物料搬运系统，于是就组织中外专家进行了一次重大的物流系统工程工作。这个工作的全过程一共分成了七个步骤，如图2-9所示。

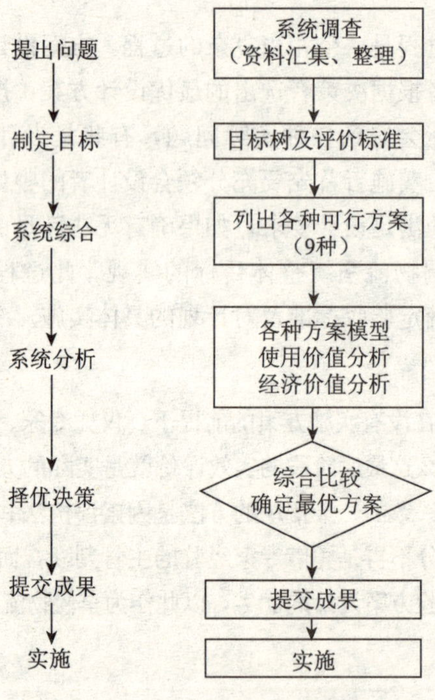

图2-9　二汽物流系统工程

第一步，提出问题：包括系统调查，汇集资料，整理资料。

就是进行系统调查、弄清问题。二汽从原材料到加工成毛坯、半成品、零件，再到装配成整车，生产过程复杂、工序很多，需要进行物料搬运的范围很广。为此先从抓主要问题着手。为弄清主要问题，开了两次调查会，弄清楚了如何减少车次等五个需要解决的问题。在调查的基础上，汇集了资料，例如产品设计图纸、工厂平面图、工厂组成及产品分工图、汽车生产路线示意图、里程表以及物料搬运方面的资料等，并且进行了资料整理。

第二步，制定目标：包括建立目标树，选定子目标，建立评价准则。

首先建立目标树。首先把物料搬运系统以总的目标分成三个子目标：对外运输（N）、专业厂之间的运输（T）和专业厂内部运输（P）。决定选定子目标O。而子目标O又可以按各个专业厂的重要程度分成J（总装厂）、K（车桥厂）、L（发动机厂）、M（变速箱厂）等，又选定子目标J（总装厂）作为重点，而总装厂与其他厂之间的物料搬运问题，J又可以分为G（搬运组织）、H（搬运质量）和I（搬运频次）。这样选定了子目标以后，还要建立起评价方案是否达到目标的评价准则，具体选定了8个评价准则。

第三步，系统综合：就是提出设想，制定能够达到目标的各种可行方案。例如，对于车身运送的各种设想方案，以通过专业座谈会的形式提出。参加会议的有总装厂、车身厂及运输、工厂设计等部门的生产调度、工艺、运输及设计等有关专业人员，一共提出了14种可行方案，最后归纳成10种方案。

第四步，系统分析：主要包括建立模型，使用价值分析，经济价值分析。

建立模型：例如将以上车身运送的10个方案建立起8个模型。

使用价值分析：首先评定8个评价准则的相对重要性，确定各自的比重因子WF，即权值。用这8个准则去评价各个可行方案。

经济价值分析：计算出每种方案的装卸时间、在路行驶时间、车数、每年折旧费用、每年能源费用、维修费用、人员费用以及每年的总费用（如表2-1所示）。

表2-1　　各个方案的年总费用　　单位：万元

A	B	C	D	E	F	G	H	J
83	79	57	108	255	528	611	113	52

第五步，择优决策。综合考虑使用价值分析和经济价值分析的结果，进行综合价值的分析计算，求出单位使用价值的年总费用。计算过程略，计算结果如表2-2所示。

表2-2　　各个方案的单位使用价值的年总费用　　单位：万元

A	B	C	D	E	F	G	H	J
198	217	57	267	668	1427	1679	247	166

按单位使用价值的年总费用由小到大的顺序将上述方案排列如下：

C、J、A、B、H、D、E、F、G

所以，C方案最好。

第六步，提交成果。提交方案报告和试运行效果。对车身选用半挂车运送。

第七步，实施。

第三章　现代物流战略与规划

引导案例

零售商的两种物流战略

在众多行业中，无论是从货物流动及相伴的信息流动的规模还是速度来讲，零售业都是当之无愧的龙头老大。零售业的物流成本在其总成本的构成中，高达２０％以上。因此，物流战略的正确制定和有效执行，是零售企业在市场竞争中胜出的一个决定性因素。

在这里列举了二种截然不同的物流战略，从中可以一窥成功的零售商的物流战略。

1. 快速反应战略

高档时装是此类物流战略的代表。众所周知，高档时装经营的风险巨大。厂商既要用富有创意的设计去取悦顾客，同时也要保证将新奇设计转化为市场上的卖点，因此在时装设计、制造和营销等各个环节都必须环环紧扣，以在这个充满变化的行业里降低经营风险。

最能显示出物流战略力量的，莫过于能将那些为市场所认同的款式在过时之前，即刻放到零售店的货架上。要做到这一点，有时依赖于与供货商长期的融洽关系，有时则会要求买断供货商的部分生产能力。与供货商关系融洽，成衣从设计到上市的周期就会缩短，同时也能满足数量上的要求。为了留有余地，时装销售商一般会要求供货商事先为其预留一定的生产能力。但不到最后时刻，它们一般不会贸然下达最终订单。

物流体系在处理滞销款式方面也大有作为。将实际销量与预测销量作一比照，很快便可辨识出滞销款式。这样，企业马上就能采取降价等措施，以赶在销售季节结束前清货。在有些情况下，还能根据市场上的销售情况，修改面料和辅料的相关订单。

2. 低成本战略

使物流成本保持低位，是像沃尔玛这种廉价商品零售商的看家本领。沃尔玛在设置新点时，往往以其现有配送中心为出发点。沃尔玛的卖场一般都设在配送中心周围，以缩短送货时间、降低进货成本。除此以外，沃尔玛等零售业巨子在物流管理方面还有一些使人耳目一新的做法。其中一个被日益广泛采用的策略，就是由供应商管理库存（VMI）。供应商通过零售商提供的销售信息，能十分高效地安排自己的生产计划和送货计划。这样，双方都能降低库存成本。在某些情况下，零售商索性让生产商来负责相关商品的物流管理。比方说，有些小百货商品一般在零售店和配送中心都没有库存，制造商要得到相关的业务，就必须在特定的托盘上按照零售商的要求，装上特定品种和数量的货物，在指定时间送到配送中心，使配送中心的送货车能便捷地将它们装运到所指定的零售店。这样，就免除了拆箱再拼装等中间步骤，能降低仓储成本。

第一节　企业战略

物流战略是企业物流管理效率提高的保证，没有战略的企业物流管理是低效率的。同时，企业的物流战略还必须与企业发展战略相适应，那么企业应当如何认识自己的物流战略？企业应当选择什么样的物流战略？如何规划企业的物流战略？本章将逐一回答这些问题。

经济的发展促成人们对物流认识的不断深化，物流作为企业的“成本中心”、“利润中心”及“服务中心”的观念已逐步形成社会共识。物流活动贯穿于企业经营全过程、几乎渗透于企业每一个部门的物资运动过程，这也就决定了物流战略管理是企业战略管理的基础和重要组成部分。

一、战略的定义及特征

战略（Strategy）一词最早起源于军事活动，从发展历史来看，其渊源可以追溯到古希腊时期。当时出现的最早的词为Strategos，是“军队”和“率领”两个词意的结合，意指军事指挥官，后来被解释为领导艺术和统治方法。

战略作为战争科学的概念是由中国在同时期发展起来的。这方面首推孙子及其《孙子兵法》。孙子主张在战前必须认真分析政治和经济形势，强调谋略先于军事力量，并认为除了赢得战争外，更重要的是要达到政治目的。

这种战略见解连同许多其他希腊思想通过古罗马传入西方，战略概念便在这样一个知识力量和军事实力逐渐强大的社会找到了其发展的沃土。这种战略观念在欧洲中世纪早期不乏支持者，在18世纪后期的拿破仑战争时期更是受到推崇，战略被认为是赢得一场战争的宏大而周密的计划。

战略概念发展成为企业管理的方法和思想主要是在第二次世界大战之后，尤其是在战后初期的美国。当时有三个因素推动了这种概念的发展：①经过战略思想训练的军官转业到商业领域；②当欧洲和亚洲重建其经济时，美国企业感到了其生存和发展环境的竞争日益激烈；③商业学校不断加强其教学和研究力量，努力探求一种能够建立组织管理理论的模式。

由上可见，战略的概念在其发展的历史上，大部分时间是用于军事战争的，虽然现在仍然运用于战争，但其在经济管理中的运用却越来越普遍了。俗话说，商场如战场。商业竞争和军事战争的确有很多相似的地方，如其本质都是两个以上的人或集体为了达到各自的目的而争夺有限的资源。但是，商场毕竟不是战场，有竞争也有合作，因此经济意义上的战略概念虽然来自军事，但它并不完全等同于军事意义上的战略。在现代社会和经济生活中，这一术语主要用来描述一个组织打算如何实现其目标和任务。

战略具备以下几方面的特征：①全局性。它是以企业大局为对象所规定的企业整体行动，追求的是整体效果。②长远性。企业战略既是企业谋取长远发展要求的反映，又是企业对未来较长时期内生存和发展的通盘考虑。③抗争性。企业战略是关于企业在激烈的竞争中如何与对手抗衡的行动方案，也是针对来自各方的挑战和压力。④纲领性。战略所规定的是企业整体的长远目标、发展方向和重点，这些都是原则性的、概括性的规定，具有行动纲领的意义。必须层层分解、分步实施，才能完成有价值的行动计划。⑤风险性。战略考虑的是企业的未来，而未来具有不确定性，因而战略必须带有一定的风险性。这就要求决策者关注环境的变化，并且能根据环境的变化及时调整战略，提高企业承担风险的能力。

二、企业战略

企业战略是企业为求得长期生存与发展，在充分研究外部环境和内部条件基础上所作的长远的、总体的谋划。具体地讲，就是把企业的方针目标、政策和行动综合成一个协调的整体结构或计划，或者说是实现长期目标的方法。例如，企业的经营战略可以包括地域扩张、多元经营、收购、产品开发、市场渗透、收缩、剥离、清算以及兴办合资企业等。这些战略对物流系统的规划设计都会带来深刻的影响，不同的企业经营战略对物流系统具有不同的要求。

（一）企业战略的层次

根据企业的业务范围和管理职责划分，企业战略可以分为总体战略、业务单位战略和职能战略三个层次。

1. 总体战略

总体战略（又称公司层战略或企业综合战略），这是企业最高层次的战略。它通过对企业外部环境和自身条件的分析，决定企业的业务领域和业务范围，确定企业整体的目标和任务，并据此将资源在各个战略经营单位之间进行分配。如果一个企业拥有一种以上的业务，那么它还包括决定业务组合以及每一种业务在组合中的地位。如企业总体发展战略（包括稳定发展战略、增长战略、收缩战略、组合战略的评价与选择，以及经营组合的确定）属于这一层次。

2. 业务单位战略

业务单位战略（又称业务层战略）是指那些从事多种业务的企业中，每一个经营单位自己的战略。每个经营单位为实现自己的目标，在总体战略和公司提供的资源约束下所决定的战略方案。经营的目标服从于企业整体目标。这种战略的主要任务在于：确定各业务领域内如何竞争，规定该经营单位提供哪些产品和服务，以及向哪些顾客提供产品或服务等。为便于计划的实施和控制，一般在从事多种不同业务的企业，像联合企业、跨行业的企业中，按照不同的业务或相关的业务组合，建立战略业务单位。由于每一个战略业务单位有自己独特的使命和竞争对手，使得每一个战略业务单位应当有自己独立于其他业务单位的战略。而对于只经营一种业务的小企业，或是不从事多元化经营的大型企业，业务层战略与公司战略是一回事。

3. 职能战略

职能战略（也称次战略或运营战略）是企业研究开发、市场营销、生产、财务、人事等经营职能部门，为支持业务层战略而开发的相应职能战略，以保证企业总目标的实现。研究和开发战略、促销战略、新产品开发战略、投资战略、人才开发战略等，都属于职能战略。

(二) 企业战略的类型

根据企业战略行为的各自特点，可以将企业战略划分为四大类：扩张型、稳定型、紧缩型和混合型。各类型战略有其存在的原因和适用条件，企业家可以根据战略行为的特点及本企业的经营能力来选择战略。

1. 扩张型战略

扩张型战略，也称进攻型或发展型战略。这种战略的特点是不断地开发新市场，扩大经营规模，使自己的能力超过竞争对手。其具体内容包括技术发展战略、产品发展战略、市场扩展战略、生产发展战略等方面。扩张型战略是企业家广泛采用的战略，因为谁也不希望自己的企业落后或倒闭。要发展就有风险，就有失败与成功的可能性。发展就必须要有资源，要有投入。因此，研究扩张战略的可行性是制订扩张战略的重要一环。扩张型战略根据不同的情况，又可分为赶超型战略、开拓型战略、纵向一体化战略、同心多样化战略、复合多样化战略。

2. 稳定型战略

稳定型战略，指企业在现有生产条件下，改善经营管理、提高经济效益的一种战略形式，通常为处于波动或下降之中的企业所采用。这种战略的具体内容有：第一，在技术上实行拿来主义，宁可花较大代价购买成功的技术专利，也不搞风险型的投资决策；第二，在产品开发方面实行紧跟主义，密切注视同行业产品发展动态，凡是进入成长期的产品就立即试制投产；第三，在市场方面稳扎稳打，步步为营，薄利多销；第四，在生产方面，重视提高效率，降低成本的集约方式，不盲目追求生产规模的扩大。该战略的优点是风险小，企业的外部环境比较稳定。但在环境变化很激烈的产业部门中，稳定型战略只能取得短期成功，企业仍面临被淘汰的危险。该战略又可分为无增战略和微增战略两种。

3. 紧缩型战略

紧缩型战略，又称撤退战略，指企业采取缩小生产规模、减少企业的投入、封存或出卖部分设备等措施，谋求摆脱困境的一种战略形式。这种战略常使用在经济不景气、资源紧缩、投资无来源、重大的内部矛盾、产品滞销、财务状况恶化以及在原经营领域中处于不利竞争地位的情况下。但在实行紧缩措施的同时，应加强预测，积极做好迎接新增长的准备工作。该战略又可分为以退为进的战略和失败性的退却战略两种。

4. 混合型战略

混合型战略，指企业在一个战略时期同时采取稳定、扩张、紧缩等几种战略，也就是在不同阶段中采用不同的战略。例如，在企业扩张速度过快而环境又出现某些不利于企业继续执行扩张型战略的强有力因素时，下阶段就必须制订和实施稳定型战略或紧缩型战略。

(三) 企业战略方案选择方法

企业战略方案选择的目的是要选出最有可能使企业完成战略目标的方法。下面介绍三种比较流行的评价、选择战略方案的方法。

1. SWOT 模型分析

SWOT 分析是在西方广为应用的一种战略选择方法。SWOT 是英文缩写，SW 指企业内部的优势和劣势（Strengths and Weaknesses），OT 指企业外部的机会和威胁（Opportunities and Threats）。SWOT 分析就是企业在选择战略时，对企业内部的优劣势和外部环境的机会与威胁进行综合分析，据此对备选战略方案作出系统评价，最终达到选出一种适宜战略的目的。

企业内部的优劣势是相对于竞争对手而言的，表现在资金、技术设备、职工素质、产品市场、管理技能等方面。衡量企业优劣势有两个标准：一是资金、产品、市场等一些单方面的优劣势；二是综合的优劣势，可以选定一些因素评价打分，然后根据重要程度进行加权，取各项因素加权数之和来确定企业是处在优势还是劣势。在战略上企业是扬长避短，内部优势强，就宜于采取发展型战略，否则就宜于采用稳定型或紧缩型战略。

企业外部环境是企业所无法控制的，企业外部环境中有的对企业发展有利，可能给企业带来某种机会，例如宽松的政策、技术的进步，就有可能给企业降低成本、增加销售量创造条件；有的外部环境对企业发展不利，可能给企业带来威胁，如紧缩信贷、原材料价格上涨、税率提高等。来自企业外部的机会与威胁，有时需要与竞争对手相比较才能确定。有利条件可能对所有企业都有益，威胁也不仅仅是威胁本企业，因此，在有些情况下还要分析同样的外部环境到底对谁更有利或更不利。当然，企业与竞争对手的外部环境是不可能完全相同的，但很多时候却有许多共同点，此时，对机会与威胁的分析不能忽略与竞争对手相比较。

SWOT 分析的做法是：依据企业的方针列出对企业发展有重大影响的内部及外部环境因素，如表 3-1 所示，继而确定标准对这些因素进行评价，判定是优势还是劣势，是机会还是威胁，举例见表 3-1。也可逐项打分，然后按因素的重要程度加权求和，以进一步推断优劣势有多大及外部环境的好坏。

表 3-1　　SWOT 分析表

企业内部条件		企业外部条件	
优势	技术先进 服务管理好 职工素质高 管理基础工作好	机会	有出口的可能 运输价格下降
劣势	资金不足 设备老化 企业规模小	威胁	竞争对手增加 信贷紧缩

在以上分析基础上，可以根据企业的得分来判定企业属于何种类型，如图 3-1 所示。处于第Ⅰ象限，外部有众多机会，又具有强大内部优势，宜采用发展型战略；处于第Ⅱ象限，外部有机会，而内部条件不佳，宜采取措施扭转内部劣势，可采用先稳定战略后发展战略；处于第Ⅲ象限，外部有威胁，内部状况又不佳，应设法避开威胁，消除劣势，可采用紧缩战略；处于第Ⅳ象限，拥有内部优势而外部存在威胁，宜采用多角化经营战略分散风险，寻求新的机会。

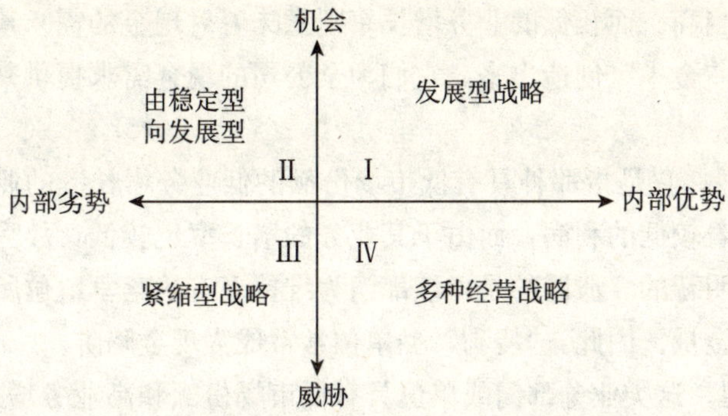

图 3－1　SWOT 战略选择

2. 波士顿矩阵

波士顿咨询公司（BCG）认为，大多数公司经营的业务都不止一种，企业内部的这些业务集合称作它的“业务包”。“业务包”理论主张，对一个企业业务包内的每一种业务，都应该建立一个独立的战略。

BCG 提出，一个企业的相对竞争地位和业务增长率是决定它的整个业务包内某一特定业务单位应当采取某种战略的两个基本参数。相对竞争地位（市场份额）决定一项业务产生现金流量的速率。与竞争对手相比占有较高的市场份额的企业一般拥有较高的利润增长幅度并因而提供较高的现金流量。此外，业务增长率对一个企业的战略选择具有双重影响。首先，业务增长率影响获得市场份额的难易程度。在一个增长缓慢的业务领域，企业市场份额的增加通常来自它的竞争对手的市场份额的下降。其次，业务增长率决定了一个企业进行投资的机会水平。增长着的业务领域为企业把现金回投于该领域并获得较好的利润回报率提供了机会。

BCG 把企业内部的业务单位划分为以下 4 种战略类型：“金牛”型、“瘦狗”型、“问题”型、“明星”型，如图 3－2 所示。

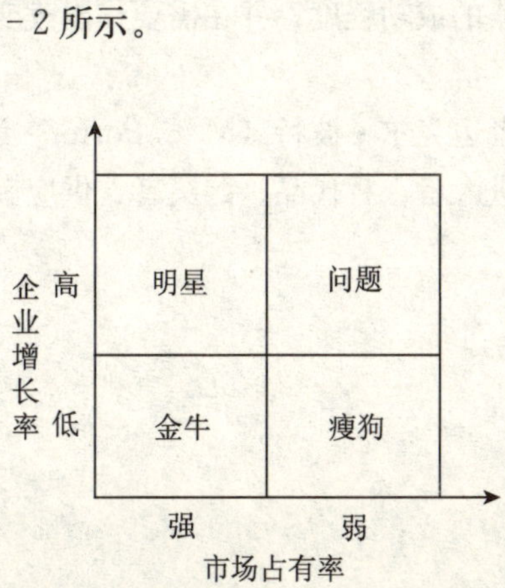

图 3－2　波士顿矩阵

（1）“金牛”型。该业务单位具有低业务增长率和高市场份额。由于高市场份额，利润和现金产生量相当高。而较低的业务增长率则意味着对现金的需求量低，于是，大量的现金余额通常会由“金牛”创造出来。它们为全公司的现金需求提供来源，因而成为公司的主要基础。

（2）“瘦狗”型。它是指那种具有低市场份额的低业务增长率的业务部门或单位。低市场份额通常暗示着较低的利润，而由于其业务的增长率也较低，故为提高其市场份额而进行投资通常是不明智的。遗憾的是，该部门为维持现有的竞争地位所需要的现金往往超过它所能创造的现金量。因此，“瘦狗”型单位常常成为现金陷阱。

（3）“问题”型。这类业务部门或单位具有低市场份额和高业务增长率。由于其增长，它们的现金需求量很高；而又由于其具有较高的业务增长率，对“问题”采取的战略之一应当是进行必要的投资，以获取增长的市场份额，并促使其成为一颗“明星”。当其业务增长率慢下来之后，该单位就会成为另一头“金牛”。另一种战略是对那些管理部门认为不可能发展成为“明星”的问题实施脱身战略。

（4）“明星”型。这种类型的业务部门或单位具有高业务增长率和高市场份额。由于高增长率和高市场份额，“明星”运用和创造的现金数量都很巨大。“明星”一般为企业提供最好的利润增长和投资机会。很明显，对于“明星”的最好的战略是进行必需的投资以维持其竞争地位。

BCG 建议在战略评价中运用波士顿模型时应该采取下列 7 个步骤：

（1）将公司划分为不同的业务部门或单位。

（2）确定每个业务部门的市场增长率。

（3）确定该业务部门的相对规模（通常以在整个企业内部占用的资产来衡量）。

（4）确定该业务部门的相对市场份额。

（5）绘制整个公司的业务包图解。

（6）根据每一业务单位在公司整个业务包中的地位选择其相应的战略。

（7）定期检查每一种战略的成功程度，并在需要作出改变的时候确定行动的程序。

3. 波特五因素战略分析

美国著名的战略管理学者迈克尔·波特（M. E. Porter）认为，在一个行业里存在着 5 种基本的竞争力量，即潜在进入者、替代品、购买者、供应者以及行业中现有竞争者能抗衡，如图 3 - 3 所示。

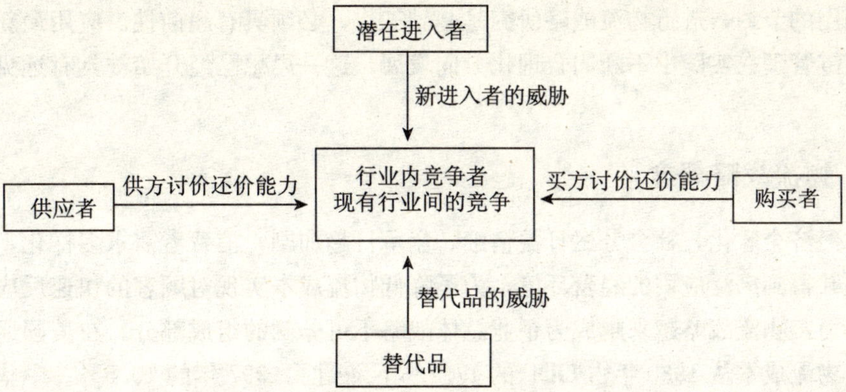

图 3－3　行业中的竞争力量

在一个行业里，这 5 种基本竞争力量的状况及其综合强度，引发行业内在经济结构的变化，从而决定着行业内部竞争的激烈程度，决定着行业中获得利润的最终潜力。

（1）潜在进入者。对于一个行业来说，潜在的进入者或新加入者会带来新的生产能力，带来新的物质资源，从而对已有市场份额的格局提出重新分配的要求。特别是那些进行多种经营的企业从其他行业进入后，常常运用已有的资源优势对新进入的行业产生强有力的冲击。结果是行业内产品价格下跌或企业内成本增加，使得行业的获利能力降低。

（2）替代品。替代品是指那些与本企业产品具有相同功能或类似功能的产品。在质量相等的情况下，替代品的价格会比被替代产品的价格更具有竞争力。替代品投入市场后，会使企业原有产品的价格处在较低水平，降低了企业收益。替代品的价格越具有吸引力，价格限制的作用就越大，对企业构成的威胁也就越大。为了抵制替代品对行业的威胁，行业中各企业往往采取集体行动，进行持续的广告宣传、改进产品质量、提高产品利用率、改善市场营销等活动。

（3）购买者的讨价还价能力。对于行业中的企业来讲，购买者是一个不可忽视的竞争力量。购买者所采取的手段主要有：要求压低价格，要求较高的产品质量或更多的服务，甚至迫使作为供应者的企业互相竞争等。所有这些方式都会降低企业的获利能力，重要的购买集团对行业所产生的竞争能力，取决于该集团所处的市场特性，取决于该集团在该行业的购买活动与其整个业务相比较的重要程度。

（4）供应者的讨价还价能力。供应者通过扬言要抬高产品和劳务的价格或者降低出售的质量，对作为购买者的企业进行威胁，以发挥他们讨价还价的能力。行业内部现有竞争者间的抗衡。

（5）行业内部的抗衡是指行业内各企业之间的竞争关系与程度。常见的抗衡手段主要有价格战、广告战、引进新产品以及增加对消费者的服务等。

第二节　现代物流战略

社会物流链管理关系到国民经济许多部门及其经济运行中的诸多经营者，关系到社会物流总费用的节约，进行物流战略研究是基础工作，必须具有超前性。应用最新研究成果引导物流链管理在实践中不断向合理化方向发展，这一思想已经开始被具有远见的企业家们所接受。

一、物流战略概念

面对经济全球化，社会分工日益精细，竞争日趋加剧，消费者需求多样化，信息技术飞速发展并得到广泛应用的经营环境，为了降低物流成本实现对顾客的快速反应，提高企业的竞争力，物流战略越来越成为企业总体战略不可分割的组成部分。在美国通过构筑物流战略，物流成本从 1980 年占 GDP 的 17.2%下降到了 1997 年的 10.5%。中华人民共和国国家标准《物流术语》（GB/T 18354—2006）定义物流战略（Logistics Strategy）为寻求物流的可持续发展，就物流发展目标以及达到目标的途径与手段而制定的长远性、全局性的规划与谋略。物流战略管理（Loglstics Strategy Management）是物流组织根据已制定的物流战略，付诸实施和控制的过程。对物流战略的认识，基于以下几点：

（1）物流正在跨出单一企业范畴寻求更大的物流链运作范围，如区域物流、全国物流和国际物流。其所追求的目标是社会物流合理化，是通过更大、更高层次的系统优化来追求物流系统总费用最低。而这种从物流全过程合理化追求物流费用节约的影响力，是长远而深刻的，也是相对稳定的。

（2）物流系统在中国的运作正孕育着技术上的突破，广泛运用高新技术成为竞争制胜的秘诀。及时把握电子信息技术在物流系统中的应用，直接影响到中国物流业的发展方向和服务质量水平。

（3）物流服务质量依赖于支持原材料、物品等从最初供应者到最终用户间运动的网络组织结构，必须具有驱动这一组织运转的动力和相应的经营机制。现代法人财产制度的确立，使物流业经营者能够真正成为具有微观乃至中观投资能力与资产经营能力的主体，具有资产保值、增值的经济责任与自我发展的动力和条件。

（4）物流体现的是促进和协调工作追求的是协同运作效益，即整个系统效益目标的实现，及各组织单位成员效益目标的实现。组织单位成员是物流战略经营单位或者可以进一步划分为物流战略经营单位。

物流理论使人们认识到，迎接竞争国际化的大环境到来，必须在物流链管理中增强创新意识、创新动力和创新实力，从而利用技术创新把民族经济推向世界竞争的大舞台。

二、物流战略目标

物流系统的战略目标是由物流系统宗旨决定的。物流系统的宗旨主要指该系统在社会经济发展中所承担的责任或主要目的。因此，物流系统的战略目标表现为物流系统目的并可在一定时期内实现的量化成果或期望值。物流系统战略目标对物流战略基本要点的设计与选择有重要的指导作用，是物流战略规划中的各种专项策略制定的基本依据。例如，在物流战略管理过程中，道路运输企业（集团）制定物流战略目标主要包括服务水平目标、物流费用目标、社会责任目标和经济效益目标等内容。其战略目标应体现纲领性、多元性、指导性、激励性、阶段性等基本特点。

物流战略有三个基本目标：

1. 降低物流总成本

战略实施的目标是将与运输和储存相关的可变成本降到最低。通常要评价备选方案，通常在物流网络系统仓库选址中选择或者在运输方式的选择中确定。另外成本最小是在保持服务水平不变的前提下选出成本最小的方案。

2. 减少资本

减少资本的重要途径是投资最少，是指对物流系统的直接硬件投资最小化从而获得最大投资回报率。在保持服务水平不变的前提下，可以采用多种方法来降低企业投资，例如，不设库存而将产品直接送交客户，选择使用公共而非自建仓库，运用JIT策略来避免库存，或利用第三方物流服务等。显然，这些措施会导致可变成本的上升，但只要其上升值小于投资的减少则这些方法均不妨一用。

3. 改进服务

服务改善，是提高竞争力的有效措施。随着市场的完善和竞争的激烈，顾客在选择公司时除了考虑价格因素外，及时准确的到货也越来越成为公司的有力筹码。当然高的服务水平要有高成本来保证，因此权衡综合利弊对企业来说是至关重要的。服务改善的指标值通常是用顾客需求的满足率来评价，但最终的评价指标是企业的年收入。

三、物流战略体系

物流战略体系主要指在不同物流环境下物流活动的战略要素组成体系。包括宏观物流战略体系、中观物流战略体系、微观物流战略体系。基本物流战略体系包括以下四大内容：

（一）物流战略指导思想

物流战略指导思想是企业或物流企业对未来物流发展的一种见解或设想。它通常要求企业领导具有战略眼光和远见卓识、辩证思维和识别能力、对环境变化的敏锐洞察能力和创新精神。由此才能提出不平凡、有创见的战略指导思想。

（二）物流战略方针目标

1. 战略方针

描述物流服务发展方向、物流技术发展方向、物流企业发展方向。

2. 物流战略目标

（1）总目标

企业物流战略的基本目标是保证物流服务水平的前提下，实现物流成本的最低化、设施投资最小化。具体说，可通过以下各个目标的实现来达到：维持企业长期物流供应的稳定性，低成本，高效率；作为物流服务个性谋求良好的竞争优势；对环境的变化为企业整体战略提供优势和功能范围内的应变力；以企业整体战略为目标，追求与供应、生产、销售系统良好的协调性。

(2) 目标体系

将总目标细化为一系列定性或定量的指标，并组成企业物流目标体系。

①定性目标，例如：

企业贡献目标：物流总量，收入总额，物流利润或收益，吨公里数，物流质量，成本与损耗等。

技术开发与进步目标：物流技术改造，新技术采用，设施、设备水平，物流系统性能改善，信息技术的应用等。

建设目标：扩大企业规模，物流能力，扩大物流市场份额，固定资产投资等。

经营管理目标：扩大资金来源，组织变革，物流网络，创立品牌等，公共关系，改进服务，管理方法手段。

员工福利与社会责任目标：员工培训，工资与福利，消除污染，增加就业机会等。

由此可见，企业目标具有多样性。追求最大利润并不是企业唯一目标，企业内外不同利益集团向企业提出各自的要求，最终企业高层要在这些目标间平衡。

②定量目标，例如：

供选择的指标：

企业运行的总资产规模达 X 万元，资产负债比率 $X\%$；

(产值) 营业额达 X 万元，利润 X 万元；

企业年经济增长速度达 $X\%$ (按产值、收入、流量等指标)；

科技进步贡献率达到 $X\%$；

净资产收益率达到 $X\%$，投资收益率达到 $X\%$；

劳动生产率达到人均 X 万元，等等。

目标体系尽可能细化，争取涵盖企业各项工作，制订这些目标可采用自上而下、自下而上或上下结合的过程，须经过科学论证、测算。一经确定，一般不要频繁修改，应作为企业未来相当时期的奋斗目标。

(三) 战略措施

战略措施是实现战略方针、目标而采取的长期性经营政策和策略，如新业务的开发，物流市场选择，经营资源分配，设备投资，物流体系调整，组织重整，人力资源安排等。

(四) 战略规划

战略规划主体内容包括：物流业务发展方向，物流发展规模，物流技术发展水平，主要技术经济指标，科研计划，协作发展计划，物流市场营销体系，职工培训计划，生活福利计划，环保等。

四、企业物流战略构架及类型

(一) 企业物流战略构架

全局性的战略：客户服务是物流管理的最终目标，是全局性的战略目标。

结构性战略：包括渠道设计和网络分析。

功能性战略：包括运输管理、采购与供应、库存控制的方法与策略以及仓储与配送等。

基础性的战略：为保证物流系统正常运行提供基础性保障，包括组织系统、信息系统、政策与策略、基础设施管理。

（二）企业物流战略的类型

1. 企业物流的一般战略

（1）成本主导战略：精益物流。精益物流战略的目标是用较少的资源，如人力、空间、设备、时间来进行各种操作，有效组织物料的流动，杜绝浪费，使用最短的前置期，使库存和成本最小化。精益战略寻找出消除浪费的途径，典型的方法是对目前的操作进行详细分析，然后取消不增加价值的操作，消除耽搁，简化过程，降低复杂性，提高效率，寻找规模经济，节省运输费用，除去供应链中不必要环节。

（2）服务主导战略：敏捷物流。敏捷战略的目标是对不同或变化的环境迅速作出反应，向客户提供高品质的服务。敏捷有两个方面的含义。第一是反应的速度，敏捷的组织一直在检查客户的需求，对变化作出迅速反应；第二是物流根据不同客户需求而量身定做的能力。

（3）合作与联盟战略。极度重视与供应链其他部分的密切合作，与供应商、客户和专业物流提供商建立战略联盟，形成更为有效的供应链，所有成员齐心协力，共享长期合作的成果。

2. 企业物流其他战略

（1）延迟战略。一种减少预测风险，把产品的运输时间和最终产品的加工时间推迟到客户订单之后。生产延迟（或形式延迟）：在获得客户确切的需求和购买意向之前，无须过早地准备生产，而是严格按订单来生产。物流延迟：在物流网络中设计几个主要的中央仓库，根据预测结果储存必要的产品，不考虑过早地在消费地点存放产品，尤其是价格高的产品，一旦接到订单，从中央仓库处启动物流程序，把物品送往客户所在地的仓库或直接快运给客户。

（2）多样化分拨战略。不对所有产品提供同样水平的客户服务，企业在同一产品系列内采用多种分拨战略。在库存地点的选择上同样可实施多样化分拨，每个存储点都包含不同的产品组合。

（3）集运战略。也就是集中运输。

区域化集中运输：运往某个地区的不同客户的货物集中起来运输。

预定送货：与客户商定一个运送计划，保证按时送到，在预定期内有可能集中较大的运输量。

第三方联营送货：由第三方提供运输服务。

第三节　现代物流战略规划

物流战略规划是实施物流发展战略的最基本手段。从总体战略实施的层面到局部战略的实施，以及各种策略的制定，都是物流战略规划的重要组成部分。物流战略规划是企业总体战略规划的一个子计划，是企业物流系统有效发展的重要保证。

一、物流战略规划的特点

（一）物流规划与经济、生产活动密切相关

物流规划渗透于从经济产品生产准备工作开始到生产工作完成直至到最终消费者手中的整个过程，无论是从原材料的采购、产品的加工制造，到产品的销售都离不开物流。如家电生产企业及汽车生产企业中各种自动化生产线、装配线上原料、工件、配件、组装件的运输与配送，机械制造业各种中间产品的搬运流转以及商贸企业商品流转等。物流系统的流量、流速和作业质量都直接与生产的速率及质量相关，物流规划已与企业经济活动紧密地结合为一个统一的整体。

（二）企业物流规划与社会物流规划相互依存

传统的分散进行的物流活动已经远远不能适应现代经济发展的要求。物流活动的低效率和高额成本，已经成为影响经济运行效率和社会再生产顺利进行的制约因素，因此必须围绕企业的经营活动对各种物流功能、要素和物流资源进行整合，在企业内形成一个独立部门和职能领域从事物流活动。现代企业的物流活动也不是独立的或自我封闭的系统，许多企业都采取了开放式的或者半开放式的经营模式，即企业物流活动不再全由企业独立承担而是将其中的部分甚至是全部交给企业以外的专业物流企业来进行规划、实施、控制与管理。通过利用社会物流的力量分担企业在物流设备投入、仓储面积及资金等方面的压力，而且社会物流规划的发展程度已经开始影响企业的经营管理，专业化程度也越来越高。只有与社会物流规划相适应，物流才能够真正促进企业的发展。因此，企业物流规划与社会物流规划相互影响，相互制约，也相互促进。

二、物流战略规划的发展趋势

（一）向着协同化与集约化方向发展

所谓物流的协同化就是指物流活动各个环节改变原来的独立决策的局面，形成相互协调、共同决策、共同安排的新局面。供应链概念的提出为物流管理的纵向协同提供了条件，上游企业和下游企业为了共同的目标采取物流管理的协同作业。企业采购、生产和销售的信息化管理与物流管理也需要协同作业，达到最佳状态。

集约化就是指企业通过相似业务的共同运作形成一定规模从而获得规模效益，包括生产企业采购的集约化和销售的集约化。近几年，许多企业都采用了集团采购，如沃尔玛公司就是集团采购方式的开创者和受益者。而集约化销售可以提高进货、保管、库存管理等

物流作业的效率，通过运输规模的扩大降低发货的运输成本。

（二）信息化与标准化是现代物流基础

计算机技术和网络技术的普及为企业物流管理的集约化和协同创造了良好的发展条件。物流质量、效率和效益的提高更多地取决于信息管理技术，离开信息技术的支持可以说物流就寸步难行，物流业也不会迅猛发展。物流的信息化可以实现信息共享，使信息的传递更加方便、快捷、准确，从而提高整个物流系统的经济效益。企业应用信息技术建立适合自己的管理信息系统，进行数据的收集和处理、物料采购的管理、生产作业的计划与控制等，协调和统一企业的物流活动，实现有效的物流管理。

物流标准化是指以物流系统为对象，围绕运输、储存、装卸、包装以及物流信息等物流活动制定、发布和实施有关技术和工作方面的标准，并按照技术标准和工作标准的配合性要求，统一整个物流系统的标准的过程。物流标准化不仅是实现物流各环节衔接的一致性、降低物流成本的有效途径，也是进行科学化物流管理的重要手段。随着全球经济一体化不断发展，物流管理标准化问题将日益受到重视并逐步得到完善。

（三）柔性化物流系统是市场需求的必然趋势

柔性化是为满足顾客需要而在生产领域中提出的，但真正做到柔性化，即真正根据消费者需求的变化来灵活调节生产工艺，没有配套的柔性化物流系统是不可能达到目的的。因此，近年来，国际生产领域纷纷推出了柔性制造系统（FMS）、计算机集成制造系统（CIMS）、敏捷执照系统（Agile Manufacturing）、企业资源计划（ERP）、大量定制（MC）以及供应链管理（SCM）的概念和技术。这些概念和技术实质就是将生产、流通进行集成，根据需求端的需求组织生产，安排物流活动。因此，柔性化的物流正是适应生产、流通消费需求而发展起来的一种新型物流模式，特别是在企业中，根据顾客需求“多品种、小批量、多批次、短周期”的特色，灵活组织和实施物流作业，是提高生产效率的一种非常有效的方式。

（四）自动化和智能化是现代物流的目标

自动化的基础是信息化，核心是机电一体化，自动化的目的就是省人省力，扩大物流作业能力，提高劳动生产效率，减少物流作业的差错等。主要通过自动化设备并设置相应的程序来实现。如条码/射频自动识别系统、自动分拣系统，自动存取系统、自动导引车、货物自动跟踪系统等。

智能化是物流自动化、信息化的一种高层次应用。物流作业过程中大量的运筹和决策，如库存水平的确定、运输（搬运）路径的选择、自动导引车的运行轨迹和作业控制、自动分拣机的运行等，都需要借助智能化专家系统才能解决。物流的智能化已成为物流业发展的主要研究方向。

（五）物流社会化是物流发展的最终结果

随着市场经济的发展，专业化分工越来越细，企业所需原材料采购和产成品的运送环节大部分由专业的第三方物流来运作，以实现少库存或零库存。这种第三方物流企业不仅可以进行集约化物流，在一定范围之内实现合理化物流。这样可使企业集中精力从事主业生产，而且可以减少设备、设施、人力等方面的投资，降低成本和费用。

三、物流战略规划层次

（一）物流战略规划层次

物流规划试图回答做什么，何时做和如何做的问题，是实施物流战略的基本方法。企业通常根据企业总体发展战略来制定物流发展战略，由物流战略确定实施规划。物流规划涉及三个层面，第一战略层面，第二策略层面，第三运作层面。其主要区别在于时间跨度和业务内容。

（1）战略层面：是长期的，时间跨度超过一年。业务内容是方向性的，指导性的。如物流服务应达到什么程度，物流企业或企业物流竞争能力应具备什么水平，企业规模、市场拓展状况等一系列问题的中、宏观规划。

（2）策略层面：是中期的，一般短于一年。业务内容是方法性的，用什么策略、什么手段解决有关问题。是一种解决问题思路，通常与具体战略内容结合起来实施。如客户服务策略、设施选址策略、库存策略、运输策略等。

（3）运作层面：是短期决策，使每个小时或者每天都要频繁进行的决策。决策的重点在于如何利用战略性规划的物流渠道快速、有效地运送产品。运作计划业务内容是在实践、数量、人力等具体物流要素方面如何规划、操作，完成具体的物流任务。

各规划层次有不同视角，由于时间跨度长，战略规划所使用的数据常常是不完整、不准确的，数据也可能经过平均，一般只要在合理范围内接近最优就认为规划达到了要求。在通常情况下物流运作层计划要求使用的数据，越量化越好、越准确越好，使规划在操作阶段能充分反映其物流运作的状态和规律，使之便于控制。

（二）企业物流战略规划层次

要获得高水平的物流绩效，创造顾客的买方价值和企业的战略价值，必须了解一个企业的物流系统各构成部分如何协调运转与整合，并进行相应的物流战略规划与设计。一个企业物流战略通常表现在五个重要层次上，构成物流战略环形图，它确立了企业设计物流战略的框架。如图 3-4 所示。

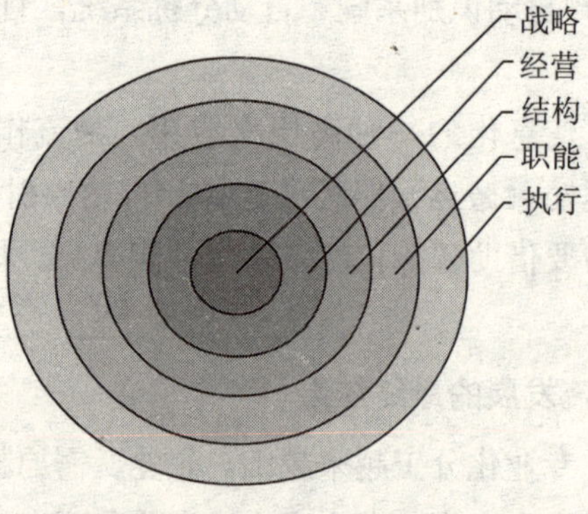

图 3-4　企业物流战略规划与管理环形

1. 物流战略层

确立物流对企业战略的协助作用，建设两大平台和两大系统。物流首先是一种服务，企业建设物流系统的目的首先是为了实现企业的战略，所以企业发展物流必须首先确立物流规划与管理对企业总体战略的协助作用。同时，企业现代物流的发展必须建设两大平台和两大系统，即基础设施平台和信息平台，信息网络系统和物流配送系统。在进行企业物流规划管理最初必须进行企业资源能力的分析，充分利用过去和现在的渠道、设施以及其他各种资源来完善企业的总体战略并以最少的成本和最快的方式建设两大平台和两大系统。

2. 物流经营层

通过顾客服务建立战略方向，物流活动存在的唯一目的是要向内部和外部顾客提供及时准确的交货，无论交货是出于何种动机或目的，接受服务的顾客始终是形成物流需求的核心与动力。所以，顾客服务是制定物流战略的关键。而且，要执行一项营销战略，必须要考察企业在与争取顾客和保持顾客有关的过程中的所有活动，而物流活动就是这些关键能力之一，可以被开发成核心战略。在某种程度上，企业一旦将其竞争优势建立在物流能力上，它就具有难以重复再现的特色。

3. 物流结构层

物流系统的结构部分，包括渠道设计和设施的网络战略，企业的物流系统首先应该满足顾客的服务需求，而物流系统的渠道结构和设施网络结构提供了满足这些需求的物资基础。物流渠道设计包括确定为达到期望的服务水平而需执行的活动与职能，以及渠道中的哪些成员将执行它们。渠道体系设计需要在渠道目标的制定、渠道长度和宽度的评价、市场、产品、企业以及中间商因素的研究、渠道成员的选择及职责、渠道合作等方面认真分析与判断，因为体系一旦实施，常常无法轻易地改变。随着顾客需求变化和竞争者的自我调整，渠道战略必须再评价以维持或增强市场地位。

企业物流设施网络战略要解决的问题有：设施的功能、成本、数量、地点、服务对象、存货类型及数量、运输选择、管理运作方式等。网络战略必须与渠道战略以一种给顾客价值最大化的方式进行整合。涉及和 3PL 提供商的合作，物流网络可能会变得更为复杂，也比传统网络更加灵活，因此，对现有的仓储业务、库存配置方针、运输管理业务、管理程序、人员组织和体系等进行革新是明智之举。在动态的、竞争的市场环境中，也需要不断地修正设施网络以适应供求基本结构变化。

4. 物流职能层

物流战略职能部分，尤其是运输、仓储和物料管理，物流战略规划职能部分主要是对企业物流作业管理的分析与优化。运输分析包括承运人选择、运输合理化、货物集并、装载计划、路线确定及安排、车辆管理、回程运输或承运绩效评定等方面的考虑；仓储方面的考虑包括设施布置、货物装卸搬运技术选择、生产效率、安全、规章制度的执行等；在物料管理中，分析可以着重于预测、库存控制、生产进度计划和采购上的最佳运作与提高。

5. 物流执行层

负责日常的物流管理问题，企业物流战略规划与管理的最后一层为，包括支持物流的信息系统、指导日常物流运作的方针与程序、设施设备的配置及维护，以及组织与人员问题。其中，物流信息系统和组织结构设计是其中最为重要的内容。物流信息系统是一体化物流思想的实现手段和现代物流作业的支柱。没有先进的信息系统，企业将无法有效地管理成本、提供优良的顾客服务和获得物流运作的高绩效。当今企业要保持竞争力，必须把信息基础结构的作用延伸到包括需求计划、管理控制、决策分析等方面，并将信息的可得性、准确性、及时性、灵活性、应变性等特点结合到一起，还要注意到与渠道成员之间的连接。

四、物流战略主要规划领域

物流战略规划主要解决四个方面问题：客户服务目标、设施选址战略、库存战略和运输战略，如图 3-5 所示。

物流规划是以客户服务目标为核心，以其他三个方面为主要战略因素而形成。可以用物流决策图形来表示。这些因素是相互联系的，应作为整体进行规划，形成一个系统化规则。

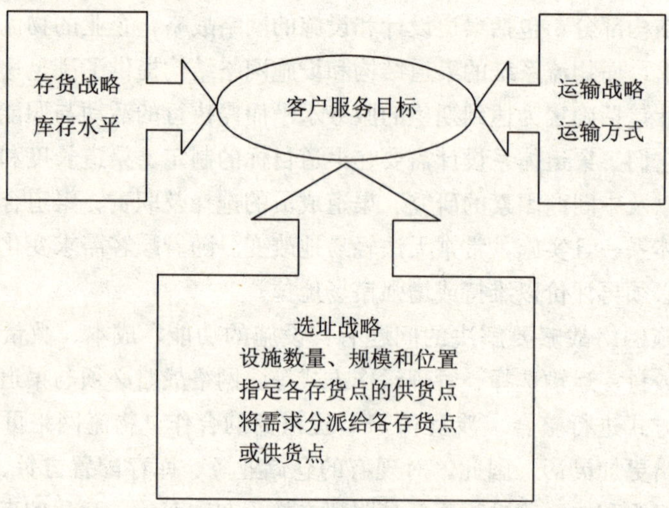

图 3-5　物流战略规划领域

1. 客户服务目标

企业提出的物流客户服务水平是物流系统设计中最重要的因素，它直接影响着其他战略的形成。如服务水平目标较低，可以在较少的存储地点集中存货，利用较低廉的运输方式。服务水平高则恰恰相反。但当服务水平接近上限时，物流成本上升比服务水平上升更快。因此，物流战略规划的首要任务是确定适当的客户服务水平。

2. 设施选址战略

储存点及供货点的地理分布构成物流规划的基本框架。其内容主要包括确定设施的数量、地理位置、规模，并分配设施所服务的市场范围，这就确定了产品到市场之间的线路。好的设施选址应考虑所有产品移动过程及相关成本，包括从工厂、供货商或港口经中途储存点然后到达客户所在地的产品移动过程及成本。寻求成本最低的需求分配方案或利润最高的需求分配方案是选址战略的核心。无论供应商供货、用户自给供货、第三方物流供货，其供货成本是物流设施选址战略的最基本问题。

3. 库存战略

库存战略指库存管理方式。将库存分配（推动）到储存点与通过补货自发拉动库存，代表着两种战略。在库存战略中还存在着库存层级问题。根据市场需求情况，将不同品种分别存放于地区仓库、基层仓库或企业仓库中，以此保持库存货物水平。

4. 运输战略

运输战略包括运输方式、运输批量和运输时间以及路线的选择。这些决策受仓库与客户以及仓库与工厂之间距离影响，反过来会影响仓库选址决策。库存水平也会通过影响运输批量影响运输决策。

客户服务目标，设施选址战略、库存战略和运输战略，是规划的主要内容，因为这些决策都会影响企业的赢利能力、现金和投资回报率。其中每个决策都与其他决策相互联系，规划时必须对彼此之间存在的背反关系予以考虑。

五、物流系统战略规划的实施

（一）物流战略规划的时机

战略规划的时机是指什么时候进行规划或什么时候该重新规划。无论是区域物流规划，还是企业物流规划，要在物流系统设定前进行规划。若物流系统已存在，根据市场发展需要进行改进并进行规划。物流战略规划时机的确定，主要考虑以下几个方面问题。

（1）需求。需求水平的变化、需求的地理分布变化。极大的影响着物流网络结构，市场的增长或萎缩影响着物流设施的布置或增减。这些变化都要进行物流战略的重新规划。

（2）客户服务。客户服务的内容很广，库存可得率、送货速度、服务准确率等。由于竞争压力，客户服务水平在不断提高。市场变化越大，服务水平的变化也越大，直接决定着物流战略规划的变化。

（3）产品特征。物流成本受产品特征影响很大，产品的形状、结构、重量、规格等。直接对物流系统各方面设施产生要求。随着市场产品的不断变化，物流系统设施也要不断重新规划。

（4）物流成本。物流成本决定着物流系统重新规划的频率。物流成本占产品成本比率高的物流系统，就需要根据市场变化不断规划。反之规划频率较低。

（二）物流战略规划原则

物流规划的原则就是利用物流系统中各职能因素之间的相互联系，相互制约、相互影响的关系，把物料的运输、包装、存储、装卸、加工、配送流通活动和与之相关联的物流信息作为一个系统构造、组织和管理，以使整个物流过程最优化。从而以较低的物流成本，实现既定的客户服务水平（包括质量、数量、时间、地点、价格等）。

（1）近距离原则。在条件允许的情况下，应使物料流动距离最短，以减少运输与搬运量。运输与搬运只会增加系统成本，而不会增加产品价值。

（2）优先原则。在物流系统规划设计时，应尽量使彼此物流量大的设施布置得近一些，而物流量小的设施与设备布置得稍远一些。

（3）避免迂回倒流原则。迂回和倒流现象严重影响生产系统的效率和效益，必须使其减少到最低程度，尤其是系统中的关键物流。

（4）在制品库存最少原则。在制品既是生产过程的必须物，同时又是一种“浪费”。以拉动式“看板管理”为基础的准时化（JIT）生产管理，可以将在制品降低到最低限度，实现零库存生产。

（5）集装单元和标准化搬运原则。物流搬运过程中使用的各种托盘、料箱、料架等工位器具，要符合集装单元标准化原则，以提高搬运效率、物料活性系数、搬运质量、系统机械化和自动化水平。因此，企业中工位器具、物料装载容器和物流设备的状况反映了物流系统的效益水平，也反映了企业的管理水平。

（6）简化搬运作业、减少搬运环节原则。物料的搬运不仅要有科学的设备、容器，还应有科学的操作方法，使手搬运作业尽量简化，环节尽量减少，可以节省人力，同时也减少磕碰，以此提高系统物流的可靠性。

（7）重力利用原则。在物流系统中使用重力方式进行物料搬运是最经济的手段，且方便有效，利用高度差，采用滑板、滑道等方法可节约能源。本书所涉及的企业在加工流水线上大量使用滚道线和柔性装配线就是采用重力原则设计的。

（8）人机工程原则。物料搬运的目的要事先确定好，使物料搬运一步到位，避免二次搬运、装卸。同时，搬运设备、装卸设备及工位器具的安全设计和布置应满足人机工程要求，在各个操作环节上应使操作者最省力、安全高效，以减轻疲劳。

（9）柔性化原则。产品结构、生产规模、工艺条件的变化或管理结构的变更，都会引起物流系统结构包括工业企业的厂房多少组合式，设备安装也可以随时变动和调整，生产线可以随时根据需要组合，以满足不同生产情况的要求。

（三）物流系统战略规划的实施

1. 战略发动阶段

在这一阶段，企业领导人要研究如何将物流系统战略的理想变为大多数员工的实际行动，调动起大多数员工实现新战略的积极性和主动性，这就要求对企业管理人员和员工进行培训，向他们灌输新思想、新观念，提出新口号和新概念，从而消除一些不利于战略实施的旧观念和旧思想，使大多数人逐步接受一种新战略。对于任何一个新的全新战略，在开始实施时相当多的人都会产生各种疑虑，而一个新战略往往要将人们引入一个全新境界，如果员工们对新战略没有充分的认识和理解，自然就得不到多数员工的拥护和支持。因此，战略实施是一个发动广大员工的过程，要向广大员工讲清楚企业内外环境的变化给企业带来的机遇和挑战、旧战略存在的各种弊端、新战略的优点及存在的风险等，为实现新战略的美好前途而奋斗。在发动员工的过程中，要努力争取战略的关键执行人员的理解和支持，企业的领导人要考虑机构和人员的认识调整问题，以扫清战略实施的障碍。

2. 战略实施计划阶段

将物流系统战略分解为几个战略实施阶段，每个战略实施阶段都有分阶段的目标，相应的有每个阶段的政策措施、部门策略及方针等。要定出分阶段目标的时间表，对各分阶段目标进行统筹规划、全面安排，并注意各个阶段之间的衔接，对于远期阶段的目标方针可以概括一些，但对于近期阶段的目标方针则应该尽量详细一些。对战略实施的第一阶段更应该保证新战略与旧战略有很好的衔接，以减少阻力和摩擦，其第一阶段的分目标及计划应该更加具体化和可操作化，应该制定年度目标、部门策略、方针与沟通措施，使战略最大限度的具体化，变成企业各部门可以具体操作的业务。

3. 战略运作阶段

企业战略的实施运作主要与六个因素有关，即各级领导人员的素质和价值观念；企业的组织结构；企业文化；资源结构与分配；信息沟通；控制及激励制度。通过这六个因素使战略可以真正在企业的日常经营活动中运作，成为制度化的工作内容。

4. 战略控制与评估阶段

战略是在变化的环境中实践的，企业只有加强对物流系统战略执行过程中得控制与评价，才能适应环境的变化，完成战略任务。这一阶段主要包括建立控制系统、监控绩效和评估偏差、控制及纠正偏差三个方面。

练习思考题

1. 如何理解企业战略？
2. 企业战略类型主要有哪些？
3. 如何理解企业战略规划的层次？
4. 物流战略规划的主要领域有哪些？这些规划领域之间有什么联系？
5. 物流战略规划实施的步骤有哪些？

课后案例

7-11便利店的特色战略实施

一、7-11便利店简介

7-11便利店是现今全球最大的零售网络商，被公认为世界便利店的楷模。7-11便利店取得的辉煌业绩，除了其先进的经营方式与独特的品牌营销外，支撑其快速发展的另一重要因素就是强大的后方物流支持系统、独特的物流体系。作为全球最大的便利店企业之一，7-11便利店取得今日辉煌，与其物流体系构建的影响是分不开的。7-11便利店以区域集中化建店战略和信息灵活应用作为实现特许经营的基本策略之一，以综合考虑生产厂家、批发商、配送中心、总部、加盟店和消费者的整体结构为思考模式，从而发展出一条不建立完全属于自己公司的物流和配送中心，而是凭着企业的知名度和经营实力，借用其他行业公司的物流、配送中心，采取集约配送、共同配送方式的道路，实现自己的特许经营战略。

7-11便利店总部的战略经营目标是使7-11便利店所有加盟单店成为“周围居民信赖的店铺”。这里所说的忠诚度，是通过7-11便利店所特有的三个要素来实现的：首先，只有在7-11便利店能够买到的独特商品；其次，刚制作的新鲜商品；最后，零缺货，即零顾客永不失望的供货。7-11便利店为了确保实现忠诚度所需的三个要素的顺利施行，建立了先进、高效的物流系统，并确定了多个物流战略体系。

二、物流战略实施

7-11便利店取得成功的重要原因，是其实施了适合自己发展的并具特色的物流战略。

(一) 物流区域集中化的实施

区域集中化战略是指在一定区域内相对集中地开出更多店铺，待这一区域的店铺达到一定数量后，再逐步扩展建店的地区。利用这种办法，不断增加建店地区内的连锁店数，以缩短商店间的距离，缩短每次配送行走的距离及时间，确保高效的运载量，从而形成提高物流效率的基础，使配送地区合理化，配送中心分散、中小规模化。

在目标城市和区域不断开设新的分店是所有连锁经营企业的一般方法。7-11连锁店在美国的分布，1994年以前并不集中，力量相对分散，从物流决策的角度说，点多线长，物流成本高，缺省规模优势，1994—1997年，公司关闭了几家分布孤立的分店，收缩战线的长度，减少物流配送成本，形成了较高的分布密度，每个分布有该连锁店的郡都开设了好几家分店。现在，公司主要在连锁店已经拥有较高分布密度的地区建立新店。7-11便利店的区位战略是，在目标区域开设新的分店，形成和提高分布密度，将仓储和运输等物流要求进行整合，企业从中受益匪浅。

7-11便利店的物流区位战略对我国正在发展中的便利连锁店有很大启示作用。与便利连锁店形成竞争之势的超级市场为追求“廉价销售”而使其规模越来越扩大，它就越来越难以在拥挤住宅区内立足，同时，拥挤的城市住宅区地皮房租费用昂贵，也不利于超级市场降低成本，使超级市场越来越远离住宅区，这就给消费者带来了极大不便，消费者不会为买几件生活必需品而驱车跑到超市去。而便利连锁店分布于住宅区附近，消费者七八分钟或十来分钟之内即可由住宅步行到店，便利店的顾客主要为周围半径500米左右范围的居民。在一个目标区域以一定的服务半径为范围形成覆盖，整合仓储和物流配送体系形成规模效益。

便利连锁店的密集布点为物流路径集约化提供了可能。事实上，对零售业而言，中国目前物流服务水准或多或少在短期内是由处于上游的商品生产商和经销商来决定的，要改变他们的经营意识和方法无疑要比企业自身的变革困难、复杂并漫长。这种情景与当初日本7-11便利店在构筑物流体系所处的环境类似。为此，7-11便利店改变了以往由多家特约批发商分别向店铺配送的物流经营方式，转为由各地区的窗口批发商来统一收集该地区各生产厂家生产的同类产品，并向所辖区内的店铺实行集中配送。

(二) 共同配送战略的实施

7-11便利店还将物流路径集约化转变为物流共同配送系统，即按照不同的地区和商品群划分，组成共同配送中心，由该中心统一集货，再向各店铺配送。地域划分一般是在中心城市商圈附近35千米，其他地方市场为方圆60千米，各地区设立一个共同配送中心，以实现高频度、多品种、小单位配送。实施共同物流后，其店铺每日接待的运输车辆数量从70多辆下降为12辆。另外，这种做法令共同配送中心充分反映了商品销售、在途和库存的信息，7-11便利店逐渐掌握了整个产业链的主导权。在连锁业价格竞争日渐犀利的情况下，7-11便利店通过降低成本费用，为整体利润的提升争取了相当大的空间。

(三) 不同温度带物流战略的实施

7-11便利店为了加强对商品品质的管理，体现对顾客负责、顾客第一的企业精神对物流实行必要的温度管理，按适合各个商品特性的温度配送，使各种商品在其最佳的品质管理温度下，按不同温度带进行物流，最终使畅销的商品以味道最鲜美的状态出现在商店货架上，这就是7-11便利店的不同温度带物流战略。

7-11便利店目前已经实现了全球范围内的不同温度带物流配送体系，针对不同种类的商品设定了不同的配送温度，并使用与汽车生产厂家共同开发的专用运输车进行配送。7-11便利店总部根据商品品质对温度的不同要求，一般情况下会建立三个配送中心系统，即冷冻配送中心系统、冷藏配送中心系统和常温商品配送中心系统。对于不同的配送中心系统，单店都会有不同的订货，这种做法也是为了尽可能的提高商品的新鲜度。

世界零售巨头沃尔玛也采取了不同温度带物流的做法。不同的是沃尔玛是自建配送中心，而7-11便利店的配送工作则是委托给第三方物流负责。温度带物流管理是其在实施区域集中化战略的同时一大特色，通过对物流活动的不断优化，使得物流战略的实施达到更加理想的效果。

三、实施效果

7-11便利店实行有效的区域集中化战略和配送战略后，所带来的优势及效果非常显著，主要可以归纳为以下几个方面：

(1) 降低物流成本。在一定区域内集中加盟单店可以使得物流最具效率化。由于店铺之间的距离缩短了，能够带来以下优势：缩短每台配送车辆的平均行驶距离和行驶时间，实现定时配送，调整配送车辆的装载量。

(2) 缩短配送时间，保证商品的新鲜度。快餐商品新鲜度越高就越好吃，提供油炸类食品和烘烤面包的店铺明显会受到顾客的欢迎。

(3) 减少竞争对手开店的机会。便利店的商圈一般是在半径500～1000米的范围。区域集中化战略可以使店铺覆盖某一个区域，具有“攻击是最大的防御”的特征，可以有效地减少竞争对手在该区域开店的机会。

(4) 提高地区的知名度、提高宣传效果。区域集中化开店战略能够提高单店在开店区域内的知名度，增加顾客的亲切感。

(5) 提高运营区域代表的活动效率。7-11便利店在业务范围内设置了不同的运营区域，各个店铺的距离缩短，有利于运营区域代表对单店的指导和管理。

7-11便利店与参加共同经营的生产商、批发商密切协作，以地区集中建店和信息网络为基础，创造成独自的系统。共同配送中心的建立，使得7-11便利店商品的周转率达到极高的水平，车辆的装载率和利用率也大幅度提高。共同配送中心的建设使7-11便利店信息化水平也大为提高，目前7-11便利店总部能充分了解商品销售、在途和库存的信息，7-11便利店开始逐渐掌握整个产业链的主导权。

四、启示

分析7-11便利店的物流战略，发现它的很多地方可以供我们借鉴，特别是选址方式，配送中心战略，物流服务与信息建设四个方面。7-11便利店的经营目的是，在顾客需要的时候向他们提供所需要的产品。公司的主要目标之一是，通过区位、季节和每天的时间安排，寻求供给与需求之间的微观平衡。7-11便利店利用区位、库存、运输和信息的设计与管理来支持这一目标。我国各地便利连锁店发展很快，在选址定点问题上完全可以借鉴7-11便利店的经验和做法，以目标区域密集布点，防止点多线长，片面追求全面覆盖，过高的经营和物流成本，很容易导致经营上难以为继。

通过7-11便利店物流体系的研究，可以认识到，要打破制约我国连锁经营企业发展的物流瓶颈就必须借鉴国外知名企业的先进物流系统和特色，并依据企业自身经营的特点与我国的实际国情，以降低物流配送成本，提高流通整体效益，打造持续竞争优势，构建出独特的物流体系。

思考题：

1. 为实施其战略方案，7-11便利店采取了哪些措施与办法？

2. 7-11便利店的物流战略对我国特许连锁企业有何启示？

第四章　现代物流环境下的作业及其管理

引导案例

林华的物流尴尬

北京逐渐春意盎然的天气让林华觉得心情舒畅，因为气温的回升意味着上街购物的人会增多，林华对自己一手创办起来的“依朗”成衣品牌一直很有信心。

但刚走进办公室，一个加盟商的电话却让林华的眉头打了个结。

“林总，你们这回到底请的是哪家物流公司啊，没有送到专卖店就算了，我们自己到托运站取。接到货一看，吓了一跳，外面包裹的箱子都破了，有的里面编织袋也破了。好几件衣服都没法看，脏兮兮的全是褶，叫我们怎么卖呀？我们可是交了钱的，一套好几千元呢！”

林华伸手揉了揉眉心，定了定神，用尽可能平和的语调回复：“您放心，我们会对每一位加盟商负责的。那些破损包装的衣服，如果您愿意收，我们会给您补偿干洗熨烫费用的。”

挂断电话，林华的怒火终于爆发了。这已经记不清是这家物流公司第几次迟到了，态度恶劣不说，取货进货迟，还缺损严重。刚过“情人节”，和所有的商家一样，依朗公司也搞了一系列的促销活动。但 2 月 13 日促销活动开始，翘首盼望的情侣到 2 月 15 日也没看到促销服装的影子，总经理办公室的电话都被打爆了。后来林华才知道，这家物流公司的线路出了问题，那批促销的服装 2 月 16 日才勉强送到。一向态度温和的林华和那家物流公司的老总大吵了一架，还差点打起了官司。

日趋激烈的市场竞争，加之消费的多元化和个性化，都对企业现有的生产经营及管理形成了新的考验，要想扩大利润空间，难度越来越高。提高用户满意率，减少库存量，让产品飞快地转起来，这都是公司期待解决的物流问题。林华每次参加国内服装生产商聚会，物流总是不变的话题，几乎每个人都为此头疼不已。物流与销售连为一体，很多过桥过路费，仓库租金，工人工资等都算在销售费用中，加上物流运作不当而支付的赔偿费，销售费用已经可以用“不计其数”来形容了。此外，销售体系延伸后，库房也向下延伸。物流人员素质与仓储管理水平都不高，货物丢失严重，库存信息与货物型号对不上号，财务更是难以对账。如果物流管理无法规范，企业每年 1/3，甚至是 1/2 的利润都可能被侵蚀掉。

林华也曾想过把成衣物流外包出去，但是遍寻市场都找不到一家合适的第三方物流企业。物流公司虽多，但是针对服装这种多批次、小批量、价值高的专业物流公司却没有。

更让人头疼的是，成衣单品价值很高，把物流完全分包出去，对于林华这样年产量数百万件的企业来说，相当于把数十亿资金放入到别人手中，风险太大。

于是，自建物流公司的想法便顺理成章的跳入林华脑中。

“无论如何，明天得作出最终决定，要不要建立一个独立的物流公司。”林华低头沉思。

思考题：从现代物流的角度讨论林华的公司需不需要建立一个独立的物流公司？

第一节　现代运输管理

今天的高级管理比过去更加重视交通管理，因为运输是一项主要的开支项目，粗略估计，2010 年社会物流费用占国内生产总值的 18%，其中，运输费用占社会物流费用的比重超过 50%。如今在面对热衷物流概念的潮流下，公司的运输主管被认为是管理层中的重要成员，运输机构的重新调整激起了高层管理对运输的浓厚兴趣。

一、运输管理概述

（一）运输的概念与功能

1. 运输的概念

运输是指利用运输工具和运输设施，实现物资长距离空间位置转移的活动。运输用于消除物品在供应者与消费者之间的空间间隔，创造物品的空间效益，实现物品的使用价值，满足消费者的需求。当实体因从一个地方转移到另一个地方时，空间上位置改变了，时间上使用价值也得到了延续，从而创造了实体的空间价值和时间价值。

2. 运输的功能

（1）货物位移功能。企业生产经营过程中，原材料、产成品的移动都需要运输工具作为载体将这些需位移的原材料或产成品从始发地运到目的地。

（2）货物存储功能。在运输的过程中，货物的存储暂时由运输完成，这就是运输的存储功能。

（3）创造了空间价值。在运输的过程中，运输使货物实现了空间的转换，创造了货物实体的空间价值同时也增加了货物实体的价值。

（二）运输管理的概念及目标

运输管理是指对产品从生产者到中间商再至消费者的运送过程的管理。它包括运输方式选择、时间与路线的确定及费用的节约。

运输管理的目标。在运输过程中，贯彻执行“及时、准确、经济、完全”的原则，尽量缩短货物在途时间，及时将货物送达目的地；切实防止各种差错事故，安全、完好、准确无误地完成运输任务；有效利用各种运输工具和运输设施，最大限度地节约人力、物力、财力，提高运输经济效益，降低运输成本。

二、运输的方式

(一) 运输方式及特点，各种运输方式经济指标比较如表 4－1 所示

表 4－1　各种运输方式经济指标比较

经济指标＼运输方式	铁路运输	公路运输	水路运输	航空运输	管道运输
运输成本	成本低于公路运输	成本仅比航空运输成本低	运输成本一般比铁路运输低	成本最高	成本与水路运输接近
速度	长途铁路运输快于公路运输，但短途慢于公路运输		速度较慢	速度极快	
能耗	能耗低于公路和航空运输	能耗高于铁路和水路运输	能耗低，船舶单位能耗低于铁路，更低于公路	能耗极高	能耗最小，在大批量运输时与水路接近
便利性	机动性差，需要其他运输方式的配合和衔接，实现“门—门”的运输	机动灵活，能够实现“门—门”运输	需要其他运输方式的配合和衔接，实现“门—门”的运输	难以实现“门—门”运输，必须借助其他运输工具进行集疏运	运送货物种类单一，且管线固定，运输灵活性差
投资	投资额大，建设周期长	投资小，投资回收期短	投资少	投资大	建设费用比铁路低 60%左右
运输能力	能力大，仅次于水路（经济半径在 2000 千米以上）	载重量不高，运送大件货物较为困难（经济半径在 2000 千米以内）	运输能力最大	只能承运小批量、体积小的货物	运输量大
对环境的影响	占地多	占地多，环境污染严重	土地占用少		占用的土地少，对环境无污染
受环境的影响	除少数极端天气外，一般不受气候条件影响	受地形气候限制小	受气候影响较大	不受地形影响，受天气状况影响较大	受气候环境影响较小
货损情况	货损率最高	货损率较高	货损情况与公路相近	货损较小	货损最小
适用范围	大宗低值货物的中、长距离运输，也适用于大批量、时间性强、可靠性要求高的一般货物和特种货物的运输	近距离、小批量的货运或是水运、铁路难以到达地区的长途、大批量货运	运距长、运量大，既适合对送达时间要求不高的大宗货物运输，也适合集装箱运输	价值高、体积小、送达时效要求高的特殊货物	单向、定点、量大的流体状且连续不断货物的运输

（二）影响运输方式选择的因素

运输服务的种类很多。在运输方式选择上可以是单一运输方式选择，也可以是多种运输方式的组合。运输方式的选择不仅可以从运输方式本身，还可以考虑运输中的中间商如运输代理商、承运商等一些服务方式，考虑运输中的管理模式和运输的方便性等。用户的选择非常多，只是要平衡服务质量和服务成本之间的关系。选择运输服务并非乍看上去那么困难，因为特定货物运输条件的要求常常使可选择的范围大大缩小。为了解决运输服务选择的问题，可以将适用于所有运输服务的基本特征归为：价格、平均运送时间、运送时间的变化率、货物的灭失和损坏。

三、运输的合理化

（一）合理化的影响因素

运输合理化是指按照货物流通规律，组织货物运输，力求用最少的劳动消耗，得到最高的经济效益。运输合理化的影响因素很多，起决定性作用的主要有以下四个因素：

（1）运输距离。运输过程中，运输时间、运输货损、运费、车辆或船舶周转等运输的若干经济指标都与运输距离有一定的比例关系。运输距离长短是运输是否合理的一个最基本因素。尽可能缩短运输距离既具有微观的企业效益，也具有宏观的社会效益。

（2）运输环节。每增加一次运输，不但会增加相关的运输费用，还会增加相应的附属活动。所以减少运输环节，尤其是同类运输工具的环节，对合理运输有促进作用。

（3）运输工具。对运输工具进行优化选择，最大限度发挥所用运输工具的作用，是运输合理化的重要一环。

（4）运输时间。运输是物流工程中需要花费较多时间的环节，对于运输时间的合理掌握有利于运输工具的周转、货主资金的周转、运输线路通过能力的提高。所以，运输时间的缩短对整个流通时间的缩短有决定性的作用。

（二）运输规划技术

物流运输的管理与作业水平高低直接影响和决定着整个物流系统的运营成本、效率和客户满意度，而提高物流运输管理和作业水平的一个重要手段就是科学、准确地运输规划。因此，运输规划在整个物流运输过程中占有十分重要的地位。

运输规划常用的方法主要有最短路线法、最佳运输量、图上作业法等。图上作业法，就是在交通路线图上，就产地产量与销地销量的平衡关系，运用运筹学原理，寻找能够控制的最省费用的方法。这种方法比较直观简单，适用于一些比较简单的综合运输问题。

图上作业法的基本原则是，对于不成圈状的交通线路图，从各端开始，按就近供应的原则和先支线后干线的基本要领，绘制出没有对流的调运方案，就是所要控制的最优调运方案；对于形成圈状的交通线路图，且发点与收点交错迂回的就比较复杂，则必须以“圈内外流向总路程应分别小于或等于该圈总路程的一半”的定理为准则，设计所要控制额最省费用方案。下面以环状调运路线为例介绍图上作业法。

【例】设某种商品的发点和收点各 4 个，形成两个环路的线路图，如图 4 - 1 所示，各发、收点的需求量及它们之间的距离已给出，问如何规划调运法案，使运输的吨公里数最小?

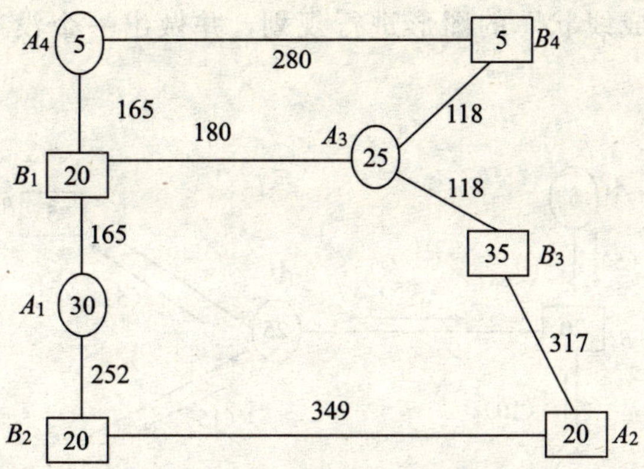

图 4－1　某商品收发点的距离及交通

解：①列出产销平衡表（表 4－2）

表 4－2　　产销平衡表　　单位：吨

销地/产地	B_1	B_2	B_3	B_4	产量
A_1					30
A_2					20
A_3					25
A_4					5
销量	20	20	35	5	80

②对规划环状的线路图，变成一个不成环状的线路图，通常找出里程最长的边丢掉。在本题中上圈丢去最长的边 A_4B_4，下圈 B_2A_2 边最长，也丢掉，如图 4－2 所示。

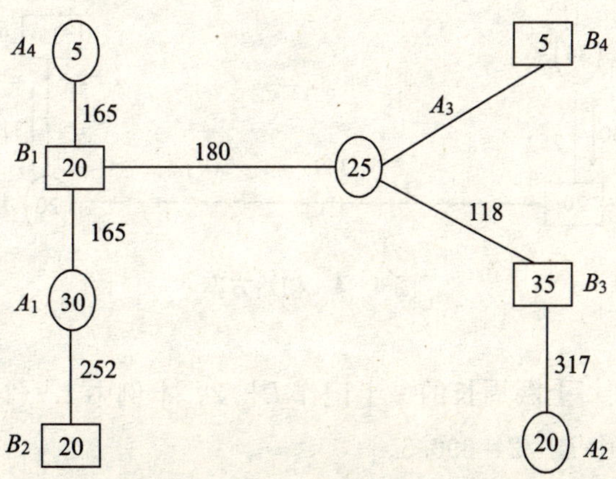

图 4－2　丢掉最长的边的线路

③按“调运路线成线状”的图形进行规划，并做出一个没有对流的调运图。如图 4 - 3 所示。

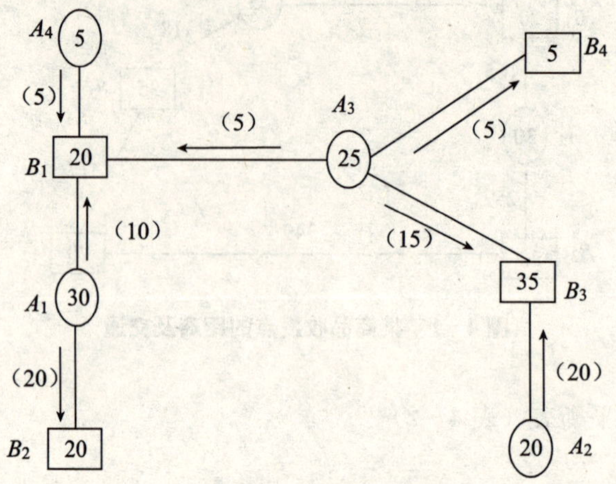

图 4 - 3　没有对流的调运

④补回原来丢去的边 A_4B_4 和 B_2A_2，得到一个初始方案，对初始方案进行检查，查看是否有迂回，如果没有迂回，则就是一个最优调运方案；如果有迂回，需要进一步调整。如图 4 - 4 所示。

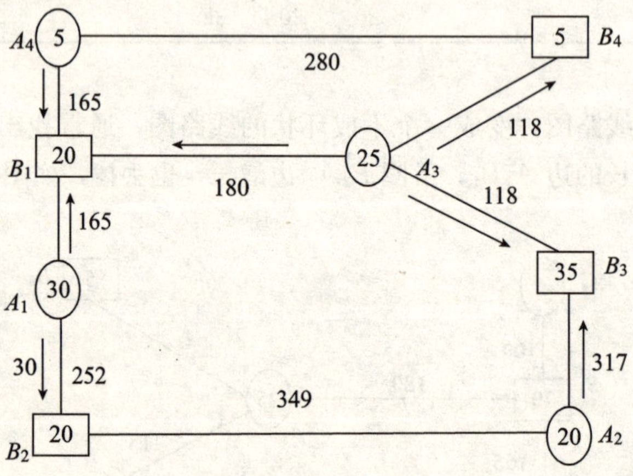

图 4 - 4　初始方案

在初始调运方案中，上圈周长的一半记作 $L^{上}/2$，本例中 $L^{上}/2=371.5$；下圈周长的一半记作 $L^{下}/2$，本例中 $L^{下}/2=690.5$。

检查上圈，内圈流向的总长 $L^{上}$ 内$=180$，外圈流向的总长 $L^{上}$ 外$=283<371.5$，由此可知没有迂回。

在检查下圈，内圈流向的总长 $L^{下}$ 内$=283$，外圈流向的总长 $L^{下}$ 外$=749$。因为 $L^{下}$

内＝283＜690.5，$L^{下}$外＝749＞690.5，所以不是最优方案，需要调整。

⑤由上面检查可以看出，下圈的初始调运方案还不是最优方案，需要进行调整。调整的方法是，在有迂回的圈上，超过全周一半长的流向中，找出运量最小的一边丢掉，并补回原来丢掉的边，便得到一个新的调运路线成线状的图形，重新规划如图 4-5 所示。

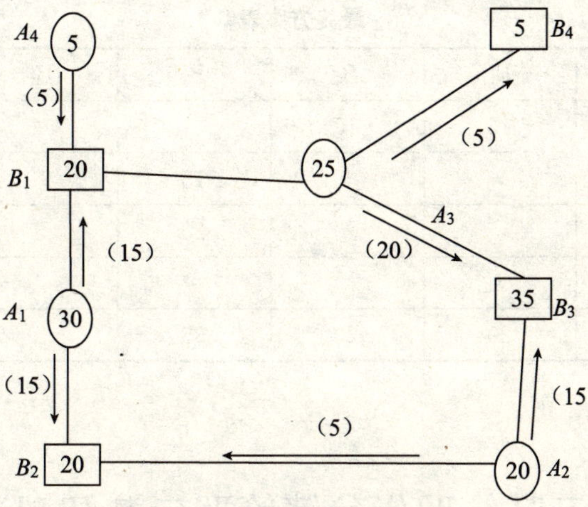

图 4-5　重新规划的调运路线

⑥补回丢掉的边 A_4B_4 和 B_1A_3，得出一个新的调运方案，再进行检查，由于上、下圈都没有迂回，所以就是一个最优调运方案，如图 4-6 所示。将调运量填入产销平衡表。

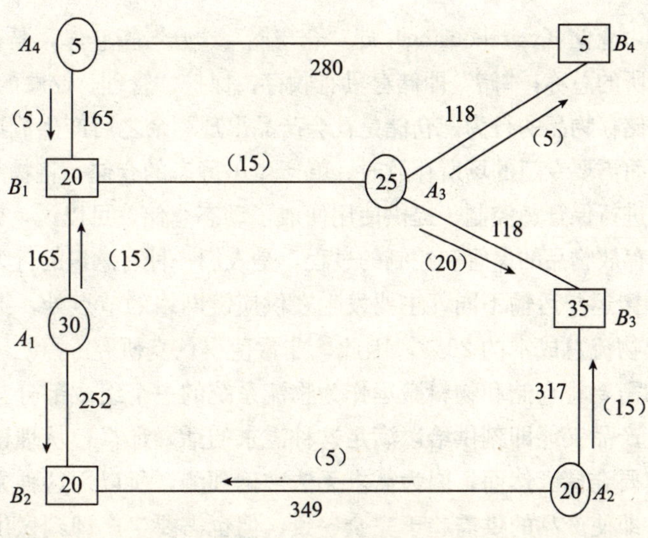

图 4-6　最优调运方案

检查：

$L^{上}$ 内＝0＜371.5，$L^{上}$ 外＝283＜371.5；$L^{下}$ 内＝632＜690.5，$L^{下}$ 外＝569＜690.5

总吨公里数＝15×165＋15×252＋5×349＋15×317＋20×118＋5×118＋5×165＝15530。

列出最终方案如表 4－3 所示。

表 4－3　　最终方案表　　单位：吨

销地/产地	B_1	B_2	B_3	B_4	产量
A_1	15	15			30
A_2		5	15		20
A_3			20	5	25
A_4	5				5
销量	20	20	35	5	80

第二节　现代仓储管理与装卸搬运

一、仓储管理概述

（一）仓储系统的必要性

从字面上理解，仓储（warehousing）即“仓与储”。“仓”指仓库，是存放、保管、储存物品的建筑物和场所的总称；“储”即储存具有收存、保护、管理、储藏的意思。“仓储”就是利用仓库存放、储存物品的行为。仓储是社会产品出现剩余之后产生流通的产物，当物品不能被即时消耗掉而需要专门的场所存放时，就产生了静态的仓储；将物品存入仓库并对存放在仓库里的物品进行保管、控制、提供使用便成了动态仓储。可以说，仓储是对有形物品提供存放场所、对存放物品的保管和控制的过程，是人们一种有意识的行为。

产品的储存和搬运与运输不同，主要发生在供应链网络的节点处，据估算，仓储和物料搬运成本占企业物流总成本的 26%，因此，非常值得认真研究。

企业是否真的需要将仓储和物料搬运作为物流系统的一个组成部分？如果产品的需求确定、已知，而且产品又能即刻供给以满足这种需求的话，那么，从理论上讲，既然不会有库存，也就不需要仓储。然而，因为需求无法准确预测，所以用这种方法去经营企业既不实际也不经济。即使产品的供需趋于完全一致，但也需要生产即刻做出反应，要求运输完全可靠，且不存在运送时间。对于一个企业来讲，在任何合理成本范围内，这都是不可能的。因此，企业要用库存来更好地平衡供需，降低总成本。而要保有库存，就会对仓储产生需求，并在很大程度上对物料搬运产生同样的需求。因此，与其说仓储是一种必要的活动，不如说是一种很便利的经济活动。仓储和物料搬运成本具有经济上的合理性，因为它们能平衡运输和生产—采购成本。也就是说，通过储备一定量的库存，企业常常可以调整经济生产批量和生产次序来降低生产成本。利用这种办法，企业就可以避免因需求模式不确定和产品多样性造成的产出水平的大幅度波动。同时，储备库存也可以通过更大、更经济的运输批量来降低运输成本。总之，仓储管理的目的就是利用恰到好处的仓储活动来实现仓储、生产和运输成本之间良好的、经济的平衡。

因此，企业进行仓储有以下四个基本原因：

1. 降低运输—生产成本

仓储及相关的库存会增加费用，但也可能提高运输和生产的效率，降低运输—生产成本，达到新的均衡。

2. 协调供求

某些企业的生产极具季节性，但需求是连续不断的，而且比较稳定，因此他们就面临着协调供求的问题。例如，生产蔬菜、水果罐头的工厂就必须储存一定量的产品，以便在作物的非生长季节供应市场。与之相反，另一些企业的产品或服务需求的季节性很强，而且需求不确定，但是全年的生产是稳定的，因为这样可以使生产成本最小，同时能够储备足够的库存来供应相对较短的热销季节。空调和圣诞玩具就是很好的例子。

3. 生产需要

仓储可以被看成是生产过程的一部分。有些产品（如奶酪、葡萄酒和烈性酒）在制造过程中，需要储存一段时间使其变陈。仓库不仅在这一制造阶段储存产品，而且对于那些需要纳税的商品来讲，仓库还可以在出售前保护产品或对产品“保税”。利用这种方法，公司得以将纳税时间推迟到产品售出之后。

4. 营销需要

市场营销部门经常考虑的是市场是否可以随时得到产品。仓储就可以用来增加产品这方面的价值，即仓储使产品更接近客户，运送时间常常会被缩短或使得供给随时可得。通过加快交货时间，企业可以改善客户服务，并增加销售。

（二）仓储系统的功能

1. 存储功能

存储是指在特定的场所，将物品收存并进行妥善的保管，确保被存储的物品不受损害。存储是仓储的最基本任务，是仓储产生的根本原因。存储的对象必须是有价值的产品，存储要在特定的场地进行，存储的目的是确保存储物的价值不受损害，保管人有绝对的义务妥善保管好存储物；存储物始终属于存货人所有，存货人有权控制存储物。

2. 调节功能

仓储的时间既可以长期进行，也可以短期开展，存期的控制自然就形成了对流通的控制。这也就是仓储的“蓄水池”功能，当交易不利时，将商品储存，等待有利的交易机会。调节供给和需求的平衡关系。

3. 配送功能

根据生产进度和销售需要由仓库持续地、小批量地将仓储物送到生产线和零售商店或收货人手上。对于大多数运输转换，仓储都具有配载的任务。货物在仓库集中集货，按照运输的方向进行分类仓储，当运输工具到达时出库装运。

二、仓储规划与设计

(一) 仓库分类

仓库是保管、储存物品的建筑物和场所的总称。仓库按不同的标准可进行不同的分类。

1. 按营运形态分类

(1) 营业仓库。这是指仓库业者根据相关法律取得营业资格、对一般企业提供保管服务的仓库。

(2) 自备仓库。这是指各生产或流通企业，为了本企业物流业务的需要而修建的附属仓库，完全用于储存本企业的原材料、燃料、产成品等货物。

(3) 公用仓库。这是属于公用服务的配套设施，由国家或地方政府所有、为社会物流服务的仓库，如粮食仓库，机场、港口、铁路的货场，库房等。

(4) 保税仓库。这是指依据关税法规在海关监管下专门保管尚未缴纳进口关税而入境或过境物品的仓库。

2. 按储存商品的性能和技术条件分类

(1) 普通仓库。指用于存放无特殊保管要求物品的仓库，其设施、设备建造比较简单，适用范围较广。这类仓库备有一般性的保管场所和设施，按照通常的货物装卸和搬运方法进行作业。在物资流通行业的仓库中，这种通用仓库所占有的比重最大。

(2) 专用仓库。指专门用以储存某一类物品的仓库。或是某物品数量较多，或是由于物品本身的特殊性质，如对温湿度的特殊要求，或易对与之共同储存的物品产生不良影响，因此，要专库储存。例如金属材料、机电产品或粮食仓库等。

(3) 特种仓库。用以储存具有特殊性能的要求特别保管条件的物品，如危险品、石油、冷藏物品等。这类仓库必须配备有防火、防爆、防虫等专门设备，其建筑构造、安全设施都与一般仓库不同。如冷冻货物仓库、石油仓库、化学危险品仓库等均属于这类仓库。

(4) 冷冻仓库。指用于存放要求保温冷藏或恒湿恒温物品的仓库。这种仓库可人为调节温度和湿度，用来加工和保管食品、工业原料、生物制品以及医药品等。根据使用目的不同，冷冻仓库又可细分为生产性冷冻仓库、配给性冷冻仓库及综合性冷冻仓库。

3. 按建筑模式分类

(1) 平面仓库。一般构造简单，建筑费用便宜，人工操作比较方便，但土地利用率低，在我国县城以下的广大地区普遍采用这种仓库。

(2) 多层仓库。这是指两层楼以上的仓库，近年来，在我国大、中城市这类仓库较多。它可以减少土地占用面积，进出库作业可采用机械化货半机械化，但建筑成本及维护费用较高。

(3) 立体仓库。这是指高度超过 10m，库内安装立体货架的仓库。它是当前世界工业发达国家比较普遍采用的一种先进仓库，我国也有少数这样的仓库。在作业方面，立体仓库主要使用电子计算机控制，能实现机械化和自动化操作，而且空间利用率高，商品破损率低，但成本较高，储存物品长度、重量受货架的限制。

(4) 罐式仓库。它的构造特殊，呈球形或柱形，看上去像一个大罐子，主要是用来存天然气和液体化工品等，大部分建在城郊比较偏僻的地方。

(二) 仓库布局技术

1. 仓库内部区域的规划

仓库内部区域一般可划分为生产作业区和辅助作业区。生产作业区是仓库的主体，是用以储存、检验、装卸物资的场所，包括库房、货场、货棚、站台、磅房、检验室以及铁路、公路等。辅助作业区包括两部分：其一是为物资的储存保管业务进行生产服务的设施，如车房、配电室、油库、材料库、维修车间等；其二是为仓库提供生活服务的业务管理的设施，如宿舍、食堂、文化娱乐场所及办公室等。

2. 分区分类规划的方法

分区分类规划是指按照库存物品的性质（理化性质或使用方向）划分出类别，根据各类物品储存量的计划任务，结合各种库房、货场、起重运输设备的具体条件，确定出各库房和货场的分类储存方案。

(1) 按库存物品理化性质不同进行规划。按库存物品的理化性质进行分类分区，如化工品区、金属材料区、冷藏品区、危险品区等。

(2) 按库存物品的使用方向或按货主不同进行规划。在仓库中经常同样的物品却分属于不同的客户，在这种情况下，就需要根据物品的所有权关系进行分区分类管理，以便于仓库发货或货主提货。

(3) 混合货位规划。由于按库存物品理化性质不同进行规划和按库存物品的使用方向或按货主不同进行规划都有明显的优点和缺点。因此，通用物品多按理化性质分类保管，专用物品则按使用方向分类保管，这就是所谓的混合货位规划。

3. 货位布置方式

(1) 垂直或平行的布置方式。传统的仓库货位布置方式一般采用“垂直或平行”的布置，常见的有：

①横列式。这种布置方式是将货位或货架的长边与主作业通道形成垂直关系的布置方式。

②纵列式。这种布置方式是将货位或货架的长边与主作业通道形成平行关系的布置方式。

③混合式。这种布置方式是货位或货架的长边与主作业通道既存在垂直关系，也存在平行关系的布置方式。

(2) 倾斜式布局。所谓倾斜式布局是指货位或货架长边与主作业通道形成非垂直关系或平行的布置方式，如图 4－7 所示。采用倾斜式布局对叉车作业较为有利。

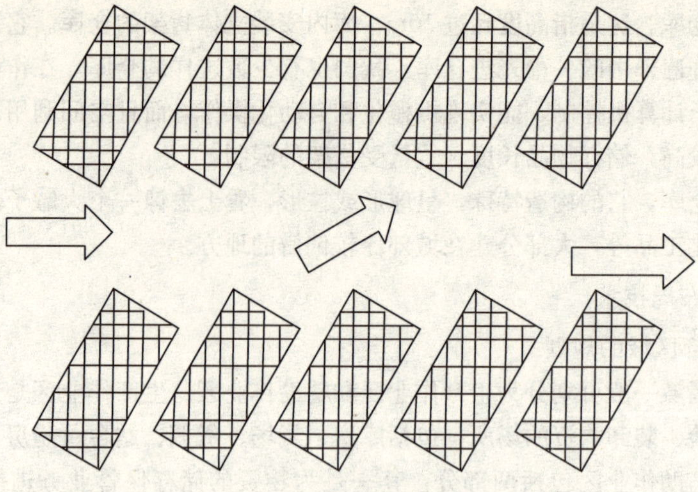

图 4－7 倾斜式布局

（3）按收发状态的库内布局。按物资收发状态进行库房内的布置规划，也称为 ABC 动态布局法。

ABC 分析法是一种科学的管理方法。其原理在于，在任何复杂的经济工作中，都存在“关键的少数和一般的多数”这样一种规律。在一个系统中，关键的少数可对系统具有决定性的影响，而其余多数影响较小或者没有多大影响。这样如果将相当的工作重点主要用于解决那些具有决定性影响的少数重点上，比不分轻重缓急、平均对待，其效果显然要好得多。ABC 分析法，就是根据这种思想，通过分析，找出重点（关键少数），并确定与之相适应的管理方法。

三、仓储作业管理

仓储作业流程包括三个基本作业环节：入库作业、储存保管作业、出库作业，具体又可以细化为进货作业、搬运作业、储存作业、盘点作业、订单处理作业、拣货作业、发货作业等。

1. 入库作业管理

入库作业包括入库前准备、接运、验收、入库四个环节。

仓库应根据仓储合同或者入库单、入库计划，及时进行库场准备，以便货物能按时入库，保证入库过程的顺利进行。货物接运的主要任务是向托运者或承运者办清业务交接手续，要求手续清楚、责任分明，及时将货物安全接运回仓库，为仓库验收工作创造条件。接货人员或运输单位送货到仓库与理货员办理内部交接时，理货员须根据到货凭证，对货物进行初检，如核对凭证、大数点收、检查货物的表面状态、办理交接手续等。货物入库验收，是仓储工作的起点，是分清仓库与货主或运输部门责任的界线，并为保管养护打下基础。商品入库的验收工作，主要包括数量验收、质量验收和包装验收三个方面。商品检验合格，即应办理入库手续，这是商品验收入库阶段的最后环节。

2. 商品在库作业管理

在库作业是指对在库物品进行理货、堆码，苫垫、维护养护、检查盘点等保管工作。

为了确保物品的数量和质量完好无损，减少出入库的操作时间，提高效率，方便拣选和搬运，必须重视在库作业和保管过程。

入库货物的保管养护是指仓库针对货物的特性，结合仓库的具体条件，采取各种科学手段对货物进行养护，防止和延缓货物质量变化的行为。货物保管的目的在于保持库存货物的使用价值，最大限度地减少货物自然耗损，杜绝保管不善而造成的货物损害，防止造成货物损失。

3. 出库作业管理

通常情况下，仓库在接到客户通过网络传来或送来的提货单后，为了准确、及时、安全、节约地搞好商品出库，提高工作效率，仓库应根据出库凭证的要求做好准备工作。出库凭证经审核确实无误后，将出库凭证信息进行处理。而后，仓库根据客户出库单或仓储部门的拣货单，进行拣货、分货、包装后方可出库。检查无误后，复核人在出库凭证上签字，方可包装或交付装运。在包装装运过程中要再次进行复核。

出库商品无论是要货单位自提，还是交付运输部门发送，发货人员必须向收货人或运输人员按车逐件交代清楚，划清责任。如果本单位内部领料，则将商品和单据当面点交给提货人，办清交接手续。

四、装卸搬运

（一）装卸搬运的概念与特点

1. 装卸搬运的概念

装卸是指物品在指定地点进行的以垂直移动为主的物流作业；搬运是指在同一场所内将物品进行水平移动为主的物流作业。那么，装卸搬运就是指在某一物流节点范围内进行的，以改变物料的存放状态和空间位置为主要内容和目的的活动。

2. 装卸搬运的特点

（1）装卸搬运作业量大。在同一地区生产和消费的产品，物资的运输量会因此而减少，然而物资的装卸搬运量却不一定减少。在远距离的供应与需求过程中，装卸搬运量会随运输方法的变更、仓库的中转、货物的集疏、物流的调整等而大幅度提高。

（2）装卸搬运对象复杂。在物流过程中，货物是多种多样的，它们在性质上、形态上、重量上、体积上以及包装方法上都有很大区别。即便是同一种货物，在装卸搬运前的不同处理方法，可能也会产生完全不同的装卸搬运作业。不同的储存方法，不同的运输方式在装卸搬运设备运用、装卸搬运方式的选择上都提出了不同的要求。

（3）装卸搬运作业不均衡。在生产领域，生产企业内装卸搬运相对比较稳定。然而，物资一旦进入流通，由于受到产需衔接、市场机制的制约，物流量便会出现较大波动。从物流领域内部观察，运输路线上的“限制口”，也会使装卸搬运量出现忽高忽低的现象。

（4）装卸搬运对安全性要求高。装卸搬运作业需要人与机械、货物、其他劳动工具相结合，工作量大、情况变化多、很多作业环境复杂等都会导致装卸搬运作业中存在着不安全的因素和隐患。装卸搬运的安全性，一方面直接涉及人身，另一方面涉及物资。装卸搬运同其他物流环节相比，安全系数较低。因此，要求更加重视装卸搬运的安全生产问题。

（5）具有“伴生”性和“起讫”性。装卸搬运的目的总是与物流其他环节密不可分的，因此与其他环节相比，它具有“伴生”性的特点。如运输、储存、包装等环节，一般都以装卸搬运为起始点和终结点，因此它又有“起讫”性的特点。

（6）具有“保障”性和“劳务”性。装卸搬运制约着生产与流通领域其他环节的业务活动，这个环节处理不好，整个物流系统将处于瘫痪状态。装卸搬运保障了生产与流通其他环节活动的顺利进行，具有保障性质，但不产生有形产品，因此具有提供劳务的性质。

（二）装卸搬运的合理化

1. 防止和消除无效作业

所谓无效作业是指在装卸作业活动中超出必要的装卸、搬运量的作业。显然，防止和消除无效作业对装卸作业的经济效益有重要作用。为了有效地防止和消除无效作业，可以从以下几个方面入手：

（1）尽量减少装卸次数。物资进入流通领域之后，常常要经过多次的装卸作业。要使装卸次数降低到最小，尤其要避免没有物流效果的装卸作业。

（2）提高被装卸物资的纯度。物资的纯度是指物资中含有水分、杂质和与物资本身使用无关的物质的多少。物资的纯度越高则装卸作业的有效程度越高，反之，则无效作业就会增多。

（3）包装要便宜。包装是物流中不可缺少的辅助手段。包装的轻便化、简便化、实用化会不同程度地减少作用于包装上的无效劳动。

2. 选择适宜搬运路线

搬运路线通常分为直达型、渠道型和中心型。

3. 提高物资装卸搬运的灵活性

所谓物资装卸、搬运的灵活性，是指对装卸作业中的物资进行装卸作业时的难易程度。所以，在堆放货物时，首先要考虑物资装卸作业的方便性。

4. 实现装卸作业的省力化

在物资装卸中应尽可能地消除重力的不利影响。在有条件的情况下利用重力进行装卸，可减轻劳动强度和能量的消耗。将设有动力的小型运输带斜放在卡车、货车或站台上进行装卸，使物资在倾斜的输送带上移动，这种装卸是靠重力的水平分力完成的。在搬运作业中，不用手搬，而是把物资放在台车上，由器具承担物体的重量，人们只要克服滚动阻力，使物资水平移动，这无疑是十分省力的。

5. 装卸作业的机械化

在整个物流过程中，装卸是实现机械化较困难的环节。装卸与其他物流环节相比机械化水平较低。在我国，依靠人工的装卸活动还占有很大的比例。

6. 推广组合化装卸

在装卸作业过程中，根据不同物资的种类、性质、形状、重量的不同来确定不同的装卸作业方式。在物资装卸中，处理物资装卸方法有三种形式：普通包装的物资逐个进行装卸，叫做“分块处理”；将颗粒状物资不加小包装而原样装卸，叫做“散装处理”；将物资以托盘、集装箱、集装袋为单位组合后进行装卸，叫做“集装处理”。对于包装的物资，尽可能进行“集装处理”，实现单元化组合装卸，可以充分利用机械进行操作。

第三节 现代库存管理

一、库存管理概述

（一）对库存的概述

库存就是企业生产和物流渠道中各点堆积的原材料、供给品、零部件、半成品和成品。库存频繁出现在仓库、堆场、商店库房、运输设备和零售商店的货架上。持有这些库存每年耗费的成本约合其价值的20%～40%。因此，仔细地对库存水平进行控制很有经济意义。

广义的库存包括处于制造加工状态和运输状态的物品。库存是仓储的最基本功能，除了进行商品储存保管外，它还具有整合需求和供给，维持物流系统中各项活动顺畅进行的功能。企业为了能及时满足客户的订货需求，就必须经常保持一定数量的商品库存。

有很多原因可以解释为什么供应渠道中要有库存，但近年来，也有许多人对持有库存提出批评，认为库存是不必要的，是浪费。我们就来看看为什么企业在运作的各个层面都需要库存，为什么又希望将库存保持在最低水平。

1. 保有库存的原因

（1）改善客户服务。我们无法设计出能对客户的产品或服务需求做出即时反应的运作系统，因为这样的运作系统是不经济的。库存使得产品或服务保持一定的可得率，当库存位置接近客户时，就可以满足较高的客户服务要求。库存的存在不仅保证了销售活动的顺利进行，而且提高了实际销售量。

（2）降低成本。虽然持有库存会产生一些成本，但也可以间接降低其他方面的运营成本，两者相抵可能还有成本的节约。第一，保有库存可以使生产的批量更大、批次更少、运作水平更高，因而产生一定的经济效益。由于库存在供求之间起着缓冲器的作用，可以消除需求波动对产出的影响。第二，保有库存有助于实现采购和运输中的成本节约。采购部门的购买量可以超过企业的即时需求量以争取价格一数量折扣。保有额外库存带来的成本可以被价格降低带来的收益所抵消。与之类似，企业常常可以通过增加运输批量、减少单位装卸成本来降低运输成本。第三，先期购买（Forwarding Buying）可以在当前交易的低价位购买额外数量的产品，从而不需要在未来以较高的预期价购买。第四，整个运作渠道中产生和运输时间的波动也会造成不确定性，同样会影响运作成本和客户服务水平。为抵消波动的影响，企业常常在运作渠道中的多个点保有库存一缓冲不确定因素的影响，使生产运作更加平稳。

（3）维持生产的连续性、稳定性。企业制订采购计划，下达采购订单。由于采购的物品需要一定提前期，这个提前期是根据统计数据或者是在供应商生产稳定的前提下制定，但存在一定的风险，有可能会拖后而延迟交货，但最终影响企业的正常生产。

(4) 平衡企业物流。企业在采购材料、产成材料、在制品及销售物品的物流环节中，库存起着重要的平衡作用。采购的材料会根据库存能力（资金占用等），协调来料收货入库。同时对生产部门的领料应考虑库存能力、生产线物料情况（场地、人力等）平衡物料发放，并协调在制品的库存管理。另外，对销售产品的物品库存也要视情况进行协调（各个分支仓库的调度与出货速度等）。

2. 反对保有库存的原因

对持有库存的批评主要围绕以下三个方面。

(1) 库存被认为是一种浪费。库存耗费了那些可以有更好用途的资本，比如可以用于提高生产率或竞争力。同时，库存虽然储存价值，但不能对企业产品的直接价值作贡献。

(2) 库存可能掩盖质量问题。当质量问题浮现出来，人们更倾向于清理多余库存以保护所投入的资本，从而使纠正质量问题的努力可能会延缓下来。

(3) 占用企业大量资金、增加成本。企业持有库存所需的成本包括占用资金的利息、储藏保管费、保险费、库存物品价值损失费用等。这些成本会直接增加产品成本，而相关库存设备、管理人员的增加也加大了企业的管理成本。

3. 库存成本的构成

在整个库存经营过程中，会发生各种各样的费用。

(1) 订货费，是指订货过程中发生的与订货有关的全部费用，包括差旅费、订货手续费、通信费、招待费以及订货人员有关费用。订货费用的特点是，在一次订货中，订货费用与订货量的多少无关。若干次订货的总订货费用与订货次数有关，订货次数越多，总订货费用越多。

(2) 保管费，是指在保管过程中为保管物资所花费的全部费用，包括：入、出库时的装卸、搬运、堆码、检验费用；保管用具用料费用；仓库房租、水电费；保管人员有关费用；保管过程中的货损货差；保管物资资金的银行利息等。保管费用的特点：保管费用与被保管物资数量的多少和保管时间长短有关。被保管物资的数量越多，保管时间越长，所承担的保管费用也就越高。

(3) 进货费，就是进货途中为进货所花费的全部费用，即运杂费，包括运费、包装费、装卸费、租赁费、延时费、货损货差等。购买费，即所购买物资的原价。它们的特点是当订货数量、订货地点确定以后，总购买费和总进货费就是确定不变的，不会随着进货批量变化而变化。也就是说进货费与购买费都与订货批量无关。我们把这种订货批量无关的费用称为固定费用，而把那些与订货批量有关的费用称为可变费用。因此，进货费与购买费是固定费用，而订货费、保管费、缺货费、补货费是可变费用。

(二) 库存管理的目标

库存管理的核心问题是库存控制。库存管理的宗旨和目标主要是在保障供应前提的条件下尽可能降低成本。拥有足够的库存是为了满足客户对产品的需求。但持有存货需要付出成本，因此库存管理就是要通过科学的运作，做到既保障供应，又降低成本。库存管理是根据外界对库存的要求、企业订购的特点，预测、计划和执行对库存的补充的一种行为，并对这种行为进行控制，重点在于确定如何订货、订购多少、何时订货。

库存管理的总目标是：在库存合理的范围内达到满意的顾客服务水平。为达到该目标，应尽量使库存平衡。

二、库存品种数量管理

库存品种数量管理主要是要做大量的调查、登记、统计、整理工作，把已经存放在本仓库或将来准备存放在本仓库的所有品种、规格、数量、特性、价值、存放特性、保管要求等都弄清楚，并且按照一些特征将它们归类，使之系列化、标准化。在这样的基础上在进行 ABC 分类。

ABC 分类法就是把企业生产所需要的原材料和零部件，按物料本身的价值和品种数量大小，划分为 A、B、C 三种类型，然后分别采取不同的管理对策。

(1) A类材料。约占总物品品种的 20%，价值比重约占总物品价值的 80%的贵重物品。

(2) B类材料。约占总物品品种的 30%，价值比重约占总物品价值的 15%的普通物品。

(3) C类材料。约占总物品品种的 50%，价值不大（占 5%左右）的低值物品。

ABC 分类法能使企业管理人员对企业生产所需的不同原材料，在品种、价值和数量上做到心中有数，从而采取不同的管理措施。

A 类材料价值较大，对企业产品生产成本和经济效益影响较大，因而要实行重点管理和控制，其采购量和库存量都要求按经济订货批量加以计算，并且随着生产、采购、供应、运输和库存的变化随时（大约每月一次）加以核查和调整。

B 类材料价值相对较低，采购量和库存量可每一季度或半年调整一次。

C 类材料价值很低，仅作粗略计算，可半年或一年调整一次。

抓住了 A 类物料的管理，也就抓住了企业物料和库存管理的重点，使影响成本 80%的物料得到了合理的控制。但需要指出的是，这并不是说对 B 类、C 类物料就可以放任不管。在影响产品成本方面，如果 A 类物料管理不好，将会产生举足轻重的影响，但在库存不足，遇到材料供应中断影响生产持续进行这一点上，不管是 A 类物料，还是 B 类、C 类物料，都会同样给生产带来不利的影响和损失。因此，在物料管理上，既要抓住重点（A 类），又要兼顾一般（B 类）和个别（C 类），以求取得较好的管理效果。

ABC 分类法分析的步骤如下：

(1) 确定每种物品的年需用量；

(2) 将每种物品的年需用量计算出成本；

(3) 按年需用量价值的大小，将物品进行排序；

(4) 计算出年累计价值额和累计百分比；

(5) 观察年需用量的分布并将物品按年需用量的比重分成 A、B 和 C 三类。

ABC 分类的结果并不唯一，分类目标是把重要物品与不重要物品分离开来。尽管年使用量和价值是确定一个存货分类系统时最常用的两个评价指标，但是其他指标也同样可以用来对存货进行分类。

(1) 缺货后果。如果某些存货的供应中断将给其他运转带来严重干扰甚至延误的话，它们应该获得较高的优先级别。

(2) 供应的不确定性。某些存货尽管价值较低，但是供应缺乏规律性或非常不确定，因此也应该得到更多的重视。

(3) 过期或变质的风险。如果存货很容易因过期或变质而失去价值，那么运作经理就必须给予更多的关注和监控。

一些更复杂的存货分类系统则同时使用这些指标，并分别按照各个指标给存货进行A、B、C类的划分。例如，一个零件可能被划分为A/B/A类，即按照价值划分，它属于A类；按照缺货后果划分，它属于B类；按照过时风险划分，它属于A类。

三、库存控制

(一) 定量库存控制模型

定量库存控制模型控制库存物品的数量。当库存数量下降到某个库存值时，立即采取补充库存的方法来保证库存的供应。这种控制方法必须连续不断地检查库存物品的库存数量。所以，有时又称为连续库存检查控制法。假设每次订货点的订货批量是相同的，采购提前期也是固定的，并且物料消耗是稳定的，则模型如图4-8所示。

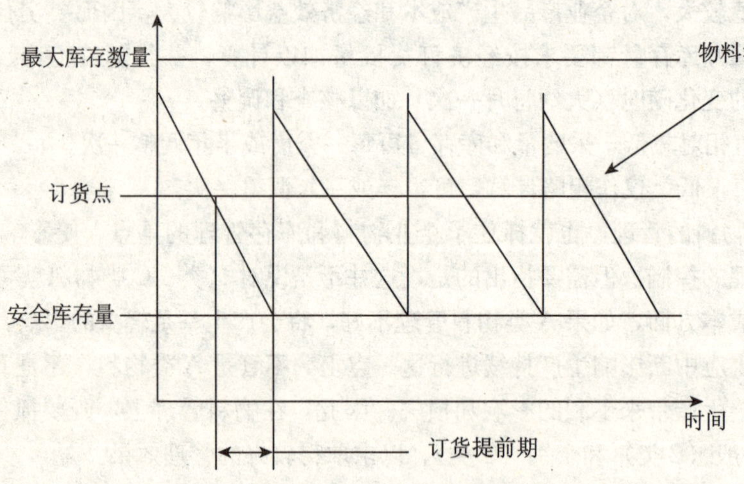

图4-8　定量库存控制模型

从这个控制模型中可以看到，它必须确定两个参数：补充库存的库存订货点、订货的批量。订货批量按经济订货批量求解。

经济订货批量（Economic Order Quality，EOQ）是通过平衡采购进货成本和保管仓储成本核算，以实现总库存成本最低的最佳订货量。它的原理是要求总费用（仓储保管费用+订货费）最小。由于保管费用随着库存量的增加而增加，但订货费用却随着订货批量的加大而减少，两者具有物流效益背反现象。因此，要找到一个合理的订货批量即经济订货批量，使订货费用和保管费用之和为最小如图 4－9 所示，以下是该库存模型的参数计算方法。

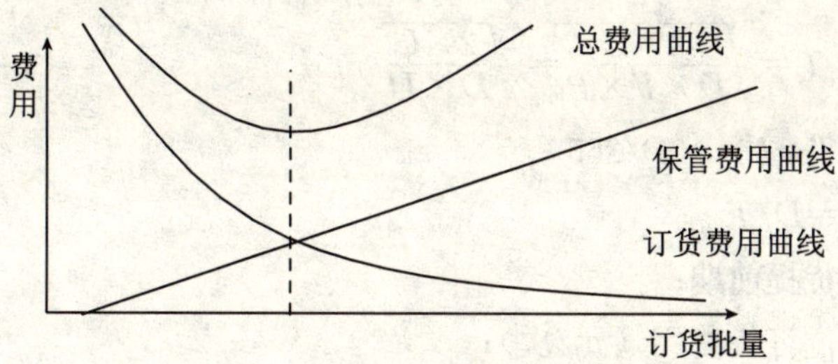

图 4－9　经济订货批量的确定模型

订货点：$R=L_T+A$

经济订货批量：$Q=\sqrt{\dfrac{2\times C\times D}{H}}=\sqrt{\dfrac{2\times C\times D}{F\times P}}$

式中：C——单位订货费用（元/次）；

D——库存物料的年需求率（件/年）；

H——单位库存保管费（元 /（件·年））；

L_T——订单周期内物料的消耗量；

A——安全库存量。

（二）定期库存控制模型

定期库存控制模型按一定的周期 T 检查库存，并随时进行库存补充，补充到一定的规定的库存量 S。这种库存方法不存在固定的订货点，但有固定的订货周期。每次订货也没有一个固定的订货数量，而是根据当前库存量 I 与规定库存量 S 比较，补充的量为 $Q=S-I$。但由于订货存在提前期，所以还必须加上订货提前期的消耗量。这种库存控制方法也要设立安全库存量。这种模型主要是确定订货周期与库存补充量。如图 4－10 所示。

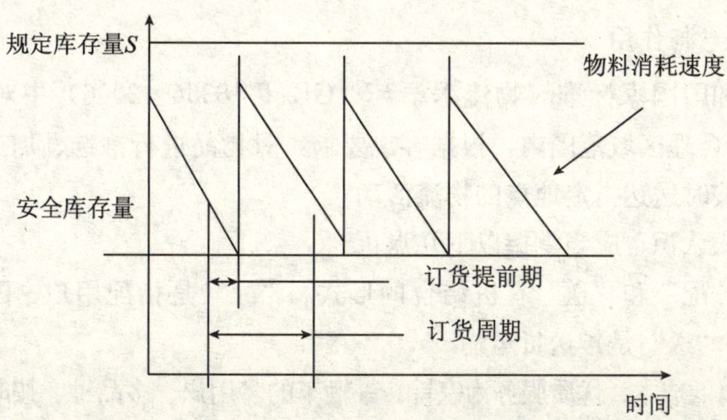

图 4－10　定期库存控制模型

订货周期按经济订货周期（Economic Order Interval，EOI）的模型确定。计算方法如下：

经济订货周期：$T=\sqrt{\dfrac{2\times C}{D\times F\times P}}=\sqrt{\dfrac{2\times C}{D\times H}}$

订货量：$Q=(T+L)\times D/365$

最大库存量：$S=D/T$

式中：L——订货提前期；

C——单位订货费用（元/次）；

D——库存物料的年需求率（件/年）；

P——物料价格（元/件）；

H——单位库存保管费（元/（件·年））；

F——单件库存保管费与单件库存购买费之比，即 $F=H/P$。

由于该库存控制方法可以简化库存控制工作量，但由于库存消耗的不稳定性，有缺货风险存在，因此，一般只能用于稳定性消耗及非重要性独立需求物品的库存控制。由于该模型是用订货周期来检查库存并补充库存的，因而还必须确定订货的操作时间初始点，一般可以设置在库存量到达安全库存前的订货提前期的时间位置。

第四节　现代配送管理

物流活动包括物流过程中的所实施的运输、储存、装卸与搬运、包装、流通加工、配送、信息处理七大功能。而其中配送是现代物流最重要的功能之一，它囊括了运输、储存、装卸与搬运、包装、流通加工、信息处理等作业活动，素有“小物流”之称。

一、配送管理概述

（一）配送概念与作用

中华人民共和国国家标准《物流术语》（GB/T 18354—2006）中对配送的定义是：“配送是指在经济合理区域范围内，根据客户要求，对物品进行拣选、加工、包装、分割、组配等作业，并按时送达指定地点的物流活动。”

对配送的深入认识，应当掌握以下几点：

(1) 配送是“配”和“送”有机结合的形式。“配”是指配用户、配时间、配货品、配车辆、配路线。“送”是指送货运输。

(2) 配送是以低成本、优质服务为宗旨。一辆车的多用户、多品种、按时联合配送，比多个各派一辆车分别直送要大大节约车辆、人力、费用，可以最大限度地降低成本，方便客户。

(3) 配送的专业化还能为社会作出节省运输车次、缓解交通压力、减少运输污染、保护生态环境等贡献。

（二）配送的要素与流程

1. 配送的功能要素

（1）备货。备货是配送的准备工作和基础工作。备货工作包括筹集货源、订货、采购、集货、进货及有关的质量检查、结算、交接等造作性活动。

（2）储存。配送中的储存有储备及暂存两种形态。储备形态的储存是按照一定时期配送活动要求和根据货源的到货情况（到货周期）有计划确定的。暂存形态的储存是按照分拣、配货工序要求，在理货场地储存少量货物。

（3）分拣及配货。分拣及配货是配送不同于其他物流形式的、独具特点的功能要素，是完善送货、支持送货的准备性工作。分拣及配货是送货向配送发展的重要标志，是决定配送系统水平的关键要素。

（4）配装。配装是配送系统中有现代特点的功能要素，是现代配送不同于传统送货的重要区别之处。

（5）配送运输。配送运输属于运输中的末端运输、支线运输。配送运输是较短距离、较小规模、频度较高的运输形式。

（6）回程。在执行完配送的使命之后，车辆需要回程。在一般情况下，回程车辆往往是空驶，这是降低配送效益、提高配送成本的因素之一。在规划配送路线时，回程路线应当尽量缩短；在进行稳定的配送计划是，回程车辆可将包装物、废弃物、残次品运回集中处理，或者将客户的产品运回配送中心，作为配送中心的资源，向其他客户进行配送。

2. 配送的基本流程

配送实际是一个物品集散过程，配送的组织一般是按照其功能要素展开的。其基本流程如图 4－11 所示。

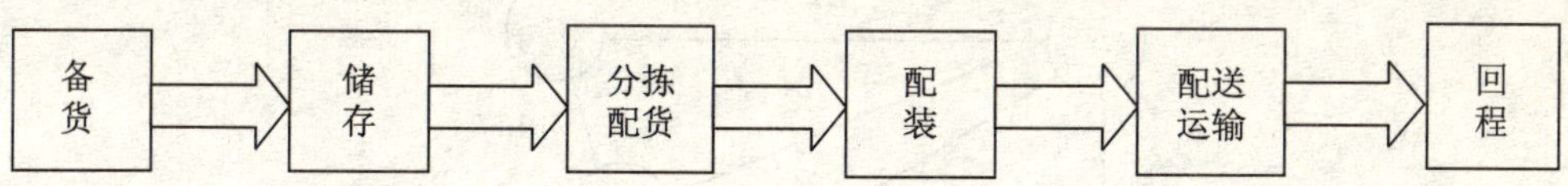

图 4－11　配送基本流程

配送的基本流程比较规范，但并不是所有配送都按上述流程进行。不同类型商品由于特性不一样，其配送流程也不一样。

二、配送的合理化

对于配送决策优劣的判断，不能简单处之，也很难有一个绝对标准。配送决策是全面、综合的决策。

（一）配送合理化的措施

配送合理化的措施主要包括：

（1）推行一定综合程度的专业化配送。通过采用专业设备、设施及操作程序，降低配送综合化的复杂程度及难度，提高配送效率，追求配送合理化。

(2) 加工配送。通过流通加工和配送的有机结合，实现配送增值。同时，加工借助于配送，加工目的更明确，与客户联系更紧密，避免了盲目性。

(3) 共同配送。通过联合多个企业共同配送，可以充分利用运输工具的容量，提高运输效率，以最近的路程、最低的配送成本完成配送从而追求合理化。

(4) 实行双向配送。配送企业与客户建立稳定、密切的协作关系，配送企业不仅成为客户的供应代理人，而且成为客户的储存据点，甚至成为产品代销人。

(5) 推行准时配送系统。配送做到准时，客户才有资源把握，才可以放心的实施低库存或零库存。准时供应配送系统是现在许多配送企业追求配送合理化的重要手段。

(6) 推行即时配送。即时配送成本较高，但它是整个配送合理化的重要保证手段。此外，即时配送也是客户实行零库存的重要保证手段。

(二) 配送计划

配送方案的优化也是配送合理化一个主要手段。其中确定优化配送方案的一个较成熟方法是节约法，也叫节约里程法。节约法思路简单、清晰，便于执行而且有效。下面以一个例子说明节约法。

某配送中心 A 要向所在城市 B，C，D，E，F，G 共 6 个客户点配送货物，配送网络如图 4－12 所示，它们之间的距离（千米）和每一处的配送货物量（吨）如表 4－4 所列，运输车辆有 2.5 吨和 4 吨两种货车，试确定配送路线。

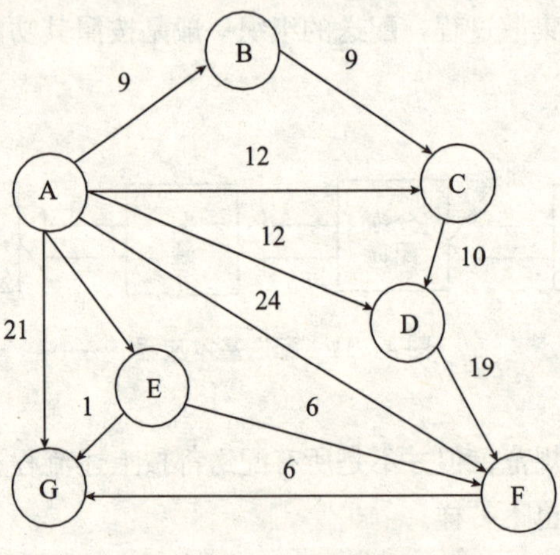

图 4－12 配送网络

表 4－4 **配送距离与货物量**

地点	AB	AC	AD	AF	AE	AG	BC	CD	DF	EF	EG	FG
距离/km	9	12	12	24	20	21	9	10	19	6	1	6
货物量/t	0.8	0.7	1.0	1.1	1.75	1.15						

计算方法如下：

(1) 计算配送中心 A 到各配送点，各配送点之间的最短距离

最短距离的计算方法：从终点开始逐步逆向推算。由于配送中心与各配送点只有一个节点。那么它们之间的距离即为最短距离。从表 4-4 中已知，只需要计算各客户点之间的最短距离即可。即计算 BD，BE，BF，BG，CE，CF，CG，DE 的距离。

以 CE 的计算为例：由配送点最短距离计算图可知，与终点 E 相联结的有 A，F，从 C 到 E 的最短距离为 C—A—F，即为 12 千米＋20 千米＝32 千米。同理，可求得其他各客户之间的最短距离，结果如表4-5 所示。

表 4-5　　配送点最短距离

最短距离/km	A	B	C	D	E	F	G
A	0	9	12	12	20	24	21
B		0	9	19	29	33	30
C			0	10	32	29	33
D				0	25	19	25
E					0	6	1
F						0	6
G							0

(2) 计算各配送点组合节约里程数，并将之进行排序

节约里程数可由节约量的一般公式求出。如 EG 间的节约里程数为 AE＋AG－EG＝20 千米＋21 千米－1 千米＝40 千米。同理，可得出其他各客户之间的节约里程数，如表4-6 所示。

表 4-6　　节约里程数

序号	1	2	3	4	5	6	7	8	9	10	B	B	B	C	C
组合	EG	FG	EF	DF	CD	BC	DG	CF	DE	BD	E	F	G	E	G
节约里程/km	40	39	38	17	14	12	8	7	7	2	0				

(3) 计算结果

由表 4-6 可以看出：

EG 节约里程最大。从前得知，他们的配送货物量是 1.75 吨＋1.15 吨＝2.9 吨，在货车载重限度内，可以入选。

FG 的货物量 1.1 吨，正好可以与 2.9 吨拼装为一辆 4 吨货车的运载量，它们相互衔接成一条配送路线 AEGFA。全程为 20 千米＋1 千米＋6 千米＋24 千米＝51 千米。但因 4

吨货车已满，所以应考虑第二条配送路线。

C，D配送货物量是1.0吨+0.7吨=1.7吨。在货车载重限度内，可以将B点的0.8吨货物集中在一起，拼装为一辆2.5吨货车的载重量，形成第二条配送路线ABCDA或ADCBA，全程为9千米+9千米+10千米+12千米=40千米。

此案例的配送路线优化后确定为两条，即AEGFA和ABCDA（ADCBA），总行程为51千米+40千米=91千米，使用4吨和2.5吨的货车各一辆。

实际上，配送路线的优化就是采用最优化理论和方法，如线性规划的单纯形法、非线性规划、动态规划等方法建立相应的数学模型，在利用计算机进行求解，最后得出最优方案。

第五节　包装与流通加工

一、包装概述

（一）包装概念与功能

1. 包装的概念

在中华人民共和国国家标准《物流术语》中（GB/T 18354—2006）中对包装所下的定义是："为在流通过程中保护产品、方便储运、促进销售，按一定技术方法而采用的容器、材料及辅助物等的总体名称。也指为了达到上述目的而采用容器、材料和辅助物的过程中施加一定技术方法等的操作活动。"

包装为物流系统的构成要素之一，它既是生产的终点，又是物流的起点，与运输、保管、搬运、流通加工均有十分密切的关系。合理的包装能提高服务水平、降低费用、改善物料搬运和储运的效率。

2. 在物流中，包装主要有以下几种功能：

（1）保护功能。包装的第一项功能，便是对物品的保护作用，如避免搬运过程中的脱落、运输过程中的振动或冲击；避免保管过程中由于承受重物所造成的破损；避免异物的混入和污染，防湿，防水，防锈，防光，防止因为化学或细菌污染而出现的腐烂变质、防霉变、防虫害等。

（2）定量功能。按单位定量，形成基本单件或与此目的相适应的单件，即为了材料搬运或运输需要而将物品组合成适合搬运、运输的单元。这样能缩短作业时间，减轻劳动强度，提高机械化作业的效率。

（3）标识功能。良好的货物包装能使物流系统征收货、储存、取货、出运的各个过程中跟踪商品，如将印有时间、品种、货号、编组号等信息的条码标签贴在物品上供电子仪器识别；能使生产厂家、批发商和仓储企业迅速准确地采集、处理和交换有关信息，加强了对货物的控制，减少了物品在流通过程中购货损货差，提高了跟踪管理的能力和效率。

（4）便利功能。良好的包装有利于物流各个环节的处理，如对运输环节来说，包装尺寸、重量和形状，最好能配合运输、搬运设备的尺寸、重量，以便于搬运和保管；对仓储环节来说，包装则应方便保管、移动便利、标志鲜明、容易识别、具备充分的强度。

(二) 包装种类

1. 按包装在流通中的作用分类

(1) 商业包装。又称销售包装或小包装或内包装，是以促进销售为主要目的的包装。这种包装的特点是外形美观，有必要的装潢，包装单位是与顾客的购买量以及商店陈设的要求。在流动过程中，商品越接近顾客，越要求包装能起促进销售作用。

(2) 运输包装。运输包装又称大包装或外包装，是以强化输送、保护产品为目的的包装。运输包装的特点是在满足物流要求基础上使包装费用越低越好，并应在包装费用和物流损失两者之间寻找最佳的结合点。

运输包装的方式主要有：单件运输包装和集合运输包装。单件运输包装是根据商品的形态或特性把一件或数件商品装入一个较小容器的包装方式。单件运输包装的种类很多，常用的有包、箱、桶、袋等。集合运输包装是将一定数量的单件商品组合成一件大的包装或装入一个大的包装容器内。集合运输包装的种类有：集装箱、集装袋、包、托盘等。

2. 按包装容器分类

按包装容器的抗变型能力分为硬包装和软包装两类。硬包装其包装体有固定形状和一定强度；软包装又称柔性包装，包装体柔软，有一定程度的变形。

(1) 按包装容器形状分为包装袋、包装箱、包装盒、包装瓶、包装罐等；

(2) 按包装容器结构形式分为固定式和可拆卸折叠式包装两类。固定式包装尺寸、外形固定不变，可拆卸折叠式包装，不使用时可拆卸折叠存放，以减小体积，方便保管和返运。

3. 按包装制品的材料分类

有纸质包装、塑料制品包装、竹木器包装、金属包装、玻璃容器包装和复合材料包装等。

4. 按包装技术方法分类

有防潮包装、防锈包装、防腐包装、防虫包装、防震包装、危险品包装等。

(1) 包装的标准化、合理化管理。

(2) 包装合理化的概念。包装合理化是指在包装过程中使用适当的材料和适当的技术，制成与物品相适应的容器，节约包装费用，降低包装成本，既满足包装保护商品、方便运输、有利销售的要求，又要提高包装经济效益的包装综合管理活动。

(3) 包装合理化的实现。

①包装的合理化应从产品的设计阶段开始。包装的合理化应该从源头抓起，产品设计便是包装合理化的源头。在产品设计时，既要考虑产品的质量、性能、款式、原材料选用、成本、大小以及紧凑性等，也要重视包装的合理性、包装材料的节省性以及搬动、仓储、运输的方便性和合理性。

②包装的合理化与外围因素相协调。由于包装只是物流系统中的一个环节，只有综

合、全面地考虑包装的合理性，使多种相关因素协调一致，才能发挥整体物流效果。比如，有些商品可无包装或简易包装，这比有包装或复杂包装有利，使总物流成本更合理。实际上，散装水泥、管道运输等都是无包装化物流的例子。无包装化物流既能节约包装费用、降低整体物流成本，又能省去包装物的回收和处理作业。

③科学包装、减少浪费。随着经济发展和销售竞争的激烈化，包装所消耗的材料资源越来越多，过度包装现象十分严重。因此，科学包装、减少浪费应引起足够重视。解决办法之一是多采用集装箱、集装罐、集装袋、集装架。

④包装要考虑人格因素和环境保护。除了考虑物流因素外，还要考虑"人格因素"和环保要求选择包装。包装商品要适合携带、陈列、摆放，要美观、大方，兼顾装饰性，有的包装设计还考虑人的情感性、宗教信仰、民族习惯、消费心理等，如"怀旧包装"、"怪相包装"、"动物形象包装"、"拟音包装"。包装物对人体健康不能造成影响，并要便于回收和再利用。应该强调"绿色包装"意识，提高包装的环保水平。

(4) 包装标准化的实现。

包装标准化是实现包装合理化的重要前提。对包装类型、规格、材料、结构、造型、标志及包装试验等所做的统一规定以及相关技术政策和技术措施主要包括统一材料、统一规格、统一容量、统一标记和统一封装方法。

①加强商品包装模数与仓储、运输设施模数的统一协调工作。这是一项关系到物流系统的基础性工作。这项工作的有效开展对建设节约型社会，实现物流系统总体成本降低有着至关重要的作用。

②推广商品包装箱尺寸模数化。商品按模数包装后，在商品运输领域有利于提高运输容积利用率，有利于保障商品运输过程中的安全；在仓储领域有利于托盘的码放和库存的分配，有利于提高仓储利用率，提高运营效率，降低运营成本。

③商品生产重视包装箱的标准化工作，需求企业在流通领域的边际利润。在市场竞争激烈的现代社会，生产商在商品包装箱设计中，不仅要考虑包装适合产品，还要考虑商品在运输车辆上的运载，提高商品运输容积利用率，从商品流通领域减少物流成本。同时，还应考虑便于商品在托盘上的码放，以提高托盘承载容积利用率，提高物流中心的仓储能力。

二、流通加工概述

(一) 流通加工的概念与功能

流通加工，就是商品在从生产者向消费者流通过程中，为了增加附加价值、满足顾客需求、促进销售而进行的简单组装、剪切、套裁、贴标签、刷标志、分装、检量、弯管、打孔等加工作业。这些流通加工作业多在配送中心、流通仓库、卡车终端等物流场所进行。流通加工随着销售竞争的日益激烈和用户的个性化、多样化需求，越来越显示出它不可替代的重要地位和作用。

流通加工是现代生产方式发展、人们观念转变及资源约束的必然结果，在微观企业中发挥着重要作用，对一国宏观经济也具有积极意义。流通加工在企业生产经营中的作用及对宏观经济的意义表现在以下几个方面：

1. 方便流通

包括方便运输、方便储存、方便销售、方便用户。例如，流通加工中的集中下料，是将生产企业直接运来的整包装、标准化产品，分割成适合用户需要的规格、尺寸或包装的物品。

2. 提高了生产效益和流通效益

由于采用流通加工，生产企业可以进行标准化、整包装生产，这样做适应大生产的特点，提高了生产效率，节省了包装费用和运输费用、降低了成本；流通企业可以促进销售，增加销售收入，也提高了流通效益。

3. 不但方便了用户购买和使用，还降低了用户成本

用量小或临时需要的用户，缺乏进行高效率初级加工的能力，依靠流通加工可使用户省去进行初级加工的机器设备的投资及人力，降低了成本。

4. 提高加工效率及设备利用率

由于建立集中加工点，可以采用效率高、技术先进、加工量大的专用机具和设备。这样做的好处：一是提高了加工质量；二是提高了设备利用率；三是提高了加工效率。其结果是降低了加工费用及原材料成本。

5. 充分发挥各种输送手段的最高效率

流通加工环节将实物的流通分成两个阶段。一般来说，由于流通加工环节设置在消费地，从生产企业到流通加工这一阶段输送距离长，可以采用船舶、火车等大量输送手段；而从流通加工到消费环节这一阶段距离短，主要是利用汽车和其他小型车辆来配送经过流通加工的多规格、小批量、多用户的产品。这样，可以充分发挥各种输送手段的最高效率，加快输送速度，节省运力。

6. 可实现废物再生、物资充分利用、综合利用，提高物资利用率

例如，集中下料可以优材优用、小材大用、合理套裁，具有明显提高原材料利用率的效果。再如，北京、济南、丹东等城市曾对平板玻璃进行流通加工，玻璃利用率从60％提高到85％～95％。

7. 改变功能，增加商品价值，提高效益

在流通过程中进行一些改变产品某些功能的简单加工，其作用除上述几点外，还可以提高产品销售的经济效益。例如，内地许多制成品（如洋娃娃玩具，时装等）在深圳进行简单的装潢加工，改变了产品的外观，仅此一项就可使产品售价提高20％以上。流通加工可以成为提高物资附加价值的活动。

（二）流通加工的种类

根据目的的不同，流通加工一般可分为以下几种类型。

1. 为弥补生产领域加工不足而进行的流通加工

由于存在许多限制因素，有许多产品在生产领域只能达到一定程度的粗加工，而不能完全实现终极加工。例如，钢铁厂只能按照标准规格进行大规模生产，以保证生产具有较高的效率和效益，同时使产品具有较强通用性，以便在流通过程中根据用户的不同需求进

行深加工。为此，在国外有专门进行钢材流通加工的流通中心，进行薄板的切断、型钢的熔断、厚钢板的切割、线材冷拉加工等。

2. 为适应多样化需求的流通加工

生产部门的高效率和大批量生产往往不能完全满足客户对产品多样化的需求。为了满足客户的这种需求，同时又保证社会高效率的大生产，将生产出来的单调产品进行多样化的改制加工，是流通加工中一种重要的加工形式。

3. 为保护产品所进行的流通

加工目的是保证产品的使用价值能够顺利实现，防止产品在运输、储存、装卸、搬运等过程中遭受损失，主要采取稳固、改装、冷冻、保鲜、涂油等方式，这种加工并不改变“物”的外形和性质。

4. 为提高物流效率，方便物流的流通加工

在很多产品，由于本身的特殊形状，使之难以进行物流操作，效率较低，而通过适当的流通加工可以弥补这些产品的物流缺陷，使物流各环节易于操作。

5. 为促进销售的流通加工

这种加工不改变“物”的主体，只进行简单的改装加工，起促进销售的作用。例如，将大包装或散装货物改换成小包装货物，以满足消费者对商品多样化的需求；将以保护产品为主的运输包装改换成以促进销售为主的装潢性包装，提高商品的附加价值，以满足消费者对商品的个性化的需求；将蔬菜、肉类等食品原料经过现代物流管理分选、洗净、切块、分装、加工成半成品，以满足消费者对商品高度化的需求，等等。

6. 为提高原材料利用率和加工效率

流通加工以集中加工形式，既能解决单个企业加工效率不高的弊端，使单个企业简化生产环节，提高生产水平；又能利用其综合性强、用户多的特点，采用合理规划、集中下料的办法，提高原材料的利用率。

7. 为便于运输物流合理化

流通加工在干线运输及支线运输的节点设置流通加工环节，可以有效解决衔接生产的大批量、低成本、长距离的干线运输与衔接消费的多品种、少批量、多批次的支线运输之间的衔接问题。以流通加工为分界点，在流通加工点与大生产企业之间形成大批量、高效率的定点输送；而在流通加工点与消费者之间，则通过在流通加工点将运输包装转换为销售包装，及组织多用户的配送，形成多用户、多品种的灵活输送，从而有效衔接不同目的的运输方式，是物流更加合理化。

8. 生产—流通一体化的流通加工

依靠生产企业与流通企业的联合，或者生产企业向流通疆域延伸，或者流通企业向生产领域延伸，形成合理分工、合理规划、合理组织、统筹进行的生产与流通加工结合的统一安排，这就是生产—流通一体化的流通加工。它可以促成产品结构及产业结构的调整，充分发挥企业集团的经济技术优势，是目前流通加工领域的新趋势。

（三）流通加工的合理化管理

流通加工合理化的含义是实现流通加工的最优配置，在满足社会需求这一前提的同

时，合理组织流通加工生产，并综合考虑运输和加工、加工与配送、加工与商流的有机结合，以达到最佳加工效益。

实现流通加工合理化的路径：

1. 加工和合理运输结合

在干、支线运输转运点设置流通加工点，既可以充分利用干、支线转换本来就必须停顿的环节，又可以大大提高运输效率和运输转载水平。

2. 加工和配送结合

即将流通加工设置在配送节点中，一方面按配送的需要进行加工；另一方面加工又是配送业务过程中分货、拣货、配货的一个环节，加工后的产品直接投入配货作业，无须再单独设置一个加工的中间环节。而且，由于配送之前有加工，可使配送服务水平大大提高。

3. 加工和配套相结合

在流通加工中往往有“配套”需求，而配套的主体来自各个生产单位，但全部依靠现有的生产单位有时无法实现完全配套，如进行适当的流通加工，可以有效地促成配套，大大提高流通的桥梁和纽带作用。

4. 加工和商流相结合

流通加工和配送的结合，提高了配送水平，强化了销售，是加工与合理商流相结合的一个例子。另外，通过简单地改变包装的加工，形成合适的批量以方便购买，通过组装解除用户使用前进行组装、调试的难处，都可以有效地促成商流。

5. 加工和节约相结合

节约能源、节约设备、节约人力、节约耗费，是流通加工合理化考虑的重要因素，也是目前我国设置流通加工，考虑其合理化较普遍的问题。

对于流通加工合理化的最终判断，是看其是否具有社会效益和使企业的效益增加，是看其是否取得了最优效益。与一般生产企业的一个重要不同之处在于，流通加工企业更应树立以社会效益为第一的观念，只有这样才有生存价值和发展空间。

练习思考题

1. 简述运输及运输管理的概念。
2. 运输的方式有哪几种?
3. 影响运输合理化的因素有哪些?
4. 为何要进行仓储管理?
5. 简述库存控制的方法。
6. 简述配送的流程。
7. 配送合理化的方法及措施是什么?
8. 如何实现包装的合理化?
9. 如何实现流通加工合理化?

第五章 现代物流信息化及物流信息系统

引导案例

UPS核心竞争优势——现代物流信息技术

成立于1907年的美国联邦快递公司（United Parcel Service，UPS）是世界上最大的配送公司。2000年，联邦快递公司年收入接近300亿美元，其中包裹和单证流量大约35亿件，平均每天向遍布全球的顾客递送1320万件包裹。公司向制造商、批发商、零售商、服务公司以及个人提供各种范围的陆路和空运的包裹和单证递送服务以及大量的增值服务。表面上联邦快递公司的核心竞争优势来源于其由15.25万辆卡车和560架飞机组成的运输队伍，而实际上联邦快递公司今天的成功并非仅仅如此。

20世纪80年代初，联邦快递公司以其大型的棕色卡车车队和及时的递送服务，控制了美国路面和陆路的包裹速递市场。然而，到了80年代后期，随着竞争对手利用不同的定价策略以及跟踪和开单的创新技术对联邦快递的市场进行蚕食，联邦快递的收入开始下滑。许多大型托运人希望通过单一服务来源提供全程的配送服务，进一步，顾客们希望通过掌握更多的物流信息，以利于自身控制成本和提高效率。随着竞争的白热化，这种服务需求变得越来越迫切。正是基于这种服务需求，联邦快递公司从20世纪90年代初开始致力于物流信息技术的广泛利用和不断升级。今天，提供全面物流信息服务已经成为包裹速递业务中的一个至关重要的核心竞争要素。

联邦快递公司通过应用三项以物流信息技术为基础的服务提高了竞争能力：

第一，条码和扫描仪使联邦快递公司能够有选择地每周七天、每天24小时跟踪和报告装运状况，顾客只需拨个免费电话号码，即可获得“地面跟踪”和航空递送这样的增值服务。

第二，联邦快递公司的递送驾驶员现在携带着以数控技术为基础的笔记本电脑到排好顺序的线路上收集递送信息。这种笔记本电脑使驾驶员能够用数字记录装运接受者的签字，以提供收货核实。通过电脑协调驾驶员信息，减少了差错，加快了递送速度。

第三，联邦快递公司最先进的信息技术应用，是创建于1993年的一个全美无线通信网络，该网络使用了55个蜂窝状载波电话。蜂窝状载波电话技术使驾驶员能够把适时跟踪的信息从卡车上传送到联邦快递公司的中央电脑。无线移动技术和系统能够提供电子数据储存，并能恢复跟踪公司在全球范围内的数百万笔递送业务。通过安装卫星地面站和扩大系统，到1997年适时包裹跟踪成为了现实。

以联邦快递为代表的企业应用和推广的物流信息技术是现代物流的核心，是物流现代化的标志。尤其是飞速发展的计算机网络技术的应用使物流信息技术达到新的水平，物流信息技术也是物流技术中发展最快的领域，从数据采集的条码系统，到办公自动化系统中的微机、互联网，各种终端设备等硬件以及计算机软件等都在日新月异地发展。同时，随着物流信息技术的不断发展，产生了一系列新的物流理念和新的物流经营方式，推进了物流的变革。今天来看，物流信息技术主要由通信、软件、面向行业的业务管理系统三大部分组成。包括基于各种通信方式基础上的移动通信手段、全球卫星定位（GPS）技术、地理信息（GIS）技术、计算机网络技术、自动化仓库管理技术、智能标签技术、条码及射频技术、信息交换技术等现代尖端科技。在这些尖端技术的支撑下，形成以移动通信、资源管理、监控调度管理、自动化仓储管理、业务管理、客户服务管理、财务处理等多种信息技术集成的一体化现代物流管理体系。譬如，运用卫星定位技术，用户可以随时"看到"自己的货物状态，包括运输货物车辆所的的位置（某座城市的某条道路上）、货物名称、数量、重量等，从而，不仅大大提高了监控的"透明度"，降低了货物空载率，做到资源的最佳配置；而且有利于顾客通过掌握更多的物流信息，控制成本和提高效率。

联邦快递公司通过在三方面推广物流信息技术发挥了核心竞争优势：

在信息技术上，联邦快递已经配备了第三代速递资料收集器Ⅲ型 DIAD，这是业界最先进的手提式计算机，可几乎同时收集和传输实时包裹传递信息，也可让客户及时了解包裹的传送现状。这台 DIAD 配置了一个内部无线装置，可在所有传递信息输入后立即向联邦快递数据中心发送信息。司机只需扫描包裹上的条码，获得收件人的签字，输入收件人的姓名，并按动一个键，就可同时完成交易并送出数据。Ⅲ型 DIAD 的内部无线装置还在送货车司机和发货人之间建立了双向文本通信。专门负责某个办公大楼或商业中心的司机可缩短约 30 分钟的上门收货时间。每当接收到一个信息，DIAD 角上的指示灯就会闪动，提醒司机注意。这对消费者来说，不仅意味着所寄送的物品能很快发送，还可随时"跟踪"到包裹的行踪。通过这一过程速递业真正实现了从点到点、户对户的单一速递模式，向除为客户提供传统速递服务外，还包括库房、运输及守候服务等全方位物流服务的发展，从而大大地拓展了传统物流概念。

在信息系统上，联邦快递将应用在美国国内运输货物的物流信息系统，扩展到了所有国际运输货物上。这些物流信息系统包括署名追踪系统及比率运算系统等，其解决方案包括：自动仓库、指纹扫描、光拣技术、产品跟踪和决策软件工具等。这些解决方案从商品原起点流向市场或者最终消费者的供应链上帮助客户改进了业绩，真正实现了双赢。

在信息管理上，最典型的应用是联邦快递在美国国家半导体公司（National Semiconductor）位于新加坡仓库的物流信息管理系统，该系统有效地减少了仓储量及节省货品运送时间。如今，在联邦快递物流管理体系中的美国国家半导体公司新加坡仓库，一位管理员像挥动树枝一样将一台扫描仪扫过一箱新制造的电脑芯片。随着这个简单的举动，他启动了高效和自动化、几乎像魔术般的送货程序。这座巨大仓库是由联邦快递的运输奇才们设计建造的。联邦快递的物流信息管理系统将这箱芯片发往码头，而后送上卡车和飞机，接着又是卡车，在短短的 12 小时内，这些芯片就会送到国家半导体公司的客户——远在万里之外硅谷的个人电脑制造商——手中。在整个途中，芯片中嵌入的电子标签将让客户以高达三英尺的精确度跟踪订货。

由此可见，物流信息技术通过切入物流企业的业务流程来实现对物流企业各生产要素（车、仓、驾等）进行合理组合与高效利用，降低了经营成本，直接产生了明显的经营效益。它有效地把各种零散数据变为商业智慧，赋予了物流企业新型的生产要素——信息，大大提高了物流企业的业务预测和管理能力，通过“点、线、面”的立体式综合管理，实现了物流企业内部一体化和外部供应链的统一管理，有效地帮助物流企业提高了服务质素，提升了物流企业的整体效益。具体地说，它有效地为物流企业解决了单点管理和网络化业务之间的矛盾、成本和客户服务质量之间的矛盾、有限的静态资源和动态市场之间的矛盾，现在和未来预测之间的矛盾等。

以现代物流信息技术为核心竞争力基础的联邦快递已经在我国北京、上海、广州开办了代表处。1996 年 6 月，联邦快递与中方合作伙伴中国外运集团共同在北京成立其在中国的第一家合资企业。目前该公司在中国有 130 多名员工，有 60 多辆带有 UPS 的车辆奔驰在国内的大街小巷，业务范围已覆盖了 190 多个城市。2001 年 1 月，联邦快递公司的飞机被允许直飞中国，自从其首班飞机飞抵了上海后，目前联邦快递在北京、上海、深圳都建立了自己的航空基地，每星期有 10 个货运航班飞往中国。世界物流业巨头联邦快递公司已参与到了中国快递行业正方兴未艾的激烈竞争中来。

第一节　物流信息化

一、物流信息化的概念

物流信息化是指物流企业运用现代信息技术对物流过程中产生的全部或部分信息进行采集、分类、传递、汇总、识别、跟踪、查询等一系列处理活动，以实现对货物流动过程的控制，从而降低成本、提高效益的管理活动。物流信息化是现代物流的灵魂，是现代物流发展的必然要求和基石。

二、物流信息化的重点及关键问题

物流信息化的重点是基础信息的采集和信息的共享与交换两个问题。

在新的框架里面，“十一五”期间物流信息化的重点放在基础信息的采集以及信息的共享和交换两个方面，现在整个物流信息化还存在几个需要解决的关键问题。

第一，基础信息的采集。大量信息还是要依赖手工录入，因此存在效率低、差错率高、更新不及时等问题，影响后期的整个传输和应用，而这是信息化的基础。如何解决物流信息的采集问题是起点，接下来是信息的共享和交换。

第二，在“十一五”期间可能采取的一个方案是将 RFID 用在物流装备上，而商品可能还是以条码为主。这样的方案作为物流信息化的基础框架，通过进行动态跟踪识别，间接掌握商品的信息，而不是一下子将 RFID 技术用到每一件商品上。

第三，平台式信息交换共享的体系。建立公共平台已经成为共识，都在呼吁信息整合。但是，有时把公共信息平台理解成为一个有形的机构，一个集中信息储存管理的机构，或者是集中管理的数据库。这样的理解是非常狭隘和不全面的。理解它是一个体系，有很多层次的工作要做，建立一些必要的集中管理的数据库可能是需要的，但是更多的还是信息交换、信息共享的一种机制，一种模式。所以，平台实际上是要创造一个信息交换、信息共享的方式和环境。

物流行业公共信息平台的建设是现阶段物流信息化的重点和核心环节。国务院物流振兴规划指出，“十二五”期间国家将重点扶持物流公共信息平台的建设和发展。现阶段，全国范围内具有普遍影响的有两家物流行业公共信息平台：锦程物流网侧重于外贸物流和空中物流，经过多年的发展，业务遍布全国，尤其是在沿海地区和东部经济发达地区有广泛的影响力；中国物通网则致力于建设国内物流信息服务平台，服务涵盖了铁路，空运，公路，水运，搬家，快递等各种物流方式，40余万名注册会员遍布全国各地，在物流行业有广泛的影响力。此外，央视网也新近开通了物流频道，可以预见，今后将有更多的竞争者加入这个行业。

最后，行政监管系统的协调与开放是整个信息系统物流信息化重要的切入点。现在各个部门，特别是物流中的一些监管部门，像交通运输部、铁道部、海关、商检等部门在物流环节中都发挥了很重要的作用，需要这些系统能够共享，能够向社会开放。目前，铁道系统已经基本上实现了车辆的 RFID 跟踪，用的很好，效益也很高，但是没有向社会开放，所以物流企业还用不上。

三、物流信息化管理的要求

1. 销售信息化管理

通过销售管理建立客户档案与合同管理，健全客户信用监控体系；建立对客户订单的动态管理，快速响应客户订单，及时处理销售退/换货需求；建立灵活的销售价格策略和销售折扣管理；销售发票、应收款、成本核算与财务系统集成；销售预测、生产订单、采购订单等的业务应用集成。

2. 库存信息化管理

通过库存物品的入库、出库、移动和盘点等操作对企业的物流进行全面控制和管理，以达到降低库存、减少资金占用，杜绝物料积压与短缺现象，提高客户服务水平，保证生产经营活动顺利进行的目的。要求管理系统支持仓库、区域、货位等多层次管理；提供物料 ABC 分类，提供物料的分级、分类管理；支持对库存物品的批次、单件、保质期管理方式；支持分销模式下的内部订单调拨；能够保证最大/安全库存量，实现超限报警处理、积压/短缺统计；支持多种仓库盘点，提供存盈、盘亏调整处理；可以动态查看各种物料库存、各类进/出情况等。

3. 采购信息化管理

完善供应商档案管理，建立供应商评价体系；理顺采购询价、采购合同、采购订单、建立采购价格控制体系；支持采购申请计划的多级审批；理顺采购物料管理，支持采购物料的入库质量检验管理；动态地查看物料库存、采购到货情况；支持采购物料对应以及采购退/换货管理；采购发票、应付款、成本核算等财务系统集成；销售订单、生产订单等业务应用集成。

4. 财务信息化管理

在物流系统实施前，财务是一个独立的系统，失去了对业务系统进行监控的功能。但对于中小企业来说，财务管理才是核心。因此，中小企业在物流信息化过程中，迫切希望实现财务系统与采购、销售、应收应付系统集成，实现物流、资金流、信息流的完美协调。

5. 运输信息化管理

先进的信息技术开发者在推广新的技术手段时，总是习惯于抱怨传统企业的思维保守和观念落后。其实这是一个误区。物流运输产业的信息化建设应该坚持以实用为原则。除了少数具备条件的，管理较为先进的规模型企业可以采用ERP的大系统集成的开发思路进行企业信息化改造外，而广大的物流运输管理企业更加适合走具有中国特色的局部的、分级、分步骤的信息化改造模式。

6. 装卸搬运信息化管理

物品装卸搬运活动渗透到物流各环节，各领域，是联系物流活动各子系统的功能，是物流顺利进行的关键。装卸搬运活动伴随着物流的始终，成为提高物流效率、降低物流成本、改善物流条件，保证物流质量最重要的物流环节之一。目前我国多数物流中心采用的是以人工搬运和机械化搬运相结合的手段。以信息化为前提的智能化和集成化是物流中心搬运作业的发展方向。

7. 配送信息化管理

物流企业要想通过信息化手段实现对物流配送的管理与控制，必须在物流配送中心建立一个与之相适应的物流配送信息系统，实现各种信息资源共享。物流配送中心通过信息系统快速反馈的信息流来控制和调节物流，对运输车队实施有效控制和最优化管理，提高运输车队的货物运输能力和服务质量。

四、物流信息化的发展的原因

分析近年来现代物流信息化在我国得以迅速发展的原因，主要来自三个层面的因素。

第一，信息技术、网络技术的普及和发展，特别是互联网技术解决了信息共享、信息传输的标准问题和成本问题，使得信息更广泛地成为控制、决策的依据和基础。因此只要解决信息的采集、传输、加工、共享，就能提高决策水平，从而带来效益。在这个层面上可以不涉及或少涉及流程改造和优化的问题，信息系统的任务就是为决策提供及时、准确的信息。

第二，企业在利益机制的驱动下，不断追求降低成本和加快资金周转，将系统论和优化技术用于物流的流程设计和改造，融入新的管理制度之中。此时的信息系统作用有二，其一是固化新的流程或新的管理制度，使其得以规范地贯彻执行；其二是在规定流程中提供优化的操作方案，如仓储存取的优化方案，运输路径的优化方案等。此时信息系统作用主要在于固化管理和优化操作。

第三，供应链的形成和供应链管理的作用上升，其中物流管理是其主要组成部分。要解决的问题是提高整个供应链的效率和竞争力，主要是通过对上下游企业的信息反馈服务来提高供应链的协调性和整体效益，如生产企业与销售企业的协同、供应商与采购商的协同等，物流信息系统不仅是供应链的血液循环系统，也是中枢神经系统。供应链的基础是建立利益机制，但是这种机制需要一定的技术方案来保证，信息系统在这里的主要作用是实现这种互利机制的手段。例如销售商的库存由供应商的自动补货系统来管理，生产商的生产计划根据销售商的市场预测来安排等。

五、物流信息化建设的四个层级

2004 年，中国物流行业信息化投资达到 20.4 亿元，比 2003 年增长 25.2%。据预测，未来几年，中国的第三方物流企业数量将以每年 16%～25%的速度发展。中国物流企业不仅要面对国内同行小、乱、杂的竞争环境，同时又要面对国外巨头大、精、专的竞争。这时候，利用信息化实现差异化的服务竞争已经成为面对挑战、提升实力的最有效手段。

根据信息化系统的应用范围与广度，目前的物流行业信息化系统主要从以下 4 个层面进行建设。

1. 单点应用

针对个别功能的各种软件工具和单点系统的建设。这一层次的主要建设内容包括办公套件、企业邮箱之类的通用工具软件以及物流行业专用的条码器、自动识别软件、物流仿真软件等工具软件或单点系统等。

2. 流程优化

针对物流企业的个别业务流程或管理职能，实施部门级的信息系统建设。该层次的信息化建设内容既包括一般企业通用的信息系统，也包括物流企业专用的信息系统。

3. 综合管理

针对整个企业的综合管理，实施企业级的信息系统建设。该层次的信息化建设内容既包括一般企业通用的综合管理信息系统，也包括物流行业专用的综合管理信息系统。

4. 公共平台

所要解决的问题是整个物流行业的信息化问题，如物流信息的发布与共享，物流行业与其他相关机构的信息交互。这些信息化需求不可能由某一家物流企业单独承担，而应该由外部服务供应商或政府部门负责满足。这一层次的建设内容主要包括：物流公共信息交换平台、全球定位系统、地理信息系统、EDI 网络服务中心等。当前，物流公共平台领域发展较为快速的是物流公共信息交换平台系统，国内知名的物流行业信息平台如锦程物流和中国物通网都属于这个范畴。

六、物流信息化建设的未来发展方向

据不完全统计数据表明，目前，仅有少数规模较大的物流企业的信息化已经达到第二层次，占中国物流企业总数的 18%左右。达到第三层次的物流企业则更少，仅占物流企业总数的 5%左右。还有为数众多的物流企业各项业务的开展均停留在人工操作水平。国务院物流振兴规划指出：当前物流发展的应坚持抓住两个重点：一是提高广大物流企业对信息技术的单元应用水平，逐步提高企业内部的工作效率；二是重点支持物流信息平台的建设，活跃市场交易，提高整个行业的工作效率和效益。

随着物流国际化、物流高级化的发展以及现代高新技术的迅速发展，物流系统各个环节的作业将会出现机械化、自动化、智能化为主的发展趋势，尤其是第三方物流公共信息平台将成为物流行业发展的中枢神经。

第二节　现代物流信息技术

物流信息技术是现代信息技术在物流各个作业环节中的综合应用，是现代物流区别传统物流的根本标志，也是物流技术中发展最快的领域，尤其是计算机网络技术的广泛应用使物流信息技术达到了较高的应用水平。

一、分类

根据物流的功能以及特点，运用于物流各环节中的信息技术可以分成计算机技术、网络技术、信息分类编码技术、条码技术、射频识别技术、电子数据交换技术、全球定位系统（GPS)、地理信息系统（GIS）等类型。

二、意义

物流信息技术是物流现代化的重要标志，也是物流技术中发展最快的领域，从数据采集的条码系统，到办公自动化系统中的微机、互联网，各种终端设备等硬件以及计算机软件都在日新月异地发展。同时，随着物流信息技术的不断发展，产生了一系列新的物流理念和新的物流经营方式，推进了物流的变革。在供应链管理方面，物流信息技术的发展也改变了企业应用供应链管理获得竞争优势的方式，成功的企业通过应用信息技术来支持它的经营战略并选择它的经营业务。通过利用信息技术来提高供应链活动的效率性，增强整个供应链的经营决策能力。

三、物流信息技术的组成

1. 条码技术

条码技术是在计算机的应用实践中产生和发展起来的一种自动识别技术。为我们提供了一种对物流中的货物进行标识和描述的方法。

条码是实现 POS 系统、EDI、电子商务、供应链管理的技术基础，是物流管理现代化、提高企业管理水平和竞争能力的重要技术手段。

2. EDI 技术

EDI（Electronic Data Interchange）是指通过电子方式，采用标准化的格式，利用计算机网络进行结构化数据的传输和交换。

构成 EDI 系统的三个要素是 EDI 软硬件、通信网络以及数据标准化。工作方式大体如下：用户在计算机上进行原始数据的编辑处理，通过 EDI 转换软件（Mapper）将原始数据格式转换为平面文件（Flat File)，平面文件是用户原始资料格式与 EDI 标准格式之间的对照性文件。通过翻译软件（Translator）将平面文件变成EDI标准格式文件。然后在文件外层加上通信信封（Envelope），通过通信软件（EDI系统交换中心邮箱（Mailbox）发送到增值服务网络（VAN）或直接传送给对方用户，对方用户则进行相反的处理过程，最后成为用户应用系统能够接收的文件格式。

3. 射频识别技术

射频识别技术（Radio Frequency IDentification，RFID）是一种非接触式的自动识别技术，它通过射频信号自动识别目标对象来获取相关数据。识别工作无须人工干预，可工作于各种恶劣环境。短距离射频产品不怕油渍、灰尘污染等恶劣环境，可以替代条码，如用在工厂的流水线上跟踪物体。长距射频产品多用于交通上，识别距离可达几十米，如自动收费或识别车辆身份等。

4. GIS技术

地理信息系统（Geographical Information System，GIS）是多种学科交叉的产物，它以地理空间数据为基础，采用地理模型分析方法，适时地提供多种空间和动态的地理信息，是一种为地理研究和地理决策服务的计算机技术系统。其基本功能是将表格型数据（无论它来自数据库、电子表格文件或直接在程序中输入）转换为地理图形显示，然后对显示结果浏览、操作和分析。其显示范围可以从洲际地图到非常详细的街区地图，显示对象包括人口、销售情况、运输线路和其他内容。

5. GPS技术

全球定位系统（Global Positioning System，GPS）具有在海、陆、空进行全方位实时三维导航与定位能力。

GPS在物流领域可以应用于汽车自定位、跟踪调度，用于铁路运输管理，用于军事物流。

6. 管理软件

物流管理软件包括运输管理系统（TMS）、仓储管理系统（WMS）、货代管理系统（FMS）、供应链管理系统（SCM）等。

四、物流自动化设备技术的应用

（一）自动化设备的应用

物流自动化设备技术集成和应用的热门环节是配送中心，其特点是每天需要拣选的物品品种多，批次多、数量大。因此，在国内超市、医药、邮包等行业的配送中心部分地引进了物流自动化拣选设备。一种是拣选设备的自动化应用，如北京市医药总公司配送中心，其拣选货架（盘）上配有可视的分拣提示设备，这种分拣货架与物流管理信息系统相连，动态地提示被拣选的物品和数量，指导着工作人员的拣选操作，提高了货物拣选的准确性和速度；另一种是一种物品拣选后的自动分拣设备。用条码或电子标签附在被识别的物体上（一般为组包后的运输单元），由传送带送入分拣口，然后由装有识读设备的分拣机分拣物品，使物品进入各自的组货通道，完成物品的自动分拣。分拣设备在国内大型配送中心有所使用。但这类设备及相应的配套软件基本上是由国外进口，也有进口国外机械设备，国内配置软件。

立体仓库和与之配合的巷道堆垛机在国内发展迅速，在机械制造、汽车、纺织、铁路、卷烟等行业都有应用。例如，昆船集团生产的巷道堆垛机在红河卷烟厂等多家企业应用了多年。近年来，国产堆垛机在其行走速度、噪声、定位精度等技术指标上有了很大改进，运行也比较稳定。但是与国外著名厂家相比，在堆垛机的一些精细指标如最低货位极限高度、高速（80 米/秒以上）运行时的噪声，电机减速性能等方面还存在不小差距。

（二）物流设备跟踪和控制技术的应用

目前，物流设备跟踪主要是指对物流的运输载体及物流活动中涉及的物品所在地进行跟踪。物流设备跟踪的手段有多种，可以用传统的通信手段如电话等进行被动跟踪，可以用 RFID 手段进行阶段性跟踪，但目前国内用的最多的还是利用 GPS 技术跟踪。GPS 技术跟踪利用 GPS 物流监控管理系统，它主要跟踪货运车辆与货物的运输情况，使货主及车主随时了解车辆与货物的位置与状态，保障整个物流过程的有效监控与快速运转。物流 GPS 监控管理系统的构成主要包括运输工具上的 GPS 定位设备、跟踪服务平台（含地理信息系统和相应的软件）、信息通信机制和其他设备（如货物上的电子标签或条码、报警装置等）。在国内，部分物流企业为了提高企业的管理水平和提升对客户的服务能力也应用这项技术，例如沈阳等地方政府要求下属交通部门对营运客车安装 GPS 设备工作进行了部署，从而加强了对营运客车的监管。

（三）物流动态信息采集技术的应用

企业竞争的全球化发展、产品生命周期的缩短和用户交货期的缩短等都对物流服务的可得性与可控性提出了更高要求，实时物流理念也由此诞生。如何保证对物流过程的完全掌控，物流动态信息采集应用技术是必需的要素。动态的货物或移动载体本身具有很多有用信息，如货物的名称，数量、重量、质量、出产地，或者移动载体（如车辆、轮船等）的名称、牌号、位置、状态等一系列信息。这些信息可能在物流中反复的使用，因此，正确、快速读取动态货物或载体的信息并加以利用可以明显地提高物流效率。在目前流行的物流动态信息采集技术应用中，一维条码技术、二维条码技术应用范围最广，其次还有磁条（卡）、语音识别、便携式数据终端、射频识别（RFID）等技术。

（1）一维条码技术：一维条码是由一组规则排列的条和空、相应的数字组成，这种用条、空组成的数据编码可以供机器识读，而且很容易译成二进制数和十进制数。因此此技术广泛地应用于物品信息标注中。因为符合条码规范且无污损的条码的识读率很高，所以一维条码结合相应的扫描器可以明显地提高物品信息的采集速度。加之条码系统的成本较低，操作简便，又是国内应用最早的识读技术，所以在国内有很大的市场，国内大部分超市都在使用一维条码技术。但一维条码表示的数据有限，条码扫描器读取条码信息的距离也要求很近，而且条码上损污后可读性极差，所以限制了它的进一步推广应用，同时一些其他信息存储容量更大、识读可靠性更好的识读技术开始出现。

（2）二维条码技术：由于一维条码的信息容量很小，如商品上的条码仅能容纳几位或者十几位阿拉伯数字或字母，商品的详细描述只能依赖数据库提供，离开了预先建立的数据库，一维条码的使用就受到了局限。基于这个原因，人们发明一种新的码制，除具备一维条码的优点外，同时还有信息容量大（根据不同的编码技术，容量是一维的几倍到几十倍，从而可以存放个人的自然情况及指纹、照片等信息），可靠性高（在损污50%仍可读取完整信息），保密防伪性强等优点。这就是在水平和垂直方向的二维空间存储信息的二维条码技术。二维条码继承了一维条码的特点，条码系统价格便宜，识读率强且使用方便，所以在国内银行、车辆等管理信息系统上开始应用。

(3) 磁条（卡）技术：磁条（卡）技术以涂料形式把一层薄薄的由定向排列的铁性氧化粒子用树脂黏合在一起并黏在诸如纸或塑料这样的非磁性基片上。磁条从本质意义上讲和计算机用的磁带或磁盘是一样的，它可以用来记载字母、字符及数字信息。优点是数据可多次读写，数据存储量能满足大多数需求，由于其黏附力强的特点，在很多领域得到广泛应用，如信用卡、银行ATM卡、机票、公共汽车票、自动售货卡、会员卡等。但磁条卡的防盗性能、存储量等性能比起一些新技术如芯片类卡技术还是有差距。

(4) 声音识别技术：是一种通过识别声音达到转换成文字信息的技术，其最大特点就是不用手工录入信息，这对那些采集数据同时还要完成手脚并用的工作场合或键盘上打字能力低的人尤为适用。但声音识别的最大问题是识别率，要想连续地高效应用有难度。目前更适合语音句子量集中且反复应用的场合。

(5) 视觉识别技术：视觉识别系统是一种通过对一些有特征的图像分析和识别系统，能够对限定的标志、字符、数字等图像内容进行信息的采集。视觉识别技术的应用障碍也是对于一些不规则或不够清晰图像的识别率问题，而且数据格式有限，通常要用接触式扫描器扫描，随着自动化的发展，视觉技术会朝着更细致、更专业的方向发展，并且还会与其他自动识别技术结合起来应用。

(6) 接触式智能卡技术：智能卡是一种将具有处理能力、加密存储功能的集成电路芯版嵌装在一个与信用卡一样大小基片中的信息存储技术，通过识读器接触芯片可以读取芯片中的信息。接触式智能卡的特点是具有独立的运算和存储功能，在无源情况下，数据也不会丢失，数据安全性和保密性都非常好，成本适中。智能卡与计算机系统相结合，可以方便地满足对各种各样信息的采集传送、加密和管理的需要，它在国内外的许多领域如银行、公路收费、水表煤气收费等得到了广泛应用。

(7) 便携式数据终端：便携式数据终端（PDT）一般包括一个扫描器、一个体积小但功能很强并有存储器的计算机、一个显示器和供人工输入的键盘。所以是一种多功能的数据采集设备，PDT是可编程的，允许编入一些应用软件。PDT存储器中的数据可随时通过射频通信技术传送到主计算机。

(8) 射频识别（RFID）：射频识别技术是一种利用射频通信实现的非接触式自动识别技术。RFID标签具有体积小、容量大、寿命长、可重复使用等特点，可支持快速读写、非可视识别、移动识别、多目标识别、定位及长期跟踪管理。RFID技术与互联网、通信等技术相结合，可实现全球范围内物品跟踪与信息共享。从上述物流信息应用技术的应用情况及全球物流信息化发展趋势来看，物流动态信息采集技术应用正成为全球范围内重点研究领域。我国作为物流发展中国家，已在物流动态信息采集技术应用方面积累了一定经验，例如，条码技术、接触式磁条（卡）技术的应用已经十分普遍，但在一些新型的前沿技术，如 RFID 技术等领域的研究和应用方面还比较落后。

第三节　现代物流管理信息系统

一、物流管理信息系统的概念

物流管理信息系统也称物流信息系统（Logistics Information System，LIS）。由人员、计算机硬件、软件、网络通信设备及其他办公设备组成的人机交互系统，其主要功能是进行物流信息的收集、存储、传输、加工整理、维护和输出，为物流管理者及其他组织管理人员提供战略、战术及运作决策的支持，以达到组织的战略竞优，提高物流运作的效率与效益。

物流管理信息系统实现从物流决策、业务流程、客户服务的全程信息化，对物流进行科学管理。重视物流信息系统和物流管理的互动，既要根据自己的物流管理流程来选择适合的物流信息系统，也要通过物流信息系统来优化和再造自己的物流管理流程。选择合适的物流管理信息系统能给企业带来的好处有：

（1）提高企业物流综合竞争力；

（2）内部运作效率提高，能够从容处理各种复杂物流业务；

（3）通过与客户的实时信息共享，提高了客户服务质量；

（4）在对大量的客户业务数据进行统计分析的基础上，使得向客户提供增值服务成为可能，并挖掘出巨大的销售潜力；

（5）加强总部对分支机构的管理以及与股东单位、合作伙伴、支持资源的信息沟通、业务合作，向管理层、决策层提供实时的统计分析数据，提高了市场反应速度和决策效率。

二、物流管理信息系统模式

物流管理信息系统模式如图 5－1 所示。

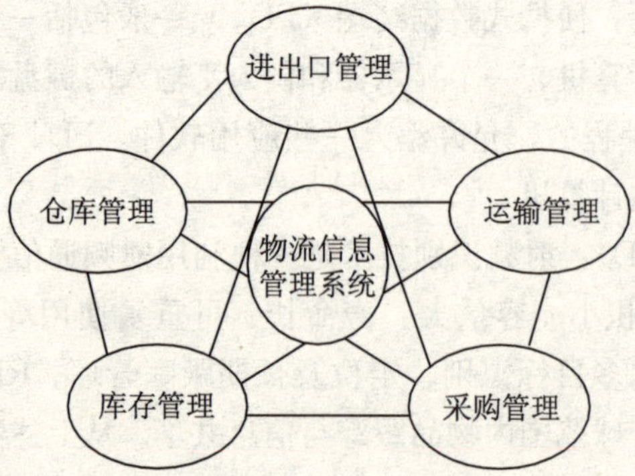

图 5－1　物流管理信息系统模式

物流管理信息系统的总体设计目标是通过建立完善、高效、可靠的物流信息系统，为物流企业提供良好的信息环境。系统采用分层模块化的设计方法，各个模块可以根据客户的要求分拆和组合，从而构成满足客户个性化需求的量身定做的系统，达到以最小的投资实现信息系统的功能最大化。系统设计采用标准的浏览器/应用服务器/数据库三层结构，完全满足现代电子商务的应用要求。

三、物流管理信息系统工作流程

一般来说，物流管理信息系统的功能包含以下几个部分：①订单管理：使用通信技术如邮件、传真和EDI或EOS登录和维护订单信息；②仓储管理：包括物品入库、物料在库移动、签收等环节；③运输管理：包括运输单证的形成、装车计划、制定路线等；④包装管理：包括换装、分装、再包装等活动；⑤情报功能：包括与上述各项活动有关的计划、预测及有关费用情况；⑥财务管理：设计成本核算、运费计算等。物流管理信息系统除了传统的储存、运输、配送服务具有相应的功能外，应当还提供集成化的网络服务，如通过Internet与供应链上的客户进行数据交换，及时了解不同配送站点的库存数量、所有设备和人员的使用状况、供应链中供应商和协作商的信息，并能根据历史数据进行市场预测和决策等，这些功能都是现代化物流配送系统的核心和出发点。如图5-2所示。

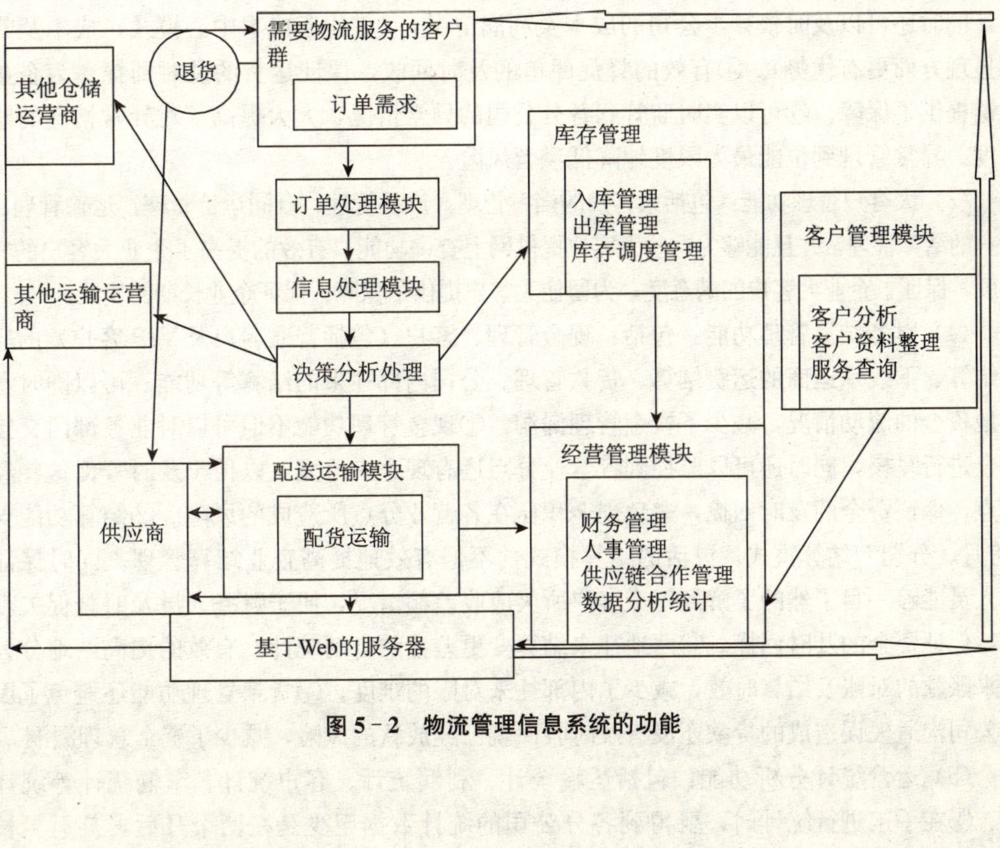

图5-2　物流管理信息系统的功能

四、物流管理信息系统服务功能

物流管理信息系统功能齐全，数据库资源庞大，操作简便，利于物流方的运用。其中系统服务功能主要包括：内部办公功能、运输管理功能、大客户管理功能、财务结算功能等。通过详细的分析与说明，可以知晓以下功能的全面性与配套性。

(1) 内部办公功能：包含工作计划，通告管理，公文管理等功能。借助互联网的优势，为各地公司的沟通建立一条顺畅的平台，能够有效提高公司的沟通（办事）效率，节省通信成本。

(2) 运输管理功能：包含托单管理、专线管理、到货管理、下线管理、跟踪管理、回单管理、异常管理、变更管理等功能。有效理顺企业运作流程，规范管理，提高工作效率，提升服务质量。①自动分拣功能：提高分拣效率，减少分拣错误，提高货物的分发时效。有效的避免了错货、窜货的发生，节省了错货、窜货的损失成本（电话查询、人员劳动、再次运输成本等），同时避免了因错货、窜货引发的客户流失的隐形损失（客户不满意是企业最大的损失）。②计划配载功能：减少了因人为原因造成的货物积压，保证了客户的满意度。同时提高车辆满载率，提高单车利润。在运输（油费猛涨，车辆运价高）成本高居不下的情况下，有效提高满载率，可明显地为企业创造效益。③能够支持网点的独立核算（或是物流联盟）的管理模式，有效的解决了各分公司的利益分割及独立核算问题，同时还可以及时核算本公司的成本及利润情况，（相比于成本中心模式，成本及收益的显现方面更有优势）。④有效的督促回单的及时回收，保证运费的及时回拢，为企业资金链提供了保障。⑤可以实时监管到各分公司的异常情况，大大提高了对异常情况的监管力度。异常管理到位能最大限度地降低经营风险。

(3) 大客户管理功能：包括大客户的档案管理，产品管理，合同运价管理，运输管理、大客户的结算管理，并且能够为这些大客户提供网上查询功能；有效的提高了企业大客户的管理力度，保证了企业大客户的满意度，为留住大客户提供了保障，保证企业长期的发展。

(4) 财务结算管理功能：包括：现金管理、客户（包括普通客户及 VIP 客户）的应收款结算、下线承运商的运费结算、货款管理、公司内部往来的结算等功能。可以随时掌控各地资金的流动情况，减少了资金管理漏洞。①现金管理功能不但可以对业务部门交接的现金进行复核，同时还可以监控到各营业分点还有现金未上交，以便于及时督促这些经营分点，保证资金的及时回拢，避免现金积压在各营业分点所造成的风险。②结算功能支持“跨月、分期”结算模式。灵活的结算模式，不但有效地提高企业结算管理。同时保证结算人员能够一目了然的了解到每个客户所欠应收差额情况，便于财务人员及时督促欠款回收，保证资金的及时回拢。③两地往来结算变更差异的自动统计，有效的提高两地分公司往来账款的对账及结算时效，减少了内部往来对账的难度。④货款管理功能还避免了因两地公司沟通失误造成的货款还没有及时收回就已经放款的风险，减少了资金管理漏洞。

(5) 运营统计分析功能：包括运输统计、利润统计、客户统计、车辆统计等统计报表。①在手工进行统计时，要得到各分公司的统计数据至少是在两个月后，甚至更长时间。系统自动生成的报表，能够实时把各地分公司的经营状态反馈出来，让企业可以提前预见问题，规避风险，分析企业的发展方向，帮助企业健康成长。②可以帮助企业高层随时掌握企业的各种信息，提高管理透明度，及时发现各地工作中的不足，提出整改意见，督促执行。避免问题发生后被迫处理的被动局面。

(6) 查询功能：包括内部的公共查询及客户的网上查询（普通客户网上查询、VIP客户网上查询）功能。①内部的公共查询可以实时把各环节的运输状态实时反馈给公司的每一位员工，能够让他们及时回复客户的电话查询。不但减轻了员工的工作压力，提高了客户满意度。同时还大大的降低了查询时发生的通信成本。②网上查询功能可以让客户自主的在网上查询到他们所发货物的情况。提高了企业的对外形象，提升了客户的满意度。

第四节 现代物流信息平台

一、物流信息平台含义

一般认为，凡是能够支持或者进行物流服务供需信息的交互或交换的网站，均可视为物流信息平台。比如一个物流公司为方便公司与其用户的联系而设计了一个信息交换系统，使得用户和公司可以保持便捷的联系，那么这个系统就具备了物流信息平台的性质。一个专业的物流信息服务网站就是一个典型的物流信息平台，比如中国物通网。

二、分类

根据不同的分类标准，物流信息平台有不同的分类办法。

以服务区域的范围分，可以分为地方性物流信息平台和全国性物流信息平台，比如：宁波物流信息网很明显属于地方性物流信息平台；中国物通网引起用户遍布全国各地，是当前知名的全国性物流信息平台。

以网站运营方的性质分，可以分为主体自身运营的物流信息平台和第三方物流信息平台，其中主体自身运营的物流信息平台往往以提高主体的工作效率为目标；而第三方物流信息平台则专业为物流供需方提供信息服务，其运营方一般不涉及物流服务的具体运作。

三、建设物流信息平台的意义

物流信息化平台建设的首要意义是有助于提高物流参与方的工作效率，进而促进整个社会工作效率的提高。

高质量的物流信息平台还意味着物流服务需求方可以享受到更快速、更便宜的物流服务，提高其工作效率或者生活品质。在我国物流行业发展相对滞后的情况下，发展物流公共信息平台尤其是第三方物流公共信息平台将具有重大的意义。

四、物流信息平台的主要形态

(1) 封闭式的平台系统：封闭式平台虚脱依附于线下实体，为组织内或组织间提供封闭式信息服务。此种模式的主要代表有：电子口岸系统、物流原物监管系统、贸易集散地的交易系统。封闭式平台系统拥有特定的公共用户群体，为转移目标服务，不同的平台系统之间不存在市场竞争情况。封闭式平台系统模式稳定，并有特定的目标服务群体。

（2）公共物流信息门户：公共物流信息门户以平台模式出现，属于门户类的物流信息平台，具有较高的开放性。同时，在服务范围上更趋向多样化，提高更大范围的信息交互。此种模式的主要代表有：锦程物流网、福州港口物流信息平台和南昌物流信息平台。公共物流信息门户有两种不同的价值趋向：一种是政府主导投资的公益性信息门户，不以赢利为目标；另一种是企业主导投资的营利性信息门户，存在明显的市场化竞争。其商业模式将持续变化，并向多样化方向发展。物流信息平台由以上两种主要形态。

由于两行总形态之间并不冲突，因此大多企业用户可以同时使用两种形态提供的服务。封闭式平台系统产生于不同组织内部，其投资取决于所依附的线下实体，因此具有很强的个性化特征，并拥有稳定的收入来源。而公共物流信息门户则具有更高的开放性，为组织服务，事后如来源具有多样化特征。

五、物流信息平台的区分

不同物流信息平台间的区别主要在于它的功用性。“公用”物流信息平台，使用者以公益权益的获得而无偿使用，是实现整体利益最大化；而“共用”物流信息平台是有偿使用，实现的是部分利益的最大化。此外，两者还存在以下区别：

（1）“公用”与“共用”物流信息平台的权属特征、服务范畴和对象不同。公用（For the Public Use）物流信息平台的本质是以获取物流业规模化、效率化为目的，以先进的信息技术为支撑，以信息共享为手段而建立的信息平台，是为整个国民经济和公民提供支持和服务；共用（Share by Selected and Specific People）物流信息平台，仅对有共同利益的一些具体的或特殊的团体提供支持和服务，信息资源具有一定的保密性，即只有使用平台的企业内部可以共享资源，对于外部企业只能共享公开资源。

（2）“公用”与“共用”物流信息平台所达到的标准化程度不同。“公用”意味着不同的地区、城市、国家基于大的、统一的信息平台，拥有广泛的标准化；而“共用”意味着不同标准化体系的信息平台，存在于各个不同的利益群体中。用计算机网络语言描述即为：公用物流信息平台相似于“广域网”；共用物流信息平台相似于“局域网”。

（3）“公用”与“共用”物流信息平台所实现的资源整合程度不同。“公用”是信息平台资源整合的一种做法，其整合程度高，有效地防止了专业化造成的分割和浪费；“共用”资源整合程度低，是信息系统发展未达到广泛标准化时的一种必要的存在形式。

“公用”信息平台，是对全社会的资源进行整合，企业可以实现信息网络的互联互通，信息资源社会共享，充分利用经济和社会发展的各个领域的资源，降低企业的运营成本，提高经济与社会效益；“共用”信息平台只是有利益关系的某些企业内部可共享资源进行整合，外部企业很难实现资源利用。

六、物流信息平台间的内在联系

“公用”与“共用”物流信息平台的众多不同之处，并不意味着它们之间是没有关系的。不同的物流信息平台之间有着必然的内在联系。

为了明确叙述“公用”与“共用”物流信息平台的内在关系，我们引入“专用”的概念。“公用”包含有通用的意思，与它相对应的是专用；“共用”同时包含有通用和专用二重意思，是小范围的通用和相对大范围的专用；用 O、S、P 分别表示“专用”、“共用”、和“公用”，则有：$O \leqslant S \leqslant P$。另外，它们之间也存在一定的相互转换关系，尤其是在不考虑所有权问题时，“共用”和“公用”的概念在一定程度上是近似的。那么，此时可以考虑用“公共”来表示。

根据物流企业不同的内在特点，为自身所用而构建的信息系统，属于专用平台；部分企业为了实现相互之间服务、需求信息有效范围内共享而投资建设的信息平台，称之为共用信息平台；具有跨行业、跨地域、多学科交叉、技术密集、多方参与、系统扩展性强、开放性好等特点，实现全社会资源共享构建的平台是公用信息平台。随着信息化程度的进一步提高，物流企业可以依托公共物流信息平台，利用庞大的资料库以及开放功能，实现企业资源的最优化整合。

通过对“公用”和“公共”物流信息平台的讨论，以及物流业在我国目前的发展状况，不难发现，规划和投资区域性公用物流信息平台，如县市级、省级甚至全国级的物流公用信息平台，无疑是现阶段较为合适的、也是迫切的选择。它既可以实现信息资源的相对优化整合，也可以通过政府的宏观调控，使得制造、物流运输和商业企业以及交通、港口、海关、银行等各行各业不同的主体实现协同工作。

现代物流已成为跨部门、跨行业、跨地域的以现代科技管理和信息技术为支撑的综合性物流服务。在现代物流中，信息已成为提高营运效率、降低成本、增进客户服务质量的核心因素。在信息平台上，信息流的处理和利用水平决定整个物流过程的运作水平。信息平台的建设，一方面，是发展现代物流的核心和关键；另一方面，通过建设信息平台又极大地推动着现代物流向前发展。

七、物流信息平台的建设

（一）物流信息平台建设的重要性

进入 21 世纪，在由生产、流通、消费组成的经济社会中，流通界（由物流、商流、信息流、资金流四部分组成）将起到越来越大的作用，特别是物流产业的发展有可能代替商流成为经济发展的龙头，因为没有比物流更能消除生产者与消费者之间时间与空间的障碍。

随着以信息技术为基础的电子商务的迅速发展，商品与生产要素在全球范围内以空前速度自由流动，跨国、跨地域、跨行业的物流日趋繁忙，有力地促进了经济社会的繁荣发展。电子商务向物流领域大规模渗透，信息化成了现代物流的核心。信息化的外延和支撑是信息平台，其应具备数据交换功能、信息发布服务功能、会员服务功能、在线交易功能、智能配送功能。内涵包括信息技术信息流、信息传输、信息集成库等，也包括诸如询价单、报价单、付款通知单、转账通知单等，还包括交易方的支付能力、支付信誉等。其中，各种单证在信息中占了相当大的一部分。没有信息网络支撑，无法实现单证的有效确认、传递、审办、复核等流程，就无法形成现代物流产业。因此，建设信息平台，不仅对完现代物流功能具有重要的现实意义，而且对发展跨行业、跨区域、跨国度的现代物流具有深远的历史意义。

（二）物流信息平台建设的战略目标

建设现代物流信息平台的战略目标是围绕从生产要素到消费者之间时间和空间上的需求，能够处理从制造、运输、装卸、包装、仓储、加工、拆并、配送等各个环节中产生的各种信息，使信息能够通过物流信息平台快速准确传递到现代物流供应链上所有相关的企业、物流公司、政府部门及客户或代理公司。物流信息平台的规划和设计要紧密结合本区域经济发展现状和未来 10～20 年的发展战略。

建设物流信息平台的原则是：适度超前、一次规划、分步实施、可操作性强。因为物流信息平台规模大、使用周期长，所以物流信息平台的设计必须要具有前瞻性，同时又要使系统具有较强的扩展能力，以适应信息技术的快速发展。建设现代物流信息平台还不可忽视以下几个方面问题：一是信息平台战略规划起点要高，不宜反复修改，避免投资损失，更不能朝三暮四，人云亦云；二是信息平台规划要力争纳入本市或本区域城市总体战略规划，要适应本市或本区域战略发展要求；三是建设信息平台一定要从实际出发，不可盲目，不能好高骛远，要量力而行，循序渐进，逐步发展。

（三）物流信息平台的构成

物流信息平台需要解决各种物流业务信息系统的信息共享、系统集成以及各种信息通道之间的互通互联问题；是一个综合、大型、统一的信息交换的枢纽，遵从相应的标准，提供各类物流相关信息系统的数据接口。物流信息平台体系结构由三个层次构成。底层是公共通信基础设施，中层是提供物流信息的公共服务平台，顶层是各类企业物流信息处理系统。

（四）建设物流信息平台的建设及规划

1. 物流信息平台的底层——通信基础设施建设

主要是指电信公用通信网、Internet 网和城域网，为物流信息系统提供通信支撑平台。继续加强通信网络基础设施建设。国家及省际干网传输和交换能力要分别达到 10G 和 40G，本地城域干线传输和交换能力分别按照 25G 和 10G 规划建设。重点物流基地及重要交通枢纽都要实现双路由，确保信息通信无阻断。继续提高通信网络业务服务功能。主要包括高速公众互联网接入业务、高速数据中心、VPN（虚拟专网）服务、网络托管和设备租赁以及热线与呼叫中心。围绕实现上述业务功能，就近布局宽带网站。推进“三网合一”，实现网络资源共享。要理顺三网（电信网、有线电视网、计算机网）的关系，尽快打破三网分设，互不配合的问题。坚持以市场为导向，以资源优化配置为目标，建立三网融合的利益共同体，实现开发和经营的一体化，提高网络资源的利用效率。

2. 物流信息平台的中层——物流信息公共服务平台建设

从功能设计上，可将其划分为两个平台：物流信息交换平台、物流信息管理平台。

（1）物流信息交换平台的建设。以口岸物流网为基础，将海关、检验检疫铁路、航空、管道等物流信息整合集成起来，建立统一的基于互联网与 EDI 的数据交换平台，充分实现信息的联网共享；同时，也构成电子商务交易平台的重要组成部分。这种对物流信息资源进行整合的运作方式，实质上是由政府在规划和推进。事实已经证明，共享的物流信息平台，是实现物流各个环节“一站式”服务的基础，也是实现政府相关部门之间、企业之间、政府与企业之间数据交换的前提，仅以某企业的力量来开发综合性的物流信息平台，是不可能完全胜任的。

（2）物流信息管理平台的建设。该平台的建设，应与物流信息交换平台同步进行。主要功能是对流经物流信息交换平台的信息以及物流活动中产生的各类业务信息（物流的载体、流量、流向、流程、方式等）进行提取、收集和综合加工，形成更高层次、更有价值的管理信息。为政府管理、决策、跟踪服务提供可靠依据，为社会各界和企业提供物流信息增值服务。物流信息管理平台的建设，既要建设大型的、综合型的数据库和数据仓库，更应体现出成功运用复杂物流管理数学模型、统计分析技术、经济景气分析技术、运筹学模型、智能控制等高新技术的特点，力争讲求实效。

3. 物流信息平台的顶层——各行业、企业及专业物流信息处理系统的建设

在上述统一平台的基础上，建立与完善行业、企业、专业（集装箱、粮食、建材、汽车、石油及化工产品、水产品、木材等）、物流园区的物流信息处理系统与物流信息网站。这些信息系统与网站群，既是物流信息公共服务平台的信息源泉，也是信息消费的主体。

（1）行业、专业物流信息处理系统解决方案。以现代物流管理理论为指导，紧密结合优化大型码头综合作业、现代货运代理作业、面向第三方的仓储管理以及物流配送和运输管理的实际，采用当前国际上最先进的信息技术，以解决中心数据交换、无纸化作业、多模式管理、自动化计费和仓位（堆场）图形动态模拟等关键问题为重点，建立具有世界先进水平、行业一流的管理系统；

（2）企业物流信息处理系统具体建设措施。一个物流管理成功的商家，如果能使企业在货物的可得性、交付的及时性和一贯性等方面，处于行业领先位置，就会使企业成为有吸引力的供应商和理想的业务伙伴。而物流整个系统的实施，与企业物流管理策略的贯彻，有着极为密切的联系。因此，对一个企业来说，仅仅理解物流管理的重要性是远远不够的，如何根据企业自身的实际情况来设计合适的业务模式并在各个业务部门中贯彻执行，是现代物流解决方案实施的关键。具体的措施有：加速建立并完善第三方物流公司现代化物流网络信息系统，提高其信息化水平；以企业物流管理为切入点，推进企业物流信息化建设；企业物流信息处理系统的建设，不能孤立进行，必须与企业信息化建设，即企业信息系统（如 ERP，CIMS，CRM，SCM 等）的建设，统一规划部署；建立完善的城市商品批发零售业物流配送信息系统；使所有的物流信息用户都可以通过 Internet 接入，获取物流信息服务。

练习思考题

1. 什么是信息技术和物流信息技术，信息技术和物流管理之间的关系是什么?
2. 简述现代信息技术在我国物流行业应用的现状、特点，并提出建议。
3. 管理信息系统是怎样与现代物流实现结合的?
4. 现代物流信息平台有何特点，对企业有什么样的影响?

第六章 现代物流营销与服务管理

引导案例

物流企业在营销中的问题

据有关部门统计，我国大小物流企业有70多万家，但真正具有实力的综合物流巨头却屈指可数。大量民营物流企业仅经营运输、仓储等单一物流服务，起点低、规模小的特点使其在经营中基本上没有系统的经营战略。但一些肩负着民族物流产业发展的大型物流企业必须把经营战略，特别是营销战略作为一项关系企业生存与发展的大事来抓。

物流企业提供的是若干单项物流服务或综合一体化的物流解决方案，国内传统储运企业转型改制后形成的物流企业多数仍未脱离过去经营服务垄断时期的陈旧思想，在已有固定的大量业务面前很少考虑营销战略。居安思危，在物流产业国际化趋势下要走物流综合服务路线的发展道路。一些富于竞争实力的民营物流企业虽开展了营销宣传，但多数做的还不够，且营销策略与一些国际知名物流企业的营销水平相差甚远。

我国一些物流企业在营销中所存在的问题主要表现在以下几方面：

一、营销宣传力度不够

近些年来，在国内现有的广告媒体中已越来越多的看到国外知名物流企业的身影，比如TNT物流曾在国内电视传媒领军单位中央电视台第二套王牌栏目——《绝对挑战》的黄金时间档广告宣传及通过节目招聘人才扩大企业知名度；DHL在国内媒体均广泛重视的法网、世乒赛等体育赛事中的高价广告牌位宣传等。而国内物流领军企业基本未涉足广告传媒营销市场。传统的中远物流、中邮物流等企业也仅通过经营运作中的运输车辆等醒目标志给受众留有简单的运输业务印象，没有形成综合物流企业概念。现有通过电视传媒宣传的仅有1999年与FedEx合资组建的大田—联邦快递有限公司等受国外物流企业理念影响深远的几家企业，至于国内重大活动中的广告营销，基本很少见到国内物流企业的身影。

二、营销宣传创意不够

UPS、联邦快递等国际物流巨头在大举进攻营建中国物流网络的同时，也紧紧抓住了物流业务以服务为本的理念，大打亲情牌，优质服务牌，在广告词中大量渲染服务质量成分，对企业员工素质的要求与业务流程的有效接合，也使与用户接触最紧密的营销人员给用户留下了良好的服务印象，极大地扩展了自己的业务群体。另外，其广告宣传中也多使用人性化理念、团结协作为用户奉献最大能力等内容，较易打动国内受众。这正与国内物流企业仅有的通过宣传运输配送速度等初始物流服务质量指标形成了鲜明对比，将其置于不利的营销境地。

三、宣传营销手段单一

多数国内物流企业仅针对现有固定用户群供应链关系的维系，极少考虑扩展用户范围，根据企业发展的经历、经营的主要特色业务等提出富于创意的营销策略与实行措施。企业面对利润较高的配送、流通加工与包装、物流咨询等增值服务，没有提出相应的市场营销方案，多数的经营着眼点都放在传统储运这样业务量大但单位利润较低的物流服务上，而将这块“大蛋糕”拱手相让于国外竞争对手。

对国内物流企业加强营销宣传的几点建议：

首先，国内强势物流企业应在宣传营销策略方面给予足够重视，在企业营销部门成立专门的负责机构制定方案，企业高层也应在营销资金方面充分考虑，在现有的资金储备中科学决策，确定一定数额的宣传营销资金支持。

其次，企业应本着“如果有宣传营销投入就要达到满意效果”的原则，做好之前的计划与创业设计，紧扣企业文化与公司经营理念，重视结合国情和传统文化，根据国内受众的喜好选择创意点。比如在春节、中秋节等特殊时期强调物流配送服务质量，为顾客营造圆满和谐气氛；针对构建和谐社会等大事方面结合自身特点制作公益性广告等。不要将宣传营销只停留在明星策略，广告数量“轰炸”等传统低水平层面，进入市场时应重视品牌效应和亲和力效应，提高营销质量，把物流服务与保险业、通信运营服务等看做是一样的服务理念，借鉴中国人寿保险、中国移动通信等企业的营销宣传策略为我所用，提高营销档次。

最后，国内物流企业应尝试借鉴并创造适合自己的营销方案，并积极推广。可以组建成立物流营销战略同盟等协会机构，广泛交流营销经验，加强相互协作。企业同时也应重视和科研院所及国外物流企业、研究机构的合作，探讨国内物流企业宣传营销发展的前景与方法。像宅急送的校园行物流营销策略，宝供设立物流奖学金等都是创新性的宣传营销手段，中国物流采购联合会等行业协会协同物流相关企业进行的各项物流企业的排名与评选也是一种有效的间接营销策略。

总之，国内物流企业要面对即将到来的“产业竞争风暴”必须有坚实的应对措施，物流营销宣传应是一个很好的突破口，值得引起对它们的广泛关注与重视。

第一节 现代物流营销概述

一、物流营销及其特点

（一）物流营销的概念

现代物流企业必须面对市场搞好企业的市场营销活动、实现企业的发展目标。具体说来，物流企业市场营销是指物流企业以市场需求为核心，通过采取整体营销行为，以提供物流产品和服务来满足顾客的需要和欲望，从而实现物流企业利益目标的活动过程。

物流企业基本的市场营销活动通常是由市场调查、市场分析、选择目标市场、确定营销组合、管理营销活动等组成。物流企业通过一系列市场营销活动为顾客提供服务，达到企业长远利益的实现。

物流营销是一个全新概念，也是市场需求链和企业供应链的最集中、最具活力的环节。它的使命是围绕市场需求，计划最可能的供应途经，在最有效和最经济的成本前提下，为客户提供满意的产品和服务。

（二）物流营销的特点

物流企业的市场营销活动与传统的制造业、服务业的市场营销活动相比具有以下特点：

（1）物流企业为客户提供的是服务产品，物流服务的质量水平并不完全由物流企业所决定，而同顾客的感受有很大关系。物流企业需要通过诸如场所气氛、人员素质、价格水平、设备的先进程度和强大的供应链整合能力等反映服务能力的信息，让顾客以此判定物流的服务质量。

（2）物流市场营销的对象广泛，市场的差异程度大。物流服务市场的覆盖面非常广泛。这一方面是由于物流是跨边界的功能和组织活动，另一方面是因为不同货品有不同的服务技术要求，再有就是客户的需求千差万别。所以，物流企业面对的是一个差异程度很大、个性化很强的市场，这就要求物流企业进行营销工作时，必须根据目标市场客户企业的特点为其量身定制一套合理的物流解决方案，来满足他们差别化需求。

（3）物流市场营销的服务能力强。随着市场需求的变化，客户的个性化需求越来越突出，客观上要求物流企业具有强大的营销服务能力。一个成功的物流企业必须具备较大的运营规模，建立有效的地区覆盖，具有强大的指挥和控制中心，兼备高水准的综合技术、财务资源和营销策略。

（4）物流市场营销的目的除了推广自己企业的服务项目外，更多的还有寻求与其他物流企业的合作、合资和联合以及寻求与国内外客户建立战略性合作关系为主要目标，这与一般产品营销具有明显的差别。

二、物流营销的地位与作用

（一）营销活动在物流企业的地位

物流企业能否获得足够的物流服务业务量是其生存发展的重大问题。一些物流业务背靠母公司产品业务量支持的自营物流经营组织能够很快发展起来，一些具有稳定客户物流业务的第三方物流企业也能很快发展起来。由于物流服务是需要客户反复购买、使用的服务，因此，认识、维持和发展客户群体对于物流企业的生存与发展十分重要，必须予以极大关注。第三方物流企业通过市场营销可以获得、扩大市场份额，提升物流市场竞争力。

由于物流活动是跨行业、跨部门、跨区域运作的业务，又是涉及规划、监控的管理过程，所以物流营销和管理是物流企业重要的经营问题，也是一个新的课题，是关系到物流企业能否获得使企业发展的必要业务量的关键所在。物流营销业绩直接关系到物流企业如何获得客户业务、如何与客户建立、维持长期合作关系，因此物流营销工作一直为第三方物流企业的中高层管理者所关注。

物流企业只有不断创新营销理念和优化营销活动，以客户为核心，以物流资源链为服务手段，以市场占有率和建立客户忠诚度为导向，开展针对性的营销策略，注重客户的保有与开发，实现客户系列化、个性化物流服务，注重客户关系的维护，提高物流服务质量，根据客户的行为来预测客户的物流需求，并为其设计物流服务，建立长期的、双赢的客户关系，良好的营销策略，方能使物流企业获得长期的、稳定的客户，增强物流企业的市场竞争力。

（二）物流营销的作用

市场营销作为物流企业管理的一项重要职能，涉及企业经营活动全过程以及企业内外部各个方面，它既是社会分工和规模经济的必然产物，也是市场经济条件下物流企业的基本行为之一。在经济全球化、市场一体化的过程中，市场营销对物流企业的经营发挥着越来越重要的作用。

1. 营销管理是物流企业的核心职能之一

在市场经济条件下，市场需求引导企业行为，市场营销部门作为联结企业与市场的主要部门，相对于企业的其他职能部门（人事、财务、会计等）而言，具有重要而独特的职能。市场营销部门通过进行市场调查、方案评估、产品开发与设计、营销网点与渠道选择、广告宣传与公共关系、客户咨询、信息处理等为物流企业适应环境变化，抓住市场机会，赢得竞争优势发挥着重要作用。

2. 重视营销管理是物流市场发展的客观需要

物流企业作为以赢利为目的的经济组织，必须以市场需求为导向，深入研究环境变化，分析市场机会，寻找目标市场，拓展物流服务业务，扩大市场占有率，使自己在竞争中处于有利地位。要做到这些，物流企业必须积极开展营销活动，加强营销管理。同时，注重物流企业的营销管理也是应对竞争环境，提高自身生存和发展能力的实际需要。

三、物流营销的目的与原则

（一）物流营销的目的

物流企业市场营销的目的是通过使用综合性的手段，了解、掌握客户需求，并向客户介绍能够满足客户需要的物流服务，使客户了解认识并接受物流企业及相应的物流服务。根据物流企业宗旨和经营战略的需要，其具体目的可体现为以下几方面：

（1）通过物流营销活动，使客户了解物流企业的服务项目，增强与客户的信息和业务联系，增强客户对物流企业的信任感，以获得提供物流服务项目的机会。

（2）通过物流营销活动，促进客户企业了解和接受企业创造的新形式、新内容的物流服务项目，使物流企业与客户共享物流服务所创造的价值。

(3) 通过物流营销活动，扩大物流企业在物流市场的份额，增强物流企业的知名度、企业声誉和物流服务品牌，提高物流企业在市场上的竞争地位。

(二) 物流营销的原则

物流企业的市场营销活动应遵循以下原则：

1. 注重规模，讲究效益

物流企业产生效益取决于它的规模，所以进行市场营销时，首先要确定某个客户或某几个客户的物流需求具有一定规模，为他们设计有特色的物流服务。

2. 注重合作，讲究优势

现代物流的特点要求在更大范围内进行资源的合理配置，因此物流企业本身并不一定必须拥有完成物流业的所有功能。一个物流企业只要做好自身的核心物流业务即可，其他业务可以交给别的物流企业去完成。所以，物流市场营销还应该包括与其他物流企业进行合作。

3. 注重回报，讲究共赢

对物流企业来说，市场营销的真正价值在于其为企业带来短期或长期的收入和利润的能力。一方面，取得回报是物流企业生存和发展的物质条件，是营销活动的动力；另一方面，物流企业在营销活动中要回报顾客，要满足顾客的物流需求，为顾客提供价值，回报是维持市场关系的必要条件。因此，物流企业在为顾客提供服务时，要讲究既要满足顾客需要，又要取得应有的回报，实现企业与顾客的双赢。

第二节　现代物流市场环境

任何企业的营销活动都是处在一个开放的体系之中，必须面对各种各样复杂的环境因素，正如美国营销学家弗雷德里克·拉斯和查尔斯·柯克帕特里克在他们的《销售学》一书中提到的那样："企业的营销活动不管规划得多么完美，都不可能在真空中实施，而要受到机遇的摆布及瞬间变化的影响和干扰。"物流企业要客观地认识企业所处的宏观环境和微观环境，并预测和识别环境变化带来的机会和威胁，适时做出反应，抓住机遇，迎接挑战。

一、物流市场环境及其特征

美国著名营销专家菲利普·科特勒博士将市场环境定义为：市场环境是由企业营销管理职能外部的因素和力量所组成，这些因素和力量影响营销管理者成功地保持和发展同其目标市场顾客交换的能力。

市场环境涉及内容广泛，是一个多因素、多层次且不断变化的综合体。不同的营销学者从不同的视角对市场环境进行了分类，根据市场环境对企业营销活动发生影响的方式和程度的不同，将市场环境分为宏观环境和微观环境（如图 6-1 所示）。物流营销宏观环境是指对物流企业营销活动有间接影响作用的主要社会力量因素的集合，包括政治与法律环境、经济环境、科学技术环境、社会文化环境、人口环境以及自然环境等因素。物流营销微观环境是指对物流企业的营销活动有直接影响作用的因素集合，由物流企业及其周围的活动者组成，包括物流企业内部环境、供应商、营销中介、客户、竞争者和公众等因素。

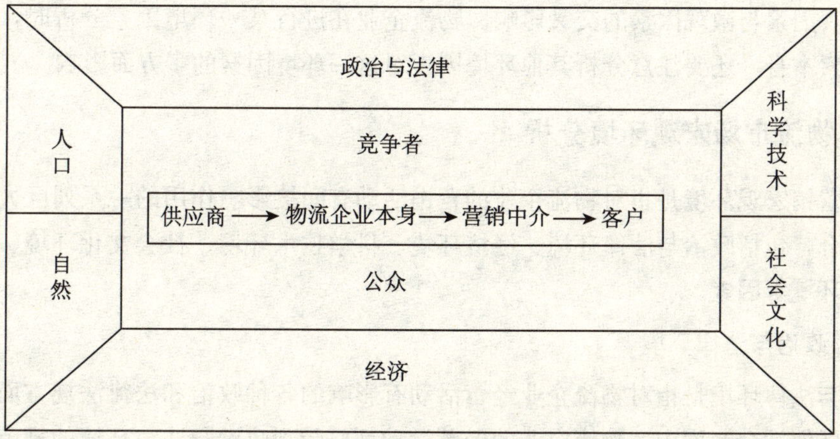

图 6-1　市场环境结构

物流企业必须准确地了解其所处的宏、微观环境，掌握这些环境因素的本质特征，把握其发展趋势，才有可能制定出正确的营销策略，赢得市场。

物流市场环境具有以下几个方面的特征：

1. 客观性

市场环境的客观性是指市场环境的存在不以营销者的意志为转移，对物流企业营销活动的影响具有强制性和不可控性的特点。一般来说，营销部门无法摆脱和控制市场环境，特别是宏观环境，物流企业难以按自身的要求和意愿随意改变它。例如，任何一个物流企业都不能改变政治与法律环境、经济环境、社会文化环境以及自然环境等因素，但这并不是说物流企业在环境面前就是完全被动的，物流企业可以积极地创造条件利用环境中有利的因素，并尽可能地减少不利的环境因素带来的弊端。因此，物流企业必须不断地调整营销策略，主动地适应环境的变化，以免被市场淘汰。

2. 差异性

市场环境的差异性是指不同物流企业的微观环境存在着很大差别，这种差别可以是物流企业本身条件的差异，也可以是供应商、营销中介以及客户等因素的差异；同时，不同的国家或地区之间，宏观环境也存在着广泛的差异。正因为市场环境的差异，物流企业为适应不同的环境及其变化，必须采用各有特点和针对性的营销策略。此外，环境的差异性也表现为同一环境的变化对不同物流企业的影响不同。

3. 多变性

市场环境的多变性是指构成市场环境的因素是多方面的，而且都是随着社会经济的发展而不断发展变化的。这就要求物流企业在这种动态的市场环境中，随时保持警醒，在变化中预警风险，在变化中寻找机会，不断调整营销策略。

4. 相关性

市场环境的相关性是指市场环境的诸因素不是独立的，而是相互影响、相互制约的，这种影响制约的关系不仅仅限于宏观环境因素之间，也不仅仅限于微观环境因素之间，还体现在宏观因素与微观因素的交叉影响。物流企业在进行某一环境因素分析时，不仅要分析环境因素本身，还要注意分析其他环境因素对这一环境因素的多方面影响。

二、物流市场宏观环境分析

物流营销宏观环境是指对物流企业的营销活动有间接影响作用的一系列巨大社会力量因素的集合，包括政治与法律环境、经济环境、科学技术环境、社会文化环境、人口环境以及自然环境等因素。

（一）政治与法律环境

政治与法律环境是指对物流企业经营活动有影响的各种政治和法律法规方面的因素的综合。在任何社会制度中，物流企业的经营活动都要受到政治与法律环境的规范、强制和约束。

1. 政治环境

政治环境是指物流企业营销的外部政治形势。在国内，政局稳定与否将会给物流企业的营销活动带来较大影响。如果政治稳定，不仅有利于经济发展和物流市场的繁荣，而且会影响客户的消费心理，导致市场需求的变化。相反，如果政局不稳，社会矛盾尖锐，秩序混乱，不仅影响经济发展和客户的购买力、消费心理，而且对物流企业的营销心理也有重大影响，如物流企业用于固定资产的投资会大大减少，从而降低物流服务的水平。国际政治环境涉及国家之间的政治、经济、文化、军事等关系，物流企业在经营过程中，都可能或多或少地受到国际政治环境的影响，从事国际物流的企业更是如此。对国际政治环境的分析，应了解“政治权力”与“政治冲突”对物流企业营销活动的影响。政治权力对营销活动的影响往往表现为由政府机构通过采取某种措施约束外来企业，如进口限制、外汇控制、劳工限制、绿色壁垒等。政治冲突是指国际上的重大事件与突发性事件，这类事件在和平与发展为主流的时代从未绝迹，对物流企业的营销工作影响或大或小，有时带来机会，有时带来威胁。

2. 法律环境

法律是指国家或地方政府颁布的各项法规、法令和条例等。目前，我国既有《合同法》、《专利法》、《商标法》、《广告法》、《反不正当竞争法》、《环境保护法》等经济领域的通用性法律法规，也有物流方面的法律法规，物流企业应熟悉并研究法律环境，既保证自身严格依法经营管理，也可运用法律手段保障自身的权益。

物流方面的法律法规可分为三类：①法律。包括《中华人民共和国海商法》、《中华人民共和国铁路法》等。②行政法规。包括《公路货物运输合同实施细则》、《水路货物运输合同实施细则》、《铁路货物运输合同实施细则》、《航空货物运输合同实施细则》、《关于进一步发展国内集装箱运输的通知》等。③部分规章制度。包括《关于商品包装的规定》、《国家物资储备局管理办法》、《铁路货物运输规程》、《公路运输管理条例》、《中华人民共和国海上国际集装箱运输管理规定》、《危险货物运输规则》等。

受历史、社会制度、经济发展水平等因素的影响，不同国家的法律环境有一定的差别，对于从事国际物流业务的物流企业来说，必须熟悉有关国家的物流法规、法令、条例和有关的国际法会、国际惯例和准则，在国际物流业务中严格遵守并用这些来保护自身的合法权益。

（二）经济环境

所谓经济环境是指物流企业营销过程中所面临的各种经济条件、经济特征、经济联系等客观因素。在影响物流企业营销活动的各种宏观因素中，经济环境因素是最直接、最基本的因素。经济环境主要包括经济结构、经济发展水平、经济体制和经济政策等因素。物流企业的经济环境分析就是要对以上各个要素进行分析，运用各种指标，准确地分析宏观经济环境对物流企业的影响，从而制定出正确的营销战略。

经济结构是指国民经济中不同的经济成分、不同的产业部门以及社会再生产各个环节在组成国民经济整体时相互的适应性、量的比例及排列关联的状况。经济结构主要包括五方面的内容：产业结构、分配结构、交换结构、消费结构、技术结构，其中最基础的是产业结构。在进行经济环境分析时，根据需要还可以考虑分析某一产业内部的结构，如物流业作为第三产业的一个重要组成部分，和其他第三产业组成部分的比例结构，就是物流企业比较关注的问题之一。

经济发展水平是指一个国家或地区经济发展的规模、速度和所达到的水准。反映一个国家经济发展水平的常用指标有国民生产总值、国内生产总值、国民收入、人均国民收入、经济发展速度、经济增长速度等。经济发展水平的高低决定了一个国家或地区物流市场的大小及发展潜力。

经济体制是指国家经济组织的形式。经济体制规定了国家与企业、各经济部门与企业、企业与企业的关系，并通过一定的管理手段和方法，调控和影响社会经济流动的范围、内容和方式等。

经济政策是指国家制定的一定时期经济发展目标实现的战略与策略，它包括综合性的全国经济发展战略和产业政策、国民收入分配政策、价格政策、物流政策、能源政策、对外贸易政策、财政与货币政策以及环保政策等。这些都会对物流企业的营销活动产生直接或间接的影响。如我国在《关于国民经济和社会发展的第十个五年计划纲要的报告》中指出，要“积极引进新型业态和技术、推行连锁经营、物流配送代理制、多式联运，改造提升传统流通业、运输业和邮政服务业”，进一步确立了现代物流在我国国民经济运行中的重要地位和作用，促进了我国物流业的快速发展。

（三）科学技术环境

科学技术是第一生产力，科学技术环境对物流企业营销活动的影响越来越大。特别是物流技术的快速发展，一方面给物流企业提供了有力的发展机会；另一方面也给某些技术力量薄弱的物流企业的生存带来了威胁。20 世纪 60 年代以来物流技术的发展，主要表现在以下两个方面：

物流企业装备的现代化。如集装设备、仓库设备、铁道货车、大型专用船舶、汽车、货运航空器、装卸设备、输送设备、分拣与理货设备、物流工具等，这些物流装备的现代化促进了一部分物流企业的飞跃发展，但也淘汰了一部分装备落后的物流企业。

以 Internet 为代表的高速度通信网络以及其他先进的信息技术快速发展。基础应用层面的有：因特网（Internet）、地理信息系统（GIS）、全球卫星定位系统（GPS）、条码（BC）、射频识别技术（RFID）等；作业层面的有：电子数据交换（EDI）、准时制工作法（JIT）、销售时点信息（POS）、有效客户信息反馈（ECR）、自动连续补货（ACEP）、快速响应（QR）、管理信息系统（MIS）、物料需求计划（MRP）、制造资源计划（MRP Ⅱ）、企业资源计划（ERP）、供应商管理库存（VMI）、客户关系管理（CRM）、供应商关系管理（SRM）等。

（四）社会文化环境

每一个国家或地区都有自己传统的思想意识、风俗习惯、思维方式、宗教信仰、艺术创造、价值观等，这些构成了该国家或地区的社会文化环境并直接影响人们的生活方式或消费习惯。和其他宏观环境因素相比较，社会文化环境因素是比较特殊的：对物流企业的影响不是那么显而易见，事实上却又是无时不在的、更为深刻的，无视社会文化环境的营销活动最终必然会陷于被动或归于失败。因此，无论在国内还是在国际开展营销活动，物流企业必须全面了解、认真分析所处的社会文化环境。新的物流观念会影响到人们对物流营销的认识，导致需求差异的形成，使特色物流应运而生。

（五）人口环境

人口是市场的第一要素，直接决定市场规模和潜在容量。因此，人口的数量、性别、年龄、民族、婚姻状况、职业、地理分布等因素对市场格局产生着深刻影响，构成了物流企业营销的人口环境。物流企业应重视对人口环境的研究，密切关注人口特性及其发展动向，及时地调整营销策略以适应人口环境的变化。

1. 人口规模及增长速度

人口规模及增长速度是决定市场规模的一个基本要素，这一要素首先对食品、服装、日用品等市场产生直接影响，但物流业作为服务性的行业，其市场规模和潜在容量归根结底是决定于这一因素。如我国是世界上人口最多的国家，我国物流市场发展的潜力极大，因此吸引了大量国际上的物流企业集团到我国投资发展。

2. 人口结构

人口结构包括自然结构和社会结构，前者如年龄结构、性别结构；后者如家庭结构、教育与职业结构、民族结构等。以年龄、性别、家庭、教育与职业、民族相区别的不同消费者，在收入、阅历、生活方式、价值观念、风俗习惯、社会活动等方面都存在差异，必然会产生不同的消费需求和消费方式，从而形成各具特色的消费者群，从而对消费资料市场并间接对物流市场产生影响。

3. 人口的地理分布

人口的地理分布与市场需求密切相关。一方面，人口密度的不同与人口流动量的多少，影响着不同地区市场的规模；另一方面，不同地区的消费者，其消费需求、购买习惯和购买行为也存在着差异。例如，城乡居民对商品的需求差别很大，不仅表现在数量上，还反映在购买习惯、购买行为上，加之城乡物流基础设施条件的不同，物流企业应针对城乡市场制定不同的营销策略。

(六) 自然环境

自然环境包括自然资源、地理环境和气候环境。自然环境处于不断的发展变化之中，当前自然环境变化的主要动向是：自然资源日益短缺，能源成本趋于提高，环境污染日趋严重，政府对自然资源的管理和干预不断加强，所有这些都在不同程度上给企业的营销决策带来影响。与绝大多数行业相比，自然环境对物流企业的影响是巨大的，因为物流企业是以运输、仓储为主要功能的服务性企业。

1. 自然资源

一个国家或地区丰富的自然资源会给当地的物流企业带来较大的发展机会，如原油储备丰富的国家，对原油的物流需求自然会很大；反之，一个国家或地区自然资源比较匮乏就会给当地的物流企业带来或多或少的负面影响。

2. 地理环境

一个国家或地区地理环境的状况会直接影响到该国家或地区的物流业发展，如天津港作为北方最大的港口，交通发达，地理位置优越，是“三北”地区的物流集散地，再加上滨海新区的开发开放，众多的国内外物流企业纷纷进驻天津，成为当地经济发展的亮点之一。

3. 气候环境

气候环境对物流的影响同样很大，主要表现在储存和运输上。物流企业储存的商品涉及各个类别、各种特性，保管的技术要求千差万别，受气候如雨、雾、冰雹、风、寒、阴、潮等的影响极大，如在重庆的仓库仓储的物资，首先要考虑的一个问题就是要防潮；至于运输对于气候环境的依赖性就更大了，除了铁路运输、管道运输受气候的影响较小之外，公路运输、水路运输、航空运输随时会受到气候的影响而暂停。

三、物流市场微观环境分析

物流营销微观环境是指与物流企业紧密相连，对物流企业的营销活动有直接影响作用的因素集合，由物流企业及其周围的活动者组成，包括物流企业内部环境、供应商、营销中介、客户、竞争者和公众等因素，这些微观环境因素直接影响着物流企业为客户服务的能力。

(一) 物流企业内部环境

物流企业的价值观、企业文化、经营理念、管理体制与方法等因素，都对其营销活动产生深远影响。不过，分析物流企业的内部环境，重点是考虑营销部门与物流企业其他各部门如高层管理者、财务部门、研究与开发部门、采购部门的协调与相互关系。所有这些内部组织，构成了物流企业制订、执行、控制营销计划，实现营销职能的内部环境。

（二）供应商

供应商是向物流企业提供其经营所需要的设备、能源、服务及其他用品的组织。虽然物流企业属于第三产业，本身并不从事生产活动，并不需要大量的原材料、零部件，但供应商对物流企业的营销活动仍有实质性的影响。供应商的可靠性、供应商的营销策略尤其是价格策略、供应商提供的物资质量以及服务水平都会不同程度影响到物流企业的服务水平及赢利能力。因此，物流企业应对供应商的重要性有足够认识，与供应商保持密切联系，构建与供应商互惠互利、彼此信任的双赢关系。

（三）营销中介

营销中介是指协助物流企业把物品从供应地运送到接收地的活动过程中的所有中介机构，包括中间商、营销服务机构。对于物流企业而言，最主要的中间商就是各类货运代理机构；营销服务机构主要是指市场调研机构、营销咨询机构、广告机构以及媒体机构等。这些中介机构凭借自己的专业知识、经验、各种关系以及活动规模为物流企业提供专业服务，发挥重要作用。

（四）客户

客户是物流企业服务的对象，是物流企业一切营销活动的出发点和最终归宿。物流企业的一切营销活动都应以满足客户需求为中心。因此，客户是物流企业最重要的微观环境因素之一。特别是随着客户需求的多样化、个性化发展，物流企业应该深入分析客户需求，制订更加详细的物流营销计划，组织有效的物流营销活动。一般情况，对客户的分析主要包括以下内容：

客户基本特征分析。主要分析确定哪些是物流企业的服务对象，如果服务对象是组织团体，则需要对其性质、规模、所在行业以及所在区域等基本特征进行分析；如果服务对象是自然人，则需要对其性别、年龄、文化程度、职业、生活方式以及居住区域等基本特征进行分析。在对上述基本特征进行分析的基础上，可以对客户进行细分，从而采取更有针对性的营销策略。

客户购买过程分析。主要分析客户在选择物流服务时的行为特征，如客户从何处得到物流服务的信息，客户选择和比较物流服务的方法与标准，客户使用物流服务的时间间隔与频率，客户对物流服务的特殊要求等。

客户购买动机分析。主要分析客户选择物流服务的内在动力，如追求价格低廉的动机、追求高质量的服务水平的动机、追求便利的动机等。客户的购买行为往往不是由单一的购买动机引起的，而是几种购买动机共同作用的结果。因此，需要对客户的购买动机进行深入分析，以便对不同购买动机的客户提出针对性的营销策略。

（五）竞争者

竞争是市场经济的基本特征，完全垄断的情况在现代经济中极少存在，只要有商品生产和商品交换就必然存在竞争。物流企业在目标市场进行营销活动过程中，要不可避免地面对形形色色的竞争者。因此，竞争者是影响物流企业营销活动的一种重要力量。物流企业必须加强对竞争者的研究，了解对本企业形成威胁的主要竞争对手及其优势、劣势，扬长避短以获取竞争优势。

（六）公众

公众是指对企业实现其目标的能力具有实际或潜在利害关系和影响力的团体和个人。现代物流企业是一个开放的系统，在经营活动中必然会与多方公众发生联系，因此必须树立企业的良好形象，力求建立和保持与各方面公众的良好关系。一些规模较大的物流企业还应专门设有公共关系部门或功能类似的部门，专门负责协调处理与公众的关系。物流企业所面临的公众主要有以下几种。

1. 融资公众

融资公众是指那些关心和影响物流企业取得资金能力的金融机构，包括银行、投资公司、证券公司、保险公司等。融资能力直接关系到物流企业的生存和发展，融资能力差是很多物流企业发展到一定阶段的瓶颈问题。物流企业应稳健地运用资金，积极建立信用信息平台，在融资公众中树立良好形象，提高融资能力。

2. 媒介公众

媒介公众是指那些联系物流企业和外界的大众媒介，包括报纸、杂志、电视台、广播电台、网络等。媒介公众和物流企业在某种程度上来说是一种相互依存的关系，物流企业与外界联系的有效渠道是媒介公众，媒介公众则需要物流企业来为之提供新闻来源。因此，物流企业必须与媒介公众建立良好关系，争取更多支持。

需要注意的是，当物流企业面临危机、内外交困时，通常会成为媒介公众竞相报道的目标，而此时媒介公众对物流企业的影响可谓是一把双刃剑，既可以帮助物流企业渡过危机，甚至是制造商机，也可以瓦解物流企业的声誉，使物流企业一蹶不振。因而，媒介公众是物流企业危机公关必须努力争取的重要“公众”之一。面对危机，物流企业应获取媒介公众的理解和支持，使媒体公正而客观地评价危机事件，向公众正确地传递物流企业处理危机事件的态度和措施，以获取更多公众的理解和支持，顺利度过难关。

3. 政府公众

政府公众是指负责管理物流企业的经营活动的政府机构和物流企业的主管部门，如主管有关经济立法及经济政策、定价、广告及销售方法的机构；国家经委及各级经委、工商行政管理局、税务局、各级物价局等。政府公众对物流企业的影响是巨大的，物流企业的发展战略和营销计划与活动必须与政府公众的发展规划、产业政策、法律法规保持一致。

4. 社团公众

社团公众是指有权指责物流企业经营活动破坏环境质量、企业提供的服务损害客户利益的团体和组织，包括消费者协会、保护环境团体以及其他群众团体等。物流企业的经营活动往往会关系到社会各方面的切身利益，如运输所引发的噪声、尾气排放等问题，必须密切关注、高度重视来自社团公众的批评和意见，并积极采取各种措施解决相关问题，力争社团公众的理解和支持。

5. 社区公众

社区公众是指物流企业所在地区周围的居民和团体组织，他们对物流企业的态度会影响企业的营销活动。物流企业应和社区公众保持经常性联系，积极主动参与支持社区的重大活动，尤其是公益活动，为社区发展贡献力量。

6. 一般公众

一般公众是指非组织形式的公众。一般公众不会对物流企业采取有组织的行动，因此往往会被物流企业忽视，但他们对物流企业及其服务的认识对广大客户有广泛影响，从而间接地影响物流企业的营销活动。

7. 内部公众

内部公众是指物流企业内部全体员工，包括各层管理人员和职工。处理好内部公众关系是搞好外部公众关系的前提。

公众对物流企业的生存和发展产生巨大的影响，公众可能会增强物流企业实现其目标的能力，也可能会产生妨碍物流企业实现其目标。所以，物流企业必须采取积极适当的措施，主动处理好与公众的关系，树立企业的良好形象，促进营销活动的顺利开展。

第三节 现代物流市场需求

一、物流需求

物流需求即指对物流服务的需求。对物流服务的需求是指一定时期内社会经济活动对生产、流通、消费领域的原材料、成品和半成品，以及废旧物品、废旧材料等的配置作用而产生的对物在空间、时间和效率方面的要求，涉及运输、库存、包装、装卸搬运、流通加工、配送以及与之相关的信息需求等物流活动的诸多方面。此外，物流需求是流量而非存量，即是在一段时间内而非在某一时点上所发生的量，没有时间限制笼统地谈物流需求是没有意义的。

（一）物流需求是一种引致需求

物流需求是一种引致需求，它可以通过国内生产总值、货运周转量以及货物运输量等指标反映出来。

（1）通过国民生产总值来反映。国民生产总值的变化，为中国物流需求的变化提供了一种参照指标。近年来，我国国民经济的持续快速发展使得对物资周转的需求快速增加，这是中国国内物流需求最基本的增长动力。

（2）通过货物周转量来反映。货物周转量是指在一定时期内，有各种运输工具运送的货物数量与其相应运输距离的乘积之总和。该指标可以反映中国的现实运输物流需求量，也就是实际实现的运输物流需求量。

(3) 通过货物运输量反映。货物运输量指在一定时期内，各种运输工具实际运送的货物数量。该指标是反映物流运输业为国民经济和人民生活服务的数量指标，也是另一个常用的反映物流需求变化情况的指标。

(二) 物流需求量与物流需求结构

即从物流需求规模和物流需求结构综合表示出物流需求。物流需求规模是物流活动中运输、储存、包装、装卸搬运和流通加工等物流作业量的总和。

物流需求结构可以有不同的表述：从物流服务内容上分，包括运输、仓储、包装、装卸搬运、流通加工、配送、信息服务等方面的需求。从物流需求的形态来说，包括有形需求和无形需求，有形需求就是指对物流服务内容的需求，无形需求是指对物流服务质量的需求，如物流效率、物流时间、物流成本等方面的需求。

二、物流需求的特征

(一) 物流需求具有时间和空间特性

物流需求在时间和空间两个方面存在着不平衡性物流包括产品的运输、库存、包装、装卸搬运、流通加工等各个环节，既涉及产品的时间效用，如存储，又涉及产品的空间效用，如运输。作为一个物流管理者不仅需要知道物流需求随时间的变化规律，还要知道其空间需求也存在着很大的差异，如运输的距离、仓库分布与库容等。

(二) 不同的产品会有不同的物流需求模式

在设计企业的物流系统时，物流管理人员会为不同的产品确定不同的服务水平，相应的物流需求就会呈现出不同的模式。产品需求特点会直接体现为物流需求的规律性与不规律性。与产品相关的各个因素，如原材料、分销方式、销售渠道等都会对物流需求产生影响。

(三) 产品生命周期的不同阶段会有不同的物流需求模式

通常刚刚投入市场，还处于投入期和成长期的产品，其市场需求不稳定，客户是一个较小的群体，相应的物流需求也是不平稳的，难以找到一般的规律对其进行概括。而进入成熟期的产品，市场分布稳定，销售量会随着季节、时间的变化呈现出一定的趋势，其相应的物流服务也会呈现出某种趋势，能够采用一定的方法对其进行预测。

(四) 物流需求同时包含独立需求和派生需求

物流需求与产品或服务的销售（或采购）数量直接相关。产品方面的估计一般由营销、市场或专门的计划人员完成。通常物流管理者主要是制订库存控制或车辆调度之类的短期计划，包括对提前期、价格和物流成本等进行预测，并不需要独自为企业做综合的物流需求预测。

比如，对于制造业来说，物流预测是要根据生产规划或计划估计未来的需求，用来指导存货定位，满足预期的顾客需求。生产计划制订好以后，物流管理部门便根据市场所需要的不同型号产品、用户的个性化（比如颜色等要求）开始做物料计划。再将物料计划送到供应商手上，供应商就会按照所需要的品种、时间、地点将物料送到。一般在大型跨国公司中，所有的物料都应该先集中在物料配送中心，再根据生产线的需要送到生产线进行生产或装配。这个过程中产生的物流需求多为派生需求。

如果需求是来自许多客户的，而且各客户彼此独立，需求量只构成企业物流总量的很少部分，此时的需求就具有随机性，被称为独立需求。第三方物流企业的物流服务需求就是一种市场需求，具有一定独立性。

（五）物流需求还具有部分可替代性

在工业生产方面，当原料产地和产品市场分离时，人们可以通过生产位置的确定，在运送原材料还是运送半成品或产品之间做出选择；某些地区之间的煤炭物流可以被长距离高压输电线路代替等。

三、物流需求的种类

接受服务的物流客户几乎可以遍布国民经济的各个领域，具体来说，物流服务的对象主要包括以下几个方面：

（一）工农业生产企业

几乎所有的工农业生产企业都有物流需求，所以这是一个非常庞大的物流服务对象群体。这些需求随着行业不同又有所区别：

（1）原材料生产企业。原材料生产企业的物流需求主要是原材料生产的基本原料的供应物流和原材料产品的销售物流。这种物流的主要特点是点对点的物流，物流渠道比较简单，物流批量比较大，因此比较多采用自营物流，也有一些选择社会物流服务。

（2）制造业。制造业物流需求主要是零部件、原材料的配送物流、制成品的销售物流。经济全球化的趋势下，原材料生产的全球化趋势比不上制造业全球化趋势。制造业全球化趋势发展非常快，其物流需求向精细化、高服务水平化发展。供应链就主要针对这个领域。

从目前来看，各种物流功能中制造业需求最多的是干线物流服务。这是因为对处于供应链上游的制造企业而言，产品辐射范围较广，可能跨区域甚至跨国，长途干线物流需求较多，物流费用所占比例要大于配送费。但从趋势来看，会有很多制造企业对配送服务需求超过干线物流。有的制造企业不经过商业企业直接进行销售，也会带来配送费用的增加。

对于不同行业的制造企业而言，物流需求的侧重点是不尽相同的，这是因为各行业的物流费用构成情况及产品的特性以及生产、经营方式并不完全一致。

1. 电子、IT 业

其产品的特点是产品的生命周期比较短，更新换代快，时效性强，产品附加值高，对市场很敏感，因此其供应和销售物流都侧重于快速响应和效率。这一行业已较多的采用柔性生产及准时化生产方式（JIT），原料库存期较短，对能及时给予企业制造支持的原材料配送需求较大，一般要求服务商在其生产厂附近设立备货仓库或者配送中心，在需要的时间将需要的原材料，以需要的数量及时送到企业指定的生产线上，保证企业生产的顺利进行。产品销售主要是面向分销商和代理商，由于电子产品价格变动快，注重建立高效的销售配送体系，需要物流企业的运作和系统设计、咨询等服务。此外，我国电子元器件大多从国外采购，需要相应的国际物流支持。

2. 家电业

家电行业技术和市场发育都比较成熟，市场竞争激烈，产品销售利润率较低，物流运作的总成本对其市场竞争力以及赢利能力都有重大影响，因此对物流运作的侧重点在如何有效控制物流成本上。家电产品产量大、体积大，原材料和成品都需要较多的存储空间，需要标准化、机械化设备配套。像海尔、TCL 等企业也已经在地区性的市场上实施集约化的库存策略，由物流企业辅助产品的销售配送。而且目前国内家电市场已日趋饱和，竞争激烈，家电行业需要开拓国际市场，进行国际化运作，国际物流服务的需求将增加。

3. 汽车制造业

国外的汽车企业一般已实行柔性化的按订单生产，在原材料方面与电子行业相似，要求零配件的 JIT 配送。在销售物流方面，由于汽车体积和重量大、价值高，要求有专业的物流设备配套，对物流过程的安全性要求很高。

4. 日化行业

日化产品属于日常用品之列，社会需求量大，品种多、体积小、重量轻，价格波动不大，附加值较高。由于日化产品品牌众多，普通产品可替代性较强，因此需要重视保证产品的可得性，减少分销和零售渠道的缺货率。厂商要求第三方物流服务提供商在销售支持上能够给予配合。另外，日化产品促销较多，需要搭配包装等流通加工服务。

5. 食品

食品的保温保鲜要求很高，需要配备专业化的物流设施如冷藏车、冷藏库等，对储存、物流等环境要求也较高，不宜与其他产品混合存放。产品时效性强，生产出来后需要迅速支付，对能够快速响应的第三方物流服务需求较大。

6. 医药保健品

医药产品附加值高，产品有严格的温湿度控制，需要单独的专业化设施和设备来储存和运输，注重物流运作的可靠性和安全性。由于产品有严格的有效期控制，对库存管理与控制严格，需要信息系统来配合，能够对即将到期的产品自动预警，加速产品的周转。

（二）商业贸易企业

商业贸易企业是最先将物流需求社会化的领域。“商物分离”首先从商业贸易领域开始，工业化时期，这个领域的物流客户主要集中在批发业。网络经济时代，随着电子商务的出现，基本消费者大量进入了这一领域，成为物流服务的客户：

1. 国际商业贸易

国际商业贸易的物流需求，是全方位的，其特殊的需求是长距离海运、大陆桥运输、航空货运和通关物流。供应链也是这种物流需求的产物。

2. 批发企业

批发企业位于供应链的中游，在现代商品流通中承担着各种调节作用。批发商承担着商品汇集、仓储、分散、整理、平衡等多种功能，没有大规模批发系统，流通也很难顺利运转。但由于批发商介于生产和零售之间，客观上增大了流通路线，增加了销售成本，对流通效率产生了影响，因此批发业一直被看做是“流通革命”的对象。特别是20世纪90年代以来，随着流通业的重组和生产企业与零售企业战略联盟的形成，批发企业遇到了更加严峻的挑战，迫切需要降低物流成本，提高物流效率，因此批发企业对物流的需求是强烈的。

在商品流通体系下，批发商承担着许多重要功能，比如品种搭配、信息收集、融资信贷、销售支持等。随着流通信息化，自动化和联结化，批发商承担的一些功能已经被零售商或其他流通主体所分割，流通功能的变化是批发商面对的最主要课题之一。随着流通环境的变化，批发商原有的一些功能在逐步丧失的同时，也出现了一些新的功能，物流就是其中成长很快的一项重要功能。

批发商面对新情况并不是无能为力，实际上批发商在物流等环节比其他业种更有经验和特长，在与厂家和零售商的交易活动中也积累了不少知识。特别是在泡沫经济时期，由于人力不足和地价上升，物流成本大幅度提高，批发生提高了物流作业效率，在成本管理和物流设施建设上积累了丰富经验。近年来，不少批发商面对激烈的挑战，大胆改革，探索出了许多新的物流方式。

3. 零售业

零售企业处于供应链的下游，接近消费终端，采取分散化的库存策略有助于适应消费需求多样化的市场环境，尤其是以经营生鲜食品为主的连锁超市和便利店。近年来商业零售企业趋向大型化和连锁经营，这些企业所面临的共同问题是厂家配送少、社会配送体系不发达、店内自行配送投资大等。零售企业一般是面向一个较小的区域范围内的消费者，各门店有订单规模小，而配送的频率增加的趋势，商品配送的效率对其经营效益有较大影响，配送费用在总物流成本中所占比例大，因此对配送服务的需求较强烈。但由于零售企业需要处理的是成千上万的商品品种，具体运作难度较大，目前很少有物流企业能承担其所有产品的配送。

实际情况是，大部分连锁零售企业都自己建立配送中心，自己进行统一采购和统一配送，只是将部分产品的配送交给第三方物流企业来承担。由于商业企业中条码及销售实时管理系统（POS）的使用已较普遍，因此需要自动化信息处理、有关库存情况分析等增值服务及相应的条码标签的贴附等流通加工中的辅助服务。像英国大型零售企业已极大地增加了对采购物流的控制，并将采购物流外包给第三方企业来运作。

（三）其他

此外接受物流服务的客户还有政府机关、学校、文化企业、军队、建筑企业以及本身就是物流行业的码头、车站、机场等。这些机构和单位也会因各种原因对物流服务产生一定的需求。

四、物流需求的影响因素

影响物流需求的因素有很多，总体上我们可以分为两大类：宏观因素和微观因素。

(一) 宏观因素的影响

对于宏观因素我们称为“不可控因素”，企业必须重视他们并做出反应。宏观因素是影响物流需求的基础因素，主要包括以下几个方面：

1. 经济因素

经济因素是影响物流需求的一个最基本的因素，包括以下几个方面：

(1) GDP与产业结构——经济发展本身直接产生物流需求。一般来说，物流在经济发展中处于先决条件的地位，落后的物流系统将成为制约经济发展的瓶颈。物流的发展速度，与GDP的发展速度成正比，尤其是与GDP中第二、第三产业创造的GDP成正比。在未来的一段时间里，我国的产业结构还将以比较快的速度升级，第一产业的产值比重和就业比重还要大幅下降，第三产业比重将会快速上升。因此，未来的产业结构变化必然会增加对物流的需求。

(2) 宏观经济政策和管理体制。宏观经济政策主要包括财政政策和货币政策。财政政策是政府变动税收和支出一边影响总需求进而影响就业和国民收入的政策。货币政策是政府当局即中央银行通过银行体系变动货币供给量来调节总需求的政策。当政府实行扩张性的财政政策和货币政策时，会增加社会总需求，进而增加整个社会的物流需求；当政府实行紧缩性的财政政策和货币政策时，会减少社会总需求，进而减少整个社会的物流需求。国家经济体制有计划经济和市场经济两种形式，不同经济体制对物流需求的影响很大。如我国改革开放前，社会经济中产品流通主要通过计划分配来实现。经济体制改革以来，市场调节社会产品的比例日益增大，在竞争机制的作用下，产品在市场上相对自由的流动，商品交换的范围迅速扩大，带来物流需求的迅速增长。

(3) 消费水平和消费理念的变化也将影响物流需求。消费水平和消费理念直接影响企业经营决策，进而影响物流规模、流动方向和作用对象。当一种新的需求产生，就会有企业为满足这种需求，调动必要的资源，进行生产和销售。近年来，各种高档消费品如电脑、家用轿车、冰箱、彩电、手机等纷纷由无到有、由少到多，为物流提供了巨大的市场。对外开放政策促进了我国对外贸易的增长。对外贸易的快速增长增加了对交通运输的需求。另外，对外开放政策还吸引了大量外资投资于我国的基础设施建设，外资对公路、铁路、港口等基础设施的投资大大促进了我国交通运输的发展。

2. 技术因素

现代通信和网络技术首先服务于物流服务的技术升级，提升物流服务的质量和服务范围。同时，现代技术的发展，也使经济中物质流动的方式和内容发生巨大变化。首先媒介和信息产品的流动，由物质流动变为信号传输，减少了物流的部分需求；网络的发展使世界变成一个更为广泛和巨大的国际分工合作体系，国际分工合作的发展，使物流的物质流向和流动方式发生变化。正是由于现代技术的发展，才使中国在国际分工中世界加工中心的地位得到加强，从而使中国的国际上的原料输入和产品输出规模急剧扩大。物流需求也自然水涨船高。

3. 政治法律因素

政治与法律因素是由法律、政府机构和社会上对企业和个人有影响和制约的公众团体构成。任何社会制度下的企业都必须接受政治和法律环境的强制和约束。

(1) 政治环境。政治环境包括国家的政治体制、经济体制以及各种方针政策。政治环境是否稳定对物流需求有直接影响作用。随着我国经济体制改革的深入，社会上的物流需求总量将稳步提升。

(2) 相关的法律法规。随着法制建设的加强，立法对物流需求的影响越来越大。货物运输相关法律法规、仓储保管法律法规、物流配送法律法规等各方面法律制度的健全，对我国物流需求的影响将逐步加深。

（二）微观因素的影响

微观因素我们称为“可控因素”，在这里我们可以称为“物流行业因素”，主要包括以下几个方面：

1. 物流服务水平

物流服务水平对物流需求也存在刺激或抑制作用。物流服务在走向专业化、综合化和网络化的过程中，物流企业利用其规模化优势和专业化服务优势，可以通过降低库存、提高商品周转率等服务，为企业节约大量成本，在竞争如此激烈的今天，节约成本就是创造利润。

物流作为成本中心，成为第三个利润源泉是企业毋庸置疑的选择。因而更多的企业，现在趋向于寻求专业物流供应商，也就是第三方物流的服务。美国甚至大量进出口企业也把报关和清关等诸项内容委托专业物流供应，以避免由于价值申报等方面的错误而导致海关罚款。

另外，低劣的物流服务水平，由于诸如交货迟延、货物破损与丢失、成本高昂等原因，丧失客户在所难免。目前众多企业越来越倾向选择专业物流供应商，放弃自理物流和一般小型物流供应商，就是出于质量原因。

2. 中介单位

物流产品营销的中介单位是指协助物流企业推广、销售和分配产品给最终买主的机构，包括金融机构、中间商、营销服务机构等。

3. 客户

客户是物流企业的目标市场，是有效提供物流商品的服务对象。客户的需求是物流企业经营活动的出发点和归宿，客户是影响物流需求最直接、最重要的微观环境因素。

4. 物流市场营销方案

物流需求对物流产品的价格、物流产品改进、促销和分销等一般都表现出某种程度的弹性。比如，当价格上涨时，物流需求下降，价格下降时物流需求上升；当加大促销力度时，会相应地增加物流产品的需求。

第四节　现代物流客户服务

物流客户服务是物流企业的产出，一流的客户服务成为高水平物流企业的重要标志。客户服务不仅决定现有客户是否会继续合作下去，而且决定将会有多少潜在客户将成为现实客户。在竞争日益激烈的市场中，价格、运营管理、技术等竞争优势很容易被竞争对手模仿，而差异化的客户服务将成为新竞争优势的源泉。

一、物流客户服务的概念

物流客户服务是按照货主的要求，为克服货物在空间和时间上的间隔而进行的经济活动。其内容是满足货主需求，保障供给，在量上满足货主在适量性、多批次、广泛性上的需求；在质上满足货主在安全、准确、迅速、经济等方面的需求。具体包括运输与配送、保管、装卸搬运、包装、流通加工等以及与其关联的物流信息。

可以形象地用7R原则来描述物流客户服务的过程，即在合适的时间（Right Time）、合适的地点（Right Place），以合适的价格（Right Price），通过恰当的渠道（Right Channel），为合适的客户（Right Customer）提供合适的产品和服务（Right Product or Service），使客户的合适需求（Right Want）得到满足。

二、物流客户服务的要素

（一）交易前要素

交易前要素主要是为开展良好的客户服务创造适宜的环境，为物流企业稳定持久地开展客户服务活动打下良好的基础。交易前要素主要包括以下内容：

1. 客户服务条例

客户服务条例以正式的文字形式表示，其内容包括客户服务标准、员工职责和义务、如何为客户提供满意的服务等。

2. 客户服务组织结构

根据实际情况，物流企业建立一个较完善的客户服务组织结构负责客户服务工作，明确各组织结构的权责范围，保障和促进各职能部门之间的沟通与合作。

3. 物流系统的应急服务

物流系统设计时应有相关的应急系统。在缺货、自然灾害等突发事件出现时，必须有应急措施来保证物流系统正常高效运作，从而使客户得到满意的服务。

4. 咨询服务

为巩固与客户的合作关系，向客户提供相关的管理咨询服务及培训活动等。服务的具体方式包括发放培训材料、举办培训班、面对面咨询等。

（二）交易中要素

交易中要素主要是指直接发生在物流过程中的客户服务活动，主要包括以下内容：

1. 订货时间

向客户快速准确地提供库存信息、配送日期，这是物流企业提供服务的基本要求。

2. 缺货频率

这是衡量产品现货供应比率的重要指标。一旦脱销，要努力为客户寻找替代产品或者在补进货物后再送货。因此，对于存货的控制与管理尤为重要。

3. 订货便利性

客户希望与反应迅速、工作效率比较高的物流企业合作。如果物流企业在一些服务细节上不注意，如单据处理拖延、服务态度不积极将会降低客户对物流服务的满意度。

4. 特殊货物运输

有些货物不能按常规方法运送，而需采用特殊运送方式。虽然运送成本较高，但是为了与客户建立持久的客户关系，这类订单也不能忽视或放弃。

(三) 交易后要素

交易后要素即售后服务，是物流客户服务中非常重要却经常被忽视的环节。交易后要素有以下重要内容：

1. 配套服务

配套服务包括安装、保修、更换、提供零配件等相关服务。

2. 产品跟踪

定期跟踪产品质量，防止客户因产品质量和服务问题而转换物流商。

3. 服务补救

对于客户抱怨，物流企业应在第一时间积极处理，按照事先的补救方案为客户予以经济赔偿或表示歉意，从而维护客户的忠诚度。

三、物流客户服务的基本能力

物流客户服务从接受客户订单开始到商品送到客户手中，这一系列的服务流程体现了物流客户服务的基本服务能力，可从以下三个方面考查：

(一) 可得性

可得性是指物流企业拥有的满足客户需求的能力。物流企业按预期的客户订货进行存货储备。厂商满足特定客户对存货需求的能力，可以通过缺货频率、供应比率和订货完成率三个指标进行衡量。

1. 缺货频率

缺货频率是指企业发生缺货的频率，当需求超过产品可得性时就会发生缺货。缺货频率可用于衡量一种特定的产品需求超过可得性的次数，将全部商品发生的缺货次数加总，就能得到一个物流企业实现其基本服务承诺的状况。

物流企业应尽力维持低的缺货频率，一旦发生缺货，要为客户提供合适的替代品或从其他地方调运，或向客户承诺一旦有货立即安排运送，从而维护企业形象、留住客户。

2. 供应比率

供应比率是指衡量缺货的程度或影响大小。其计算方法如下：

$$供应比率=\frac{某产品可得数量}{客户所需货数量}\times 100\%$$

根据客户的跟踪记录，判断客户的真实需求，从而分析缺货是否影响到物流客户服务绩效。

供应比率按不同商品的重要程度不同而有所区别，因此，物流企业应该对重要产品加以识别，并在客户需求的基础上，提高供应比率。物流企业可以利用供应比率战略来提升本企业的竞争力水平。由于缺货频率和供应比率，与缺货数量之间呈负相关性，因此物流企业应该合理安排调节库存和供应。

3. 订货完成率

订货完成率是厂商完成一个客户所预订的全部存货时间的指标。订货完成率把存货的充分可得性看成是一种可接受的完成标准，如果其他各方面的完成为零缺陷，则订货完成率就为客户享受完善订货的服务提供了潜在的时间指标。

(二) 作业完成绩效

分析综合物流的最基本单位是完成周期，作业衡量可以通过速度、一致性、灵活性、故障与恢复等方面来具体说明完成周期。

1. 速度

完成周期的速度是指从一开始订货起至货物装运实际抵达时为止的这段时间。根据物流系统设计完成周期所需时间的不同，如何确定完成周期的时间往往与存货需求有着直接关系。通常的规律是计划完成速度和客户所需存货投资水平成反向变化。完成周期时间要依据客户需求以及存货投资之间的关系适当调整。

2. 一致性

一致性问题是物流服务的最基本问题，所谓一致性，是指必须随时按照递送承诺加以履行的处理能力。虽然服务速度至关重要，但大多数物流企业更强调一致性。

3. 灵活性

作业的灵活性是指处理异常的客户服务需求的能力，企业的物流服务能力直接关系到如何妥善处理突发事件。需要灵活作业的典型事件有修改基本服务、支持特殊的营销方案、新产品引入、特殊市场的定制或客户的服务等。一般物流企业的整体物流服务能力的优势取决于在适当满足关键客户的需求时所拥有的弹性能力。

4. 故障与恢复

故障是指可能发生的物流活动的失败，例如产品损坏、分类不正确、货单证不精确等。物流企业应当事先预测服务过程中可能发生的故障或服务中断，并有适当的应急方案完成恢复任务。通过这些预防或调整特殊情况的方案，以防止故障发生，从而恢复客户期望。

(三) 可靠性

物流服务的可靠性对物流服务质量而言十分重要，可靠性是指企业准确无误地完成所承诺的服务，它体现业绩的一贯性和可靠性。其具体指标体系主要反映在订货周期的稳定率、订单处理准确率、结算正确率、货物完好送达率。此外，质量上的一致性涉及能否迅速提供有关物流作业和客户订货准确信息。

除服务可靠性外，服务质量的一个重要组成部分是持续改善。物流企业应当从完成作业的过程中不断汲取经验，改善作业系统，以防再发生故障。

第五节　现代物流服务质量与绩效管理

服务质量战略被众多企业和学者普遍关注，物流服务中许多企业开始认识到，即使其他方面都有出色的服务，一旦交付延迟或运输货物发生损坏都将影响物流服务企业的生存。因此物流企业必须十分重视物流服务质量的管理，深刻把握物流服务的内涵、物流服务质量的标准，构建物流服务质量体系，从而不断努力提高物流服务质量。

一、服务质量的内涵

（一）服务质量

服务质量是指服务固有的特性满足客户和其他相关要求的能力。大量的事实证明，质量的提供可以带来重复的购买和新的顾客，重复的顾客为服务组织带来利润。老顾客的营销成本低于新顾客。一旦顾客成为服务的经常消费者，他们就对该项服务十分熟悉，因而也就成为服务系统的有效使用者。由于他们信任该组织，因此降低了风险，也更有可能巩固和该组织的生意关系。

（二）诊断服务质量差距

顾客对质量的感知是建立在与顾客对某一特定服务期望的反复对比基础上。无论一项服务有多么优质，如果屡次不能达到顾客的期望，顾客就会觉得该服务的质量不高。

服务质量过程从理论上说可以通过管理层、员工以及消费者期望和感知之间的差距来衡量，如图 6 - 2 所示。服务差距（Service Gap）是其中最重要的差距，它是指顾客对服务的预期与对实际交付的服务感知之间的差距。服务性企业的最终目的是消除或至少尽可能地减少服务差距。服务质量关注的是顾客对服务性企业的长期累积态度，而这种态度是顾客从一些成功或不成功的服务体验中积累而来的。

企业在消除服务差距之前必须消除或努力缩小其他 4 个差距：

认知差距（Cognitive Dissonance），即顾客期望与管理者对这些期望的感知之间的差距。

标准差距（Standards Gap），即管理者对顾客期望的感知与针对服务交付所制定的质量规范之间的差距。

交付差距（Delivery Gap），即针对服务交付所制定的质量规范与实际交付的服务质量之间的差距。例如，员工是否按照培训要求来执行服务？

传播差距（Communication Gap），即实际交付的服务质量与公司对外传播中（如公司宣传手册和媒体广告）所描述的服务质量之间的差距。

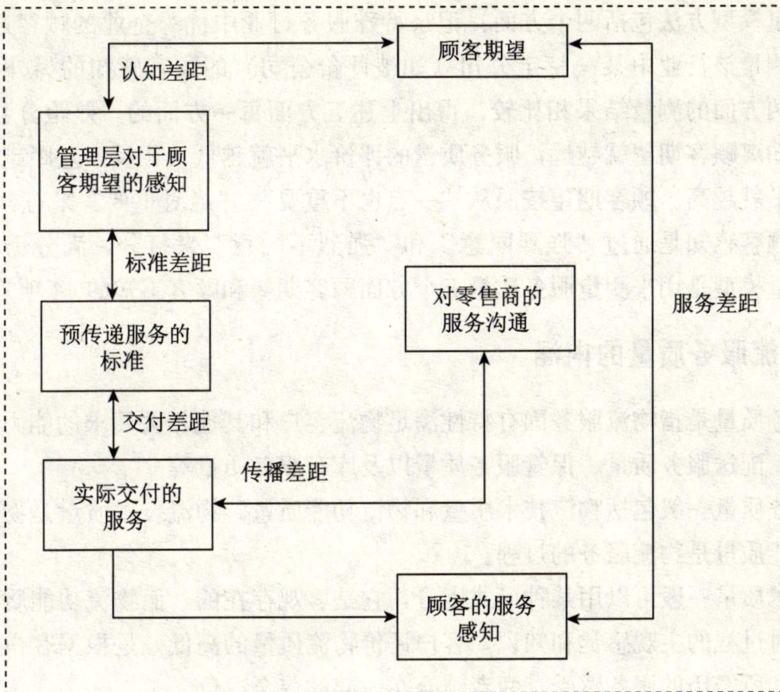

图 6-2　服务质量模型

资料来源：A PARASURANMAN，VALERIE ZEITHAML，LEONARD BERRY. A conceptual model of service quality and its implications for future research [J]. Journal of Marketing，1985 (49)：41-50.

(三) 测量服务质量：服务质量模型 (Servqual)

顾客满意和服务质量的测定都是通过感知和期望之间的对比来得到的，服务质量模型等级是最常用的一种服务质量测定方法。其创始人认为，服务质量模型是揭示公司在服务质量领域里优劣势的一种诊断工具。服务质量模型方法基于服务质量的五个方面，而这五方面是通过对顾客的广泛关注和分组调查得到的。这五个方面包括可靠性、响应性、保证性、移情性和有形性，如表 6-1 所示。

表 6-1　服务质量模型五方面的相对重要性 (消费者观点)

可靠性	32%
响应性	22%
保证性	19%
移情性	16%
有形性	11%

资料来源：LEONARD L BERRY，A PARASURAMAN，VALERIE A ZEITHAML. Improving Service Quality in America：Lessons Learned [M]. Academy of Management Executive，1994，8 (2)：32-35.

消费者被要求在五方面对100分进行分配，权重的百分比反映了每个方面的平均得分。

服务质量模型方法包括两个方面：记录特殊服务行业中优秀企业的顾客期望的22个问题，以及测量该行业中某一特定公司（如被评价公司）的顾客感知的另外22个问题。最后再将这两方面的测量结果相比较，得出上述五方面每一方面的“差距分数”。差距越大，顾客感知离顾客期望就越远，服务质量的评价水平就越低；相反，差距越小，服务质量的评价水平就越高。顾客期望按照从“一点也不重要”、“绝对重要”来打分，满分为7分。同样，顾客感知是通过“强烈同意”和“强烈不同意”来打分，满分仍为7分。因此，服务质量模型是用来测量服务质量五个方面顾客期望和顾客感知的44项等级。

二、物流服务质量的内涵

物流服务质量是指物流服务固有特性满足物流客户和其他相关要求的能力，例如，运输服务质量、配送服务质量、保管服务质量以及库存服务质量等。

物流服务质量一般包括物流技术质量和物流功能质量。物流技术质量是物流服务的结果，物流功能质量是物流服务的过程。

物流技术质量一般可以用某种形式度量，它是客观存在的，而物流功能质量则是主观的，是客户对过程的主观感觉和知识。客户评价物流质量的高低，是根据客户所获得的物流服务效果和所经历的服务感受，两者结合在一起的综合评价。

物流服务质量因客户要求各异，例如批量及数量的满足程度、配送数量、间隔期及交货期的保证程度、配送、运输方式的满足程度、成本水平及物流费用的满足程度、相关服务的满足程度等，客户不同要求也不同。

物流服务质量呈现出全员参与、全程控制和全面管理的特点。

（一）全员参与

要保证物流服务质量，需要各方紧密配合，共同努力，这就涉及物流活动的相关环节、相关部门和相关人员。物流服务全员参与的特点是由物流的综合性和复杂性决定的。

（二）全程控制

物流质量管理是对物品的包装、储存、运输、配送、流通加工等若干环节的全过程管理，就像PDCA循环一样，必须对每一环节进行全过程管理才能保证最终的物流质量。

（三）全面管理

加强物流服务质量管理就必须全面分析众多影响物流服务质量的因素，把握内在规律。物流企业必须从系统的各个环节、各种资源以及整个物流活动的拟合性入手，实施全面质量管理才能最终实现物流管理目标。

此外，随着物流营销的发展，绿色物流、柔性物流等新服务概念的提出，物流服务也会相应形成新的服务质量要求。

三、物流服务质量的形成

物流服务质量主要来源于以下三个方面：

(1) 设计来源，即分析客户类型和客户需求。

(2) 供给来源，即设计好物流服务提供给客户的方式。

(3) 关系来源，即物流服务人员与客户之间的关系。

客户感知物流服务质量要受到企业形象、预期质量和体验质量三方面的综合作用，具体内容如图 6-3 所示：

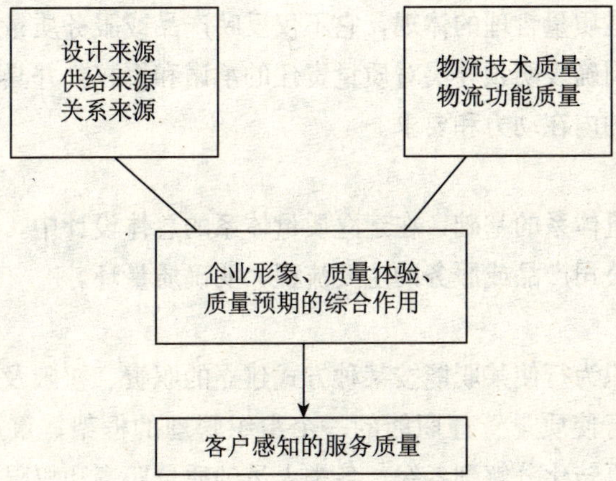

图 6-3 物流服务质量形成模式

四、物流服务质量管理基本程序

对于一个物流服务企业而言，其基本的客户服务质量管理程序如图 6-4 所示：

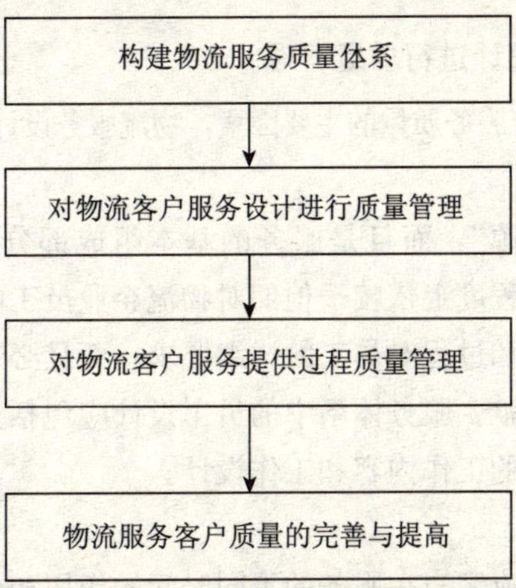

图 6-4 客户服务质量管理程序

(一) 构建物流服务质量体系

物流服务质量体系就是为实施物流服务质量管理所需的组织结构、程序、资源。物流服务质量体系一般按照 ISO 9000 系列标准构建，其作用是为保持物流服务质量的目标，使企业内部相信物流服务质量达到要求。企业必须把物流服务质量管理作为企业管理的核心和重点，把不断提高物流服务质量，更好满足客户和其他受益者的需求作为企业管理和发展的宗旨。

物流服务质量管理体系具备的要素：

1. 制定质量方针

质量方针实际上是质量哲理的体现，它不仅反映产品或服务质量方面的问题和尽量满足顾客的需要，还应明确表明领导层对质量责任的承诺和授权，并具有使个体员工理解和接受，进而自觉执行的内在动力和要求。

2. 明确质量环

质量环是建立质量体系的基础，在建立质量体系的总体设计中，首先应该制定质量方针并明确本行业、本公司产品或服务的主要流程，明确质量环。

3. 机构配置

组织结构是指组织为行使某职能按某种方式建立的职责、权限及相互关系。质量体系的组织结构是组织为行使质量管理职能的一个组织管理的框架，重点是将组织的质量方针、目标层层展开，再转化分解到各级、各类人员的质量职责和权限，明确其相互关系。

4. 资源配置

资源可包括人员、资金、设施、设备、技术和方法。资源是质量体系的物质基础，是质量体系赖以存在的根本，也是其有效运行的前提和手段。

5. 质量活动的确定

质量活动是从市场开发到产品设计和提供全过程中涉及质量要求的全部活动，质量活动是质量要素的延伸和体现。

（二）对物流客户服务设计进行质量管理

物流服务设计是决定物流服务质量的主要因素，物流服务设计管理包括以下几个方面：

1. 物流企业员工

员工不仅仅是一种“资源”，而且是服务的基本组成部分，是服务质量的决定因素。客户感觉到的服务质量很大程度上依赖于他们对物流企业员工的知识和态度的评价。

服务设计不仅根据体系和过程对员工的详细要求，而且必须考虑个人和员工整体怎样能对他们的工作作出最大贡献。服务体系中的员工设计应包括人员选择、培训、教育和开发，以及与激励系统相适应的工作内容和工作设计。

2. 物流客户

物流服务设计应考虑物流客户在服务的不同时间的作用和他们与体系中其他要素的相互配合。服务质量在很大程度上是客户和不同要素的相互作用的结果，例如，客户之间，客户与员工之间，客户与有形环境之间，客户与组织之间的相互作用。

3. 物流组织和管理结构

物流服务的组织和管理部门必须与服务体系的其他要素相配合。首先通过清晰定义服务概念、授权和分配责任，确保在控制范围内达到平衡。

4. 物流有形环境与技术环境

客户往往对服务的有形环境首先产生印象。对客户而言，有形环境如办公设备、技术系统和服务的价格传递着关于质量的清晰信息。高质量的有形环境与技术环境对员工和客户都是重要的，它们传递着无形服务的线索和信息，而且是服务质量体系的一部分。

(三) 对物流客户服务提供过程质量管理

对运输、仓储、库存等主要物流服务活动过程进行质量管理，可以采用以下一些指标：运输过程质量管理、仓储过程质量管理、库存过程质量管理。

1. 运输过程质量管理

运输过程质量可以通过以下几个指标进行管理：

平均运送时间。平均运送时间通常是指一段时间内货物从运输起点到运输终点的多次运输所消耗的平均时间。

货物损坏率。指一定时期内货损总金额与货运总金额的比率。

装载效率。指车辆实际装载量与车辆装载能力的比率。

运力利用率。指一定时期内实际运输量与总运输能力的比率，以吨公里为单位来衡量。

运输费用水平。指运输费用总额与货物价值总额的比率。

2. 仓储过程质量管理

仓储过程质量可以通过以下几个指标进行管理：

货物完好率。货物完好率是评价仓储服务绩效的基本指标，可以表示为：

$$货物完好率=(1-\frac{一定时期货物损坏金额}{该时期内仓储货物总金额})\times100\%$$

仓库利用率。指仓库实际存储的货物数量或体积与仓库可存储货物数量或容积之间的比率。

货物错发率。指一定时期内货物出现错发的总量与该时期货物吞吐量之间的比率。

仓库吞吐能力实现率。指一定时期内仓库的实际货物吞吐量与仓库设计吞吐量之间的比率。

3. 库存过程质量管理

库存过程质量可以通过以下几个指标进行管理：

库存周转率。企业的库存周转率可以在一定程度上反映库存管理的水平，可以表示为：

$$库存周转率=\frac{一定时期内出库金额}{同期平均库存金额}\times100\%$$

库存结构合理性。库存结构合理性是反映企业库存产品或原材料的种类、数量是否合理的指标，可以表示为：

$$库存结构合理性=(1-\frac{长时间无需求的积压货物总额}{库存货物总额})\times100\%$$

供应计划实现率。指一定时期内实际供应货物总金额与计划供应金额之间的比率。

通过以上指标对物流服务的主要活动进行绩效评价，可以较为客观全面反映企业实际的物流服务水平。

(四) 物流客户服务质量的完善与提高

物流客户服务质量管理的一项重要内容就是对服务质量进行持续改进，不断追求更高品质的服务，以增加企业的市场竞争力。

1. 营造持续改进的良好环境

实现服务质量持续改进的首要前提是在企业内部营造良好的环境。企业应建立良好的企业文化，对员工的需求给予充分的重视。关心员工，形成相互尊重、相互合作、融洽的工作氛围，创建学习型组织，建立共同的使命。

2. 设定客户服务质量标杆

企业要将行业中最有竞争力的竞争者作为标杆，要分析它们在战略、经营管理、业务运作以及技术等方面的优势，并结合企业的实际情况明确服务质量改进战略、制定改进措施，通过不断地比较和学习提高自身的质量管理水平。

3. 改善客户服务流程

改进服务质量应当实施有效的流程管理，不断对业务流程进行审查，对其进行系统改善。

售前服务改造：设计用于设置设备的特殊设施的建筑服务；安装设备的安装服务；训练操作设备人员的培训服务；设备保养与修理服务；融通资金服务等。

售后服务改造：设备生产商必须决定如何向客户提供他们可提供的售后服务，如维修服务、培训服务等。

4. 开展个性化服务

个性化服务可以增加革新特色以便其供应有别于他人。企业可以在保持一定规模经济的同时，为客户提供满足其不同需求的个性化服务，使客户能获得满意的感受。

五、物流客户服务绩效评价

(一) 设计物流客户服务绩效评价体系

准确、全面、及时的绩效评价是进行物流客户服务质量管理的基础，它能够有效地监督、控制和掌握企业物流服务的全过程，判断物流客户服务目标的可行性和完成情况，分析企业物流服务资源的利用情况和发展潜力，并为企业实施适当的激励机制提供必要依据。

物流客户服务绩效评价体系的基本要素：

1. 评价制度

企业应当建立科学的物流服务绩效评价制度，明确开展绩效评价工作的指导原则和目的，从根本上保证这项管理工作能够多层次、多渠道、全方位、连续地进行，保证评价结果的客观性和有效性。绩效评价制度应当明确管理人员在绩效评价工作当中的责权范围，并有相应的奖惩措施。

2. 评价主体

物流客户服务绩效评价的主体包括企业内部人员、客户、社会公众以及政府部门。企业内部人员可以实现对整个物流客户服务过程的绩效评价，是绩效评价工作的直接参与者；客户对企业物流服务绩效的判断是最真实的，更有利于发现服务过程的薄弱环节；社会公众的作用主要体现在对企业信用的评价上，也可以在一定程度上反映企业的绩效水平。

对物流企业来说，政府部门也是一个重要的绩效评价主体。通过政府部门对全行业企业的评价，可以更好与其他企业的绩效水平进行比较，掌握企业在行业中的地位。

3. 评价指标

评价指标是对物流客户服务活动中关键控制因素的反映。绩效评价应当建立完善的立体评价指标体系，应当能够从不同层次、不同侧面反映物流客户服务绩效的总体水平。企业设计的每一个评价指标都应当明确，应当具有可操作性，并且是可以被理解和接受的。评价指标应当尽可能量化，对那些无法计量的关键控制因素，可以来用定性描述的方法设立指标。

4. 评价标准

进行物流客户服务绩效评价有四个常用评价标准：

(1) 历史标准。历史标准是将某个指标当前的绩效水平同企业的历史同期或历史最高水平进行纵向比较，从而掌握其发展轨迹和发展趋势。通过分析，找出绩效水平变化的原因，为进一步控制和改进奠定基础。

(2) 计划标准。通过将企业所达到的绩效水平同计划目标进行比较，可以反映出计划目标的完成情况，为激励制度的实施提供依据。必要时，还可以根据绩效的实际水平对计划目标作出修订。

(3) 竞争对手标准。将竞争对手的绩效水平作为绩效指标的评价标准，可以发现企业的优势和劣势，了解企业所处的市场地位，为企业制定战略目标和发展规划提供依据。

(4) 客户标准。客户是物流服务最终结果的承受者，他们对企业物流服务的满意程度和评价可以用来衡量物流服务的绩效水平，同时也是企业改进和提高物流服务水平的重要依据。

5. 评价方法

设计绩效评价体系，应当对各指标的具体评价方法作出说明，应当通过运用科学的评价方法，确保评价结果能够真实反映企业的物流客户服务绩效。在绩效评价中常用的方法有：统计法、排列法、要素比较法、价值分析法等，各种方法都有其适用范围和优、缺点，企业应当根据指标的不同特点选用适合的评价方法。

6. 绩效分析

绩效评价的结果必须通过认真、细致、全面的分析，找到各控制因素之间的内在联系，从而对企业物流服务的现状和发展趋势作出分析和判断。分析的结果应当形成结论性报告，为管理者进行决策提供依据。

以上的六个基本要素构成了绩效评价体系的框架，它是开展物流服务绩效管理工作的基础。在实际运用中，应当通过学习和借鉴优秀企业的先进经验，运用科学方法，不断充实和完善评价体系，使绩效管理工作能够高效地进行。

（二）物流客户服务绩效评价指标

高质量的物流客户服务可以有效地提升客户价值、增加客户满意程度，是巩固原有客户和开发新客户的基础。客户服务活动本身所固有的特性决定了作为服务对象的客户总会或多或少地参与到服务过程当中，这就增大了客户服务绩效评价的难度。

对物流客户服务绩效水平进行全面评价的指标有客户满意度和交易指标。

1. 客户满意度

客户满意度是经常被提及的一项评价指标，这反映了企业对客户满意程度的重视。客户满意度是一个概括的指标，虽然采用问卷调查、回访、座谈等方法可以获得客户满意与否的相关信息，但是它在绩效评价当中的可操作性较差，不容易把握。在物流客户服务绩效评价的过程中，应当尽量将这一指标分解为众多的分指标，同时结合企业的市场份额、企业的形象、声誉、客户忠诚度等指标，力争能够从不同侧面全面、真实地反映客户的满意程度。

2. 交易指标

物流客户服务的组成要素可以分为交易前、交易中和交易后三大类，根据这些要素，可以构建出评价物流客户服务的各项指标。

（1）交易前要素评价指标

库存可得率：指企业及时满足客户需求的能力，当需求超过库存可得率时就会发生缺货。

目标交付时间：指企业计划或承诺的产品交付时间。

信息能力：指企业满足交易前客户咨询、运价谈判、培训等需求的能力。

（2）交易中要素评价指标

交易中要素评价指标是对物流服务提供过程中可能影响客户服务质量关键环节的反映。具体包括：

下订单的方便性：指客户通过多种方式进行订货的可能性和每种方式的方便程度。

订单满足率：指一定时期内满足订单的数量与订单总数的比率。

订货周期的一致性：指订货周期的波动情况。

订货周期时间：指客户从下订单到接收货物、完成货款结算的实际时间。

订单处理正确率：指一段时期内无差错的订单处理总数与订单总数的比率。

订单跟踪：指对订单货物所处状态进行跟踪的能力。

灵活性：指满足客户加急发货或延迟发货的可能性以及企业应付突发事件的能力。

货损率：指在物流服务作业过程中发生损坏或灭失的货物金额数与货物金额总数的比率。

（3）交易后要素评价指标

交易后要素评价指标是对物流服务作业活动结束后，一些可能影响客户服务质量的关键因素的反映。具体包括：

票据的及时性：指回单、发票等票据的正确性和及时性。

退货或调换率：指一定时期内退货或调换的货物总量与发送货物总量的比率。

客户投诉率：指客户投诉的次数与总服务次数的比率。

客户投诉处理时间：指企业对客户投诉进行调查、采取补救措施、达到客户要求的总时间。

企业在进行物流客户服务的绩效评价时应当结合自身的特点，对上述指标体系进行修改完善，并根据评价结果找到与目标水平的差距，通过采取必要的纠正和改进措施，不断提高客户服务质量。

（三）进行物流服务企业的绩效评价

绩效评价已经被物流服务企业所重视，很多企业设计了比较科学的绩效评价体系，并将这项管理工作形成制度固定下来，成为及时了解企业的运营绩效、调整和改进企业运营计划的基础。

全面的物流服务企业绩效评价应当从企业内部评价和外部评价两方面进行。

1. 企业内部绩效评价

企业内部绩效评价是对企业运营状况以及资源、赢利能力等的基础性评价，是物流服务企业绩效评价的重点。它侧重将企业现有绩效水平同历史或目标水平进行比较，从而为管理者的决策提供科学依据。企业内部绩效评价的指标分为以下几个方面。

（1）成本

成本是企业绩效最直接的反映。物流成本按职能上大体可以分为商品流通费、信息流通费和物流管理费。

商品流通费：指为完成商品的实体流通而发生的各项费用。

信息流通费：指收集、处理和传递有关物流活动的信息而发生的费用。

物流管理费：指物流企业开展物流活动所进行的计划、组织、监督、调查、控制所需的费用。

企业应当通过有效的成本管理，真实反映成本的发生情况，并通过对总成本构成情况的分析反映企业的绩效水平。

（2）资产衡量

资产衡量主要反映为实现企业目标所投入资本的使用和产出情况。可以采用下面六项具体指标：

利润总额：指物流企业在一定时期内组织物流活动过程中收支相抵后的余额。它是评价物流企业绩效的基本指标。

总资产报酬率：指物流企业一定时期内获得的报酬总额与平均资产总额的比率。它能够反映出企业资本投入与产出的总体水平。

净资产收益率：指物流企业在一定时期内的税后净利润与平均净资产的比率。它能够反映企业自有资本获得收益的能力。

定额流动资金周转天数：指物流企业在一定时期内定额流动资金周转一次所需要的时间，通常以天为单位。它反映了物流企业资金的利用效果。

资产负债率：指物流企业在一定时期内的负债总额与资产总额的比率。它反映了企业的负债水平。

营业增长率：指物流企业本年的营业收入总额与上年营业收入总额的比率。它反映了企业的发展状况和发展潜力。

(3) 客户服务

对物流客户服务的绩效评价指标主要反映了物流企业满足客户需求的相对能力。

(4) 作业衡量

作业衡量主要反映企业生产率情况和作业效果，可用下面几项具体指标进行评价。

全员劳动率：指物流企业在一定时期内完成的物流业务总额与平均人员数的比率。它反映了企业人力资源的总体绩效水平。

差错事故率：指物流企业在一定时期内出现差错或事故的业务数与该时期内执行业务总数的比率。它反映了企业物流作业的总体质量水平。

2. 企业外部绩效评价

企业内部绩效评价主要集中在对企业作业情况和经营水平的监控上，而外部绩效评价则是要对企业的形象、信誉以及市场地位等情况作出评估。这对物流企业制定正确的发展战略，提高企业物流服务质量都是必不可少的。

企业外部绩效评价主要是通过收集和分析客户、政府或社会公众等评价主体的反馈信息来进行的，也可以采用设定标杆，通过与先进企业进行对比的办法实现。

绩效评价对物流企业的经营和发展来说是至关重要的，企业必须在经营活动中不断总结经验，逐步设计出符合自身特点的绩效评价体系，通过全面、真实的绩效评价推动企业发展。

第六节　现代物流客户满意度评价

在当今世界经济与文化一体化发展的大趋势下，各种颇具文化底蕴的企业经营战略日益发展，不断创新。自20世纪90年代开始，CS（Customer Satisfaction）战略勃然兴起。CS是英文缩写，意为客户满意，作为现代企业的一种重要整体经营手段，也被称为CS战略或客户满意战略。

一、客户满意战略

客户满意战略（CS战略）是一位美国消费心理学家于1986年提出的。该战略的指导思想是：企业的一切经营活动都要紧紧围绕客户需求，不断提高客户的满意度；在生产经营活动之前，企业对于市场需求的分析和预测要始终站在客户角度；在经营活动的过程中要充分尊重客户，维护客户的利益，使客户忠诚于本企业，从而不断地推动企业的发展。

具体地说，CS战略是指企业为了使客户满意自己的产品或服务，综合而客观地测定客户的满意度，并根据调查分析结果，提高产品、服务及企业文化的一种经营战略。

顾客满意是一种心理活动，是顾客需求被满足后的愉悦感。美国著名的市场营销学专家菲利普·科特勒指出："满意是指一个人通过对一个产品和服务的可感知的效果与他的期望值相比较后所形成的感觉状态。"美国有位经济学家在大量调查的基础上，科学地归纳出一个公式，称为 1∶25∶8∶1，即一个满意的顾客，可以影响 25 个消费者，并诱发其中 8 个人产生购买欲望，而当中至少有 1 个人采取购买行为。通过进一步研究，还得出了一个获得人们广泛承认的科学结论：企业 50%～80%的利润来自总数 20%的忠诚顾客。

二、客户满意度的内涵

(一) 客户满意度的内涵

GB/T1 9000—2000 标准中明确阐述，顾客满意是“顾客对其要求（指通常隐含的或必须履行的需求或期望）已被满足的程度的感受”。图 6－5 可以帮助理解这种感受。

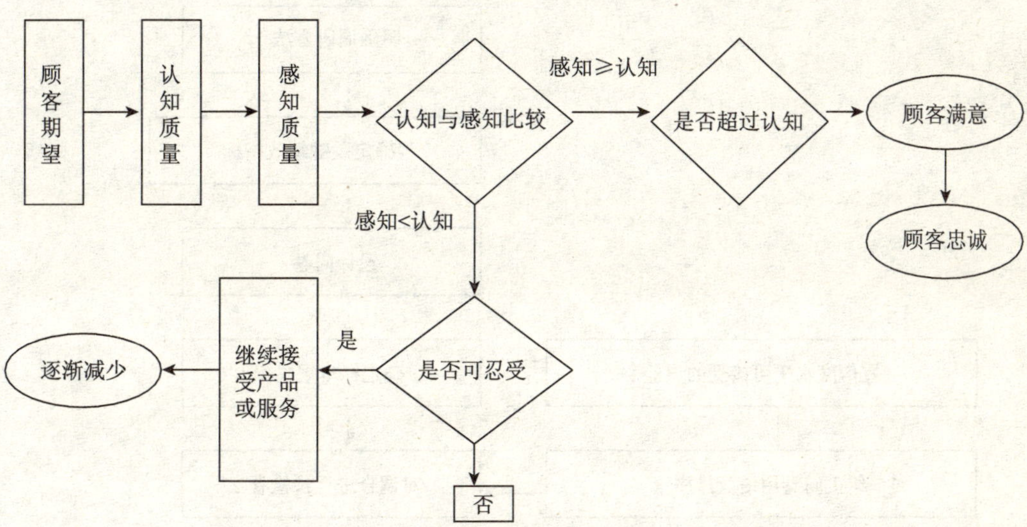

图 6－5　顾客满意度的图解

(二) 开展客户满意度测评的重要性

倾听顾客声音，测量和监控顾客满意程度显得尤为重要，具体体现在以下几方面：

1. 客户满意度是以顾客为中心的具体体现

企业依存于顾客，因此，企业应理解客户的需求，做到满足顾客要求并争取超越客户期望。客户满意度可提供来自客户的信息，衡量用户感知和期望值，使质量的趋势得到追踪。

2. 客户满意可以减少客户的价格敏感

多项研究表明，满意的客户更愿意为他们得到的产品或服务支付成本，更有可能容忍价格的上涨。

3. 客户满意度提高，可以提高企业声誉，降低交易成本

由于满意的顾客很可能以更高频率购买产品和服务，形成正面口碑宣传，这样可以大大降低企业为产品所做的广告费、促销费、公关费、推销费等在交易中产生的成本。

因此，物流企业只有科学地测量了客户满意度，才能了解物流服务产品在市场中的综合信息，明确改进的重点和方向，才能通过改进逐步增强顾客满意，提高市场占有量，增加效益。

三、客户满意度的测评步骤

物流企业测量客户满意度工作流程，如图 6－6 所示。

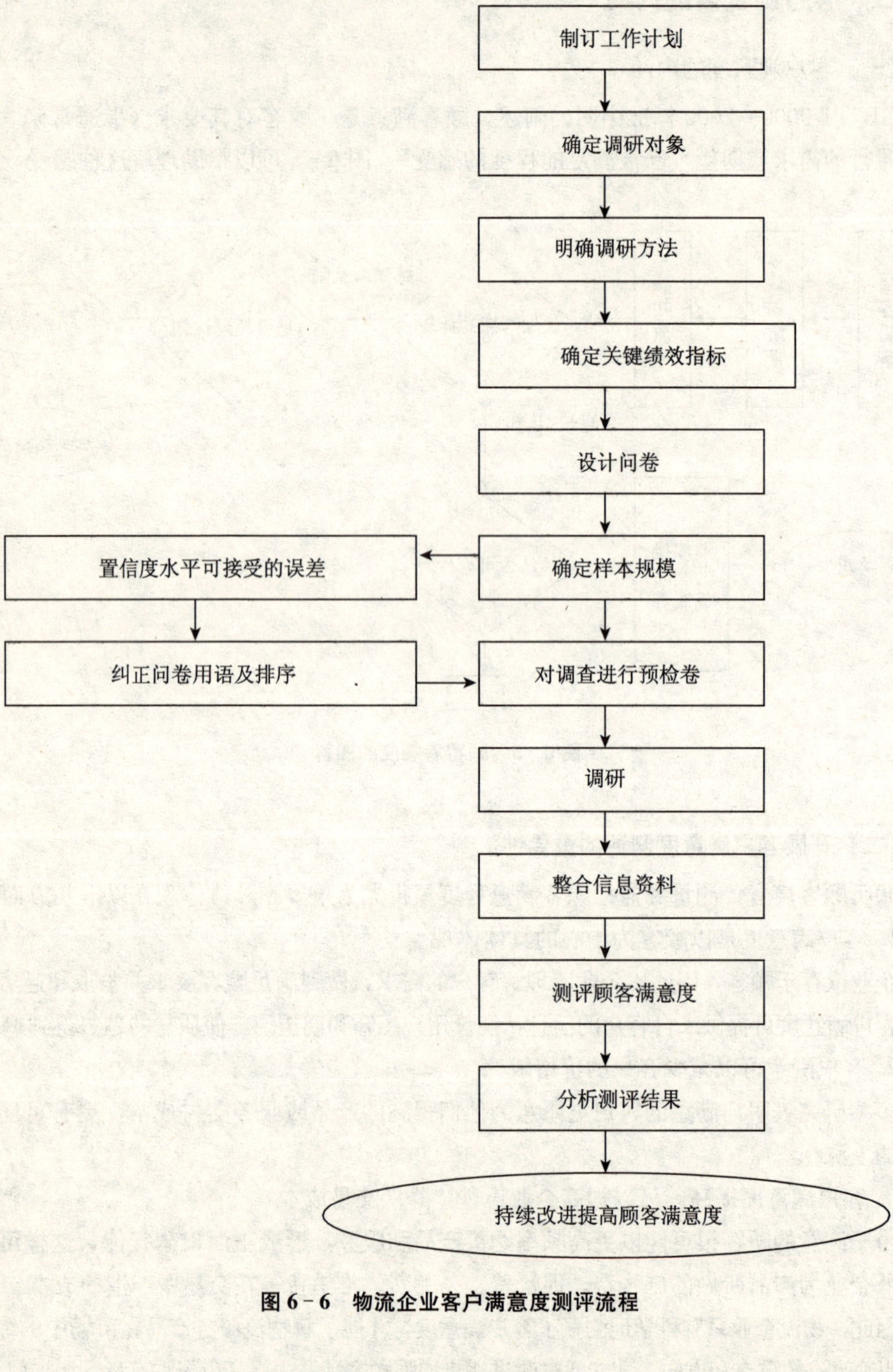

图 6－6　物流企业客户满意度测评流程

四、顾客满意度测评方法

顾客满意度测评研究始于 20 世纪 80 年代，早期如 Oliver、Churchill 等人的研究主要集中于对顾客满意起因的衡量。20 世纪 80 年代中期，Zeithaml、Berry 和 Parasuraman 等人开始从消费者行为理论角度研究满意行为，在此基础上，他们发展了度量服务满意度的服务质量标尺（Servqual Scale），至今，这种方法仍然被广泛采用。顾客满意度的测评方法主要只有两种类型，即指标测量法（Driver Measurements Method）和结构方程组法（Structural Equations Method）。

（一）指标测量法

所谓指标测量法即针对不同行业的产品或服务的特征，首先确定行业中影响顾客满意的关键因素，然后采用专家法或者排序法为其定出权重，加权求和即得到该企业的 CSI 即：

$$CSI = \sum_{i=1}^{n} W_i \cdot X_i$$

式中：n——影响顾客满意的关键因素的个数；

W_i——第 i 因素的权重；

X_i——其得分。

（二）结构方程组法测量

顾客满意水平的结构方程组法是因果关系模型在顾客满意领域内的应用。以这一理论为基础，不同的 CSI 测评模型大同小异，图 6－7、图 6－8 分别是 ACSI、ECSI 所采用的测评模型。

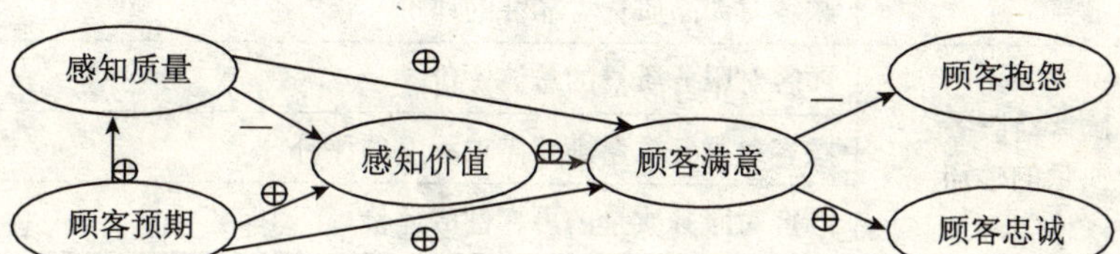

图 6－7　ACSI 测评模型

注：⊕表示正相关；—表示负相关。

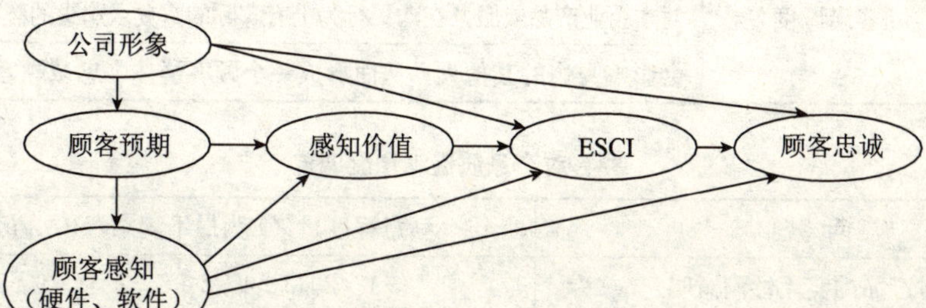

图 6－8　ECSI 测评模型

1. 顾客满意度评价指标体系的构建及原始数据的处理

对于顾客的满意度，通常应先建立满意度评价指标体系（构建出三层次的评价指标），如表 6－2 所示，并将满意度指标加以量化（按此原则以顾客对产品质量的感知为例设计调查表格），如表 6－3 所示。

在构建满意度评价指标体系和取得相应的原始数据以后，为综合测度满意度指标，需要将指标进行标准化处理。即计算某单项满意度公式为：

$$S_{ij}=\frac{E[\xi]-\min[\xi]}{\max[\xi]-\min[\xi]}\times 100$$

式中：S_{ij}——i 层第 j 个满意度指标的数值；

ξ——顾客满意度的原始数据。

通过这个公式，上述第三层次的指标均可以转化为 $[0，100]$ 之间指标分值。

表 6－2　　顾客满意度评价指标体系

第一层次指标	第二层次指标	第三层次指标
顾客综合满意度	顾客期望	对产品或服务质量的总体期望
		对产品或服务质量满意顾客需求程度的期望
		对产品或服务质量稳定性的期望
	顾客对产品质量的感知	顾客对产品质量的总体评价
		顾客对产品质量满足需求程度的评价
		顾客对产品质量可靠性的评价
	顾客对服务质量的感知	顾客对服务质量的总体评价
		顾客对服务质量满意需求程度的评价
		顾客对服务质量的可靠性的评价
	顾客对价值的感知	给定价格时顾客对质量级别的评价
		给定质量时顾客对价格级别的评价
		顾客对总成本的感知
	顾客忠诚度	对本企业产品或服务有明显的长期的情感倾向性（而非随意性）
		对本企业产品或服务在购买行为上有实际的重复（购买的频次很高）
		会影响身边的其他人，从而形成一个顾客群体（忠诚顾客推荐）

表 6－3　　顾客对产品质量满意度调查

问　题	满意程度量（1 为最不满意，10 为最满意）
你对产品的实用性满意吗？	1　2　3　4　5　6　7　8　9　10
产品质量能满足你的需求吗？	1　2　3　4　5　6　7　8　9　10
对产品的质量以及质量保证，你放心吗？	1　2　3　4　5　6　7　8　9　10

2. 基于层次分析法的指标权重确定

由于第三层次各因素对第二层次、第二层次各因素对综合满意度的影响程度不一样，为了对其进行综合评价，就需要确定各因素对上一层次的相对权重。

3. 顾客满意度的统计度量

有了第三层次的各单项指标的满意度数值，并且由层次分析法得出第三层次各因素对第二层次某一方面满意度的影响，所以我们可以采用加权平均方法计算第二层次每一方面的满意度指数，其计算公式为：

$$S_i = \sum S_{ij} W_{ij}$$

式中：S_i——第二层次某一指标的综合满意度；

S_{ij}——意义与上式相同；

W_{ij}——第 i 层第 j 个影响因素的权重。

有了第二层次各满意度指标值，对第二层次各因素继续使用层次分析法，确定第二层次因素对顾客综合满意度权重，同样使用加权平均法计算得到顾客综合满意度数值，其计算公式为：

$$S = \sum S_i W_i$$

式中：S_i——第某一子类的综合满意度；

W_i——第 i 个影响因素的权重。

通过该模型的构建，可以有针对性地对企业的产品或服务质量做出细而科学的评价，并可推广到一般满意度的测量中。

五、物流企业客户满意战略的实施

CS 战略的实施是一项十分复杂的系统工程，推行 CS 战略一般要遵循以下步骤：

1. 树立 CS 观念

物流企业的全体员工要牢固树立 CS 战略思想，一切从客户利益出发，围绕客户满意开展各项工作。

2. 建立与客户的友好关系

物流企业要收集有关客户需求的各种信息，这些信息包括客户偏好、情感、价值取向、对服务评价等相关的心理活动，以及选择服务决策的制定过程等。对这类信息认真分析、加工和处理，以便更好地了解客户需求，使之增强对公司的了解，最终赢得客户。

3. 提高质量、改进服务

物流企业要围绕服务质量的提高来加强质量监督，建立健全质量管理体系，最大限度地满足客户需要，不断拓展服务范围和提高服务水平，使客户感受到物流企业的产品或服务的增值。

4. 强化内部营销，使企业员工满意

CS 战略不仅包括客户满意，同时也包括员工满意。员工满意的程度直接关系到客户满意的程度。企业要开展内部营销，努力创造一个和谐的工作环境。

5. 强化企业公关活动

物流企业应积极通过各种公关方式，如新闻发布会、各种推广会或其他形式宣传企业的服务，让客户更多地了解企业的经营理念和优质的服务。

练习思考题

1. 物流营销具有哪些特点?
2. 试述物流市场环境及其特征。
3. 物流需求有哪些特征?
4. 影响物流需求有哪些因素?
5. 简述物流客户服务的要素。
6. 如何诊断物流服务质量差距?
7. 试述物流服务质量的内涵与形成。
8. 简述物流服务质量管理基本程序。
9. 如何进行物流服务企业的绩效评价?
10. 试述顾客满意战略的内涵与实施。

课后案例

联邦快递的客户关系管理

1. 联邦快递的全球服务

要成为企业运送货物的管家，联邦快递需要与客户建立良好的互动与信息流通模式，使企业能掌握自己的货物配送流程与状态。在联邦快递，所有客户可借助其网址 http://www.fedex.com/同步追踪货物状况，还可以免费下载实用软件，进入联邦快递协助建立的亚太经济合作组织关税资料库。它的线上交易软件 Business Link 可协助客户整合线上交易的所有环节，从订货到收款、开发票、库存管理一直到将货物交到收货人手中。这个软件能使无店铺零售企业以较低成本比较迅速地在网络上进行销售。另外，联邦快递特别强调，要与客户相配合。针对客户的特定需求，如公司大小、生产线地点、业务办公室地点、客户群科技化程度、公司未来目标等，一起制定配送方案。

联邦快递还有一些高附加值的服务，主要是三个方面：

(1) 提供整合式维修运送服务。联邦快递提供货物的维修运送服务，如将已坏的计算机或电子产品，送修或返还所有者。

(2) 扮演客户的零件或备料银行。联邦快递提供接受订单与客户服务处理、仓储服务等功能。

(3) 协助客户简化销售业务流程。联邦快递帮助客户协调数个地点之间的产品组件运送流程。在过去这些作业是由客户自己设法将零件由制造商送到终端客户手中，现在的快递企业可完全代劳。

综上所述，联邦快递的服务特点在于，协助客户节省了仓储费用，而且在交由联邦快递运送后，客户仍然能准确掌握货物的行踪，可利用联邦快递的系统来管理货物订单。

2. 售后服务及员工理念在客户关系中扮演的角色

联邦快递售后服务主要包括两部分：一方面解决客户遇到的问题；另一方面调查客户的满意度，寻找内部改进的办法。售前、售中、售后这三个阶段不是截然分开的，在对客户服务过程中，这三者是不断往复的。“配合服务”是联邦快递内部协作的一条准则，每一个环节的工作人员都要做到了解并满足。

联邦快递采取了客户关系管理中的关系营销理论，注重与客户的沟通，培养信赖忠诚。与客户关系管理的标准模式相比，人的位置被放在了第一位，而且少了策略方针，多了项目方针。联邦快递在加强员工管理以提升客户满意方面，采取了以下措施。

(1) 为了提高员工的主动性，把员工放在第一，客户放在第二。联邦快递最主要的管理理念是，只有善待员工，才能让员工热爱工作，不仅做好自己的工作，而且主动提供服务。优秀的员工会针对分析数据并对不同的客户采用不同的营销方式，向不同的客户群体提供不同的服务，客户满意度的提升会为公司带来利润。每名员工不论级别高低，每年都有预算费用用于培训。联邦快递还制定了各种奖励制度，以激励员工更好地为客户服务。在联邦快递，当公司利润达到预定指标后，会加发红利，这笔钱甚至可达到年薪的10%；

(2) 建立呼叫中心、倾听客户的声音。联邦快递有效控制呼叫中心服务质量，每月都会从每个接听电话员工负责的客户中抽取5人，打电话询问他们对服务品质的评价，了解其潜在需求和建议。

(3) 良好的客户关系还要靠技术辅助实现。联邦快递的客户关系管理软件系统和数据库可为客户提供了一系列服务信息，不仅方便了双向沟通，追踪服务；而且能够收集客户的资料，为以后的决策提供依据。

当客户打电话给联邦快递的时候，只要报出发件人的姓名和公司的名称，该客户的一些基本资料和以往的交易记录就会显示出来。在售前阶段联邦快递就已经为客户提供了一些必要的支持，以减少服务过程中的障碍。联邦快递的速递员上门收货时，采用手提追踪器扫描货件上的条码，说明服务类别、送货时间及地点。所有包裹在物流管理的周期内，至少在货件分类点扫描六次，而每次扫描后的资料将传送到孟菲斯总部的中央主机系统。客户或客户服务人员可查看互联网上联邦快递的网页，得到有关货件的行踪资料。

思考题：

1. 联邦快递给客户提供了哪些附加服务？
2. 联邦快递在实施客户满意策略方面采取了哪些措施？
3. 联邦快递的客户关系管理给你哪些借鉴和启发？

第七章　现代物流成本管理

引导案例

神龙公司的物流成本控制

汽车总装企业的物流是最复杂、最典型的企业物流，对神龙公司物流成本控制经验和教训的总结，一方面能验证上文的研究结论，另一方面能为其他企业提供借鉴。

1. 神龙公司的基本背景和物流运行总体方案

神龙公司是由中国东风汽车公司与法国标致雪铁龙集团各出资50%于1992年5月成立的轿车生产经营企业。它分别在武汉、襄樊两地建有武汉一厂、武汉二厂、襄樊工厂三家工厂，外购零部件来自全国各地和法国标致雪铁龙集团，现具备年产45万辆整车、60万台发动机的生产能力。目前，神龙公司主要生产经营东风雪铁龙C5、凯旋、世嘉和东风标致408、307、207等多种车型，在全国240余座城市拥有东风雪铁龙、东风标致两个品牌490家4S店和474家二级网点、直营店。2010年，神龙公司生产销售37.3万辆整车，实现销售收入370亿元。

神龙公司处于汽车产业供应链的核心，一方面，它是供应链物流的组织者、领导者，通过对上下游企业的工厂和仓库选址、物流标准制定、物流信息系统建设、物流模式优化等方面的积极影响，领导供应链物流系统的建设和管理；另一方面，它也是供应链物流的参与者，其自身物流活动也非常频繁。与一般生产性企业的物流管理相比，神龙公司在物流成本控制方面面临着更大的挑战：

(1) 供应物流面对的是国内外数百家供应商、万余种零部件，不仅运输和库存的成本高，而且物流管理工作的难度很大，缺货风险成本与库存成本这对矛盾很难平衡；

(2) 生产物流要同时保证生产线上数千种零部件的及时（Just in Time）供应，线边空间异常紧张，上线物流的组织工作也很困难；

(3) 销售物流需要在二至五天之内满足全国各地客户对整车和维修备件的需求，尤其是整车的价值高、体积大、不能挤压和碰撞，其物流成本也很难控制。

2. 神龙公司物流成本的控制途径

像我国大部分企业一样，神龙公司在初建阶段的物流基础并不好，存在供应商分布广、工厂布局散、物流流程与制造工艺不协调等问题。经过十几年的不断探索和改进，神龙公司逐步实现了对物流成本的有效控制，其成本控制的基本经验在于：

(1) 夯实物流作业基础，努力降低各项物流功能成本。为了减少在物流方面的投资，充分享受专业物流企业的优质服务、提高物流活动的规模经济性，神龙公司与捷富凯—大田物流有限公司、金鹰国际货运代理有限公司、中国远洋物流公司、武汉邮政物流公司等物流公司建立了战略合作关系，有序并可靠地外包了大部分的物流业务，使运输、库存、装卸搬运等功能成本得到了较大幅度的降低。

对必须自营的物流业务，神龙公司构建了现代化物流基础设施和管理系统，提高了自营物流效率。神龙公司通过拉动式供货、供应商管理库存（VMI）供货、看板供货、多批次小批量供货、直送供货和同步供货等先进物流模式压缩中间库存，努力实现零库存，降低库存成本；通过与供应商共同投资和循环使用包装容器，减少转包作业成本和包装容器的摊销成本，降低包装成本；建立基于互联网的连接企业内部各职能部门和外部所有供应商、经销商、第三方物流服务提供商（3PL）的物流信息系统，为加速货物流转和成本控制创造有利条件；整合内部物流组织，明确采购部、生产部、销售部、武汉一厂、武汉二厂和襄樊工厂下属各物流机构的职责，建立了覆盖全部业务的物流管理组织和统一的物流管理模式，为物流成本控制提供了组织保障和制度保障，提高了物流管理的效益。

(2) 优化物流流程，降低物流流程成本。近年来，神龙公司一直致力于物流流程的优化，先后实施了采购物流的“KD件批组转按件进货项目”、生产物流的“APOLO（工位优化和交替式物流）计划”、销售物流的地区库存调整等改造项目，有效地降低了各项流程成本。神龙公司从生产现场物流流程的改进入手，通过减小工位零部件的包装容器尺寸并配合多频次配送，既减少了待装零部件对线边空间的占用、缩短工人的操作时间，也保证生产线零部件的供应，降低企业的总成本。

(3) 协调供应链关系，降低供应链物流成本。在关注内部物流成本控制的同时，神龙公司还通过整合供应链物流资源来降低物流成本。神龙公司先后动员了座椅、车灯、玻璃、结构件等多家供应商在神龙公司附近建厂，不仅提高了供应链的弹性和抗风险能力，而且降低了供应链整体的运输成本和库存成本。为了解决各个供应商独自向神龙公司配送零部件过程中运输批量性与库存量上升的矛盾，神龙公司积极推进在供应商比较集中的地区采用集配方式进行配送。如图7－1所示，由于集配商能同时为多家供应商提供“集、配、送”功能，在降低供应链库存成本的同时还能保证运输的规模经济性，并且简化了神龙公司和供应商的物流管理工作，降低了供应链整体的物流成本。

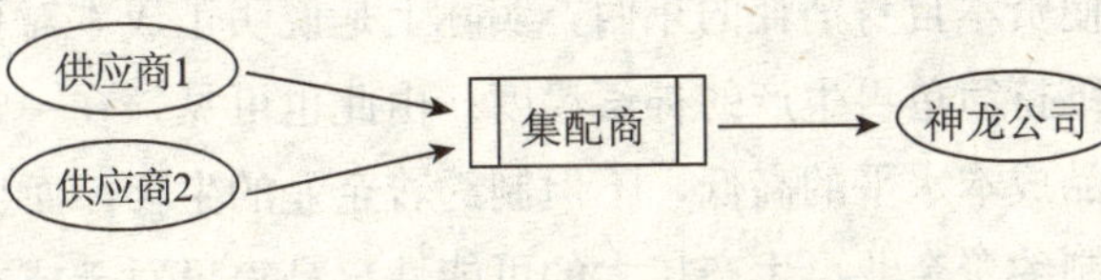

图7－1　集配模式下的物流供应链

当今企业之间的竞争越来越激烈，物流成本控制成为企业获取竞争优势的重要领域，建立行之有效的物流成本控制系统具有非常重要的理论价值和现实意义。基本结论是：

(1) 物流成本是物流成本控制问题的基础性概念，除了财务会计范围内的成本要素之外，我们还应该将机会成本、风险成本、时间成本，甚至环境成本等成本要素纳入到物流成本概念之中，以体现其影响因素众多、与外界联系广泛的特点，更好地为企业的预测和决策服务。

(2) 对物流成本进行分类是物流成本控制的前提，也是物流成本核算的前提。根据物流成本责任范围的大小将物流成本划分为物流功能成本、物流流程成本和供应链物流成本三个层次，该划分为物流成本控制途径的研究奠定了基础。

(3) 不同层次的物流成本具有不同的生成机理。各项物流功能成本主要是受物流投资规模所产生的固定成本和物流业务量所导致的变动成本等因素的影响。物流流程成本不是其下各项功能成本的简单之和，而是它们综合作用的结果。供应链物流成本既受各项功能成本的影响，也受企业之间交易成本的影响。

(4) 结合物流成本的生成机理和神龙公司的物流成本控制实践，总结得出物流成本控制的基本途径是：既要通过夯实物流作业基础降低各项物流功能成本，更需要通过优化物流流程降低流程成本、通过协调供应链关系降低供应链物流成本。

第一节 现代物流成本管理概述

马克思曾科学地指出了成本的经济性质：“按照资本主义方式生产的每一个商品 W 的价值，用公式来表示是 $W=C+V+M$。如果我们从这个产品价值中减去剩余价值 M，那么，在商品剩下来的，只是一个在生产要素上耗费的资本价值 $C+V$ 的等价物或补偿价值”。“商品价值的这个部分，即补偿所消耗的生产资料价格和所使用的劳动力价格的部分，只是补偿商品使资本家自身耗费的东西，所以对资本家来说，这就是商品的成本价格”（《资本论》第 3 卷。《马克思恩格斯全集》第 25 卷，人民出版社 1974 年版，第 30 页）。

马克思的这段话，第一，指出的只是产品成本的经济实质，并不是泛指一切成本；第二，从耗费角度指明了产品成本的经济实质是 $C+V$，由于 $C+V$ 的价值无法计量，人们所能计量和把握的成本，实际上是 $C+V$ 的价格即成本价格；第三，从补偿角度指明了成本的补偿商品生产中使资本自身消耗的东西，实际上是说明了成本对再生产的作用。也就是讲产品成本是企业维持简单再生产的补偿尺度。由此也可见，在一定的产品销售量和销售价格的条件下，产品成本水平的高低，不但制约着企业的生存，而且决定着剩余价值 M 即利润的多少，从而制约着企业再生产扩大的可能性。马克思对于成本的考察，既看到耗费，又重视补偿，这是对成本性质完整的理解。在商品生产条件下，耗费和补偿是对立统一的。任何耗费总是个别生产者的事，而补偿则是社会的过程。耗费要求得到补偿和能否得到补偿是两个不同的事情。这就迫使商品生产者不得不重视成本，努力加强管理，力求以较少的耗费来寻求补偿，并获取最大限度的利润。

总而言之，成本是企业为生产商品或提供劳务等所耗费物化劳动、活劳动中必要劳动价值的货币表现，是商品价值的重要组成部分。

一、物流成本及物流成本管理的概念

（一）物流成本（Logistics Cost）的概念

1. 狭义物流成本的概念

所谓狭义物流成本是指在物流过程中，企业为提供有关的物流服务，要占用和耗费一定的活劳动和物化劳动中必要劳动价值的货币表现，是物流服务价值的重要组成部分。（物流是物质资料从供给者到需求者的物理性运动，主要是创造时间价值和场所价值有时也创造一定加工价值的活动）

在商品经济中，物流活动是创造时间价值、空间价值的过程，要保证生产和物流活动的有序、高效率、低消耗地进行，需要耗费一定的人力和物力，投入一定的劳动。一方面，物流劳动同其他生产劳动一样，也创造价值，即在社会需要的限度内会增加商品价值，扩大生产耗费数量，称为生产一定种类及数量产品的社会必要劳动时间的一项内容，其总额必须在产品销售收入中得到补偿；另一方面，物流劳动又不完全等同于其他生产劳动，它并不增加产品使用价值总量，相反，产品总量往往在物流过程因损坏、丢失而减少，同时，为进行物流活动，还要投入大量的人力、物力和财力。

2. 广义物流成本的概念

广义物流成本包括狭义物流成本与客户服务成本。其中客户服务成本主要在于物流活动是企业追求客户满意，提高客户服务水平的关键因素和重要保障，客户服务是连接和统一所有物流管理活动的重要方面。物流成本是指产品的空间移动或时间占有中所耗费的各种活化劳动和物化劳动的货币表现。具体地说，它是产品在实物运动过程中，如包装、搬运装卸、运输、储存、流通加工等各个活动中所支出的人力、物力和财力的总和。

《企业物流成本构成与计算》国家标准 GB/T 20523—2006 规定：“物流成本（Logistics Cost）指物流活动中所消耗的物化劳动和活劳动的货币表现。即产品在包装、运输、储存、装卸搬运、流通加工、物流信息、物流管理等过程中所耗费的人力、物力和财力的总和以及与存货有关的资金占用成本、物品损耗成本、保险和税收成本。”

（二）物流成本管理的概念

由于物流管理还是个新兴的事物，对物流成本管理的研究还处于起步的初级阶段，因此，物流成本管理至今也没有一个确切的定义。从物流成本内容来看，物流成本管理（Logistics Cost Control）是以物流成本信息的产生和利用为基础，按照物流成本最优的要求有组织地进行预测、决策、计划、控制、分析和考核等一系列科学管理活动。它是一种价值管理，涉及了企业物流价值活动的方面。但是这种说法并没有真正揭示物流成本管理的内涵。因为很多人一提到物流成本管理，就认为是“管理物流成本”。人们把注意力单纯地集中在掌控物流成本上，所要达到的目的是物流成本计算本身。实际上，常常听到“虽然计算了物流成本，但不知道怎样利用”的反映。这类情况，是把物流成本管理误解为管理物流成本的典型例子，在大多数情况下，一味地注意“怎样计算”，却忘了“为什么计算”，完全是本末倒置。

学术界有一种观点认为：物流成本管理不单是一项具体的可操作的任务，一般普遍认为，物流成本管理不仅仅是管理物流成本，而是通过成本去管理物流，可以说是以成本为手段的物流管理方法，通过物流活动的管理，从而在既定的服务水平下达到降低物流成本的目的。

二、物流成本管理的产生和发展

（一）物流成本管理的产生

1. 及时性产生物流管理

物流管理起源于军事后勤。第二次世界大战中，美国海军基于巨额军用物质的调拨而首创物流管理，而后被美国陆军所推崇并实施运用。

2. 物流成本管理目标的确定——降低物流成本

第二次世界大战后，西方发达国家各大公司效益普遍下滑，这一方面是由于市场的激励竞争，另一方面则是物价上涨及人工成本提高时利润率降低，企业在平均利润率的杠杆作用下，已难以靠提高产品售价增加利润，要进一步降低产品生产成本也困难重重，在这种情况下使得企业千方百计寻找降低成本的新途径，于是，物流管理便进入商业领域，称为继生产资料、劳动力后的第三利润源。“第三利润源”学说最初是由日本早稻田大学西泽修教授在1970年其著作《流通费用——不为人知的第三利润源泉》中，对物流潜力及效益的描述。人类历史上曾经有两个大量提供利润的领域。一个是资源领域，挖掘对象是生产力中的劳动对象；一个是人力领域，挖掘对象是生产力中的劳动者；第三个是物流领域，挖掘对象是生产力中劳动工具的潜力，同时注重劳动对象与劳动者的潜力。

（二）物流成本管理的发展

物流的发展取决于社会经济和生产力的发展水平，也取决于科学技术发展水平。表现为：物流总成本的控制—独立的物流管理部门—物流外包。

1. 国外物流成本发展情况

（1）物流成本的认识阶段。最为典型的代表观点为“物流是经济的黑暗大陆”、“物流是第三利润源”等。

物流是第三利润源：该观点是指通过物流合理化，降低物流成本，称为在降低制造成本和扩大销售之后企业获取利润的第三种途径。

（2）物流项目成本管理阶段。该阶段是在对物流成本认识的基础上，根据不同部门、不同领域或不同产品出现的特定物流问题，组织专门人员研究解决。

（3）引入物流预算管理制度阶段。

（4）物流预算管理制度确立阶段。

2. 日本的物流成本管理发展情况

日本的物流技术兴起于20世纪50年代，发展至今已形成了一套完整的体系，最具有代表性的学识观点有两种：

（1）日本神奈川大学的唐泽丰教授认为成本管理经历了下述四个阶段：

第一阶段：明确提出运算方法。明确物流成本，从物流成本与销售金额比率角度进行管理的阶段，即定量地掌握物流费用的阶段；

第二阶段：预算管理与反馈。采用物流预算制度，可以对物流费用的差异进行分析的阶段；

第三阶段：适当而正确的管理和评估。正式确定物流成本的基准值或标准值，使物流预算的提出或物流的管理有一个客观的、恰当的标准阶段；

第四阶段：建立物流管理会计制度。使物流成本管理与财务会计在系统上连接起来，对物流成本进行成本模拟的阶段。

(2) 菊池康也教授认为物流成本管理经历了下述五个阶段：

第一阶段：了解物流成本的实际状况（对物流活动重要性提高认识）；

第二阶段：物流成本核算（了解并解决物流活动中存在的问题）；

第三阶段：物流成本管理（物流成本的标准成本管理和预算管理）；

第四阶段：物流收益评估（评估物流对企业效益的贡献程度）；

第五阶段：物流盈亏分析（对物流系统的变化或改革做出模拟模型）

3. 我国的物流成本管理发展情况

我国的物流起步较晚。中国物资经济学会派代表团参加了在日本举行的第三届国际物流会议。第一次把“物流”这一概念从日本介绍到了国内。20 世纪 80 年代初。作为生产资料流通的主要承担者——国有物资部门开始了从宏观角度研究物流。当时我国流通领域还带有浓重的计划经济色彩。商业系统对物流的研究远远落后于物资系统。基本上处于概念的引进和初级的理论研究阶段。对物流成本的认识也只是停留在概念认识的层次上。90 年代初，竞争的激烈、业态的多样化导致了流通利润的下降，使得商业系统开始重视物流。特别是连锁经营与物流配送关系的研究。1991 年，由中国物资流通学会承担的（工业企业物流合理化研究）课题组，对我国 8 个行业的物流现状做了一次表格调查，发现企业现有统计报表中按物流概念统计的数据极少，大量数据需要通过估算得出；但这次活引起了企业对物流的重视。物流成本开始进入初步研究和试验性管理阶段，但还只限于个别企业和部门，并没有引起全国对物流成本的关注。进入 90 年代后期，随着我国经济体制的改革，企业产权关系的明确，生产企业及其他流通企业开始认识到物流的重要性。世纪之交，引发产、学、管、研一体化的物流现象。国内一些企业内部开始设立专门的物流部门，也开始出现了不同形式的物流企业（大多物流企业是由原运输企业、仓储企业、商业企业或工业企业等改造重组而来），已有少数物流企业开始建立在物流理论上。根据物流运作规律进行组织与管理，物流这个“第三利润源”引起来了专家和企业的极大兴趣，纷纷参照国外先进经验和技术来加强物流管理。组织专门的人员研究降低物流成本，物流成本管理开始组织化。进入 21 世纪，我国物流产业又有了新发展，特别是近几年网络经济的发展，我国物流业发展开始走向国际化、全球化。对物流成本管理理论和方法的研究进入了一个新阶段，出现了一些关于物流成本管理的专著和论文。一些企业开始引入物流成本预算制度，作为物流环节的运输、储存、装卸搬运等，都有了一些行业的定额指标。但是物流成本的预算缺乏准确性，国内尚无物流成本的定额指标，许多成本都隐藏在传统会计统计中。没有完整列入物流成本的范畴，对于变动成本的分析更是缺乏全面性。所以对物流成本的把握仅限于运费等一些常见的基本指标及对外支付的费用。目前，物流成本管理应用研究工作在我国尚处于起步阶段，还没有建立专门的物流成本核算体系，缺乏规范的核算。但是近几年有不少企业已在探讨和摸索，取得了一些积极成果。理论界也在积极探讨关于建立统一的物流成本计算标准问题。通过对物流成本的管理来改善物流流程，降低成本，提高效益，这已经成为我国物流业的核心问题。

三、物流成本管理的目的和意义

（一）物流成本管理的目的

企业进行物流成本管理的目的在于通过掌握物流成本现状，发现企业物流活动中存在的主要问题，对各个物流相关部门进行比较和评价，依据物流成本计算结果，制定物流规划，确立物流管理战略，通过物流成本管理，发现降低物流成本的环节，强化总体物流管理。

（二）物流成本管理的意义

1. 物流成本管理的微观意义

(1) 降低成本，提高利润

物流成本在企业的总成本中占有不小比重，从中国仓储协会 2000 年 3 月对中国家电、电子、日化、食品等行业具有代表性的 450 家大中型企业的调查可以看出，物流成本占销售费用的比例很高，比例在 12%以上的占总数的 48.5%，显然物流成本的下降所带来的利润是巨大的。

当某个企业的物流活动效率高于所属行业的平均物流活动效率，物流成本低于所属行业平均物流成本的时候，物流成本的降低部分就转化为企业的“第三利润”；反之，企业的利润水平就会下降。

(2) 增强竞争优势

物流成本的降低，首先意味着增强企业在产品价格方面的竞争优势，企业可利用相对低廉的价格在市场上出售自己的产品，扩大销售，并以此为企业带来更多利润。在市场竞争中，价格竞争是市场竞争的主要手段，在进货价格、销售价格不变的情况下，降低物流成本可增加企业赢利；若进货价格和赢利保持不变，降低物流成本就可降低商品的销售价格，从而就可以提高企业的竞争力。

其次，增强时间和质量上的竞争力。根据物流成本计算结果，不仅可以知道物流成本占企业生产总成本的份额，而且还可以发现物流活动存在的问题，即现状与理想状态之间的差距，通过对问题的进一步分析，可以有针对性地加以改进，达到物流的合理化，同时，通过对物流成本的分析可以与物流成本预算进行比较，根据比较结果来重新进行物流计划的调整、分析和评价，以对物流成本进行更好的控制。

2. 物流成本管理的宏观意义

(1) 提高经济运行质量和总体竞争力

随着经济全球化和信息技术的迅速发展，企业生产资料的获取与产品营销范围日益扩大，社会生产、物资流通、商品交易及其管理正在不断发生深刻变革。物流成本管理水平的高低，将直接影内物流成本水平，进而影响产品成本。国内企业可以利用高质量的现代物流系统，降低物流成本，提高企业及其产品参与国际市场活动的竞争力。如果全行业的物流效率普遍提高，物流成本平均水平降低到一个新水平，那么该行业在国际上的竞争力将得到增强。

（2）加速产业结构的调整，制成新型工业化

我国目前处于工业化中期，加强物流成本管理可以促进区域经济增长方式的转变，引导企业走新型工业化之路，解决二元结构，增加就业，加快城市化建设；实现用信息化带动工业化，用集约式经营来提高效益和效率。发展物流成本管理是实现新型工业化的强大支撑。加强以物流成本为手段的物流管理，可以促进新的产业形态的形成，优化区域产业结构。

（3）为社会增加财富，提高人民生活水平

加强物流成本管理可以降低物品在运输、装卸、仓储等流通环节的损耗。这不但节约物流费用，为社会节约大量物质财富，同时也可增加在生产领域的投入，创造更多的物质财富，从而增加企业为国家上缴的利税，增加国家资金积累。

（4）促进以城市为中心的区域市场的形成和发展

一般来说，城市是商品集散和加工的中心，而且物流设施和基础建设齐全，消费集中且需求量大，交通与信息发达，城市与周围地区存在不对称性，以其为核心枢纽，辐射周边地区，带动其他地域成为一个商品流通整体。

第二节　现代物流成本的构成

一、物流成本（Logistics Cost）的构成

狭义的物流成本涵盖了生产、流通、消费全过程的物品实体与价值变化而发生的全部费用，包括从生产企业内部原材料的采购、供应开始，经过生产制造中的半成品、产成品的仓储、搬运、装卸、包装、运输以及在消费领域发生的验收、分类、仓储、保管、配送、废品回收等过程发生的所有成本：

（1）物流活动中的物资消耗——电力、燃料、包装材料以及固定资产损耗；

（2）物资在物流活动中发生的合理损耗；

（3）企业为开展物流活动的人力成本；

（4）物流活动中发生的其他费用——与物流有关的办公费、差旅费等；

（5）用于保证物流系统运作顺畅的资金成本；

（6）研究设计、重建与优化物流过程的费用。

二、物流成本计算的对象——以日本物流成本标准为例

（一）按物流范围将物流成本划分（如表7－1所示）

（1）供应物流成本。供应物流成本是指原材料采购到供应给购入者这一物流过程中所

需要的成本。

（2）企业内部物流成本。企业内部物流成本是指产成品运输、包装开始到最终确定向顾客销售这一物流过程中所需要的成本。

（3）销售物流成本。销售物流成本是指确定向顾客销售到向顾客交货这一物流过程中所需要的成本。

（4）回收物流成本。回收物流成本是指由于售出产品的退货而发生的物流过程中所需要的成本。

（5）废弃物物流成本。废弃物物流成本是指由于产品、包装物或运输容器、材料等的废弃而发生的物流过程中所需要的费用。

表 7－1　　企业物流成本范围构成表

成本范围	内容说明
供应物流成本	指经过采购活动，将企业所需原材料（生产资料）从供给者的仓库运回企业仓库为止的物流过程中所发生的物流费用
企业内物流成本	指从原材料进入企业仓库开始，经过出库、制造形成产品以及产品进入成品库，直到产品从成品库出库为止的物流过程中所发生的物流费用
销售物流成本	指为了进行销售，产品从成品仓库运动开始，经过流通环节的加工制造，直到运输至中间商的仓库或消费者手中的物流活动过程中所发生的物流费用
回收物流成本	指退货、返修物品和周转使用的包装容器等从需方返回供方的物流活动过程中所发生的物流费用
废弃物流成本	指将经济活动中失去原有使用价值的物品，根据实际需要进行收集、分类、加工、包装、搬运、储存等，并分送到专门处理场所的物流活动过程中所发生的物流费用

（二）按支付形式将物流成本划分

（1）材料费：是指提供物流服务所耗用的一切材料、包装器材、修理用零件、低值易耗品摊销费用等。

（2）人工费：是指工资、补贴、奖金、退休金、福利费等劳务费用。

（3）公益费：是指向电力、煤气、自来水等提供公益服务的部门支付的费用。

（4）维护费：是指使用和维护土地、建筑物、车辆、搬运工具等支出的维修费、材料消耗费、课税、租赁费、保险费等费用。

（5）一般经费：是指差旅费、交通费、会议费、招待费、教育费以及各种杂费等一般支出。

（6）特别经费：是指采用不同计算方法所计算出来的物流费用，包括折旧费和利息。

（7）委托物流费用：是指向其他企业或个人支付的包装费、运输费、保管费、出入库装卸费、手续费等费用，如表 7－2 所示。

表 7－2　企业物流成本支付形态构成表

成本支付形态		内容说明
企业内部物流成本	材料费	资材费、工具费、器具费等
	人工费	工资、福利、奖金、津贴、补贴、住房公积金等
	维护费	土地、建筑物及各类物流设施设备的折旧费、维护维修费、租赁费、保险费、税金、燃料与动力消耗费等
	一般经费	办公费、差旅费、会议费、通信费、水电费、煤气费等
	特别经费	存货资金占用费、物品损耗费、存货保险费和税费
委托物流成本		企业向外部物流机构所支付的各项费用

（三）按物流的功能计算物流成本

按物流的功能计算物流成本：运输成本、库存成本、包装成本、装卸搬运成本、物流信息成本和物流管理成本，如表 7－3 所示。

表 7－3　物流功能成本的构成内容

成本构成 成本类型	直接成本	机会成本	风险成本
运输成本	外付运费，人工成本、燃料成本、过路费、运输工具折旧和修理成本、车船税、保险费	运车工具闲置损失，回程空载损失，货物的资金占用成本	事故预防成本，事故发生后人员、货物、设施损失
库存成本	外付仓储费，人工成本、水电成本、仓储设施折旧和维修成本，货物保险成本	仓储设备闲置损失，货物的资金占用成本	货物报废、毁损、丢失、贬值损失、缺货成本
包装成本	人工成本，包装设备折旧和维修成本、包装材料成本、包装标志标识的印制和粘贴成本	过度包装导致的运输和仓储增量成本	包装不当导致的货物损坏、标志标识不清导致错货的损失
装卸搬运成本	外付装卸搬运费、人工成本、燃料和动力成本、装卸搬运设备折旧和维修成本	装卸搬运设备闲置损失，货物的资金占用成本	装卸搬运不当导致的货物损毁损失
物流信息成本	人工成本、物流信息设备折旧和维修成本、软件使用成本、通信成本		
物流管理成本	人工成本、管理设备折旧和维修成本、水电成本		

三、物流成本的分类

(一) 狭义物流成本分类

1. 按经济内容分类

(1) 固定资产折旧费；

(2) 材料费；

(3) 薪酬，包括工资、奖金、劳动保险费、医疗保险费、失业保险费、重大工伤保险费、生育保险费、住房公积金、职工教育经费、工会经费、货币性福利和非货币性福利以及职工辞退金；

(4) 燃料动力费；

(5) 利息支出；

(6) 税金；

(7) 其他支出。

2. 按经济用途分

(1) 运输成本：物流企业的运输成本包括人工费、营运费（营运车辆的燃料费、轮胎费、折旧费、维修费、租赁费、车辆牌照检查费、车辆清理费、过路费、保险费、公路运输管理费等）和其他费用（差旅费、事故损失费、相关税金）；

(2) 流通加工成本：包括流通加工设备费用、流通加工材料费、流通加工劳务费以及流通加工的其他费用（电力、燃料、油料以及车间经费等）；

(3) 配送成本：是企业配送中心进行分货、配货、送货过程中所发生的各项费用之和，包括配送运输费用、分拣费、配装费；

(4) 包装成本：包括包装材料费用、包装机械费用、包装技术费用、包装辅助费用和包装的人工费用；

(5) 装卸与搬运成本：包括人工费用、固定资产折旧费、维修费、能源消耗费、材料费、装卸搬运合理损耗费用以及其他费用（差旅费、办公费、保险费、相关税金等）；

(6) 仓储费：包括仓储持有成本、订货或生产准备成本、缺货成本和在途库存持有成本；

(7) 物流信息和管理费用：包括企业为物流管理所发生的差旅费、会议费、交际费、管理信息系统费以及其他杂费，如表 7－4 所示。

表 7－4　　企业物流成本项目构成表

<table>
<tr><th colspan="3">成本项目</th><th>内容说明</th></tr>
<tr><td rowspan="7">物流功能成本</td><td rowspan="5">物流运作成本</td><td>运输成本</td><td>一定时期内，企业为完成货物运输业务而发生的全部费用，包括从事货物运输业务的人员费用、车辆（包括其他运输工具）的燃料费、折旧费、维修保养费、租赁费、养路费、过路费、年检费、事故损失费、相关税金等</td></tr>
<tr><td>仓储成本</td><td>一定时期内，企业为完成货物储存业务而发生的全部费用，包括仓储业务人员费用，仓储设施的折旧费、维修保养费、水电费、燃料与动力消耗等</td></tr>
<tr><td>包装成本</td><td>一定时期内，企业为完成货物包装业务而发生的全部费用，包括包装业务人员费用，包装材料消耗，包装设施折旧费、维修保养费，包装技术设计、实施费用以及包装标记的设计、印刷等辅助费用</td></tr>
<tr><td>装卸搬运成本</td><td>一定时期内，企业为完成装卸搬运业务而发生的全部费用，包括装卸搬运业务人员费用，装卸搬运设施折旧费、维修保养费、燃料与动力消耗等</td></tr>
<tr><td>流通加工成本</td><td>一定时期内，企业为完成货物流通加工业务而发生的全部费用，包括流通加工业务人员费用，流通加工材料消耗，加工设施折旧费、维修保养费，燃料与动力消耗费等</td></tr>
<tr><td colspan="2">物流信息成本</td><td>一定时期内，企业为采集、传输、处理物流信息而发生的全部费用，指与订货处理、储存管理、客户服务有关的费用，具体包括物流信息人员费用，软硬件折旧费、维护保养费、通信费等</td></tr>
<tr><td colspan="2">物流管理成本</td><td>一定时期内，企业物流管理部门及物流作业现场所发生的管理费用，具体包括管理人员费用，差旅费、办公费、会议费等</td></tr>
<tr><td rowspan="3">存货相关成本</td><td colspan="2">资金占用成本</td><td>一定时期内，企业在物流活动过程中负债融资所发生的利息支出（显性成本）和占用内部资金所发生的机会成本（隐性成本）</td></tr>
<tr><td colspan="2">物品损耗成本</td><td>一定时期内，企业在物流活动过程中所发生的物品跌价、损耗、毁损、盘亏等损失</td></tr>
<tr><td colspan="2">保险和税收成本</td><td>一定时期内，企业支付的与存货相关的财产保险费以及因购进和销售物品应交纳的税金支出</td></tr>
</table>

3. 按成本与业务量的关系分类

（1）固定成本。固定成本是指其总额在一定时期和一定业务量范围内，不受业务量增减变动影响而保持不变的成本，如按直线法计算的固定资产折旧、管理人员薪酬、机器设备的租金等。固定成本总额只是在一定时期和一定业务量范围内才是固定的。

（2）变动成本。变动成本是指其总额随业务量的变动而成正比例变动的成本，如直接材料、直接人工和包装材料等。

4. 按计入营业成本的方式分类

(1) 直接成本。直接成本又可称为可追溯成本，指与某一特定成本对象存在直接关系，他们之间存在明显的因果关系或受益关系，是为某一特定的成本对象所消耗。

(2) 间接成本。间接成本是指与某一特定成本对象没有直接联系的成本，它为几种成本对象所共同消耗，不能直接计入某一特定成本对象的成本，如厂房的折旧等。

5. 按转化为费用的不同方式分类

(1) 产品成本。产品成本是指可计入存货价值的成本，包括按特定目的分配给一项产品的成本总和。

(2) 期间成本。期间成本是在发生当期不计入产品成本的生产经营成本，在发生当期直接转为费用。

(二) 广义物流成本分类

为清楚反映物流成本的背反关系，提升物流成本的管理效率，需要对广义物流成本进行重新分类。

1. 客户服务成本

与不同客户服务水平相关的关键的成本权衡因素，是丧失销售的成本。丧失销售的成本不仅包括失去现有的销售所带来的贡献，还包括未来的潜在销售。企业可能由于以前顾客的反面的口头宣传而丧失未来的销售机会。

2. 运输成本

根据分析个体的不同，可以用多种不同方法来考察支持运输的支出。运输成本可以按客户、生产线、渠道类型、运输商、方向（进货对发货）等分类。根据发运量、运输的重量、距离以及出发地和目的地不同，成本相应地变化很大，成本和服务还会随所选择运输方式的不同而发生大幅度的变动。

3. 仓储成本

仓储成本由仓储和储存活动以及工厂和仓库的选址过程所造成，包括由于仓库数量和位置的变化而引起的所有成本。

4. 订单处理/信息系统成本

订单处理和信息系统的成本与诸如处理客户订单、配送信息和需求预测等活动相关。

5. 批量成本

主要的物流批量成本是由于生产和采购活动所引起的，批量成本是和生产或采购相关的成本，随生产批量、订单的大小或频率的改变而变化。

6. 库存持有成本

可能影响库存持有成本的物流活动包括库存控制、包装以及废品回收和废物处理，库存持有成本由许多组成，除销售的丧失成本之外，库存持有成本是最难确定的。

7. 包装成本

包装作为物流企业的构成要素之一，与运输、保管、搬运、流通加工均有十分密切的关系，包装是生产的终点，同时又是物流的起点。因而，包装在物流中有非常重要的作用。

企业物流成本的分类如图产 7－2 所示。

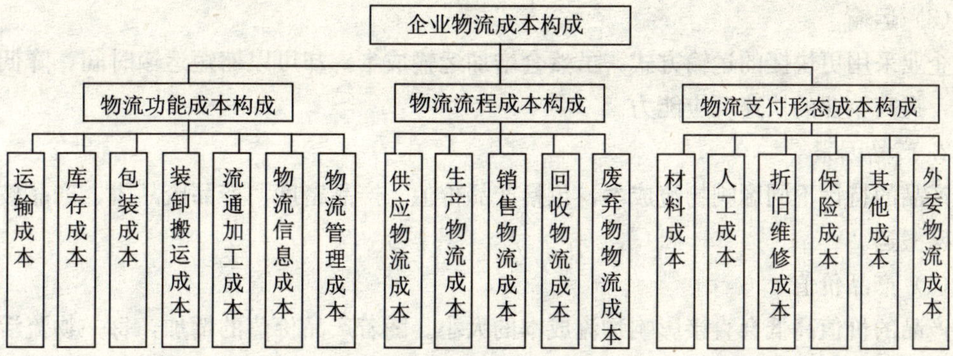

图 7－2　企业物流成本的分类

四、物流成本的特点

(1) 在通常企业财务决算表中，物流成本核算的是企业对外部运输业务者所支付的运输费用或向仓库支付的商品保管费用等传统物流成本，对于企业内部与物流中心相关的人员费、设备折旧费等则与企业其他经营费用同一计算。因而，从现代物流管理的角度看，企业难以正确把握时机的企业物流成本。

(2) 在一般物流成本中，物流部门完全无法掌握的成本很多，如保管费过量进货、过量生产、销售残次品的在库维持以及紧急输送等产生的费用是纳入其中的，从而增加了物流成本管理的难度。

(3) 物流成本削减具有乘数效应。

(4) 从销售关联的角度看，物流成本中过量服务所产生的成本与标准服务所产生的成本是混同在一起的，例如，很多企业将促销费纳入物流成本之中。

(5) 物流在企业财务会计制度中没有单独的项目。

(6) 对物流成本的计算与控制，各企业通常是分散进行的。

(7) 由于物流成本是以物流活动全体为对象，所以，它是企业唯一的、基本的、共同的管理数据。

(8) 各类物流成本之间具有悖反关系，一类物流成本的下降往往以其他物流成本的上升为代价。

五、影响物流成本的因素

1. 竞争性因素

(1) 订货周期

企业物流系统的高效必然可以缩短企业的订货周期，降低客户的库存，从而降低客户的库存成本，提供企业的客户服务水平，提高企业的竞争力。

(2) 库存水平

存货的成本提高，可以减少缺货成本，即缺货成本与存货成本成反比。

(3) 运输

企业采用更快捷的运输方式，虽然会增加运输成本，却可以缩短运输时间，降低库存成本，提高企业的快速反应能力。

2. 产品因素

产品的特性不同影响物流成本，包括产品价值、产品密度、产品废品率、产品破损率和特殊搬运。

(1) 产品价值

产品的价值高低会直接影响物流成本的大小。随着产品价值的增加，每一物流活动的成本都会增加，运费在一定程度上反映货物移动的风险。一般来讲，产品价值越大，对其所需使用的运输工具越高，仓储和库存成本也随着产品价值的增加而增加。高价值意味着存货中的高成本，以及包装成本的增加。

(2) 产品密度

产品密度越大，相同运输单位所装的货物越大，运输成本就越低；同理，仓库中一定空间领域存放的货物越多，库存成本就会降低。

(3) 产品废品率

影响物流成本的一个重要方面还在于产品质量，也即产品废品率的高低。生产高质量的产品可以杜绝因次品、废品等回收、退货而发生的各种物流成本。

(4) 产品破损率

产品破损率较高的物品即易损性物品，对物流成本的影响是显而易见的，易损性的产品对物流各环节如运输、包装、仓储等都提出更高要求。

(5) 特殊搬运

有些物品对搬运提出了特殊要求。如对长大物品的搬运，需要特殊的装卸工具；有些物品在搬运过程中需要加热或制冷等，这些都会增加物流成本。

3. 环境因素

环境因素包括空间因素、地理位置及交通状况等。空间因素主要指物流系统中企业制造中心或仓库相对于目标市场或供货点的位置关系等；若企业距离目标市场太远，交通状况较差，则必然会增加运输及包装等成本，若在目标市场建立或租用仓库，也会增加库存成本。因此，环境因素对物流成本影响是很大的。

4. 管理因素

管理成本与生产和流通没有直接数量依存关系，但却直接影响着物流成本的大小，节约办公费、水电费、差旅费等管理成本相应可以降低物流成本总水平。另外，企业利用贷款开展物流活动，必然要支付一定的利息，资金利用率的高低，影响着利息支出的大小，从而也影响着物流成本的高低。

第三节 现代物流成本的管理方法

物流成本管理是企业物流管理的核心，企业通过对物流成本的有效管理，可以有效推动物流合理化进程，提高企业经济效益。当前，我国生产企业物流成本管理水平低下，物流成本较高，需要采取措施加以改进。

随着现代物流的迅速发展，物流管理日益渗透到企业各项管理之中。物流成本管理是企业物流管理的核心部分。企业通过对物流成本的有效把握，利用物流要素之间的效益背反关系，科学、合理地组织物流活动，加强对物流活动过程中费用支出的有效控制，降低物流活动中的物化劳动和活劳动的消耗，从而达到降低物流总成本，提高经济效益和社会效益的目的。

一、几种常见的成本管理方法

1. 按照产品的品种计算产品成本，称为品种法

品种法是以产品的品种作为成本计算对象，按照产品品种归集其生产费用并计算其成本。特点：

(1) 以产品品种作为成本计算对象，按照产品品种归集其生产费用并计算其成本；

(2) 按月份计算产品成本；

(3) 对于单步骤生产企业，一般不需要将生产费用在完工产品和月末产品之间分配。

2. 按照产品的批别计算产品成本，称为分批法

分批法是以产品的批别作为成本计算对象，归集分配生产费用并据以计算产品成本。其特点：

(1) 以产品的批次计算成本；

(2) 产品计算不定期，有完工产品时才进行计算；

(3) 一般不需要将生产费用在完工产品和月末在产品之间进行分配。

3. 按照产品的生产步骤计算产品成本，称为分步法

分步法是以产品的品种和每种产品所经过的生产步骤作为成本计算对象来归集生产费用并计算产品成本。其特点：

(1) 成本计算的对象是各个步骤的半成品和最后步骤的产成品；

(2) 定期每月的月末进行计算；

(3) 计算空间是产品的每个生产步骤。

4. 需要采用活动基准成本计算法（ABC 法），将本步骤的生产费用在完工产品和月末在产品之间进行分配

第二次世界大战以后直至 20 世纪 70 年代末，西方大多数公司一般只生产有限几种产品，作为最重要生产要素的直接材料和直接人工，都能很方便地追溯到具体产品。在这样情况下，公司的间接费用根据直接人工工时计算出来的费用分配率进行分配，它所造成的

成本扭曲是微不足道的。

但到了 80 年代，在西方工业发达国家，随着高科技的不断出现，资本高度密集，公司生产产品的种类和销售渠道都显著增加，直接人工比重日益降低，一般只占公司总成本的 10%左右。而工厂的保证运转费用、推销费用、分配费用、技术费用和其他一般管理职能的费用，则大幅度增加。在这样情况下，如果大多数公司仍以日益减少或根本不存在的直接人工工时为基础来分配这些比例逐渐增大的间接费用和"支援成本"(Support Cost)，其结果就不可避免地会造成产品成本信息的严重扭曲。

活动基准成本计算法的特点就是通过把实际作业程序中的"活动"作为成本计算的基本单位，算出不同"活动"的成本。实际作业程序中的活动有配货、产品检验、开收据、包装等。

活动量基础成本系统的设计程序分以下两个步骤：

第一步：收集直接材料成本和直接人工成本的准确数据；

第二步：调查各种产品对间接资源的需要量。在这一步骤中需遵守以下三条指导性原则：

(1) 重视贵重的资源，这条原则指出了新的成本计算程序可能使产品成本产生重大差异的资源类别。譬如，在工厂成本占总成本比例较高的工业品制造公司内，他们希望建立一个能将制造费用追溯到各种产品的成本系统，生产消费品的厂商则希望能分析出不同产品、不同销售渠道、不同客户和不同地区的销售成本，而高技术的公司则必须研究不同产品和产品系列对技术、产品改进和工艺发展等资源的需要量。

(2) 重视各种产品类型消耗量明显不同的资源，并找出差异。

(3) 重视需求量模型与传统分配标准（如直接人工工时、加工时间、材料用量等）不相关的资源。

上述第 (2)、第 (3) 条原则确定了在传统成本系统下最可能扭曲成本四资源；同时指出通常代替各种活动的工时、机器小时、材料用量，都不是资源消耗量的适当分配标准。关键的问题应该是：随着产品线、加工技术、客户、销售渠道和供应商等多样化的增加，公司的哪一个部门应随之扩大。至于活动量基础成本系统的执行程序，通常应从访问各个职能部门的负责人开始，其目的是为了了解各部门的经营情况，以及引起部门活动的各种因素。其次，是通过分析研究，把各部门的活动追溯到具体产品上。

5. 按照劳务作业项目计算劳务成本，可称为作业成本法或 ABC 法

作业成本法或 ABC 法简介：ABC 成本法的产生，最早可以追溯到 20 世纪杰出的会计大师，美国人埃里克·科勒（Eric Kohler）教授。科勒教授在 1952 年编著的《会计师词典》中，首次提出了作业、作业账户、作业会计等概念。1971 年，乔治·斯托布斯(George Staubus) 教授在《作业成本计算和投入产出会计》(*Activity Costing and Input Output Accounting*) 中对"作业"、"成本"、"作业会计"、"作业投入产出系统"等概念作了全面系统的讨论。这是理论上研究作业会计的第一部宝贵著作。但是当时作业成本法却未能在理论界和实业界引起足够的重视。20 世纪 80 年代后期，随着 MRP、CAD、CAM、MIS 的广泛应用，以及 MRPII、FMS 和 CIMS 的兴起，使得美国实业界普遍感到产品成

本住处与现实脱节，成本扭曲普遍存在，且扭曲程度令人吃惊。美国芝加哥大学的青年学者库伯（Robin Cooper）和哈佛大学教授开普兰（Robert S. Kaplan）注意到这种情况，在对美国公司调查研究之后，发展了斯托布斯的思想，提出了以作业为基础的成本计算(1988)（Activity Based Costing，ABC 法）。作业成本法在过去 10 年中受到了广泛关注，新型的咨询公司已经扩展了作业成本法的应用范围并研发出相应的软件。

ABC 分类法又称帕累托分析法，也叫主次因素分析法，是项目管理中常用的一种方法。它是根据事物在技术和经济方面的主要特征，进行分类排队，分清重点和一般，从而有区别地确定管理方式的一种分的方法。由于它把被分析的对象分成 A、B、C 三类，所以又称 ABC 分类法。

在 ABC 分析法的分析图中，有两个纵坐标，一个横坐标，几个长方形，一条曲线，左边纵坐标表示频数，右边纵坐标表示频率，以百分数表示。横坐标表示影响质量的各项因素，按影响大小从左向右排列，曲线表示各种影响因素大小的累计百分数。一般地，是将曲线的累计频率分为三级，与之相对应的因素分为三类：

A 类因素，发生频率为 70%～80%，是主要影响因素。

B 类因素，发生频率为 10%～20%，是次要影响因素。

C 类因素，发生频率为 0～10%，是一般影响因素。

这种方法有利于人们找出主次矛盾，有针对性地采取措施。

ABC 法大致可以分五个步骤：

(1) 收集数据，针对不同的分析对象和分析内容，收集有关数据；

(2) 统计汇总；

(3) 编制 ABC 分析表；

(4) ABC 分析图；

(5) 确定重点管理方式。

二、现代物流成本管理的方法

1. 物流成本横向管理法

物流成本横向管理即对物流成本进行预测和编制计划。物流成本计划按时间标准进行划分，有短期计划（半年或一年）、中期计划和长期计划。

2. 物流成本纵向管理法

物流成本纵向管理即对物流过程的优化管理。物流过程是一个创造时间性和空间性价值的经济活动过程。为使其能提供最佳价值效能，就必须实现物流各个环节的合理化和物流过程的迅速、通畅。

(1) 用线性规划、非线性规划制定最优运输计划，实现物品运输优化。物流过程中遇到最多的是运输问题。

(2) 运用系统分析技术，选择货物最佳的配比和配送线路，实现货物配送优化。其中运用较广泛的方法是经济订购批量模型，即 EOQ 模型。

(3) 运用存储论确定经济合理的库存量，实现物资存储优化。

(4) 运用模拟技术对整个物流系统进行研究，实现物流系统的最优化。如克莱顿—希尔模型，是一种采用逐次逼近法的模拟模型。这个方法提出了物流系统的三项目标：最高的服务水平、最小的物流费用、最快的信息反馈。在模拟过程中采用逐次逼近的方法来求解下列决策变量：流通中心的数目、对客户的服务水平、流通中心收发货时间的长短、库存分布、系统整体的优化。

3. 计算机管理系统管理法

计算机管理系统将物流成本的横向和纵向连接起来，形成一个不断优化的物流系统的循环。

三、我国现代企业物流成本管理存在的问题

尽管学者们对于我国企业物流成本控制的问题观点和方法众多，但从企业物流成本控制的实践来看，依然存在着以下问题：

1. 物流成本控制意识淡薄、观念落后

长期以来，许多厂商为了寻求更多的效益，把经营重点都放在生产和销售环节上，想方设法从这两个环节中找利润，却往往对物流中潜在的利润视而不见。没有充分认识到现代物流管理是降低生产总成本、增强企业竞争力的重要手段，对物流的理解大多仅限于运输、仓储等低增值业务，而对物流系统设计物流合理化、开发信息系统等高增值业务缺乏应有的了解。

2. 现有的会计方法不能满足物流一体化的要求

从现代物流管理的角度看，我国企业现行的财务会计制度中，以职能为基础的成本核算体系将物流系统诸环节隔离分解，没有单独核算物流成本的会计科目，一般所有成本都列在费用一栏中；物流活动及其发生的许多费用常常是跨部门发生的，而现有会计归集方法不能确认运作的责任，以致物流成本升降的责任并不明确，在物流管理上所发挥的作用有限。因此划分物流成本的任务十分艰巨。

3. 物流成本存在着“二律背反”规律

物流成本的各项目之间存在此消彼长的关系，在达到一定服务水平的前提下，不明确物流总成本的全部构成，仅仅对其中的某一部分或某几部分进行调整和优化，未必会带来全部物流成本的最优方案。而物流活动具有广泛协同运作和以客户为中心的特点，这使得由一系列相互关联的物流活动产生的物流总成本，既分布在企业内部的不同职能部门中，又分布在企业外部的不同合作伙伴中。从企业产品的价值实现过程来看，物流成本既与企业的生产和营销管理有关，又与客户的物流服务水平直接相关。因此，企业对物流总成本的准确把握难度实际上很大。

4. 我国企业现有的物流设施和物流人才不能全面满足物流成本管理的需要。

物流设施落后表现在两个方面：一是企业内部物流设施、技术落后。目前，我国大部分企业在仓储、运输、配送各个环节仍然以手工作业为主，没有自动化信息网络。二是社会物流基础设施落后。长期以来，我国财政对物流基础设施投资力度不足，大大低于世界先进水平。当前，我国大部分物流企业中，管理者素质较低，不少管理者观念尚未彻底转

变，不能及时适应市场需求。同时，我国在物流人才的教育和培养上也比较缓慢，使得市场上符合要求的物流人才较少，而且层次较低，物流专业人才就更缺乏。

练习思考题

1. 请结合本章内容，说说物流成本的管理方法有哪些。
2. 请结合案例，简述一下神龙公司物流成本的控制方法。
3. 简述为什么企业要进行物流成本管理。
4. 什么是物流成本?
5. 物流成本的构成内容有哪些？按物流范围分，物流成本如何分类?
6. 影响物流成本的因素有哪些?
7. 简述物流成本的特性。
8. 简述物流成本的方法措施。

第八章　现代物流绩效评价

引导案例

美国施乐公司物流绩效标杆

在北美，绩效标杆法（Benchmarking）这个术语是和施乐公司同义的。以往15年中，有100多家企业去施乐学习它在这个领域的专门知识。施乐创立绩效标杆法开始于1979年，当时日本的竞争对手在复印行业中取胜，他们以高质量、低价格的产品，使施乐的市场占有率在几年时间里从49%减少到22%。为了迎接挑战，施乐高级经理们引进了若干质量和生产率计划的创意，其中绩效标杆法就是最有代表性的一项。

所谓“绩效标杆法”就是对照最强的竞争对手，或著名的顶级企业的有关指标而对自己的产品、服务和实施过程进行连续不断的衡量。这也是发现和执行最佳的行业实践。

施乐考虑到了客户的满意度，绩效标杆法被执行得比原先最佳的实践还要好。

达到这个目标的主要实践方法是取悦客户，展示给客户看与施乐公司做生意是多么容易和愉快；达到这个目标的主要途径是公司与客户之间的接触点。例如，拿取和填写订货单、开发票的全过程都必须符合保证客户满意的最佳实践标准。

在施乐会司，绩效标杆法是一个由如下四个阶段和十个步骤组成的程序：

第一阶段（3个步骤）：识别什么可成为标杆；识别可作为对照或对比的企业；数据的收集。

第二阶段（3个步骤）：确定当今的绩效水平；制订未来绩效水平计划；标杆的确认。

第三阶段（2个步骤）：建立改进目标；制订行动计划。

第四阶段（2个步骤）：执行行动计划和监督进程；修正绩效标杆。

一个绩效标杆作业往往需要6～9个月的实践，才能达到目标。需要这么长时间，是因为绩效标杆既需要战略的，也包括战术或运作的因素。从战略上讲，绩效标杆涉及企业的经营战略和核心竞争力问题；从战术上讲，一个企业必须对其内部运作有充分的了解和洞察，才能将之与外部诸因素相对比。

绩效标杆的实践运作主要包括以下三种类型：

第一种类型是工作任务标杆。比如搬运装车、成组发运、排货出车的时间表等单个物流活动。

第二种类型是广泛的功能标杆。就是要同时评估物流功能中的所有任务，如改进仓储绩效的标杆（从储存、堆放、订货、挑选到运送等每一个作业）。

第三种类型是管理过程的标杆。把物流的各个功能综合起来，共同关注诸如物流的服务质量、配送中心的运作、库存管理系统、物流信息系统及物流操作人员的培训与薪酬制度等，这种类型的标杆更为复杂，因为它跨越了物流的各项功能。

运用绩效标杆法实际上可打破根深蒂固的不愿改进的传统思考模式，而将企业的经营目标与外部市场有机地联系起来，从而使企业的经营目标得到市场的确认而更趋合理化。

例如，它建立了物流客户服务标准，鼓励员工进行创造性和竞争性的思维，并时常提高员工物流运作成本和物流服务绩效的意识。

缺乏准备是绩效标杆法失败的最大原因。对别的企业做现场视察，首先要求物流经理能完全理解本企业内部的物流运行程序，这种理解有助于识别哪些是他们要去完成的，哪些是要从绩效标杆中寻求的信息。

施乐公司物流绩效标杆已取得了显著成效。以前公司花费了80%的时间关注市场的竞争，现在施乐公司却花费80%的精力集中研究竞争对手的革新与创造性活动。施乐公司更多地致力于产品质量和服务质量的竞争而不是价格的竞争。结果，公司降低了50%的成本，缩短了25%的交货周期，并使员工增加了20%的收入，供应商的无缺陷率从92%提高到95%，采购成本也下降了45%，最可喜的是，公司的市场占有率有了大幅度的增长。

第一节　现代物流绩效评价概述

一、物流绩效评价的内容与标准

（一）物流绩效评价的内容

1. 物流绩效评价的概念

所谓评价就是根据确定的目的测定评价对象的属性，并将各种属性变为客观定量的标准或主观效用的行为。物流绩效评价就是以有效满足物流需求为目的，通过客观定量标准与主观效用行为测定物流绩效的活动过程。具体地说，物流绩效评价是对物流价值的事前计划与控制以及事后的分析与评估，以衡量企业物流运作系统和活动过程的投入与产出状况的分析技术和方法。依托现代信息技术和分析工具，零售企业物流绩效评价成为一个不断分析、控制和修正的动态过程。

2. 物流绩效评价的内容

物流绩效评价的主要内容包括：物流技术方面的物流绩效评价，如对物流运作流程的评价，对物流设备设施配置的评价，对包装模数的评价等；成本、收入和利润等财务方面的物流绩效评价，如物流成本控制及控制水平，物流业务量，物流利润水平及利润趋势等；资源方面的物流绩效评价，如能源利用率、原材料利用率、回收率以及物流资源对环境的影响情况等。

3. 物流绩效评价的重要的作用

物流绩效评价具有的重要作用：①提出和追踪物流运作目标以及完成状况，并进行不同层次和角度的分析和评价，实现对物流活动的事先控制；②通过物流绩效评价，判断物流目标的可行性和完成程度，调整物流目标；③进行物流绩效评价，按新的管理与控制目标进一步改善工作，提升物流绩效；④物流绩效评价是现代企业内部监控的有效工具和方法；⑤通过物流绩效评价，分析和评估现代企业资源素质与能力，确定物流发展战略。

（二）物流绩效评价的标准

1. 计划标准

计划标准是评价物流绩效的基本标准。以计划标准为尺度，可以将物流绩效实际达到的水平同计划指标进行对比。它反映了物流绩效计划的完成情况，并在一定程度上表明了现代企业的经营管理水平。

2. 历史标准

以历史标准为尺度，可以将物流绩效指标实际达到的水平同历史同期水平或历史最好水平进行对比，观察这种指标是否达到了最佳状态。这种纵向的对比，能够反映出物流绩效指标的发展动态及其方向，为进一步提升物流绩效提供决策依据。

3. 行业标准

用国际或国家同行业达到的先进水平作为评价物流绩效的尺度。这种横向的对比，便于观察和表明现代企业本身所处的位置，便于发现差距，可作为现代企业制定物流发展战略的基础。

4. 客户标准

用客户对现代物流运作服务的评价和满意程度来衡量现代企业的物流绩效。客户的满意程度是评价现代物流运作服务水平的关键要素，是现代企业改进和提高物流服务水平的依据。

（三）物流绩效评价方法

物流绩效评价方法就是对物流绩效评价指标各要素进行分析并确定各要素对物流绩效的影响程度，再通过对物流绩效评价指标要素的比较和优化，根据企业物流服务的实际需要，形成一个完善的由多个评价方法构成的体系。

1. 物流基本业务绩效评价

整个物流活动由若干个基本的、能够创造物流价值并独立进行评价的业务构成。现代企业将整个物流划分为若干个基本业务环节，这是物流基本业务绩效评价的前提条件。对于一个完整的物流过程而言，某一环节承担的某一项业务都可以看成是基本业务。基本业务的确定要考虑到现代企业资源条件、管理能力以及物流和技术等要素。不同的企业对基本业务的划分会有所不同。

2. 物流总体绩效评价

物流绩效评价的实质是对现代物流服务能力、竞争能力和发展能力的评价。现代企业应当从提高物流服务水平的角度对物流运作活动的总体绩效做出评价。物流活动总体绩效评价可以分成内部评价和外部评价。

内部评价是对现代企业本身物流资源与能力的一种基础性评价。根据内部评价可以确认物流的服务水平、服务能力和满足服务客户要求的最大限度。内部评价是建立在对物流基本业务分析的基础之上，将整个物流系统进行投入产出分析，从而可以确认物流系统总体的能力、水平和有效性。

外部评价是对现代物流运作外部环境、物流服务形象与能力的系统评价。主要有两种评价方法：一是客户满意度评价，一般采用调查问卷、专家系统、客户座谈会等方式进行评价；二是"标杆"评价法，即通过选定先进标准作为参照系确定为"标杆"，进行比照分析和评价现代物流运作的总体绩效。

二、物流绩效评价的原则

（一）物流绩效评价的平衡原则

1. 物流绩效评价指标的平衡

主要包括外部评价指标（品牌形象、客户态度、股东收益等）和内部评价指标（内部组织效率、物流运营、技术、创新与成长等）之间的平衡；包括成果评价指标（市场占有率、利润、物流费用、物流设备利用率等）与行为评价指标（物流功能组合、物流控制、物流设备状况、员工、物流流程、物流服务等）之间的平衡；包括客观评价指标（响应速度、准时率、准确率、配送频率、差错率等）与主观评价指标（客户满意度、员工忠诚度等）之间的平衡；包括直接评价指标（直接衡量物流活动成本与收益的指标）与间接评价指标（物流活动提升竞争力和品牌影响力的指标）之间的平衡；此外，还应包括长期评价指标与短期评价指标的平衡，包括有形资产评价指标与无形资产评价指标的平衡。

2. 物流绩效评价指标体系与评价组织体系和评价方法体系三者之间的平衡

当今社会是一个多元思维的社会，人们认识的深度和广度取决于认识对象的范围。对物流绩效的评价不仅需要科学、合理的评价指标体系，而且还需要建立与之相协调的能正确理解和应用指标体系的评价组织体系（包括评价人员组织、评价过程组织、评价结果的决策组织）。同时，也需要建立与之相适应的评价方法体系。

3. 物流绩效评价是对整个供应链体系中多个群体利益的协调、平衡和兼顾

为了建立起企业内部物流运作体系和各环节、各部门和各个员工的激励机制，并建立起企业与供应商和客户等外部利益群体的利益分享机制，需要对物流绩效进行多角度评价的平衡和有机协调。

（二）物流绩效评价的战略原则

第一，传统的评价系统是由成本和财务模式驱动的，是围绕财务评价和财务目标建立起来的。物流绩效评价，虽然需要采用传统的财务与成本评价，但必须从企业发展战略的高度建立物流绩效的评价系统，必须坚持评价的战略原则；

第二，物流绩效评价系统必须紧紧围绕企业发展的战略需要，将战略、任务和决策转化为具体的、系统的、可操作的指标，从而形成集评价和激励，传播和沟通、团结和学习的多功能战略管理系统；

第三，物流绩效评价必须根据影响企业发展的重要战略要素的变化，及时调整并将其

吸纳进评价指标体系之中；

第四，通过物流绩效的评价，进一步分析和评估企业资源的素质与能力，科学确定企业发展的物流战略；

第五，物流绩效评价是一项具有战略意义的工作。要注重评价指标体系、评价组织体系和评价方法体系的战略发展，要明确战略重点，实施战略管理，确保物流绩效评价创造战略价值。

（三）物流绩效评价的目标原则

从企业物流运作管理需要出发，物流绩效评价的目标就是对整个物流运作管理过程的监督、控制和指挥。首先，物流绩效的目标表现为追踪现行物流系统绩效，并与以往物流系统绩效不断进行比较分析，主要就服务水平和物流成本的要素分析向管理者提供绩效评估报告；其次，依据物流系统的标准化体系进行实时控制，追踪现行物流系统运作绩效，改进物流动作程序，及时调整运作方式；最后，通过物流绩效评估来评价物流组织和物流人员的工作绩效，实现物流运作效率的最优化。

三、物流绩效的评价系统

要构建物流绩效评价体系，就必须明确物流绩效评价系统的基本内容。一个完整的物流绩效评价系统具体由物流绩效评价对象、物流绩效评价模型、物流绩效评价指标体系、物流绩效评价标准、物流绩效评价方法、物流绩效评价组织及物流绩效评价报告组成，它们之间相互联系、相互影响，共同服务于物流绩效评价的目标。

（一）物流绩效评价对象

物流绩效评价对象是企业物流战略目标的执行对象，主要涉及企业物流运作的具体流程。企业物流流程比较复杂，难以对其进行全面评价，因而必须对其进行分解，并把企业物流战略目标和企业物流关键业务流程结合起来，再将关键业务流程分解成具体的活动和任务，对其进行绩效测量、分析、综合，从而得到企业物流整体绩效。因此，企业物流绩效评价对象实际上是与企业战略目标相关的企业物流活动。

（二）物流绩效评价模型

企业物流绩效评价模型是依据企业物流战略目标划分而能进行度量的企业物流绩效指标体系。在企业物流运作中常用的参考模型有物流计分卡，而在供应链中常用的方法有平衡计分卡模型（BSC）、供应链运作参考模型（SCOR）。

（三）物流绩效评价指标体系

物流绩效评价指标体系是指通过关键指标来反映企业的物流绩效，它是实施企业物流绩效评价的基础。物流绩效评价指标体系可以通过层次结构来描述，将战略层次的指标分解为战术层次的具体的可操作性指标。

（四）物流绩效评价标准

企业物流绩效评价标准，有的文献也称之为“标杆”，是判断评价对象绩效优劣的基准。选择何种标准作为评价的基准取决于评价的目的。物流绩效评价标准一方面可用企业过去的绩效评价数据为标准进行比较，以此来反映绩效的改进程度；另一方面，也可以与同行业竞争者企业物流绩效进行比较。在具体选用标准时，应与评价对象紧密联系。

（五）物流绩效评价方法

物流绩效评价方法是企业物流绩效评价的具体手段。主要是将各具体指标的评价值通过适当的计算，得出最终目标评价值，最后再与评价标准比较，得出评价结论。没有科学的评价方法，物流绩效评价就不能得出正确的结论。

（六）物流绩效评价组织

物流绩效评价组织是指负责构建物流绩效评价系统并实施物流绩效评价的机构。它负责完成物流绩效评价模型的选择，评价指标体系的建立，评价标准的设定以及评价报告等工作。物流绩效评价可以在企业内部进行，由管理层来制定与实施绩效评价；也可以由独立于企业的专业组织来组织进行绩效评价。两种方式各有优劣，应结合企业的实际情况进行适当选择。

（七）物流绩效评价报告

物流绩效评价报告是绩效评价系统的输出信息，也是绩效评价系统的结论性文件。绩效评价系统通过各种方式获取的评价信息，经过加工、整理后得出绩效评价对象的评价指标数值或状况，对这些评价指标进行计算得出企业物流整体绩效。然后，对评价指标以及计算结果的数值状况与预先确定的评价标准以及历史评价报告进行对比，得出评价对象绩效优劣及发展趋势的结论。最后，形成企业物流绩效评价报告，为企业决策作参考。

第二节　现代物流绩效评价指标体系

一、物流绩效评价指标设计

（一）物流绩效评价指标的含义

一般认为，评价指标就是评价因子，就是在评价过程中对评价对象需要评价的各个要素予以明确，主要包括指标名称、指标定义、标志和标度四个要素。

物流绩效评价指标是物流绩效评价内容的载体，也是物流绩效评价内容的外在表现。具体地说，物流绩效评价指标就是为实现评价目的，围绕物流绩效评价的各项基本目标，按照系统论方法构建的由一系列反应物流相关指标集合的系统结构。为此，必须在系统分析基础之上，对目标、功能、环境及各种要素进行统筹考虑，充分体现物流绩效的基本内容，建立逻辑严密、相互联系、互为补充的系统结构。

（二）物流绩效评价指标的设计原则

物流绩效评价指标设计同企业组织结构有着密不可分的关系，适应于企业经营的组织结构，有助于实施控制。物流绩效评价指标的设计必须遵循以下原则要求。

1. 准确

要想使评价结果具有准确性，与绩效相关的信息就必须准确。在评价过程中，只有清楚要计量什么、如何计量，才能做到量化值的准确。评价指标的定量分析要求拥有大量历史数据，数据按照来源可以分为两类：内部数据和外部数据。内部数据主要包括量化目标、会计数据和根据历史数据资料整理的统计数据；外部数据则包括行业数据、竞争对手和客户的数据。数据的收集工作是指标量化过程的关键一步，它的准确性将直接影响到所选指标的质量。

2. 及时

只有及时获取有价值的信息，才能及时评价、及时分析，过时的信息会使评价失真或无效。因此，何时计量及以什么样的速度将计量结果予以报告是企业物流绩效评价的关键。

3. 可接受

企业物流绩效评价只有得到利用才能发挥其作用，而不被人们所接受或者不愿接受的，就称不上是有价值的。如果是勉强被接受，则信息可能不准确、不及时、不客观。所以，在体系设计时必须满足使用者的需求。

4. 可理解

能够被用户理解的信息才是有价值的信息。难以理解的信息会导致各种各样的错误，所以，确保信息的清晰度是设计企业物流绩效评价体系的一个重要方面。

5. 反映企业的特性

一个有效的企业物流绩效评价系统必须能够反映企业独有的特性。从控制的观点出发，绩效评价的焦点一般集中于评价公司及经理，以确定被评价的企业物流的业绩及效益。

6. 目标一致性

有效的企业物流绩效评价体系，其评价指标与发展战略目标应该是一致的。

7. 可控性与激励性

对管理者的评价必须限制在其可控范围之内，只有这样，他才能接受，对管理者也公平。即使某项指标与战略目标非常相关，只要评价对象无法实施控制，他就可以不对该项指标的完成情况负责。此外，指标水平应具有一定的先进性、挑战性，这样才能激发其工作潜能。

8. 应变性

良好的绩效评价体系应对企业物流战略的调整及内外部环境的变化非常敏感，并且体系自身能够较快地作出相应的调整，以适应变化的要求。

（三）物流绩效评价指标设计的关系

1. 正确处理指标量化的“悖论”关系

指标量化过程中的“悖论”关系是指：一方面，管理者大力推崇客户关系、经营效率等非财务指标；另一方面，大多数公司却不能建立起一套有效的相关指标体系来支持其战略。尽管大多数管理者高度重视并期望得到这些信息，但却很难提高信息的质量，尤其是对于“非财务领域”的量化指标。一方面评价指标存在着重要性与度量的差异，导致某些评价指标重要但难以定量分析；另一方面评价指标存在着度量与使用的差异，导致某些指标重要、可以度量但难以形成相应的目标并作为决策的基础。

第一，管理者对于评价的目标，即需要量化的价值动因，没有一个精确的定义。管理者经常感到他们的组织无法以足够精确的可以量化的术语来定义他们在员工绩效、客户满意、产品创新等领域所希望实现的目标，许多的管理者没有在财务以外的其他价值动因上投入的与数据精确度相应的“时间”。对于较难量化的目标，获得精确定义的一种方法是把“抽象”目标变成明确的结果表达，然后自问“这个结果如何衡量”；也可以详细地说明本来是不精确的术语所指的具体行为。这样将使得管理者在衡量绩效的时候能够具体地知道目标完成的程度，如果你有预先设定的分数等级，那么这个抽象的概念就已经被成功地量化了。

第二，管理者对于评价指标本身的认识问题。多数管理者不愿意花时间提高有关评价信息的质量，认为相对于财务和运营指标来说，员工、客户的调查统计性量化指标是不可靠的，而最有效的绩效评价体系应该是“硬”指标。调查信息改变时，他们会变得非常谨慎，甚至会掩盖与他们自身利益有关的信息。

2. 财务指标与非财务指标的关系以及非财务指标之间的关系

财务指标反映的是一个阶段的经营成果，而非财务指标则反映了经营过程，同时也决定了未来的财务绩效指标的质量。人们在研究非财务指标时往往将多个指标分离开来研究，但实际上，各种非财务指标之间往往不是独立存在的，它们之间有着很强的关联性。如果忽略了它们之间的相互补充或者相互替代关系，就会将绩效的评价引向歧途。

3. 各评价指标不同意义在评价指标体系中协调与统一的关系

在物流绩效评价指标体系中，各指标的经济意义彼此不同，表现形式也不一样，有的是绝对指标，有的是相对指标，还有的是平均指标。对评价对象的作用趋向也不一致，有的是越大越好，有的是越小越好。因此，各个指标之间不具有可比性，各个指标在企业中的重要性也有所不同。在物流绩效评价指标体系中，必须通过无量纲处理和赋权处理来对这些指标进行协调和统一。

二、物流绩效评价的指标分析

（一）物流绩效评价指标的主成分分析

从统计意义上看，指标集中的各项指标对总体方差的贡献有差异，若在指标集中保留贡献很小的指标就会使得指标集有较大的冗余。通过主成分分析，目的在于剔除那些对总体方差贡献率很小的指标，尽可能减少指标集的冗余。主成分分析通过正交变换，设法求出一组新的变量，这组新变量是原来变量的线性函数，其数量通常小于原来变量的个数，但却最大限度地反映了原来变量的信息，并且彼此之间并不相关。采用主成分分析法筛选指标的步骤如下。

(1) 对原始数据进行标准化处理。

计算公式为：$$X_{ij}=(Z_{ij}-EZ_j)/s_j$$

$$EZ_j=\frac{\sum Z_{ij}}{n}(j=1,2,\cdots,p)$$

$$S_j=\sqrt{\frac{\sum(Z_{ij}-EZ_j)^2}{n-1}}$$

式中：Z_{ij}——未经过标准化处理的指标值；

X_{ij}——经过标准化处理后的指标值；

p——原始指标数；

n——样本数。

标准化处理的作用是消除原来各指标的量纲，使各指标之间具有可比性，同时使标准化后的样本满足 $E(X)=0$。

(2) 计算相关系数矩阵 R，求出特征方程 $|R-\lambda E|=0$（E 为单位矩阵，λ 为 R 的特征值）的 p 个非负的特征值及对应于特征值 $\lambda_1,\lambda_2,\cdots,\lambda_p$，且有 $\lambda_1>\lambda_2>\cdots>\lambda_p\geqslant 0$，及对应于特征值 λ_i 的特征向量 $L_i=(l_{i1},l_{i2},\cdots,l_{ip})^T,(i=1,2,\cdots,p)$。由特征向量构成 p 个主成分的方程：$Y=LK$。其中，Y 代表主要成分变量向量，$Y=(y_1,y_2,\cdots,y_p)^T$；X 代表原始变量向量，$X=(x_1,x_2,\cdots,x_p)^T$；L 称为负荷矩阵，$L=(l_{ij})_{p\times p}$。

(3) 求出每个主成分的方差占全部方差的比例 $F_i(i=1,2,\cdots,p)$，选取主成分。$F_i=\lambda_i/\sum\lambda_i(i=1,2,\cdots,p)$ 为第 i 个主成分的贡献率且有 $\sum F_i=1$；F_i 表明主成分 y_i 反映原来指标 $x_1,x_2,\cdots,x_p$ 信息量的多少，当前 m 个主成分的贡献率之和（累计贡献率）达到一定水平时（一般取 0.85 以上），说明采用前 m 个主成分来描述原来指标所包含的信息量已经达到要求。

(4) 求解各指标 $x_1,x_2,\cdots,x_p$ 的重要性系数 $w_i(i=1,2,\cdots,p)$。所谓重要性系数即各指标对总体方差的贡献。

$$\left|\begin{array}{l} x_1:w_1=F_1l_{11}+F_2l_{21}+\cdots+F_ml_{m1}\\ x_2:w_2=F_1l_{12}+F_2l_{22}+\cdots+F_ml_{m2}\\ \qquad\vdots\\ x_p:x_p=F_1l_{1p}+F_2l_{2p}+\cdots+F_ml_{mp}\end{array}\right|$$

(5) 根据重要性系数大小并考虑指标间的相关性，最后确定指标筛选的结果。

(二) 物流绩效评价指标的模糊综合评判法分析

所谓模糊综合评判，是指运用模糊数学中的模糊统计方法，通过影响某事物各个因素的综合考虑，来对物流绩效的优劣做出科学的评价。

模糊综合评判法的基本步骤包括：

(1) 确定评判物流绩效等级的向量评语集：$V=\{v_1,v_2,\cdots,v_m\}$，m 为向量评语集中评语数目。

（2）将因素集（$U_1,U_2,\cdots,U_l,\cdots,U_s$）按其属性分成 s 个子集，每个 U 中若由若干个二级指标集组成，即 $U_l=\{u_{l1},u_{l2},\cdots,u_{lj},\cdots,u_{l_{nl}}\},l=1,2,\cdots,s;j=1,2,\cdots,n_l$，$n_l$ 表示 U_l 所包含的二级指标的数目。

（3）对构成每个一级指标 U_l 的二级指标集进行模糊评判。由 Fuzzy 的性质，可以得出 U_l 对判断向量 $\bar{B}_l=\bar{W}_L\cdot\bar{R}_l$；其中，$\bar{R}_l$ 是由 U_l 到评语集 V 的一个模糊映射；若单独考虑 U_l 下各个二级指标 u_{lj} 时，可通过 Delphi 法或随机调查方式来获取 u_{lj} 隶属于第 $t(t=1,2,\cdots,m)$ 个评语 v_t 的程度 r_{ljt}，则可得到 U_l 的模糊评判矩阵：

$$\bar{R}_l=\begin{bmatrix} r_{l11} & r_{l12} & \cdots & r_{l1m} \\ r_{l21} & r_{l22} & \cdots & r_{l2m} \\ \vdots & \vdots & \vdots & \vdots \\ r_{l_{nl}1} & r_{l_{nl}2} & \cdots & r_{l_{nl}m} \end{bmatrix}$$

其中，n_l 为每个 U_l 中评价指标数目；$\bar{W}_l=(w_1,w_2,\cdots,w_{nl})$ 为采用直接评分法、功能评分法、二项系数法、AHP 法或 Delphi 法等方法所获得的每个对 U_l 中评价指标权重向量。采用 $m(\cdot,\oplus)$ 算子方式，可求得对应每个 U_l 的模糊向量为 $\bar{B}_l=\bar{W}_L\cdot\bar{R}_l=(b_{l1},b_{l2},\cdots,b_{lm})$，即 $b_{lt}=w_{l1}\cdot r_{l1t}\oplus w_{l2}\cdot r_{l2t}\oplus\cdots\oplus w_{l_{nl}}\cdot r_{l_{nl}t}$，从而构成对以及指标进行判断的模糊矩阵 $\bar{B}=(\bar{B}_1\ \bar{B}_2\cdots\ \bar{B}_s)^{\mathrm{T}}_{s\times m}$。

（4）采用 $m(\cdot,\oplus)$ 算子确定评价物流绩效的向量元素集 $Z=(Z_1,Z_2,\cdots,Z_s)=\bar{K}\cdot\bar{B}$。其中，$\bar{K}=(k_1,k_2,\cdots,k_{nl})$ 为对应每个 $U_l(l=1,2,\cdots,s)$ 的权重向量。

（5）对 Z 作归一化处理，可得到物流绩效的评判结果。

（三）物流绩效的模糊综合评判

根据前面的绩效评价指标体系及模糊综合评判模型，对物流绩效进行模糊评判的具体步骤如下：

（1）确定评语集 $V=\{v_1,v_2,v_3,v_4\}$＝{优,良,一般,差}。

（2）获取评判数据。采用功能评分法、AHP 法或随机调查方式获得各级评价指标权重向量，采用 Delphi 法获取评语集数据。

（3）采用模糊综合评判的基本步骤中的第二、第三、第四来进行各级指标集的模糊评判。通过计算，得到最终结果 $\bar{Z}=(Z_1,Z_2,\cdots,Z_m)=\bar{K}\cdot\bar{B}$。

（4）对 Z 作归一化处理，可得到物流企业绩效的最终评价结果。

（5）评判结论分析。

（四）企业物流绩效评价指标的比较分析

完整的物流绩效评价系统由两个部分构成，即服务绩效和内部绩效。服务绩效包括客户服务绩效和供应链服务绩效，前者可以通过可靠性、柔性和服务质量等指标来评价；后者可由信息支持能力来描述。内部绩效反映了企业内部的运作状况和运作效果，通常财务状况、市场开拓能力和发展潜力等是合适的评价手段。

1. 服务绩效评价指标

服务绩效是企业的外部绩效，直接决定着外部客户和内部客户的满意程度，直接影响着供应链的整体绩效。对于企业来说，客户服务绩效主要受产品质量、服务质量、产品价格、柔性、交货可靠性和信息沟通等因素的影响。从供应链服务的角度看，产品质量和产品价格取决于供应商的质量控制水平和成本控制水平。因此，构成客户服务绩效的评价指标应包括交货可靠性、柔性和服务质量。

（1）交货可靠性：可靠性可以从交货时间、交货数量和交货质量三个方面来衡量。交货时间反映了能否在正确的时间把产品送交客户，可以用准时交货比率来表示；交货数量反映了能否把正确数量的产品送交客户，可以用正确交货比率来表示；交货质量反映了能否把产品送交正确地点的正确客户，可以用准确交货比率来表示。

（2）柔性：柔性反映了对客户需求数量变化、时间变化和产品种类变化的适应能力，具体可以划分为数量柔性、时间柔性和产品柔性。数量柔性主要是由客户需求变动引起的，反映了满足客户需求占总需求的比例，通常可以用获利区间来表示。数量柔性是有限的，其获利下限决定于市场的需求，上限取决于仓储能力和市场需求两者之间的最小值。时间柔性主要由交货时间的变化引起，可以通过能够缩短交货期的松弛时间占总松弛时间的百分比来表示。产品柔性反映了引进新产品的能力，可以通过一定时期内新产品的数量占产品总数的百分比来表示。

（3）服务质量：服务质量是影响供应链内部价值和外部价值的重要因素，通常可以采用客户抱怨比率和客户抱怨解决时间来描述。客户抱怨比率可以通过客户抱怨次数与总交易次数的百分比来表示。客户抱怨解决时间是从客户发出抱怨时刻起到抱怨得到圆满解决时刻止的一段时间，反映了企业解决问题的迅捷性，通常可以采用满意解决次数占总抱怨次数的百分比。所谓满意解决次数是指解决时间小于企业规定时间或者客户期望时间的次数。

2. 供应链服务绩效评价

供应链服务绩效可以从信息正确性、及时性和有效性以及信息系统先进性四个方面进行评价。

（1）信息的正确性：即数据是否准确、没有错误。其他成员接收到的数据可能存在两种错误：一是传送过程中产生的错误；二是数据的录入错误。前者主要取决于系统的稳定性，后者则由服务质量决定。信息的正确性可以采用数据正确传送次数占总传送次数的百分比来表示。

（2）信息的及时性：即数据是否准时、不影响决策的正常进行。可用数据及时传送的次数占总传送次数的百分比来评价。

（3）信息的有效性：即信息是否为核心企业需要的、有用的信息。信息的有效性也可采用有效传送次数占总传送次数的百分比来表示。

（4）信息系统的先进性：可以采用一定时期内信息系统投入成本占总销售收入的百分比来评价信息系统的先进性。

3. 内部绩效评价指标

内部绩效的评价包括财务状况评价、市场开拓能力评价和发展潜力评价三个方面。

（1）财务状况评价；对财务状况进行评价必须着重考察偿债能力、运营效率和发展能力。偿债能力可以分为短期偿债能力和长期偿债能力，通常可以选用流动比率、应收账款周转率、利息保障倍数和负债权益比率来评价偿债能力。运营效率指标反映了对资产的运作能力，流动资产的运营能力直接反映了资产运作效率。一般选用流动资产周转率和存货周转率来作为运营效率的评价指标。发展能力反映了持续发展的能力，通常可采用绝对赢利指标或者资产指标的相对变化率来表示。

(2) 市场开拓能力评价：市场开拓能力对供应链的长远发展具有重要影响。市场开拓能力可通过客户开发能力和企业外在形象两个指标来描述。客户开发能力：即一定时期内新开发的大客户占大客户总数量的百分比。企业外在形象是市场开拓能力的一个体现。销售收入反映了客户对企业服务的认可，是企业形象的最终体现。

(3) 发展潜力评价：企业发展的原动力是人力资源，发展潜力主要是人力的潜力。企业培训情况的评价通常可以从人均培训时间和人均培训费用两个角度来进行。人均培训时间是指一定时期内企业投入的总培训时间与平均员工数之间的比例关系。人均培训费用可用一定时期内核心企业用于员工培训的费用与员工总数的比值来表示。人均培训时间与人均培训费用一起，共同反映了企业对人力开发的投资状况。

三、物流绩效评价指标体系

(一) 物流绩效评价指标体系的研究与发展

企业物流运作的效力与效益必须通过合适的物流绩效评价指标才能反映出来。大量研究文献提出了许多不同的绩效评价指标来对物流绩效进行衡量。不同的作者从不同的角度，提出了各自的物流绩效评价指标。例如，Levy 认为平均存货水平、订单完成率是企业物流绩效评价的重要指标；Christopher 则提出对订单循环周期、订单完成率、交付可靠性进行衡量是非常有必要的；Brewer 与 Speh 认为每单位物流成本、订单循环周期、完美订单比例、拣选差错率是物流绩效评价的关键指标；其他如 Lambert 与 Sharman 的交付绩效、交付期、误差水平、响应性评价指标；Cohen 和 Lee 的原材料存货水平、在制品存货水平、完成品存货水平、订单履行率、缺货频率、交付期指标；Davis 提出的存货水平、存货投资、订单履行率、项目履行率、平均延迟天数评价指标；以及 Lee 与 Billington 所倡导的存货周转率、项目履行率、订单履行率、总订单循环周期、每订单总反应时间、平均退货水平、交付灵活性指标。

每个指标都与相应的评价领域相联系，但没有一组固定指标可以用来衡量物流绩效的所有内容。指标可分为质量、财务绩效、客户基础、时间基础、成本、柔性、独立性、创新性、学习能力、企业内外部视角以及许多其他类型。不同指标被归类于不同指标类型之下，不同指标类型体现了企业物流绩效评价侧重点的不同。从根本上讲，可以分为财务指标与非财务指标两大类。物流绩效评价指标汇总表如表 8-1 所示。

表 8-1 物流绩效评价指标汇总表

成本管理 总成本	客户服务 完成比率	质量 损坏频率	生产率 运送产品数量/雇员	资产管理 库存周转
成本/单个产品	缺货率	订单进入准确性	产品数量/为劳力支付的价格	库存水平/供应天数
成本占销售额百分比	运输误差率	选货/运输准确性	订单数量/销售代表	陈旧库存
运入运费率	准时交货率	单据/发票准确性	与历史水平比较	净资产回报
行政管理	迟延交货率	信息可用性	目标程序计划	投资回报率
仓库订单处理	周转时间	信息准确性	生产力指数	库存分类（ABC）
直接劳动	交货一致性	信用索求次数	设备停工期	经济价值增值（EVA）
实际与预算比较	询价反映时间	客户退货数量	订单输入生产率	
成本趋势分析	反映准确率		仓库劳动生产率	
直接产品利益率	完成订单		运输劳动生产率	
客户部分利益率	客户投诉			
库存持有	销货人员投诉			
退回商品成本	整体可靠性			
损坏成本	整体满意度			
无效服务成本				
延迟交货成本				

Gunasekaran 等人所提出的物流绩效评价体系，将绩效评价指标与战略、战术与运作三个层次相联系。绩效评价指标所关注的焦点已经由成本导向转向成本与其他方面功能相结合，如客户满意度、资产利用率、生产率以及质量。Toni 与 Tonchia 对 115 家意大利企业进行了实证研究，发现在大多数企业中，传统的成本类绩效评价指标（如存货的主要监视指标、成本指标与生产率指标）与新型的非成本类指标（如质量、反映时间绩效与柔性）之间存在着明显不同。一个好的企业绩效评价体系应包括财会体系、制造计划和控制体系以及战略计划体系。

Harding 构建了一个物流绩效衡量的分类矩阵，使用了三个标准：①对客户的重要性；②企业绩效；③改进的成本/时间。这一分类设计的重点在于当客户服务改进对企业造成财务影响时，允许企业识别物流绩效产生影响的领域。当成本/时间因素为资源时，所有的物流绩效指标都是客户导向的，企业需要改进服务。

Brewer 与 Speh 将 Kaplan 与 Norton 的平衡计分方法在物流领域内进行了应用。他们所建立的体系为物流实践者们通过使用平衡计分卡法来联结供应链管理中相互联系的观念提供了便利。Brewer 与 Speh 讨论了 Kaplan 与 Norton 所提出的平衡计分的相同的四个方面，并进行了相应的调整以适应供应链系统。这四个要素是：SCM 目标、客户利益、财务利益以及 SCM 改进，每一方面都与相应的平衡计分卡项目相对应。指标的提出则与这些构成要素一一相关。

鲍尔索克斯提出物流企业绩效一般从内部和外部两方面来进行衡量。内部绩效衡量通常从以下五个方面来评价：①成本，物流绩效最直接的反映是完成特定运作目标所发生的真实成本；②客户服务，考察一个公司满足客户需要的相对能力；③生产率指标，是系统用于生产该产品而投入的资源数量与产出（货物或服务）之间的相对关系，通常用比率或指数表示；④资产衡量，集中于为实现物流目标而对投入设施和设备的资本以及用于存货的流动资本的使用；⑤质量，是对全过程评估的最主要指标，它用来确定一系列活动的效率而不是个别的活动。外部绩效通常是从客户感觉衡量和最佳实施基准两方面来评价的。

佛莱哲利设计了一套完整物流业绩衡量体系和物流评分体系，并且为物流业绩衡量的指标确定和标杆管理提供工作方法论。这一体系认为财务业绩、生产率业绩、质量业绩、周期业绩是商业竞争的基础，因而相应的衡量体系也将通过财务指标、生产率指标、质量指标以及反应时间指标对企业物流绩效进行衡量。

同时，衡量体系将客户反应、存货计划管理、供应、运输和分销、仓储或分销中物流业绩衡量体系的设计就是基于以上四个衡量标准和五个运作步骤。

供应链研究的权威机构 PRTM 在 SCOR 模型中提出了度量供应链绩效的 11 项指标：交货情况、订货满足情况（包括满足率和满足订货的提前期）、完美的订货满足情况、供应链响应时间、生产柔性、总物流管理成本、附加值生产率、担保成本、现金流周转时间、供应周转库存天数和资产周转率。目前，供应链委员会的 170 多个成员企业在使用该评价指标。

（二）物流绩效评价指标体系的要求

评价指标是实施绩效评价的基础，任何评价行为都要运用一定的指标来进行。经营绩效取决于诸多因素，具有综合性特征，一般情况下，单一的指标难以全面反映，因而实施绩效评价必须构建一个反映经营绩效各个侧面的由一系列相关指标组成的评价指标体系。合理的评价指标体系应满足下列要求。

1. 符合绩效评价目的和评价内容的要求

选取的指标应具有明确的经济含义，能够从不同侧面反映企业绩效的实质，指标体系从整体上能够涵盖绩效评价内容的所有方面。

2. 指标集中各项指标相互间具有较高独立性

指标之间若存在较大的相关性，必然造成指标内容所反映的信息出现重叠。

3. 信息的冗余度低

较高的信息冗余会导致评价对象之间差异显示不灵敏。统计分析的目的就是在初步确定的指标框架基础上剔除一些指标，得到最小指标集，使最终的评价指标集中指标之间具有较大的独立性和较低的信息冗余度。这一方面可以减少评价工作的数据收集量和计算量，另一方面可以提高评价灵敏度。

(三) 物流绩效评价指标体系的构成分析

1. 物流绩效评价指标体系的层次

物流绩效评价指标系统主要包含物流资源评价指标、物流管理评价指标和物流成本收益评价指标三个二级指标，根据评价的需要可以在二级指标下设有若干三级指标。

2. 物流绩效评价指标体系的构成

物流绩效评价体系包括物流绩效评价指标系统、物流绩效评价组织系统和物流绩效评价方法系统三个部分。

(1) 物流绩效评价指标体系。物流绩效评价指标体系主要包含物流资源评价指标、物流管理评价指标和物流成本收益评价指标等二级指标。

(2) 物流资源评价指标。物流资源评价指标是指能运用的与物流活动相关的各种资源。包括政策环境、交通环境、政府管理、经营规模、物流市场秩序、物流人才、物流设施设备等三级指标。在具体评价时还可以对三级指标进一步分解，如物流设施设备按类型、价格、利用率等分解成第四级指标。

(3) 物流管理评价指标。物流管理评价指标主要指物流活动过程的全部管理工作的评价，包括管理制度、物流组织、物流流程，服务标准、管理人员、信息管理等三级指标。仍然可以在三级指标中分解出第四级指标。

(4) 物流成本收益评价指标。物流成本收益评价指标是指从物流活动的成本投入与价值收益方面进行的评价，包括各类财务评价指标。

(四) 物流绩效评价指标的内容

1. 成本评价指标

物流绩效的本质是完成特定运作目标所发生的真实成本。物流在企业价值增值、收入增加、资本消耗和费用控制过程中扮演着越来越重要的角色。因此，物流财务业绩对企业财务业绩的影响越来越大。在评价和改进企业财务业绩时，评估和改进物流财务业绩非常重要。

(1) 每订单反应成本。用于衡量订单处理成本花费的多寡。其计算方法为总订单反应成本除以每年处理的订单数目。总反应成本包括用于订单处理和订单状态沟通的人力成本、通信费用和场地租借费用。

(2) 平均库存管理成本。用于衡量库存管理成本花费的多寡。其计算方法为总存货成本除以平均库存量。总存货成本包括存货持有成本、人力成本、办公场地租借成本和存货管理系统费用。

(3) 每份采购订单的采购成本。用于衡量采购成本花费的多寡。其计算方法为总采购成本除以采购订单数量。总采购成本包括在计划、批准、实施和跟踪订单过程中发生的人力费用、场地费用、系统费用和通信费用。

(4) 每平方米仓储成本。用于衡最仓储管理成本花费的多寡。其计算方法总仓储成本除以总仓储面积。总仓储成本包括人力成本、场地成本、物料搬运系统成本和信息处理系统成本。

(5) 平均每标准吨商品运输成本。用于衡量配送成本花费的多寡。其计算方式为年运输总成本除以年配送商品总标准吨数。总运输成本包括进出货运输成本。

(6) 物流费用。主要指人力成本，但也包括通信费用、进出货运费、燃料费用、第三方费用和场地租借费用。

(7) 总物流成本。总物流成本是物流五大活动（客户反应、存货计划和管理、供应、运输和仓储）中涉及的费用和资本成本的总和。总物流成本还包括以下各项：总反应成本、总存货成本、总采购成本、总运输成本和总仓储成本。

(8) 物流成本—销售比例。这是衡量物流成本的相对指标。其计算方法为总物流成本除以公司收入。

2. 资产评价指标

资产评价的焦点在为实现物流目标而对投入设施和设备的资本以及用于存货的流动资本的使用。物流设备、设备和存货是一个公司资产的重要组成部分。资产评价指标着重对诸如存货等流动资本如何能快速周转，以及固定资产如何能产生投资报酬率等方面进行评价。

(1) 库存周转率。库存周转率可用来检验公司营运绩效，以及作为衡量现今货品存量是否适当的指标。库存周转率可用总销售收入与平均存货价值之比或总存货售价与平均存货水平之比来表示。

(2) 呆滞商品比例。用来测定货品耗损造成资金积压状况的指标。计算方式为呆滞商品销售金额除以库存金额。

(3) 配送车运转率。用来衡量车辆运用的状况。计算方式为配送总车次除以总车数与天数的乘积。

(4) 物流资产价值。物流资产价值是物流系统各部分（包括仓储、物流设施、运输车队、物流搬运系统、物流信息系统等）所使用的资产的价值总和。

(5) 物流资产回报率。物流资产回报率的简单算法是将公司利润除以物流资产价值。该比例可以用来比较物流资产回报和总资产回报，以及其他部门资产回报的差异。

(6) 物流资产周转率。物流资产周转率衡量物流资产的总使用率。将公司收入除以物流资产投资额可以得到物流资产周转率。

(7) 物流附加值。物流附加值与公司经济附加值的计算方法类似，即将物流资本费用从公司税后收益中扣去。根据斯通·斯图沃特的理论，经济增加值是预测未来股东价值的最佳指标，因而物流附加值是反映物流对未来股东贡献的最佳指标。

3. 生产率评价指标

生产率是一种使用最广泛的绩效评估指标。最简单的评估指标是总生产率，它把企业物流运作整个流程中的吞吐量与资源使用量联系起来。由于操作上的一些困难，几乎没有哪个组织使用总生产率，而宁愿使用局部生产率（Partial Productivity）或单因素生产率（Single Factor Productivity）。

(1) 每人每小时处理订单数。用于衡量订单处理的效率。计算方式为每人每天已完成订单总数除以物流员工每天工作小时数。

(2) 平均每日订单数。根据这一指标可以观察每天订单变化情形，据以制定客户管理策略及了解业务发展状况。其计算方法为订单数量除以工作天数。

(3) 每人每小时处理采购订单数目。用于衡量采购订单人员的订单处理效率。计算方式为采购订单总数除以处理采购订单时间。

(4) 每人每小时处理的货物单元数。用于衡量存货管理人员的货物处理效率。计算方式为每人每天处理货物单元总数除以物流员工每天工作小时数。

(5) 储区面积率。储区面积率是衡量厂房空间的利用率是否恰当的重要指标。储区是物流中心或企业仓库不可或缺的部分，因而掌握储区占整个物流中心厂区或仓库面积的比率，可使整体作业更顺畅。其计算方法是储区面积除以物流中心建筑面积。

(6) 储位容积使用率。储位容积使用率是用以判断储位规划及使用的料架是否适当，以实现储位空间有效利用的重要指标。其计算方法为存货总体积除以储位总容积。

(7) 单位面积保管量。单位面积保管量也是用以判断储位规划及使用的料架是否适当，以实现储位空间有效利用的重要指标。其计算方法为平均库存量除以可保管面积。

(8) 人均配送量。用于评估配送人员的工作分摊重量及其作业贡献度（配送量），以衡量配送人员的能力负荷与作业绩效，同时用于判断是否应增添或删减配送人员数量。计算方式为配送量除以配送人员数。

(9) 平均每车次配送重量。用于评估配送车辆的产能负荷，以判断是否应增减配送车数量。计算方式为配送总重量除以车辆总数。

4. 质量评价指标

质量指标是指向全过程评估的最主要指标，它用来确定一系列活动的效率而不是个别活动的效率。物流质量是一个整体概念，它是现代企业根据物流运作规律所确定的物流工作量化标准与根据物流经营需要而评估的物流服务客户期望满足程度的有机结合。

(1) 订单输入准确性。订单输入准确性的简单算法是将按客户要求输入的订单数除以总输入订单数。

(2) 商店退货率。这一指标的应用目的在于检测公司货品销货退货情况，以便尽早谋求改善。其计算方法为客户退货数除以出货量。

(3) 订单满足率。订单满足率是得到满足的订单数（即无更替或延迟订单）与订单总数之比。

(4) 订单预测准确率。预测准确性最常用的衡量指标为预测误差的代数偏差和比例、平均绝对偏差和比例、标准偏差。预测误差的标准偏差通常为 MAD× 1.5。

(5) 存货准确率。存货准确率的简单算法是将无差错仓库储位数除以仓库储位总数。

(6) 准时运抵比例。准时运抵比例的简单算法是将货物在预定时间内送达的订单数除以总订单数。

(7) 货物损坏比例。货物损坏比例的简单算法是将在途中货物完好无损的订单数除以总订单数。

5. 反应时间评价指标

(1) 订单输入时间。订单输入时间是指从接到订单开始直到订单输入完毕开始处理的时间。如果是邮件订单，它包括了在途时间、订单输入等待时间和订单输入时间；如果是传真订单，则包括传真发送时间、订单等待时间和订单输入时间；如果是电话订单，则包括等待客户时间、谈话时间、订单输入时间；如果是电子订单，则仅仅是指订单传送时间。

(2) 订单处理时间。订单处理时间是指从订单处理系统开始处理订单直到订单被送往仓库开始拣货的这段时间。它包括客户信息验证时间、客户信用度审核时间、发送订单计划时间和等候订单成批送往仓库的时间。

(3) 采购订单循环周期。采购订单循环周期是指从向供应商发出订单开始到货物送达指定地点为止的这段时间。

(4) 仓库内订单循环周期。仓库内订单循环周期是指订单送达仓库管理系统开始到订单拣货完毕等待运送的时间。它包括送货计划之前的订单计划、拣货、集合、包装和堆放时间。

(5) 在途时间。在途时间是指订单送货准备完毕到货物送达客户指定地点的时间。它包括货物装载时间、在途时间和客户处卸货时间。

(6) 总物流循环周期。总物流循环周期是指从接收客户订单开始到将货物送达客户的时间。总物流循环周期的减少意味着企业物流响应时间的减少，这是衡量竞争优势的一个重要的绩效指标，也是企业竞争优势的来源之一。它直接与客户服务互相影响从而决定企业的竞争力。它包括订单输入时间、订单处理时间、采购订单循环时间、仓库内订单循环时间和在途时间。

6. 供应链密切度指标

企业物流的竞争很大程度上要依赖于企业与其供应商、分销商及零售商合作的密切程度。该类指标包括以下几种：

(1) 客户满意度。用于衡量上游组织的所有产品对下游客户一系列需求的实现程度。没有良好的客户满意度，企业物流战略就不能认为是有效的。Lee 与 Van Hoek 等人强调在评价物流绩效时，评价指标必须集中在客户满意度上。这一指标通过问卷调查来获取。

(2) 畅销品到货率。用于衡量下游组织对关键产品的需求满足程度。计算方式为到货的畅销品金额（数量）/所需畅销品金额（数量）。

(3) 缺货率。这一指标用来反映存货控制决策是否得宜，是否要调整订购点与订购量的基准。其计算方式为接单缺货数除以出货量。

(4) 供应商订单满足率。用于衡量下游企业对上游企业产品满足总体情况。计算方式为满足采购需求的供应商数量除以供应商总数。

(5) 供应商价格变动率。用于衡量上下游企业间的价格协调状况。计算方式为前一年供应商商品价格除以该年供应商商品价格。

(6) 企业占供应商业务的比重。用于衡量下游企业对上游企业而言业务合作状况的重要程度。企业占供应商业务的比重，用于反映企业对于供应商的重要程度，也是决定供应商与企业之间合作关系的一个因素；企业占分销商业务的比重，用于反映企业对于分销商的重要程度，同时也影响着分销商与企业之间的合作关系。计算方式为与供应商来往业务数额除以供应商业务额。

(7) 供应链信息沟通水平。用于衡量上下游企业之间的信息交流状况，为定性指标，通过专家评价给出相应水平。它反映企业与其供应商和分销商之间的信息共享程度，是供应链集成、消除不确定性和提高企业物流效益和效率的关键因素。

四、优化物流绩效评价指标体系的分析方法

物流绩效评价一般需要经过确定评价目的、选择评价参照系统、获取评价有效信息、形成价值判断四个基本环节，必须建立一套科学规范的物流绩效评价指标体系。为此，需要从系统理论和分析方法的观点出发，并借助运筹学、控制论等其他方法，通过对评价基本目标、评价服务对象、评价指标体系、评价参照系统、评价有关信息等评价基本要素的系统分析，以及对评价系统内整体与局部之间、系统与外部环境之间的相互联系、相互作用和相互制约关系进行综合研究，来制定物流绩效评价指标体系。

(一) 层次分析法

用层次分析法来研究物流绩效评价指标体系有以下几个步骤：首先，将影响物流绩效的基本因素进行分层，设计出多层次的评价指标体系；其次，根据指标采集数据，并对数据进行标准化处理，使各个指标可以进行加总，形成一个反映物流绩效整体水平的综和指标；再次，根据一个指标在同一层指标中的相对重要性和在整个指标体系当中的位置，确定各个指标的权重，并进行一致性检验；最后，计算出物流绩效水平的综合值，并进行必要的分析。

(二) 数理统计分析法

用数理统计分析法来研究物流绩效评价指标体系，就是应用主成分分析、因子分析、聚类分析、差别分析等数理统计分析方法，对有关物流绩效的评价对象进行分类和评判；就是要在建立物流绩效评价指标体系过程中，对各种可供选择的行动方针和方案，进行系统的比较分析，以得到优化的方案。一般有六个基本步骤：一是搜集物流绩效评价的必要信息；二是确定物流绩效评价的基本目标；三是拟订物流绩效评价的操作方案；四是进行物流绩效评价方案比较；五是检验物流绩效评价中选方案；六是物流绩效评价方案实施。

(三) 隶属因子赋值法

用隶属因子赋值法来研究物流绩效定性分析指标体系。定性指标的参照标准一般是根据评价指标的概念与内涵，结合企业价值取向和宏观经济环境要求，从抽象的角度确定定性评价指标不同层次的要求。为了提高定性评价的准确性，对定性指标的计分方法，有的采用直接对每项指标进行打分的方法，但更多的是采用模糊数学中的隶属因子赋值方法。

隶属因子赋值法是根据评价对象因素（即评价指标），首先确定每项指标评语等级（即标准档次）：评语等级个数 m 通常应大于 4 小于 10，一般为奇数，如 5、7、9，同时赋予每个等级不同的向量参数 n，然后通过调查问卷或专家选择评语等级的办法，确定等级参数；其次，将每个评语等级参数与每个指标的权数相乘，便得出某个专家或问卷对某个指标所打的分数；最后，根据问卷总数或专家个数计算出平均赋值，得到定性指标的评价分数。

(四) 物流绩效倍增系统分析方法

用物流绩效倍增系统分析方法来研究物流绩效的评价指标体系。物流绩效倍增系统(PAC 系统)是一个对现有物流资源与物流运作管理过程进行系统改善，达到提升物流绩效的方法体系。其核心点就是绩效、分析与检查、管理。物流绩效倍增系统的分析包括四个具体的步骤：首先，调查与收集进行物流运作日常工作的各项数据资料，确定各项物流作业需要耗费的时间，以此作为改善的出发点；其次，从接受订货到供给商品的整个物流过程中，分析造成绩效损失的主要原因；再次，测算出物流绩效的损失状况；最后，寻找消除物流绩效损失的主要途径。

综上所述，用层次分析法明确物流绩效评价指标体系的指标构成；用数理统计分析法解决物流绩效评价指标体系的指标优化和修正问题；用隶属因子赋值法可以实现物流绩效评价指标体系中定性指标的量化分析；用物流绩效倍增系统分析方法有助于从改进绩效的角度确定物流绩效评价指标，进一步完善物流绩效评价指标体系。

第三节 现代物流质量管理

一、物流质量管理概述

1. 物流质量管理的概念

物流质量管理是发展和维持全面质量管理的主要组成部分，也是物流管理的重要组成部分。其定义为：物流质量管理就是依据物流系统运动的客观规律，为了满足物流顾客的服务需要，通过制定科学合理的基本标准，运用经济办法实施计划、组织、协调、控制的活动过程。主要包括质量保证和质量控制。

2. 物流质量管理的内容

全面的物流质量管理包括以下四个方面的内容。

(1) 物品的质量保证及改善。物流的对象是具有一定质量的实体，具有合乎要求的等级、尺寸、规格、性质及外观。这些质量是在生产过程中形成的，物流过程在于转移和保护这些质量，最终实现对用户的质量保证。因此，对用户的质量保证既依赖于生产，又依赖于流通。现代物流过程不单是消极地保护和转移物流对象，还可以采用流通加工等手段改善和提高商品的质量。因此，物流过程在一定程度上说就是商品质量的“形成过程”。

(2) 物流服务质量。物流活动具有服务的本质特性，既要为现代企业生产经营过程服务，也要为现代企业的产品和服务的顾客提供全面的物流服务。服务质量因不同用户而要求各异，因而要掌握和了解用户需要：商品狭义质量的保持程度；流通加工对商品质量的提高程度；批量及数量的满足程度；配送量、间隔期及交货期的保证程度；配送、运输方式的满足程度；成本水平及物流费用的满足程度；相关服务（如信息提供、索赔及纠纷处理）的满足程度等。此外，物流服务质量是变化发展的，随着物流领域绿色物流、柔性物流等新的服务概念的提出，物流服务也会形成相应的新的服务质量要求。

(3) 物流工作质量。工作质量指的是物流各环节、各工种、各岗位的具体工作质量。工作质量和物流服务质量是两个有关联但又不大相同的概念，物流服务质量水平取决于各个工作质量的总和，所以，工作质量是物流服务质量的某种保证和基础。通过强化物流管理，建立科学合理的管理制度，充分调动员工积极性，不断提高物流工作质量，物流服务质量也就有了一定程度的保证。

(4) 物流工程质量。物流质量不但取决于工作质量，而且取决于工程质量。在物流过程中，将对物品质量发生影响的各因素（人力因素、体制因素、设备因素、工艺方法因素等）统称为“工程”。很明显，提高工程质量是进行物流质量管理的基础工作，提高工程质量，就能做到“预防为主”的质量管理。

因此，建立物流质量管理体系，就是要在具备管理职责、人员与物质资源、质量体系结构等要素之外，通过物流需求的调研与评定，物流服务设计，物流服务过程和物流管理业绩的分析与改进等工作，形成一套科学、实用、有效的物流质量管理方法与评估系统。

二、物流质量管理的特点

现代物流具有其内在的客观规律，在质量管理方面同样反映出相应的基本要求，归纳起来有三大特点。

1. 全员参与

要保证物流质量，就涉及物流活动的相关环节、相关部门和相关人员，决不是依靠哪个部门和少数人能搞好的，必须依靠各个环节中各部门和广大职工的共同努力，需要各方紧密配合，共同努力。物流管理的全员性，正是物流的综合性、物流质量问题的重要性和复杂性所决定的，它反映了质量管理的客观要求。

由于物流质量管理存在“三全”的特点，因此，全面质量管理的一些原则和方法（如“PDCA 循环”），同样适用于物流质量管理。但应注意，物流是一个系统，在系统中各个环节之间的联系和配合是非常重要的。物流质量管理必须强调“预防为主”，明确“事前管理”的重要性，即在上一道物流过程就要为下一道物流过程着想，估计下一道物流过程可能出现的问题，预先防止。

物流质量管理必须满足两方面的要求，一方面是满足生产者的要求，因为物流的结果，必须保证生产者的产品能保质保量地转移给用户；另一方面是满足用户的要求，即按用户要求将其所需的商品送交给用户。这两方面的要求基本上是一致的，但有时也有矛盾，比如，过分强调满足生产者的要求，使商品以非常高的质量保证程度送交用户，有时会出现用户难以承担的过高成本。物流质量管理的目的，就是在“向用户提供满足要求的质量服务”和“以最经济的手段来提供”两者之间找到一条优化途径，同时满足这两个要求。为此，必须全面了解生产者、消费者、流通者等各方面所提出的要求，从中分析出真正合理的、各方面都能接受的要求，作为管理的具体目标。从这个意义上来讲，物流质量管理可以定义为：“用经济的办法，向用户提供满足其要求的物流质量的手段体系”。

2. 全程控制

物流质量管理是对物品的包装、储存、运输、配送和流通加工等若干过程进行的全过程管理，同时又是对物品在社会再生产全过程中进行全面质量管理的重要一环。在这一过程中，必须一环紧扣一环地进行全过程管理才能保证最终的物流质量，达到目标质量。

3. 全面管理、整体发展

影响物流质量的因素具有综合性、复杂性，加强物流质量管理就必须全面分析各种相关因素，把握内在规律。物流质量管理不仅管理物流对象本身，而且还管理物流工作质量和物流工程质量，最终对成本及交货期起到管理作用，具有全面性。因此，必须从系统的各个环节、各种资源以及整个物流活动的相互配合和相互协调做起，只有质量管理的整体发展才能最终实现物流管理目标。

三、物流质量的衡量

如何衡量物流质量是物流管理的重点。物流质量的保证首先建立在准确有效的质量衡量上。大致说来，物流质量主要从以下三个方面来衡量。

1. 物流时间

时间的价值在现代社会的竞争中越来越凸显出来，谁能保证时间的准确性，谁就获得了客户。由于物流的重要目标是保证商品送交的及时性，因此时间成为衡量物流质量的重要因素。

2. 物流成本

物流成本的降低不仅是企业获得利润的源泉，也是节约社会资源的有效途径。在国民经济各部门中，因各部门产品对运输的依赖程度不同，运输费用在生产费用中所占比重也不同。

3. 物流效率

物流效率对于企业来说，指的是物流系统能否在一定服务水平下满足客户的要求，也是指物流系统的整体构建。对于社会来说，衡量物流效率是一件复杂的事情。因为社会经济活动中的物流过程非常复杂，物流活动内容和形式不同，必须采用不同的方法去分析物流效率。

四、物流质量指标体系

物流质量管理最直观最关键的，就是对物流运作系统的考核。物流质量管理的不同环节，有不同的标准与考核指标。例如，对于运输环节，可以从运输效率、运输网络合理配置等指标来考核；在仓储环节，可以从库存管理水平、理货时间、准确率等方面来考核；在包装环节，可以从包装的轻薄化、集装化和标准化等方面来考核；在配送环节，可以从配送及时性等方面来考核；在供应链方面可以从成本等方面来考核。由于物流质量是衡量物流系统的重要方面，所以发展物流质量指标体系对于控制和管理物流系统来说至关重要。物流质量指标体系的建立必须以最终目的为中心，是围绕最终目标的衡量物流质量的指标。

一般说来，物流服务目标质量指标，包括物流工作质量指标和物流系统质量指标两个系列，以这两个指标为纲，在各个工作环节和各系统中又可以制定一系列“分目标”的质量指标，从而形成一个质量指标体系。整个质量指标体系犹如一个树状结构，既有横向的扩展，又有纵向的挖掘。横向的主干是为了将物流系统各个方面的工作都包括进去，以免遗漏；纵向的分支是为了将每个工作的质量衡量指标具体化，便于操作。没有横向的扩展就不能体现其广度，没有纵向的挖掘就不能体现其深度。以制造企业的销售物流为例，应采取以下四方面的指标，可以全面监控反馈物流管理的质量。

（1）运作指标。即衡量物流配送实物操作水平的指标。具体包括：配送准时率、错误投递率、破损率、特殊情况服务水平、代收货款准时率、录单准确率。

（2）仓储服务指标。即在仓储管理中对库存管理、理货操作等方面的监控指标。具体包括：订单处理时间、库存准确率、装卸效率、安全指标、作业正确率、库存量。

（3）信息指标。即对物流服务中客户预约、信息跟踪反馈、签收单反馈等信息服务的监控。具体包括：电话预约指标、信息反馈率、签收单反馈率、意外情况反馈及时率。

（4）客户满意度监控指标。即关系到客户直观感受，由客户反馈的指标。具体包括：客户满意率、客户投诉率，即客户投诉订单数占全部订单数的比例。

在指标设计过程中，还可以根据需要对每个指标按照物流运作每项工作的具体环节进行细分。在具体考核过程中，应根据物流运作侧重点、对客户承诺水平的不同制定每个考核指标的标准，并选取相应的指标，通过对每项指标分配不同的权重形成指标组合体系，作为考核的依据。

五、物流质量管理的基础工作

1. 建立质量管理组织

质量管理工作是在物流每一个过程中体现的。因此，质量工作应是整个物流组织的事情，建立一个统筹的质量组织，实行质量管理的规划、协调、组织、监督是十分必要的。另外，在各个过程中建立质量小组，并通过质量小组带动全员、全过程的质量管理也是很重要的方式。

2. PDCA 循环

PDCA 是计划、实施、检查、处理四个管理阶段的简称，又称为戴明循环或管理循环，是质量保证体系运转的基本方式。具体又分为分析现状、分析原因、找出主要影响因素、制定解决措施、组织实施、检查、总结，将遗留问题作为下一阶段目标八个步骤，大环套小环，环环相扣，循环每转动一周就提高一步，如此循环往复。

3. 标准化工作

标准化是开展物流质量管理的依据之一。在标准中，要具体制定各项工作的质量要求、工作规范、质量检查方法，各项工作的结果都要在产品质量的规定标准范围内。因此，物流质量管理离不开标准制定工作。

4. 制度化

将质量管理作为物流的一项永久性工作，必须有制度的保证。建立协作体制，建立质量管理小组都是制度化的一个部分。此外，还必须使制度程序化，以便于了解、执行和检查。制度化的另一重要方式是建立责任制，在岗位责任制基础上，或在岗位责任制的内容中，订立或包含质量责任，使质量责任能在日常的细微工作中体现出来。

5. 建立差错预防体系

物流过程中的差错问题是影响物流质量的主要因素。由于物流数量大，操作程序多，差错的发生可能性很大，因此，建立差错预防体系也是质量管理的基础工作。工作内容主要包括对库存货物的有效调整，运用自动识别新技术和建立仓库检测系统等。

6. 标杆法

在提高物流质量时，标杆法（定基方法）也经常使用。标杆可以使用顾问、期刊和大学研究者出版的有用的物流数据，也可以对行业内部或相关行业的非竞争性公司进行调研；或者构建组织联盟，经常系统地共享风险基准数据。此外，对客户感觉进行正规的评价也是提升物流绩效的一个重要的途径，这种评价可以通过由公司或行业资助的调查或系统的订货追踪获得。

六、企业物流质量改进

1. 企业物流质量改进的原则

企业物流服务的质量是由顾客满意度决定的，并取决于整个物流服务过程的效果和效率。物流质量改进通过改进过程来实现。企业物流系统内的每一项活动或每一项工作均包括一个或多个过程。质量改进是一种以追求更高的过程效果和效率为目标的持续活动。质量改进不断寻求改进机会，通过预防和纠正措施消除或减少产生质量问题的原因。

2. 企业物流质量改进环境

（1）为企业物流创造持续质量改进的环境。主要做好：明确企业物流质量改进的目的，持续改进企业物流的运作过程，培育一种广泛交流、相互合作、尊重个人和鼓励创新的环境。

（2）为企业物流质量改讲创造必需的价值观和文化基础。主要包括：重视满足企业内部和外部顾客的需要；使质量改进贯穿于从供方到顾客的整个供应链；不论是集体还是个人，始终强调物流质量改进是工作的基本内容；通过改进过程来解决物流质量问题；持续地改进所有的过程。

3. 企业物流质量改进的有效措施

（1）企业物流质量改进的基本方法。重点明确：提出企业物流质量改进的方针、策略、主要目标、指导思想，支持和广泛协调企业物流质量改进的活动；确定物流质量改进的需要和目标以及为满足需要和实现目标而配置资源的方法；通过质量小组活动，实现质量改进目标的方法；鼓励企业员工开展与工作有关的质量改进活动并协调相关活动的方法。

（2）企业物流纵向层次的质量改进方法。主要包括：对物流过程进行管理；具体有确定各部门任务、制定战略规划、明确作用和职责、获取和配置资源、提供教育和培训等；确定并策划各部门工作过程的持续质量改进；创造并保持一个使部门全体员工有权力、有能力和有责任持续改进质量的环境。

(3) 企业物流跨部门过程的质量改进方法。一般包括：在企业物流各部门之间建立并保持紧密联系；识别企业物流过程内部和外部的顾客，确定他们的要求和期望；把顾客的需要和期望转化成具体的顾客要求；识别物流各过程的供方，将顾客的需要和期望传达给他们；寻求物流各过程的质量改进机会，配置改进所需的资源，并监督改进的实施。

七、ISO 质量管理体系与物流企业质量管理

近年来，有运输公司的翻牌，有政府直接投资成立物流中心等，全国各地的物流企业如雨后春笋般地成立，并取得一定的发展。但当前，诸多物流企业往往只追求眼前利益，忽视长远效益；只注重快速发展，忽视内部管理，特别是忽视了 ISO 质量管理体系的重要性。由于全球经济一体化趋势，当前的物流业正向全球化、网络化、信息化、综合体系化发展，我国的物流业亦必将按照国际惯例和通行规则，引进国际先进的管理模式和物流理念，早日进入国际市场。因此，贯彻和实施国际通行和认可的 ISO 9000 标准，通过质量管理体系认证，必将是物流企业今后发展的趋势之一。

ISO 9000 族标准是凝聚世界各国传统管理精华，融入现代质量管理原则的科学管理模式，是企业加强质量管理，建立质量管理体系，为企业内部和外部提供质量保证能力的一套管理性标准化文件。而质量体系认证则是通过第三方机构，依据规定程序对提供产品，服务单位的质量管理出具书面保证（ISO 质量管理体系认证合格证书），证明其符合 ISO 9000 族标准规定要求所做出的评价，它为供应方树立信誉、为顾客提供需要，是实施企业外部质量保证的一种国际认可的手段。

(一) 推行 ISO 质量管理体系认证的必要性和紧迫性

当前，一些物流企业对 ISO 质量管理体系的必要性和紧迫性认识不足，甚至认为物流企业根本就没有必要实施 ISO 质量管理体系。其实对企业而言，推行 ISO 质量管理体系达到如下所述。

1. 可提升物流企业管理水平，降低企业成本，提高企业竞争力

近年来，物流业在我国范围内取得了长足发展，一些物流企业在快速扩张和发展过程中，内部管理的各种弊端暴露无遗，如内部操作不规范、职责不明确、客户抱怨和投诉增加以及管理决策随意性等，而在物流企业全面推行 ISO 质量管理体系认证，不仅可以节约大量的社会检验费用。而且也可以规范物流企业内部操作，提升管理水平，降低管理成本，增强企业的竞争力。

2. 可使物流企业尽早融入国际市场，提高国内国际范围内的企业知名度

随着全球经济一体化和国内市场国际化，贯彻 ISO 9000 标准，开展质量管理体系认证，成为国内企业界、经济界的一个热门话题。有人甚至称质量管理体系认证是国内企业和产品进入国际市场的通行证，而企业通过质量管理体系，就获得了一种权威性的社会承认和国内外市场的认同。因此，推行 ISO 质量管理体系不仅使物流企业按照国际惯例尽早融入国际市场，而且可以扩大物流企业的影响，提高在国内国际范围内的企业知名度。

3. 可增强国内国际市场上的竞争力

加入 WTO 之后，我国将逐步取消产品分销权和物流服务业等方面的限制，外资公司将全面进军我国物流业，物流业的竞争更加剧烈。同时是否根据 ISO 9000 族国际标准建立质量管理体系及是否已通过体系认证，将成为物流企业服务质量保证能力和水平的标志。在国内国际市场，外资企业均以是否获得 ISO 9000 认证证书作为参与竞争和合作的前提条件。因此，物流企业推行和全面实施 ISO 质量管理体系认证，可增强其在国内外物流市场上的竞争能力。

（二）物流企业推行和实施 ISO 质量管理体系应注意的问题

在我国物流业的发展初期，一些英明的有前瞻性的物流企业，审时度势，及早按照国际惯例贯彻 ISO 9000 族标准，通过了 ISO 质量管理体系认证，如上海熙可储运有限公司在 1999 年就通过法国 BVQI 质量管理体系认证，并以此为契机规范内部作业，狠抓企业管理，使该公司在市场竞争中抢先得手，取得了领先的地位；也有一些企业，至今对贯彻质量体系标准和质量管理体系认证工作认识不足，致使该企业在市场竞争中处于弱势，比较被动。物流企业推行和实施 ISO 质量管理体系应重视以下几个方面。

1. 在 ISO 质量管理体系认证前期，物流企业要注意以下两点

第一，对质量体系认证工作，企业必须积极宣传，全员参与，从高层领导到普通员工要统一思想认识，明确工作责任，确保质量手册、程序文件等质量体系文件的编制修订工作顺利有效地开展；

第二，对质量体系认证工作，必须先从管理者进行推动。企业的管理者特别是高层管理者要高度重视，积极组织领导，必要时刻成立专门领导小组进行多方协调，以使企业的质量方针、质量目标得到贯彻和落实，使质量工作深入各个部门、各级人员。

2. 在 ISO 质量管理体系实施期间，物流企业要处理好三个方面

第一，处理好短期效益与长远发展的矛盾。随着物流业的蓬勃发展，物流公司在外部塑造公司形象，提高市场竞争力，扩大企业规模，在内部围绕“顾客满意”，贯彻质量方针，规范内部作业。与此同时，企业短期效益与长远发展的矛盾也越来越突现，一方面，企业要追求短期效益，实现利润最大化，就可能忽视贯标工作、忽视企业内部规范操作；另一方面，企业要贯彻和实施企业质量方针和目标，加强内部管理，提高管理水平，切实提高服务质量，确保 ISO 质量管理体系运行正常有效，以实现企业的长远发展，就可能丢失部分客户，丧失部分企业效益。例如，上海熙可储运有限公司以“顾客满意”为中心，坚持“安全、准确、及时”的质量方针，坚决贯彻和实施 ISO 9002 标准和企业标准，任何脱离质量方针和违背 ISO 9002 标准和企业标准的操作和行为都是不允许的。该公司个别员工，在客户处提早了解客户的订单情况，认为把该订单与已有订单合并发运，能为公司节约成本，于是自作主张，未通过公司总部直接进行操作，将该批货物提前发送。后来，公司了解事实真相后，认为该作业虽为公司节约运输成本，提高了效益，但却严重违反了公司相关的作业规定，影响了该公司质量管理体系的正常运作，最终对这位员工进行了批评与教育。

第二，处理好质量体系认证前后的观念转变工作。当前，部分物流企业把通过 ISO 质量管理体系认证作为时尚，认为只要花点钱、请个咨询公司、买个证书就获得了通向国际市场的“通行证”，因此认证前全民动员，轰轰烈烈，认证后“死灰复燃”，思想松懈，不注重内部管理，不注重服务质量，客户投诉越来越多，企业效益和声誉也逐步下降。所以，处理好质量管理体系认证前后的思想观念转变工作尤为迫切和重点。公司应在质量管理体系认证前后，一直把员工思想观念的转变工作作为日常工作的重点。在认证前，公司上下积极动员，群策群力，以认证为契机，加强企业管理；在实施过程中，始终注重公司质量方针和目标的宣传和贯彻，注重提高员工对 ISO 9000 标准的认识和理解，转变员工对 ISO 质量管理体系“通行证”论的错误观念，消除员工的麻痹思想，以促进公司的质量管理。

第三，要把质量管理工作和绩效考核挂钩。任何企业不管是在成立初期，还是在快速的扩张发展中，质量管理工作一定会遇到各种障碍和困难，并会受到来自企业内部的阻力。因此，企业的各层管理者一定要高度重视，并把企业的质量管理工作与员工的绩效考核密切挂钩，这不仅有利于推进企业的质量管理工作，改进和完善质量管理体系，全面提升服务质量，而且有利于加强员工的工作责任性，提高员工工作积极性。另外，质量管理工作一定要作为企业日常的管理工作，常抓不懈，持之以恒。

第四节　现代物流绩效评价的分析与方法

一、排列法

排列法也叫排队法，在企业绩效评价中，将评价对象相互比较，按从最优到最差的顺序排列。例如，对五个规模大致相同、类型相似的配送中心进行绩效评价时，先从这五个配送中心中评价出一个绩效最好的和一个绩效最差的，接下来再评出第二个好的和第二个差的。这种方法是以评价对象的综合绩效为基础，按其总体效益和业绩进行排列比较，评出最好、次好、中等、较差和最差。这种方法简便，常被广泛采用。但其缺点是：①不是按评价对象的工作绩效与每项评价标准进行对比打分的，而是根据总体的综合绩效进行比较，缺乏可信度和精确度；②无法鉴别处在中间状态的评价对象之间的差别；③在同一物流企业中的不同单位或部门无法进行排列比较。

二、等级法

等级法是先制定具体的评价标准，在进行绩效评价时，用已制定的有关各项评价标准来评价每一个评价对象的业绩和效益。所谓等级评价法是首先明确并确定对物流企业的评价项目及影响因素，然后对每个评价项目制定出具体的评价标准及要求。对每一项又设立评分等级数，一般分为五个等级：最优的为 5 分，次之为 4 分，依此类推。最后把各项得分汇总，总评分越高，工作绩效就越好。这种评价方法比排列法科学，但是对每个评价对象有关方面都要求确定相应的评价项目及评分标准，按其重要程度设置权数，因而评价工作量大而繁重，而且权数不易准确设置。

三、因素比较法

因素比较法也称要素比较法，这方法是将评价对象分为若干要素或项目，每一个要素的评分又分为若干等级，一般分为三个等级或五个等级，三个等级为好、中、差；五个等级为优秀、良好、一般、较差、最差。使用因素比较法时，评委们根据自己对被评价者的了解，在每一个等级中，选择一个最符合评价对象实际情况的答案，并在该等级中做标记，一般来说，人们在三个等级的评价中容易产生趋中趋势，也就是说易将等级评为中等。相对而言，五个等级更为科学一些，对评价对象的绩效和评价更确切一些。但评价要素等级划分得过细，在评价时会对划分等级产生影响，如打分过宽，难以将评价结果区分其差距。这种评价方法适用范围很广，既可用于企业绩效评价，也可用于职员工作绩效的评价。

四、全方位绩效看板评价法

将绩效评价确定为一套完整的管理过程，把企业的策略目的变成有条理的绩效评价方式。“全方位绩效评价”所强调的是以完成企业整体目标为宗旨。因此，各企业由于不同的市场状况、不同的整体目标、不同的发展战略、不同的竞争环境，而需要不同的绩效看板内容。“全方位绩效看板制度”的通用实施步骤为：

（1）预备。首先将与实施绩效评价相关的客户、销售渠道、配送、设备及财务等要素综合考虑，设计出适当的绩效看板。

（2）访问记录。向每一位高级管理人员了解公司内部情况及背景，作为规划公司发展战略的参考，同时还要找出影响公司成功的重要因素有哪些。

（3）研讨会。召集企业高级管理人员组成绩效评价小组，开会研究、讨论绩效看板的流程，并提出评价标准。

（4）第二次访问记录。再次深入访问相关人员，根据研讨会的结论，结合访问意见，完成初步绩效看板的设计。

（5）第二次研讨会。召集企业高、中级管理人员及其部分下属一起研究讨论绩效评价的目标及策略，并完成试验性的绩效看板的设计。

（6）第三次研讨会。召集由企业高级管理人员组成的绩效评价小组会议，研究讨论目标及评价方法，并取得一致意见，确定初步行动及从计划到完成目标的程序。

（7）完成。在上述访问记录及研讨的基础上不断改进，完成全方位绩效看板的设计，并在全方位绩效看板下建立公司的资料库及资讯系统，完成高层与低层的评价标准。

（8）定期检查改进。每季度或每月高层管理人员及部门经理就全方位绩效看板所显示的资讯信息进行讨论，并不断改进，以完成公司的评价目标。

五、客户定位、员工驱动、数据为基础的原则绩效评价法

客户定位、员工驱动、数据为基础的原则绩效评价法的流程是确定各环节原则、进行设计、质量和工作改进、人力资源整合、控制、能力、市场。

六、综合平衡计分卡评价法（BSC）

平衡计分法是由哈佛大学商学院著名的教授罗勃特·卡普兰创立的。平衡计分法（Balanced Score Card，BSC）的优点是强调了绩效管理与企业战略之间的紧密关系，提出了一套具体的指标框架体系。建立平衡计分卡，必须根据企业的愿景与战略，从学习与成长、内部流程、客户和财务四个维度分析，确定支撑这四个维度的关键成功要素，分解主要评价指标。

第一，学习与成长维度的计分卡。学习与成长是指公司不断创新、提升学习能力、改进现有服务和程序、创新服务，从而增强核心竞争力，为客户提供更多优质的、良好的服务，最终提高企业的经营业绩。学习与成长是其他三个维度的驱动因素。企业的学习与成长主要从员工能力的增长、企业自身创新、企业学习能力的增长以及因学习与成长所带来的工作环境的吸引力四个方面进行衡量。

第二，内部流程维度的计分卡。内部流程维度着重考虑公司内部必须做什么才能实现客户预期的测评指标。内部流程维度的测量指标应当来自于对客户满意度有最大影响的业务程序，一般涉及企业的改良/创新过程、经营过程、服务过程。

第三，客户维度的计分卡。客户维度的指标一般有以下五类：公司形象、市场份额、客户满意度、客户维持和客户获取。

第四，财务维度的计分卡。财务指标是其他三个维度指标的出发点与归宿，显示了公司的战略及其执行是否有助于利润的增加。根据企业特点，可以从生存、成功、繁荣三个角度对其财务指标进行分解。

综合平衡计分卡方法认为学习与成长性、内部管理性、客户价值、财务四个要素具有内在的关系：学习与成长解决企业长期生命力的问题，是提高企业内部战略管理的素质与能力的基础；企业通过管理能力的提高为客户提供更大的价值；客户的满意导致企业良好的财务效益。该方法还认为财务性指标是结果性指标，而非财务性指标是决定结果性指标的驱动指标，强调指标的确定必须包含财务性和非财务性，强调对非财务性指标的管理。

七、关键业绩指标评价法（KPI）

企业关键绩效指标（Key Performance Indication，KPI）是指企业宏观战略目标经过层层分解而产生的可操作性的战术目标，是衡量企业战略实施效果的关键指标。一般可分为三个层面的指标：企业级 KPI、部门级 KPI、个人 KPI。该体系建立分三个步骤。

1. 确定企业级 KPI

（1）明确企业战略和战略目标。利用 SWOT 分析法对企业环境进行分析。企业目前总体上采取成长战略，通过不断开发新产品（创新服务），实现服务的相关多元化，在提

升海外市场的同时，迅速扩大其在国内市场上的占有率和知名度。

（2）确定关键绩效领域。根据企业所处发展阶段和企业战略，通过访谈法和头脑风暴法，确定其关键的绩效领域为：开发新产品（创新服务）、控制物流运营成本、提高市场份额、改善服务质量。

（3）设计企业级关键绩效指标。通过对企业中高层管理者的多次访谈，利用鱼骨图对企业的关键成功因素进行分析，得到企业级的关键绩效指标。

2. 确定部门级 KPI

部门 KPI 的来源主要有两个：企业级 KPI 和部门职责。

3. 确定个人 KPI

在企业级和部门级 KPI 确定之后，各部门主管根据企业级 KPI、部门 KPI、岗位职责和业务流程，采用与分解企业级 KPI 相同的方法，将部门关键绩效指标进一步细分，分解出个人 KPI。

八、标杆瞄准评价法或定基评价法（Benchmarking）

标杆瞄准评价法或定基评价法是国外 20 世纪 80 年代发展起来的一种新型经营管理方法，是使一个组织不断学习、改进、维持企业竞争力的重要手段。标杆瞄准评价法常用于竞争对手分析中的经营业绩评价，是察看一个企业取得比另一个企业更好的绩效时所采用的流程及将彼此的绩效进行比较的方法。标杆瞄准评价法的应用主要侧重于企业运作流程层面，其主要方法是将本企业尽可能多的业绩指标与竞争对手的业绩指标进行对比分析，确定行业内物流绩效的标杆或根据本企业物流管理的实际需要确定评价基点（根据发展程度可以不断调整基点）。

练习思考题

一、概念

1. 物流绩效评价
2. 物流绩效评价指标体系
3. 物流绩效评价指标
4. 物流质量管理
5. PDCA 循环
6. 平衡计分法

二、选择题

1. 供应链服务绩效可以从（　　）方面进行评价。

A. 信息的正确性　　B. 及时性

C. 有效性　　D. 信息系统的先进性

2. 内部绩效的评价包括（　　）方面。

A. 财务状况评价　　B. 市场开拓能力评价

C. 发展潜力评价　　　　　　　　　　D. 信息的有效交流

3. 物流质量主要从（　）方面来衡量。

A. 物流时间　　　　　　　　　　　　B. 物流成本

C. 物流效率　　　　　　　　　　　　D. 物流绩效

三、简答题

1. 物流绩效评价指标的设计原则是什么?
2. 什么是评价指标的主成分分析法?
3. 请解释物流绩效评价中的标杆法。
4. 全面的物流质量管理包括那些内容?
5. 现代物流质量管理有哪些特点?

四、论述题

企业如何进行物流质量改进?

课后案例

联邦快递如何打造高绩效团队

作为全球最大也是最早创立的航空快递公司，FedEx目前正向包括中国在内的220个国家及地区提供24～48小时、门到门的快递运输服务。2002年，FedEx的营业额已经达到196亿美元，在《财富》杂志全球500强中排名第246位；2004年，FedEx被《财富》杂志评为2004年度“全球十大最受推崇公司”。毫无疑问，FedEx是全球业界的典范，它的成功因素不止一个，其中，高绩效团队是其中一个关键因素，正如她的创始人弗雷德·史密斯曾经说过的那样：“能够得到尽可能多的人的合作是创业成功的第四条秘密”，因为经过战争洗礼的他深知“团队”的重要性与意义所在。我们下面来探究联邦快递高绩效团队究竟体现在哪些方面，联邦快递是如何围绕这些方面打造出高绩效团队的。

1. 培育以人为本的团队文化

团队是一种特殊的组织形态，也具备相应的文化，恰当的团队文化对于团队绩效的创造具有积极作用，最直接的作用就是对团队成员的吸引、鼓舞、昭示和激励作用。FedEx在打造团队文化时，首先，是培育企业的核心价值观P—S—P，即“员工—服务—利润”，联邦快递关心员工，从而令他们为客户提供专业的服务，借此确保公司可获得利润及业务得以持续发展，公司内所有活动都以此经营哲学为基础。其次，FedEx努力营造一种“平等—民主—以人为本”的文化氛围，促使价值观深入人心。FedEx在组织里、在团队中塑造一种平等的理念，一般企业总是老总“出风头”，而FedEx在美国上市时出席的不仅有总裁还有速递员。最后，在P—S—P价值观与以人为本的文化氛围基础上，FedEx着力打造一股“团结、合作、创新、诚信”的团队精神。这种精神的打造通过注重员工的发展、与员工的沟通、从制度保障到心灵互动等方式来实现，主要体现在培训体系、激励机制、沟通机制等方面。

2. 塑造共同的团队目标

FedEx 的团队目标主要体现在两个方面，一是企业的业绩目标以及分解到团队的业绩目标；二是 FedEx 更注重的体现在团队成员行为标准上的目标。作为世界 500 强企业，FedEx 每年都关注对业务业绩指标的实现，但是财务指标远远不能满足企业发展的要求，企业早已追求给员工提供良好的工作环境、企业对社会应负的责任等非财务目标。2004 年，在美国《华尔街日报》刊登的年度哈里斯企业声誉调查中，FedEx 被评为“企业声誉最佳”的运输公司，并在“感染力”、“社会责任”和“工作环境”三项指标中，取得前五名的优异成绩。

3. 建立系统的培训体系

在以人为本的团队文化影响下，FedEx 非常重视员工的个人发展，为此，公司建立了一整套“培训一选拔一角色转换”机制。可以这么说，参加培训是员工在 FedEx 能够获得发展的重要条件，特别是随着培训课程级别的升高，意味着公司对员工的信任与期望在提高，加上培训课程确实能让员工学到真正的技能与知识，因此，培训在 FedEx 备受员工欢迎。培训课程设计得很细致、很全面，每个岗位都有一个培训计划，比如分检员上岗前要经过最基础的速递课程培训、FedEx 内网 COSMOS 系统培训、清关代理课程培训以及必要的实习。每项培训都要经过考核并记录在案，如果不合格且差距太远就有可能面临不能上岗的局面，无论员工在面试时表现多么出色。

4. 推行有效的激励机制

俗话说得好，“遣将不如激将”，命令他人去做某事不如激励他人去做某事，在完成团队目标，提升团队绩效的过程中，有效的激励无疑是一种重要的手段。通常所说的激励，有研究者将其分为精神激励、情感激励、物质激励及民主激励。在联邦快递，接近 50%的支出用于员工的薪酬及福利上。员工报酬的确定在于认同个人的努力、刺激新的构想、鼓励出色的表现及推广团队的合作。所有这些因素都在员工的整体报酬中反映出来。FedEx 的团队激励机制包括三大方面：整体报酬、名誉奖励、发展计划，整体报酬可以看做保健因素，名誉奖励和发展计划可以看做激励因素。整体报酬综合了薪金计划、福利计划及优质工作/生活计划，具体包括加薪、奖励性酬金、进修资助、带薪休假及假期、医疗保险、生命及意外身亡保险、优惠价托运、机票折扣优惠、后备机票等。FedEx 经常让员工与客户对工作进行评价，并重视精神激励的作用，通过设奖来表彰成绩卓越的团队成员。

5. 落实有效的团队沟通机制

有效的团队沟通可以保障信息的充分交流共享，可以保障不同意见的真实表达，还可以促进团队成员之间的感情交流与思想碰撞，这些都最终促进团队绩效的产生。FedEx 有三大保障沟通的制度：自由交流政策、保证公平待遇程序、调查一反馈一行动计划。

6. 重视虚拟团队的打造

FedEx 的团队随着业务的扩展分布在全球 220 个国家和地区，每笔货物要求在 24～48 小时从地球一端的发件人手里送到地球另一端的收件人手里，时间是如此之短，区域跨越又是如此之大，而且当货物出境后，运送环节上的团队成员就会变成另外一个国度的人，当每天几百万个包裹通过几百架飞机在全球 5 万个投递点间流转的时候，无论你是哪个国家的雇员，无论你身处何地，只要是 FedEx 的员工，那就同属一个团队，共担一份使命。举一个简单的例子，中国的 FedEx 职员在午夜时分突然接到西半球某个国家的 FedEx 职员打来的长途，对方用地道的英语或含糊的英语（母语非英语的国家）急迫地询问某个包裹是否运抵中国，而这个包裹现在需要紧急转运至第三国，这时，中国的 FedEx 职员必须先在努力听清对方的意思后迅速查实货物的准确位置，因为可能因某种失误导致电脑记录失真，查实的难度就会加大；查实之后与对方甚至是第三方进行确认，再进行相应操作。这样的工作在 FedEx 内网 COSMOS 系统上更是司空见惯，而当问题发生时，不借助虚拟团队就根本不能解决。FedEx 的团队为了“使命必达”这一共同目标，成功地运用现代通信技术手段，互动地解决了跨越时间、空间和组织边界的各种问题，不仅保护了客户利益，确保了组织目标的实现，更增进了团队与团队之间的信任、理解与支持，从而强化了团队精神与团队协同战斗力。

思考题：联邦快递高绩效团队的打造对你有什么启发？

第九章 新型物流服务及管理模式

引导案例

世界十大物流公司简介

1. UPS

业务概况：UPS是全球最大的包裹递送公司，同时也是主要从事专业运输和物流服务的提供商。每天经该公司投递快件的收入高达600万美元。该公司已建立了规模庞大、可信度高的全球运输基础设施，开发出全面、富有竞争力，并且有担保的服务组合，并不断利用先进技术支持这些服务。

业务分布：从地区来看，美国国内业务占总收入的89%，欧洲及亚洲业务占11%；从运输方式上看，美国内陆运输占54%，航空运输占19%。

2. FedEx

业务概况：FedEx是一家环球运输、物流、电子商务和供应链管理服务供应商，为客户提供一体化的物流解决方案，子公司包括FedEx Express（经营速递业务）、FedEx Custom Critical（经营高速运输投递服务）、FedEx Ground（经营包装与地面送货服务）、FedEx Global（经营综合性物流、技术和运输服务）。

业务分布：美国本土业务占总收入的76%。运输方式上，航空运输占83%，公路占11%，其他方式占6%。

3. DPWN

业务概况：德国邮政是德国的国家邮局，是欧洲地区处于领先地位的物流公司。近期更名为Dertsche Post World Net（DPWN），以适应其业务全球化特点及电子商务带来的影响。DPWN划分为四个自主运营的部门，包括邮政、物流、速递和金融服务。其中，邮政部门由邮政、市场直销和出版物发行等业务组成；速递部门通过全球邮政和国际邮政业务部门提供覆盖欧洲的快递业务；通过与DHL合作，提供全球业务，通过收购Danzas下属公司成立物流部，提供“一站式”服务。

业务分布：DPWN四大业务（邮政、快递、物流和金融）的净收入分别占49%、21%、18%和12%。从地区分布看，德国占23%，斯堪的纳维亚、美洲、意大利及远东澳洲分别占12%、11%、8%和6%。

4. Nippon Express

Nippon Express（日通）的主要业务是汽车运输、航空运输、仓储等，分别占44%、16%和5%。其经营收入的93%来自于日本本土，客户主要分布在电子、化学、汽车、零售和科技行业。

5. Ryder

业务概况：Ryder（来德）是一家在全球范围内提供一系列的物流、供应链和运输管理服务的美国物流公司。Ryder还提供具有全面的供应链解决方案和电子商务解决方案，提供从原材料供应到产品配送等支持客户管理的整条供应链系统。

业务分布：美国本土业务占总收入的82%。业务结构上，运输服务占57%，物流服务占32%。

6. TPG

业务概况：TPG（荷兰邮政）为全球二百多个国家和地区的客户提供邮递、速递及物流业务，并拥有荷兰各邮局机构50%的股权。现有仓库137间，占地面积为155万平方米。

业务分布：从净收入来看，TPG的邮递、速递和物流三大业务分别占42%、41%和17%；从运营利润来看，邮递、速递和物流分别占76%、15%和9%；从地域分布来看，欧洲占85%。

7. Expeditors

业务概况：Expeditors是一家无缝的国际性服务网络，提供全球物流服务。服务内容包括空运、海运（拼箱货服务）及货代业务，此外，还包括配送管理、货物保险、订单管理及物流信息服务等。

8. Panalpina

业务概况：瑞士的Panalpina公司是世界上最大的货运和物流集团之一，在全球65个国家拥有312个分支机构。其核心业务是综合运输业务，除了处理传统货运以外，还提供跨国物流服务，尤其在汽车、电子、电信、石油及能源、化学制品等领域。

Air/Sea Broker是Panalpina全球货运“批发商”；Swiss Global Cargo是它的一家合资公司，也是世界上第一家能提供一体化、“门到门”、有时限担保而无重量限制的航空货运公司。

业务分布：欧洲和非洲占52.7%，美洲占33.9%，亚太地区占13.4%。从利润来看，空运、海运、物流三大业务分别占44.9%、31.3%和20.3%。

9. CNF

业务概况：CNF在空运、非货运型公路运输等领域占主导地位，为30多万家用户提供全方位的运输服务，每年运输2000多万宗货物，总重量达到300亿磅。业务遍及二百多个国家和地区，为美国几乎所有大公司提供服务。

业务分布：公司业务主要分布在美国，业务收入占78%。从业务类型来看，分别集中在空运、公路运输和物流管理及配送。

10. EXEL

业务概况：EXEL公司分为欧洲部、美洲部、开发和自动化部、技术和全球管理部、亚太部五大部门，全球营业网点达1300个。目前，该公司分为三家运营子公司，即EXEL（原NFC公司）、MSAS全球物流公司和Cory Environmental。其中，MSAS是世界上规模最大的货代之一，提供多式联运、地区配送、库存控制、信息技术和供应链解决方案等服务；Cory Environmental 是英国规模最大的废品处理公司之一。

业务分布：EXEL 业务主要集中在配送、运输管理和环境服务三个方面，按净收入分别占 58%、39%和 3%；运营利润分别占 62%、28%和 10%。业务主要集中在美洲、欧洲、非洲及亚太地区。

从上述世界十大物流公司业务结构来看，以空运、快递、陆运为主的公司占大多数，提供多式联运、电子商务、货代、供应链解决方案、物流金融等一系列综合服务管理和新型物流管理的也居多。可见，我国物流企业的服务供给还存在一些空白。

第一节　第三方物流

一、第三方物流概述

（一）第三方物流的概念及特征

1. 第三方物流的概念

第三方物流（Third Party Logistics）的概念源自于管理学中的（Out - souring），意指生产经营企业为集中精力搞好主业，把原来属于自己处理的物流活动，以合同方式委托给专业物流服务企业，同时通过信息系统与物流服务企业保持密切联系，以达到对物流全程的管理和控制的一种物流运作与管理方式。我国国家标准《物流术语》（GB/T 18354—2006）对第三方物流的定义是："独立于供需双方，为客户提供专项或全面的物流系统设计或系统运营的物流服务模式。"第三方物流企业就是以第三方物流为主要业务模式的物流企业。这里的第一方是物流服务的需求方，即客户；第二方是物流服务能力的提供方，即运输、仓储、流通加工等基础物流服务的提供者；第三方则是指通过整合第二方的资源和能力为第一方提供物流服务的一方；在第三方物流服务的上端，则是从事供应链上物流体系的规划、设计等咨询活动的第四方物流。在功能上，第三方物流不仅要提供货物购、运、调、存、管、加工和配送全过程服务，而且要提供网络设计和商品整个物流过程最优化的解决方案。因此，第三方物流又叫合同制物流。

2. 第三方物流的特征

从发达国家第三方物流企业成功的实践来看，第三方物流企业已经逐渐形成了鲜明的特征，具体表现如下：

（1）契约关系明显化。第三方物流通过委托方和代理方签订正式合约，来确定双方的权利与义务。第三方物流根据契约规定的要求，来为物流业务的需求者提供全方位的一体化服务，并对整个物流活动进行管理。即使是第三方物流的联盟也是通过契约形式来确定他们之间的责任以及权利。所以不管是第三方物流个体之间还是物流联盟之间的关系都呈现出契约化的特征。

（2）物流技术标准化。物流标准化是物流发展的基础。物流标准化的重要意义是为物流系统与物流外系统的连接创造条件。缺乏标准化的物流，很难实现系统的整合效益。物流标准化是指以物流为一个大系统，制定系统内部设施、机械装备、专用工具等各个系统的技术标准；制定系统内各分领域如包装、装卸、运输等方面的工作标准；以系统为出发点，研究各分系统与分领域中技术标准和工作标准的配合性，按配合性要求，统一整个物流系统的标准；研究物流系统与相关其他系统的配合性，进一步谋求物流大系统的标准统一。在我国，国家技术标准管理部门协调行业主管部门、行业协会加快物流用语、计量标准、技术标准、数据传输标准、物流作业和服务标准等的制定工作。同时，规范已有的与物流活动相关的各种国家标准、行业标准，对托盘、集装箱、各种物流搬运和装卸设施、物流中心、条码等通用性较强的物流设施和装备的标准进行全面规范，使各种相关的技术标准协调一致。

（3）物流服务针对化。物流需求者在对物流服务项目上有特殊性，不同的委托者有不同的要求，第三方物流作为代理方应该根据委托方在需求特性、产品特征、企业形象、业务流程等方面的要求，提供个性化的物流服务和增值服务。第三方物流要在物流行业的竞争中取胜，也要持续强化所提供的物流服务的个性化和特色化，来培育本企业的核心竞争力，进而提高其市场核心竞争力。

（4）信息资源共享化。信息技术是第三方物流发展的软件基础。第三方物流业的信息技术主要包括 GIS（地理信息系统）、GPS（全球卫星定位系统）、EDI（电子数据交换）、Bar Code（条码技术）、RFID（射频技术）、个人电脑、人工智能/专家系统、互联网、物联网、通信以及扫描仪等。第三方物流业要替不同的企业做不同业务范围的物流管理、配送工作，这决定了各个物流体系是一个多元化和社会化的大系统，管理难度很大，只有以信息技术作为支撑才能解决。这个大系统包括统计管理信息系统、决策支持信息系统、行政信息系统、客户信息系统、会计信息系统、供求信息发布系统、配送管理信息系统、仓储管理信息系统、运输管理信息系统。此外，第三方物流业通过运用信息技术，可以实现物流渠道成员、第三方物流业自身、以及物流需求方的无缝连接，从而可以使得第三方物流业能进行迅速的决策、指挥、信息反馈，实现内外部资源一体化配置。信息系统技术的发展实现了信息资源的共享，促进了物流管理的科学性，提高了物流的效率和效益，为物流企业以及物流需求企业的顺利合作创造了条件。

（5）发展趋势全球化。经济全球化进程的加快，特别是中国加入世贸组织后，我国第三方物流业全球化大势所趋。全球化是指我国第三方物流业生存、经营、竞争和发展的环境应当而且必须着眼于全球范围内。这一方面表现为外国的物流企业纷纷抢滩中国市场，另一方面表现为我国的第三方物流业也可以实行全球化经营，进驻国际物流市场。第三方物流业为了能给客户以更多更好的服务，必须不断地满足客户的物流需求。全球化经营，能为上下游企业提供更为完备的物流服务，这些服务包括报关、进出口许可证、产品的检测等。它为第三方物流业创造更多的附加价值的同时，也为上下游企业做了许多本应由它们完成的物流功能。在我国国民经济快速发展的推动下，我国部分第三方物流业已经具备了相当的实力，并快速跻身国际物流市场，提高在国际物流市场占有率，这是第三方物流业应对 WTO 挑战的必由之路。

（二）第三方物流产生的原因及作用

1. 第三方物流产生的原因

（1）第三方物流的产生是社会分工的必然结果。各企业为增强市场竞争力，而将企业的资金、人力、物力投入到其核心业务上去，寻求社会化分工协作带来的效率和效益的最大化。专业化分工的结果导致许多非核心业务从企业生产经营活动中分离出来，其中包括物流业。将物流业务委托给第三方专业物流公司负责，可降低物流成本，完善物流活动的服务功能。而第三方物流则以物流为核心竞争力，他们依靠自己的物流实力，完善物流服务功能，参与市场竞争，取得市场竞争优势。这样，第三方物流的出现，实现了社会的合理分工，实现了社会资源的合理配置，同时又使生产企业和物流企业的核心竞争力都得到了加强，效益显著提高，这充分显示了第三方物流的综合优越性。

（2）第三方物流的产生是新型管理理念的要求。进入 20 世纪 90 年代后，信息技术的高速发展与社会分工的进一步细化，推动着管理技术和思想的迅速更新，由此产生了供应链、虚拟企业等一系列强调外部协调和合作的新型管理理念，既增加了物流活动的复杂性，又对物流活动提出了零库存、准时制、快速反应、有效的顾客反应等更高的要求，使一般企业很难承担此类业务，由此产生了专业化物流服务的需求。第三方物流的思想正是为满足这种需求而产生的。它的出现一方面迎合了个性需求时代企业间专业合作（资源配置）不断变化的要求，另一方面实现了物流的整合，提高了物流服务质量，加强了对供应链的全面控制和协调，促进供应链达到一个整体最佳状态。

（3）第三方物流的发展是物流领域激烈竞争的产物。第三方物流的出现是物流领域的竞争激化导致综合物流业务发展的历史必然。随着经济自由化和贸易全球化的发展，物流领域的政策不断放宽，同时也导致物流企业自身竞争的激化，物流企业不断地拓展服务内涵和外延，从而导致第三方物流的出现。物流研究与物流实践经历了成本导向、利润导向、竞争力导向等几个阶段。将物流改善与竞争力提高的目标相结合是物流理论与技术成熟的标志。如海尔物流在分析世界制造业先进企业物流管理系统和自身发展的基础上，彻底突破了物流单纯降低成本的观念，将物流重组定位在增强企业竞争优势的战略高度上来。将物流改善与竞争力提高的目标相结合是物流理论与技术成熟的标志。

（4）信息技术发展促进了第三方物流的发展。20 世纪 90 年代以来，随着互联网技术以及各种信息技术的发展，为企业建设高效率的信息技术网络创造了条件，信息技术实现了数据的快速、准确传递，一方面提高了物流企业在仓库管理、装卸运输、采购、订货、配送发运、订单处理的自动化水平，促使订货、包装、保管、运输、流通加工一体化，使大规模、高质量、高服务水平处理物流企业与其他企业间的信息沟通交流、协调合作方便快捷，并能有效跟踪和管理物流渠道中的货物，精确计算物流活动的成本。这就使客户企业可以随时跟踪自己的货物，因而放心地把自己的物流业务交由第三方物流企业处理，这些环境条件都促使了第三方物流企业的产生。

2. 第三方物流的作用

（1）集中力量，发展主业。资源的有限性往往是制约企业发展的主要“瓶颈”。利用好专业的第三方物流公司为企业服务，企业能够实现资源优化配置，将有限的人力、财力集中于核心业务，进行重点研究，发展基本技术，开发出新产品参与世界竞争。如产品研发市场开拓等，建立自己的核心能力，并使其不断提升，从而确保企业能够长期获得高额利润。

(2) 节省费用，减少资本积压。专业的第三方物流提供者利用规模生产的专业优势和成本优势，通过提高各环节能力的利用率实现费用节省，使企业能从分离费用结构中获益。根据对工业用车的调查结果，企业解散自有车队而代之以公共运输服务的主要原因就是为了减少固定费用，这不仅包括购买车辆的投资，还包括和车间仓库、发货设施、包装器械以及员工有关的开支。

(3) 减少库存，降低成本。企业不能承担多种原料和产品库存的无限增长，尤其是高价值的部件要被及时送往装配点，实现零库存，以保证库存的最小量。第三方物流提供者借助精心策划的物流计划和适时运送手段，最大限度地减少库存，改善了企业的现金流量，实现成本优势。专业的第三方物流供应商利用规模生产的专业化优势和成本优势，通过提高各环节能力的利用率实现费用节省，使企业能从分离费用结构中获益。

(4) 减少环节，提升企业形象。第三方物流提供者与顾客，不是竞争对手，而是战略伙伴，他们为顾客着想，通过全球性的信息网络使顾客的供应链管理完全透明化，顾客随时可通过 Internet 了解供应链的情况；第三方物流提供者是物流专家，他们利用完备的设施和训练有素的员工对整个供应链实现完全的控制，减少物流的复杂性；他们通过遍布全球的运送网络和服务提供者（分承包方）大大缩短了交货期，帮助顾客改进服务，树立自己的品牌形象。第三方物流提供者通过“量体裁衣”式的设计，制订出以顾客为导向，低成本高效率的物流方案，使顾客在同行者中脱颖而出，为企业在竞争中取胜创造了有利条件。

二、第三方物流企业经营模式

现代物流企业的经营管理理念最主要体现在以实现顾客满意为第一目标，通过提升顾客价值从而实现企业价值最大化。在这样的经营理念指导下，物流企业必须提供优质服务以帮助客户提高工作效率和生产效率，降低客户的成本，如通过共享信息实现准时配送，帮助客户实现零库存，为其开发第三利润源等。而实现这种经营理念靠的是现代科学技术的支撑，尤其是信息技术和网络技术。因此，现代物流企业的经营管理模式将是一种基于现代信息网络的全天候快速反应的虚拟运作模式。

我们以整合及管理服务程度和提供物流服务内容的个性化程度高低来将第三方物流企业的经营模式分类：一是集成度较低的功能型物流模式，例如仓储、运输（包括一般运输和多式联运）、快递、配送以及增值服务。这类企业立足于自身资源，在相对集中的行业范围内提供某一种或多种物流服务。二是集成度较高的综合型物流模式。这种经营模式其实是包含功能物流模式的，因为全程物流本身就是按照客户需求，综合多种运输、仓储等活动，为客户的部分或全程供应链提供物流服务，甚至为客户的供应链系统提供优化设计等信息物流服务。三是代理型物流模式，是指由传统货代企业转换而来的物流企业，当然，提供功能物流和综合物流的企业也可以提供代理式的物流服务。将第三方物流企业服务模式作如上分类，是根据其提供物流服务范围及水平来进行的。这并不是指第三方物流企业类型的分类，某个企业可能采取其中一种经营模式；或者同时采取多种经营模式。企业在进行市场定位，确定经营模式时，要充分按照自己的实际特点及营运能力，不要一味求大求全。结合自身优势，按照市场需求，提供开拓物流服务的创新点，培养自己的核心竞争力，才是当前我国大多第三方物流企业运营的主要方向。

（一）功能型第三方物流企业

功能物流模式的特点是第三方物流企业使用自有资产为多个行业的客户提供低集成度的物流服务。诸如运输、仓储与配送中的某一项或几项服务。功能物流模式是目前我国第三方物流企业运作的一种主要模式，许多以传统运输、仓储为基础的大中型企业以及一些新兴的民营物流公司，都属于这种模式。其竞争力在于充分有效利用自有资源，提高功能物流服务的经营效率，达到比自营物流更高效、更低成本的运作，传统的运输、仓储企业实际上就是提供这种服务的。目前，这些企业纷纷在传统业务基础上拓展更全面的综合物流功能，如提供一些增值服务和物流全程管理等，但是物流服务的集成度还不是很高。从国内的物流市场来看，由于客户企业仍倾向于外包部分功能性的物流活动而不是全部物流，因此功能物流模式仍是主要的物流服务形式。采用功能物流模式的第三方物流企业应该不断加强自身的运作能力，在强化核心能力的基础上，可逐步拓展服务的种类，提升服务层次，寻求具有竞争优势的创新服务点，实现物流服务的差异化，在特定领域形成自己的特色，力求在一个细分市场上做精做强。当然，基础设施和运行能力强的企业可以在本企业服务的基础上向综合物流模式发展。按照提供物流服务的内容不同，功能物流模式大致可以分为运输、快递、配送、仓储及增值服务。

（二）综合型第三方物流企业

综合物流模式的特点是第三方物流企业拥有大量的固定资产，能够把供应链上的一段（如销售物流）或者整个供应链的物流活动高度集成、有效衔接，进行运作、管理和优化，他们为客户提供一种长期的、专业的、高效的物流服务。同时，这类企业还应能够利用专业、科学的物流知识为客户量身进行物流体系的规划、设计、整合和改进，全面提升运作效率与效益，提高客户服务水平和供应链能力。

综合物流模式是包含功能物流模式和代理模式的。“综合”二字指的是其提供的物流服务内容不仅包含运输、快递、配送、仓储及增值服务、代理服务中的一种或多种，而且是在此之上，可以为客户提供定制的物流服务以及供应链服务。目前在我国物流市场上的大型许多外国物流公司都采用这种运作模式，国内一些大型物流企业也开始提供这种服务。

世界物流前列的物流集团公司，拥有较大的营运规模，建立有效的地区覆盖，具备指挥能力强、控制能力强的管理层，具备高水准的综合技术、财务资源和经营策略，具有竞争力的业务核心是物流管理，即供应链管理。都能提供运输方面的多项服务，并且在与物流相关的一些行业或者新领域里联合或者兼并，借以巩固或者占领新的市场，从而达到增加利润、赢得客户的目的。其中物流设计、控制、组织、协调能力是其竞争基础，高度重视物流解决方案设计；在服务操作上严格执行统一的服务标准；坚持严格的质量管理制度；以信息技术和信息网络贯穿物流整个服务过程。

(三) 代理型第三方物流企业

代理模式的特点是第三方物流企业不进行固定资产投资，对公司内部及具有互补性的服务提供商所拥有的不同资源、能力、技术进行整合和管理，为客户少数行业提供高集成度的一体化供应链服务，代理模式体现了第四方物流的思想，采用这种运作模式的物流企业实际上就是一个供应链的集成商。目前在我国，重复建设使得许多物流资源非常分散但总体却过剩，物流网络和设备利用率不高，物流服务的质量有所欠缺，缺乏有效的物流管理者。采用代理的物流运作模式，不仅降低了大规模投资的风险，而且可以有效地整合社会资源，提高全社会的物流运作效率。由传统的货代型企业发展而来的第三方物流企业就是采用这种模式；同时大型综合物流模式和功能物流模式的第三方物流企业均能够提供代理的物流服务。由货代类企业转变而来的代理模式物流企业，具有较强的管理整合社会公共资源能力，为多个行业的客户提供低集成度的服务，只不过是通过委托他人操作来提供服务，自身不进行固定资产的投资。能够充分利用闲置的社会资源，使其在效益方面产生乘数效应，一般取得物流项目的总承包后整合社会资源再进行二次外包。这类企业对固定设备、设施的投资少，以其业务灵活，服务范围广和服务种类多等优势方面使其他企业难以与之竞争。其主要发展思路为：不进行大的固定资产投入，低成本经营和入市原则；将主要的成本部门及产品服务的生产部门的大部分工作委托他人处理，注重建立自己的销售队伍和管理网络；实行特许代理制，将协作单位纳入自己的经营轨道；公司经营的核心能力就是综合物流代理业务的销售，采购协调管理和组织设计的方法与经验，并且注重业务流程创新和组织机制创新，使公司经营不断产生新的增长点。

采用代理模式的物流企业一方面可以通过不断提升代理服务的集成度向综合代理模式拓展，提高物流服务的科技含量与知识含量，加强信息服务和供应链设计、管理能力；另一方面也可以通过与生产制造企业结盟增加资产的专有性，向更深层次的第三方物流企业方向发展。

总之，不论采用何种经营模式，创新始终是企业的灵魂，第三方物流企业只有通过不断的业务创新，提供更多、更能满足客户企业需求的物流服务，才能吸引更多的物流外包业务，扩大企业规模，提高市场占有率，增加物流服务的附加值，在当前国内外群雄竞争的物流行业中脱颖而出，抢占先机。

三、我国第三方物流存在的问题

中国的第三方物流公司的来源主要有传统的运输与仓储企业、生产与流通企业内部流通部门、国外物流公司、新兴的物流公司。尽管第三方物流（尤其是货代）已经存在了几十年，这个行业只是在最近才由于公司对供应链管理的态度变化而得以显著增长。然而，第三方物流在整个物流市场上的占有率仍然很低。

第三方物流企业在我国已经有了10多年的探讨过程和发展过程，在全球经济一体化影响下，我国正在成为第三方物流企业发展最迅速的国家之一，但是目前我国第三方物流企业还面临着诸多问题。

（一）物流需求不足，观念落后

物流需求不足是第三方物流企业当前面临的主要问题。一方面，由于第三方物流在我国发展历程较短，企业仍然保留着“大而全”、“小而全”的经营组织方式，从而使我国目前第三方物流市场占有率不高；另一方面，我国的物流由于长期受计划经济体制的影响，企业领导和职工习惯于传统物资营销方式，与物流企业要求的创新发展能力差距较大，再加上行业垄断、部门分割、地区封锁的体制性障碍尚未完全破除，专业化程度低。据中国仓储协会2009年对两千家企业的调查，第三方物流业务在生产和商业企业所占比重仅为22%和15%；况且以往的物流主要强调通过内部信息的利用和共享，赚取利润，而第三方物流更强调提供最有利于用户的服务，强调与供应链中其他成员的联系和合作，认为第三方物流企业的利润来自于委托物流成本节约的一部分，两者间的利益是一致的。目前大多数物流企业还没有形成这样的管理策略，在认识上还没有意识到第三方物流或合同制物流应该成为企业生存和发展的基石。

（二）改制改组未到位，企业机制不适应

一是省市、地市级物资部门虽然已改制成功，但大多是换个牌子的“翻牌公司”，产权模糊、权责不清，现代企业制度远未建成。二是企业内部三项制度改革不够深化。在改革开放的推动下，物资企业虽然普遍地开展了以人事、用工、分配三项制度为主要内容的企业制度改革，收到了一定成效。但是从整体上来看，物资企业的机制转换还是初步的，在企业管理特别是财务、资金管理上还很薄弱，经济效益低。三是企业约束机制乏力。有的企业领导盲目决策，出现不少“三拍”（即拍脑袋决策、拍胸膛保证、拍屁股走人）工程项目，资金有投无回；有的用企业流动资金炒股票、搞期货，造成巨额资金损失；有的企业领导以权谋私、挥霍浪费，对企业业务骨干管理乏力，“体外循环”现象时有发生，使企业雪上加霜。

（三）物流人才匮乏，管理水平较低

我国物流业还处在起步阶段，高等教育和职业教育尚未跟上，人才缺乏，素质不高。主要在第三方物流企业将朝着信息化、自动化、网络化的方向发展，它要求物流工作人员掌握计算机知识、网络知识、自动化技术，掌握物流优化管理理论与方法。但目前我国物流企业工作人员的业务素质较低，难以达到第三方物流概念的要求，提供综合物流业务；同时生产经营企业的管理人员也还缺乏有关业务素质。第三方物流不但对物流企业管理自身的能力有很高要求，还要求企业有在复杂情况下（兼顾多方需求）的管理和协调能力；而我国很多企业还停留在经验管理、粗放管理阶段，未能解决好先进管理思想、管理方法、管理技术的实际应用问题；另外，由于技术、设备等条件的落后，致使管理水平难以上台阶。

(四) 行业集中度较低

据了解，2009年中国第三方物流市场大约有18000多个服务商和终端，排名前十位的服务商占市场总额仅13%（这可能是很粗略的估计），没有一家物流企业的市场份额超过2%，说明我国物流行业尚未实现充分的整合。在竞争模式上主要体现在成本与价格竞争，而对第三方物流所带来的供应链增值效应关注不够，低水平的过度竞争成为我国第三方物流发展的瓶颈问题，大家在行业中可能都感觉到这种竞争压力。根据分析，我国第三方物流行业目前利润率为3%～8%左右，行业利润空间尚未完全挖掘出来，和国际上相比差距还是很大。与此同时，社会物流外包比例不断上升，2008年我国销售物流外包以8%～12%的速度增长，运输与仓储外包以10%～15%的速度增长，运输业务委托第三方的占企业运输业务的67%，这些都为我国第三方物流发展创造了良好条件。

(五) 服务的技术含量不高，企业物流信息管理和技术手段比较落后

EOS（Electronic Ordering System）、EDI（Electronic Data Interchange）、RF（Rapid Fabricate）、GIS（Global Information System）在中国物流领域中的应用水平较低，我国仅有39%的物流企业有信息系统，且功能很不完善。不能对物流日标活动进行有效的跟踪和监控，不能有效地管理和分析大量的数据流，无法对突发事件实行有效的应急措施，不能对市场做出快速的反应。货运管理系统（TMS），仓储管理系统（WMS），供应链意外管理（SCEM）系统和国际贸易物流系统（ITLS）等复杂的物流管理系统更是在国内的第三方物流企业中鲜有应用。

第二节　电子商务物流管理

电子商务是信息革命的产物，作为一种以信息为主要手段的先进交易和贸易方式，电子商务已广泛地被世人所接受，并在世界范围内普遍推广。但是电子商务概念的界定仍处在一个动态发展过程之中，所以仍是一个需要不断摸索和认识的领域。

一、电子商务的概念及特征

(一) 电子商务的概念

目前，关于电子商务的定义有多种说法。下面是一些国家机构、经济组织、信息行业和经济学者从不同角度提出电子商务的定义。

国际商会从商业角度提出了电子商务的概念，认为电子商务是指实现整个贸易活动的电子化。从涵盖范围上，电子商务交易各方是以电子交易方式而不是传统交易方式为主要手段所从事的商业活动；从技术层面上，电子商务是一种多技术的集合体，包括交换数据（如电子数据交换、电子邮件）、获得数据（如共享数据库、电子公告牌）以及自动捕获数据（如条码）等。

联合国经济合作和发展组织（OECD）电子商务是发生在开放网络上的包含企业之间

(Business to Business)、企业和消费者之间（Business to Consumer）的商业交易。

加拿大电子商务协会从功能角度对电子商务进行界定，认为电子商务是通过数字通信进行商品和服务的买卖以及资金的转账，包括公司间和公司内利用 E-mail、EDI、文件传输、传真、电视会议、远程计算机网所能实现的全部功能（如市场营销、金融结算、销售以及商务谈判）。

美国政府在“全球电子商务纲要”中以信息网络为基础认为电子商务是指基于信息网络所进行的各项商务活动，包括广告、交易、支付、服务等活动。网络技术是电子商务的基础，Internet、Intranet 和 Extranet 是电子商务的三种基本依存形式。

信息行业的重要代表 IBM 公司以及我国上海电子商务安全证书管理中心比较倾向于美国的观点，认为电子商务是采用数字化电子方式进行商务数据交换和开展商务业务的活动。包括利用电子数据交换、电子邮件、电子资金转账及 Internet 的主要技术在个人间、企业间和国家间进行无纸化的业务信息地交换和交易。

美国学者瑞维·卡拉克塔和安德鲁·B. 惠斯顿以发展的观点提出，电子商务是一种现代商业方法，这种方法以满足企业、商人和顾客需要为目的，通过增加服务传递和改善服务质量降低交易费用。今天的电子商务通过少数计算机网络进行信息、产品和服务的买卖，未来的电子商务则可以通过构成信息高速公路（I-Way）的无数网络中的任意网络进行买卖 。

上述观点既有相融合的部分又各有侧重点，在此基础上结合电子商务的发展实践，我们认为电子商务是以信息网络为基础的，利用 Internet、Intranet 和 Extranet 等网络和先进的数字化传媒技术进行的各项商业贸易活动。这种活动促进了企业、用户、供应商、消费者乃至政府部门之间的信息沟通，拓展了商务活动的时空界限，实现了传统商务迈向信息化的飞跃。

（二）电子商务的特征

与传统商务活动相比，电子商务的新型交易方式体现出更多的特征和优点。

1. 交易虚拟化

电子商务通过 Internet 为代表的计算机网络进行交易，贸易双方从贸易协商、签订合同到资金支持，无须当面进行，均通过计算机互联网络完成，整个交易过程完全虚拟化，对买方来说，可以利用计算机管理机构申请域名，制作自己的主页，让产品信息上网。电子商务通过虚拟现实、BBS 等技术的发展，使买方能够根据自己的要求选择广告，并将信息反馈给卖方，通过信息的相互交流，签订电子合同、完成交易，并进行电子支付。整个交易在网络这个虚拟的环境中进行。

2. 交易高效化

由于电子商务互联网贸易中的商业报文标准化，使商业报文能在世界各地瞬间完成传递与自动处理活动。而传统的贸易方式用信件、电话、传真传递信息，必须有人的参与，每个环节都要花费不少时间。有时由于人员合作和工作作息等问题，会延误传输失去最佳商机。电子商务克服了传统贸易方式的不足，极大地缩短了交易的时间，使整个交易非常快捷方便。

3. 交易成本低

电子商务使买卖双方的交易成本大大降低，具体表现在以下几个方面：

(1) 买卖双方通过网络进行商务活动，无须中介者参加，减少了交易的有关环节。

(2) 卖方可以通过互联网进行产品介绍、宣传、避免了在传统方式下做广告、发印刷品等大量的费用。

(3) 电子商务实行“无纸贸易”，可减少文件处理费用。

(4) 信息传递在网络上进行，其成本相对信件、电话、传真更低。

(5) 互联网使得买卖双方及时沟通供需信息，使无库生产和无库存销售成为可能，从而使库存成本可以降为零。

(6) 通过互联网把公司总部、代理商、以及分布在其他国家的子公司、分公司联系在一起，及时地对各地市场作出反应，及时生产，采用高效快捷的配送公司提供交货服务，从而降低成本。

二、电子商务的主要模式

为了满足不同类型的商务需求，产生了不同模式的电子商务应用。如果按电子商务的交易对象来分，电子商务可以分为以下几种类型。

(一) 企业与企业之间的电子商务

企业与企业之间的电子商务，即 B2B 电子商务 (Business to Business)。互联网最初起源于 ARPAnet (阿帕网)，它把美国的几个军事及研究用计算机主机联接起来，形成一个新的军事指挥系统。之后，美国政府及科研机构又将互联网引入研究领域和学术领域。直到 20 世纪 90 年代初，才有商业机构介入互联网，使得在互联网上进行商业活动成为可能。

从未来的发展看，企业对企业的电子商务 (B2B) 模式代表着电子商务的未来。企业与企业之间的交易规模远大于企业与顾客之间的交易，两者相差一个数量级。企业与企业之间交易的主体是中间产品，而企业与顾客之间交易的主体是最终产品，前者的交易额显然要比后者大得多。高胜公司的分析表明，1998 年美国 B2B 互联网市场相当于 390 亿美元，到 2004 年增长到约 1.5 兆美元。到 2004 年 B2B 互联网商务将占有整个 B2B 销售总额 (包括网上和网下) 的 10.9%，与之相比，1999 年仅占有 1.1%。由此，可以看出 B2B 电子商务将是电子商务的主流，其活跃领域主要集中在电脑技术、电器产品、公共事业、运输、仓储、汽车等。

B2B 网站的商业模式可划分为以下几种：横向型 (即水平型) 网站、纵向型 (即垂直型) 网站、专业网站和公司网站。下面重点讨论横向型网站和纵向型网站。

纵向型网站 (又称纵向电子商务市场)：指提供某一类产品及其相关产品 (互补产品) 的一系列服务 (从网上交流到广告、网上拍卖、网上交易等) 的网站。该类网站的优势在于产品的互补性 (在一个汽车网站不仅可买到汽车，还可以买到汽车零件，甚至汽车保险) 和购物的便捷性，顾客在这一类网站中可以实现一步到位的采购，因而顾客的平均滞留时间较长。

横向型网站（又称横向电子商务市场）是这样一些 Web 站点：买卖双方能在网上一起进行通信，交流，制作广告，在拍卖中叫价，进行交易，以及管理库存和完成贸易。“横向”的含义是指服务于各种不同的行业，或者说是定位于跨行业的横向应用。其不足在于深度和产品配套性的欠缺。由于该类网站充当的是中间商的角色，在产品价格方面处于不利地位。

横向型网站的不足在于难以为不同行业客户提供一步到位的服务，需要做大量工作以使其内容、产品以及服务满足各种客户的需求和利益。横向电子商务市场模式是否会成功还有待于观察。总的来说，任一横向市场迎合太多产业就有危险把自己铺展得的太薄弱。横向电子市场可能低估了提供满足市场要求的服务所必需的专业技能。

（二）企业与消费者之间的电子商务

企业与消费者之间的电子商务，即 B2C 电子商务（Business to Customer）。它类似于联机服务中进行的商品买卖，是以计算机网络为主要服务提供手段，使消费者直接参与经济活动，实现公众消费的电子化。这种形势基本等同于电子化的零售，它随着万维网（WWW）的出现迅速发展起来。

B2C 电子商务为消费者提供全面的商品采购过程，能够使参与市场的买卖双方实现整个采购过程自动化。节省了消费者的购物时间，且这种商务模式能为消费者提供更多的商品选择，满足消费者的不同偏好，符合现代社会消费者的个性化、多样化的消费习惯。这种新型的购物方式彻底改变了传统的面对面交易方式，是一种崭新、有效的购物方式。

（三）企业与政府之间的电子商务

企业与政府方面的电子商务即 B2G 电子商务（Business to Government）。这种商务活动覆盖整个企业与政府组织间的各项事务。

电子商务是信息化时代，是数字经济的时代。政府始终起着引导经济、管理经济、调控经济的重要作用。企业和消费者在信息经济时代对电子商务需求的不断增加，也直接拉动了政府对电子商务的需求。此外，新的时代要求政府必须应用现代化的手段来管理经济，规范电子商务市场，促进电子商务供给，保证国民经济的健康持续发展。

近几年，随着电子商务在各个领域、各个层次的普及，消费者与政府之间的电子商务，即 C2G（Customer to Government）也逐渐发展起来，个人消费者与政府管理部门间各类信息的电子化交换，政府管理部门通过网络发放社会福利金、征收个人税款等。这类电子商务活动目前还没有真正形成，但已具备了消费者与政府之间的电子商务的雏形。

三、电子商务对物流的影响

随着网络技术和电子技术的发展，电子中介作为一种工具被引入了生产、交换和消费中，人类进入了电子商务时代。在电子商务时代，由于电子工具和网络通信技术的应用，使交易各方的时空距离几乎为零，有利地促进了信息流、商流、资金流、物流这“四流”的有机结合。电子商务使物流管理模式具备了信息化、自动化、网络化、智能化、柔性化等一系列新的特点。电子商务对物流各作业环节也产生了革命性的影响。

(一) 对采购环节的影响

在电子商务环境下，企业的采购过程会变得简单、顺畅。近年来，国际上一些大公司已在专用网络上使用EDI，以降低采购过程中的劳务、印刷和邮寄费用。通常，公司可由此节约5%～10%的采购成本。互联网与之相比可进一步降低采购成本。与专用增值网相比，大公司能从互联网的更低传输成本中获得更多收益。互联网也为中小型企业打开了一扇大门。通过互联网采购，可以接触到更大范围的供应厂商，因而也就产生了更为激烈的竞争，又从另一方面降低了采购成本。

(二) 对配送环节的影响

1. 配送业地位强化

在电子商务时代，B2C的物流支持都要靠配送来提供，B2B的物流业务会逐渐外包给第三方物流，其供货方式也是配送制。没有配送，电子商务物流就无法实现，电子商务也就无法实现，电子商务的命运与配送业联在了一起。同时，电子商务使制造业与零售业实现“零库存”，实际上是把库存转移给了配送中心，因此配送中心成为整个社会的仓库。由此可令配送业的地位大大提高。实际上，对于电子商务交易方式本身来说，买方通过轻松点击完成了购买，买方势必要把货物配送到家。所以，从某种程度上说，电子商务时代的物流方式就是配送方式。

2. 配送中心成为商流、信息流和物流的汇集中心

原来，物流、商流和信息流是“三流分立”的，而信息化、社会化和现代化的物流配送中心把三者有机地结合在一起。从事配送业务离不开“三流”，其中信息流最为重要。实际上，商流和物流都是在信息流指令下运作的。畅通、准确、及时的信息才能从根本上保证商流和物流的高质量与高效率。

(三) 对运输环节的影响

电子商务环境下，传统运输的原理并没有改变，但运输组织形式受其影响，却有可能发生较大的变化。

1. 运输分为一次运输与二次运输

一次运输是指综合物流中心之间的运输，二次运输是指物流中心辐射范围内的运输。一次运输主要应运用铁路运输，因为运输费率低，直达方式又使速度大大提高了。二次运输用来完成配送任务，它由当地运输组织来完成。传统经济模式下，各个仓库位置分散，物流的集中程度比较低，这使得运输也很分散，像铁路这种运量较大较集中的运输方式，为集中运量，不得不采取编组而非直达方式。在电子商务环境下，库存集中起来，而库存集中必然导致运输集中。随着城市综合物流中心的建成，公路货站、铁路货站、铁路编组站被集约在一起，物流中心的物流量达到足够大，可以实现大规模的城市之间的铁路直达运输。

2. 多式联运大发展

在电子商务环境下，多式联运将得到大发展。这是由以下几条原因所导致的：

第一，电子商务技术，尤其是 Extranet 使企业联盟更加容易实现。而运输企业之间通过联盟，可扩大多式联运经营。

第二，多式联运方式为托运人提供了一票到底、门到门的服务方式，电子商务简化交易过程，提高交易效率的本质特征使多式联运与其说是一种运输方式，不如说是一种组织方式或服务方式。它很可能成为运输所提供的首选服务方式。

(四) 对信息环节的影响

物流信息在将来变得十分重要，将成为物流管理的依据。

1. 信息流由闭环变为开环

原来的信息管理以物流企业的运输、保管、装卸、包装等功能环节为对象，以自身企业的物资流管理为中心，与外界信息交换很少，是一种闭环管理模式。现在和未来的物流企业注重供应链管理，以顾客服务为中心。它通过加强企业间合作，把产品生产、采购、库存、运输配送、产品销售等环节集成起来，将生产企业、配送中心（物流中心）、分销商（零售点）网络等经营过程的各方面纳入一个紧密的供应链中。此时，信息就不是只在物流企业内闭环流动，信息的快速流动、交换和共享成为信息管理的新特征。

2. 信息诸模块功能的变化

电子商务环境下现代物流技术的应用，使得传统物流管理信息系统某些模块的功能发生了变化。例如：

(1) 采购。在电子商务的环境下，采购的范围扩大到全世界，可以利用网上产品目录和供应商供货清单生成需求和购货需求文档。

(2) 运输。运用 GIS、GPS 和 RF 等技术，运输更加合理，路线更短，载货更多，而且运输由不可见变为可见。

(3) 仓库。条码技术的使用可以决速、准确而可靠的采集信息，这极大地提高了产品流通的效率，而且提高了库存管理的及时性和准确性。

(4) 发货。原先一个公司的各仓库管理系统互不联系，从而造成大量交叉运输、脱销及积压。而在电子商务环境下，各个仓库管理系统实现了信息共享，发货由公司中央仓库统筹规划，可以消除上述缺点。发货同时发送相关运输文件，收货人可以随时查询发货情况。

(5) 交易过程无纸化。

(五) 对物流网络的影响

电子商务对物流网络的影响，一个方面是和信息直接相关的物流网络，另一方面是实际的物流网络。

1. 物流网络信息化

Internet 等全球网络资源的可用性及网络技术的普及为物流的网络信息化提供了良好的外部环境。

2. 实体物流网络的变化

首先，仓库数目将减少，库存集中化。配送与 JIT 的运用已使某些企业实现了零库存生产，由于物流业会成为制造业的仓库与用户的实物供应者，工厂、商场等都会实现零库存，配送中心的库存将取代社会上千家万户的零散库存。其次，物流节点的主要形式是配送中心。在未来的电子商务环境下，物流管理以时间为基础，货物流转更快，制造业都实现“零库存”，仓库又为第三方物流企业所经营，这些都决定了“保管仓库”进一步减少，而“流通仓库”将发展为配送中心。再次，综合物流中心与大型配送中心合二为一。结合运输来考虑，物流中心与配送中心都处于一次运输与二次运输的衔接点（物流中心衔接了不同运输方式，也同时衔接了一次运输与二次运输），都具有强大的货物集散功能，因此综合物流中心与大型配送中心很可能合二为一。

四、电子商务物流的特点

电子商务时代的来临，给全球物流带来了新的发展，使物流具备了一系列新特点。

（一）信息化

电子商务时代，物流信息化是电子商务的必然要求。物流信息化表现为物流信息的商品化、物流信息收集的数据库化和代码化、物流信息处理的电子化和计算机化、物流信息传递的标准化和实时化、物流信息存储的数字化等。因此，条码技术、数据库技术、电子订货系统、电子数据交换、快速反应及有效的客户反应、企业资源计划等技术与观念在我国的物流中将会得到普遍应用。信息化是一切的基础，没有物流的信息化，任何先进的技术设备都不可能应用于物流领域，信息技术及计算机技术在物流中的应用将会彻底改变世界物流的面貌。

（二）自动化

自动化的基础是信息化，自动化的核心是机电一体化，自动化的外在表现是无人化，自动化的效果是省力化，另外还可以扩大物流作业能力、提高劳动生产率、减少物流作业的差错等。物流自动化的设施非常多，如条码/语音/射频自动识别系统、自动分拣系统、自动存取系统、自动导向车、货物自动跟踪系统等。这些设施在发达国家已普遍用于物流作业流程中，而在我国由于物流业起步晚，发展水平低，自动化技术的普及还需要相当长的时间。

（三）网络化

物流领域网络化的基础也是信息化，这里指的网络化有两层含义：一是物流配送系统的计算机通信网络，包括物流配送中心与供应商或制造商的联系要通过计算机网络，另外与下游顾客之间的联系也要通过计算机网络通信，比如物流配送中心向供应商提出订单这个过程，就可以使用计算机通信方式，借助于增殖网（VAN）上的电子订货系统（EOS）和电子数据交换技术（EDI）来自动实现，物流配送中心通过计算机网络收集下游客户的定货的过程也可以自动完成；二是组织的网络化，即所谓的企业内部网（Intranet）。比如，中国台湾的电脑业在20世纪90年代创造出了“全球运筹式产销模式”，这种模式的基本点是按照客户订单组织生产，生产采取分散形式，即将全世界的电脑资源都利用起来，采取外包的形式将一台电脑的所有零部件、元器件、芯片外包给世界各地的制造商去生产，然后通过全球的物流网络将这些零部件、元器件和芯片发往同一个物流配送中心进行组装，由该物流配送中心将组装的电脑迅速发给订户。这一过程需要有高效的物流网络支持，当然物流网络的基础是信息、电脑网络。

物流的网络化是物流信息化的必然，是电子商务下物流活动的主要特征之一。当今世界 Internet 等全球网络资源的可用性及网络技术的普及为物流网络化提供了良好的外部环境，物流网络化不可阻挡。

（四）智能化

这是物流自动化、信息化的一种高层次应用，物流作业过程大量的运筹和决策，如库存水平的确定、运输（搬运）路径选择、自动导向车的运行轨迹和作业控制、自动分拣机的运行、物流配送中心经营管理的决策支持等问题都需要借助于大量的知识才能解决。在物流自动化的进程中，物流智能化是不可回避的技术难题。好在专家系统、机器人等相关技术在国际上已经有比较成熟的研究成果。为了提高物流现代化的水平，物流智能化已成为电子商务下物流发展的一个新趋势。

（五）柔性化

柔性化本来是为实现“以顾客为中心”理念而在生产领域提出的，但要真正做到柔性化，即真正地能根据消费者需求变化来灵活调节生产工艺，没有配套的柔性化物流系统是不可能达到目的的。20 世纪 90 年代，国际生产领域纷纷推出弹性制造系统、计算机集成制造系统、制造资源系统、企业资源计划以及供应链管理的概念和技术，这些概念和技术的实质是要将生产、流通进行集成，根据需求端的需求组织生产，安排物流活动。因此，柔性化的物流正是适应生产、流通与消费的需求而发展起来的一种新型物流模式。这就要求物流配送中心要根据消费需求“多品种、小批量、多批次、短周期”的特色，灵活组织和实施物流作业。另外，物流设施、商品包装的标准化，物流的社会化、共同化也都是电子商务下物流模式的新特点。

五、电子商务物流的发展趋势

电子商务时代，由于企业销售范围的扩大，企业和商业销售方式及最终消费者购买方式的转变，使得送货上门等业务成为一项极为重要的服务业务，促使了物流行业的兴起。物流行业能完整提供物流机能服务以及运输配送、仓储保管、分装包装、流通加工等以收取报酬的行业。主要包括仓储企业、运输企业、装卸搬运、配送企业、流通加工业等。信息化、全球化、多功能化和一流的服务水平，已成为电子商务下的物流企业追求的目标。

（一）多功能化——物流业发展的方向

在电子商务时代，物流发展到集约化阶段，一体化的配送中心不单单提供仓储和运输服务，还必须开展配货、配送和各种提高附加值的流通加工服务项目，也可按客户的需要提供其他服务。现代供应链管理即通过从供应者到消费者供应链的综合运作，使物流达到最优化。企业追求全面的系统的综合效果，而不是单一的、孤立的片面观点。

(二) 一流的服务——物流企业的追求

物流企业成功的要诀，在于他们都十分重视客户服务。在电子商务下，物流业是介于供货方和购货方之间的第三方，是以服务作为第一宗旨。从当前物流的现状来看，物流企业不仅要为本地区服务，而且还要进行长距离的服务。因为客户不但希望得到很好的服务，而且希望服务点不是一处，而是多处。

(三) 信息化——现代物流业的必由之路

在电子商务时代，要提供最佳的服务，物流系统必须要有良好的信息处理和传输系统。当货物从各地起运时，客户便可以从该公司获得到达的时间、到泊（岸）的准确位置，使收货人与各仓储、运输公司等做好准备，使商品在几乎不停留的情况下，快速流动、直达目的地。大型企业的物流公司设立了信息处理中心，接受世界各地的订单；公司只需按动键盘，即可接通公司订货，通常在几小时内便可把货物送到客户手中。良好的信息系统能提供极好的信息服务，以赢得客户的信赖。

在大型的配送公司里，往往建立了 ECR 和 JIT 系统。有了它们，就可做到客户要什么就生产什么，而不是生产出东西等顾客来买。仓库商品的周转次数每年达 20 次左右，若利用 ECR 系统，可增加到 24 次。这样，可使仓库的吞吐量大大增加。通过 JIT 系统，可从零售商店很快地得到销售反馈信息。配送不仅实现了内部的信息网络化，而且增加了配送货物的跟踪信息，从而大大提高了物流企业的服务水平，降低了成本。

在电子商务环境下，商品与生产要素在全球范围内以空前的速度自由流动。EDI 与 Internet 的应用，使物流效率的提高更多地取决于信息管理技术，电子计算机的普遍应用提供了更多的需求和库存信息，提高了信息管理科学化水平，使产品流动更加容易和迅速。物流信息化，包括商品代码和数据库的建立，运输网络合理化、销售网络系统化和物流中心管理电子化建设等，都为物流业的飞速发展提供了有力保障。可以说，没有现代化的信息管理，就没有现代化的物流。

(四) 全球化——物流企业竞争的趋势

由于电子商务的出现，加速了全球经济的一体化，致使物流企业的发展达到了多国化。全球化战略的趋势，使物流企业和生产企业更紧密地联系在一起，形成了社会大分工。生产厂集中精力制造产品、降低成本、创造价值；物流企业则花费大量时间、精力从事物流服务。物流企业的满足需求系统比原来更进一步了。

第三节 供应链管理

一、供应链及供应链管理概念

(一) 供应链

《中华人民共和国国家标准物流术语》中将供应链的概念定义为“生产及流通过程中，

涉及将产品或服务提供给最终用户所形成的网链结构”（GB/T 18354—2006）。网链结构主要是指产品生产和流通中涉及的原材料供应商、生产商、批发商、零售商以及最终消费者组成的供需网络；在这个网络中，每个贸易伙伴既是其客户的供应商，又是其供应商的客户。他们既向其上游的贸易伙伴订购产品，又向其下游的贸易伙伴供应产品。

在一个典型的生产型企业的供应链管理中，厂商首先根据自己产品的组成，进行部件及原材料的采购，然后在一家或多家工厂安排产品的生产或装配，把产成品运往仓库作储存，最后把产品运往零售商或最终客户。为了降低成本和提高服务水平，有效的供应链管理战略必须考虑供应链各个环节的相互作用。

而有的观点把供应链的概念与采购、供应管理相关联，用来表示与供应商之间的关系，这种观点得到了研究有关企业合作关系、JIT 关系、VMI 供应商管理库存、供应商行为评估和用户满意度等问题的学者的重视。但这样一种关系也仅仅局限在生产企业与供应商之间，而且供应链中的各企业独立运作，忽略了与外部供应链成员企业的联系，容易造成企业之间的目标冲突。

到了 20 世纪 80 年代后，供应链的概念引入了与其他企业的联系，注意了供应链的外部环境，认为供应链应是一个“通过链中不同企业的制造、组装、分销、零售等过程将原材料转换成产品，再到最终用户的转换过程”，这是更大范围、更为系统的概念。例如，美国专家 Stevens 认为：“通过增值过程和分销渠道控制从供应商的供应商到用户的用户的流就是供应链，它开始于供应的源点，结束于消费的终点”。而另一位美国专家 Evens 认为：“供应链管理是通过前馈的信息流和反馈的物料流及信息流，将供应商、制造商、分销商、零售商，直到最终用户连成一个整体的模式。”这些定义都注意了供应链从供应商一直到最终用户的完整性，考虑了供应链中所有成员操作的一致性（图 9－1 为供应链中成员的关系）。

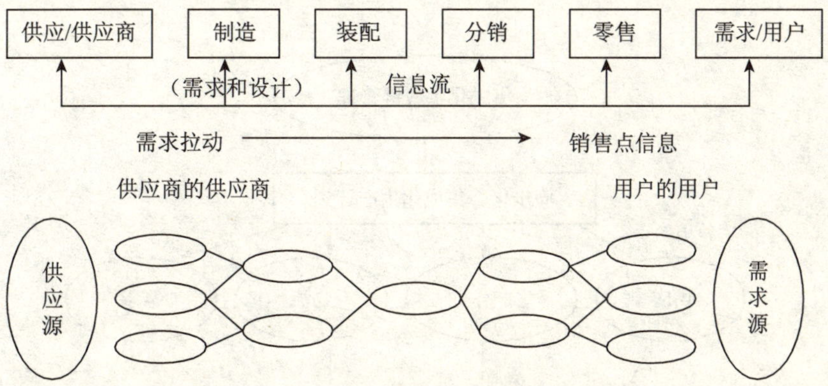

图 9－1　供应链网链结构模型

目前，供应链的概念更加注重围绕核心企业的网链关系，如核心企业与供应商、供应商的供应商乃至于一切前向的关系，与用户、用户的用户及一切后向的关系。此时对供应链的认识形成了一个网链的概念，像戴尔电脑、通用汽车、西门子、尼桑、麦当劳等公司的供应链管理都从网链的角度来实施。哈理森进而将供应链定义为："供应链是执行采购原材料、将它们转换为中间产品和成品、并且将成品销售到用户的功能网链。"这些概念同时强调供应链的战略伙伴关系问题。菲利普和温德尔认为供应链中战略伙伴关系是很重要的，通过建立战略伙伴关系，可以与重要的供应商和用户更有效地开展工作。

（二）供应链管理

供应链管理是"对供应链涉及的全部活动进行计划、组织、协调与控制"（GB/T 18354—2006）。供应链管理就是对供应链中的物流、信息流、资金流、增值流进行计划、组织、协调和控制一体化管理过程。它是从采购原材料开始，制成半产品及最终产品，最后由直接或销售网络把产品送到消费者手中的将供应商、制造商、分销商、零售商、直到最终用户连成一个整体的功能链结构模式。它包含所有的关联企业，从原材料的供应开始，经过链中不同企业的运输、储存、制造加工、组装、分销等过程直到最终用户使用服务。它不仅是一条联接供应商到用户的物流链、信息链、资金链，而且是一条增值链，产品在供应链上因通过物料采购、加工、检验、包装、运输等过程而增加其价值，给相关企业都带来收益。

总之，供应链管理覆盖了从供应商的供应商到客户的客户的全部过程，其主要业务内容包括采购、进出口、制造分销、库存管理、运输、仓储、客户服务等。

1. 供应链管理内容

供应链管理是以同步、集成化的综合计划为指导，以各种技术为支持，围绕供应、生产作业、物流（主要指制造过程）、满足需求来实施的。供应链管理主要包括计划、合作、控制从供应商到用户的物料（零部件和成品等）和信息（见图 9 - 2）。供应链管理的目标在于提高用户服务水平和降低总交易成本，并且寻求两个目标之间的平衡（这两个目标往往有冲突）。

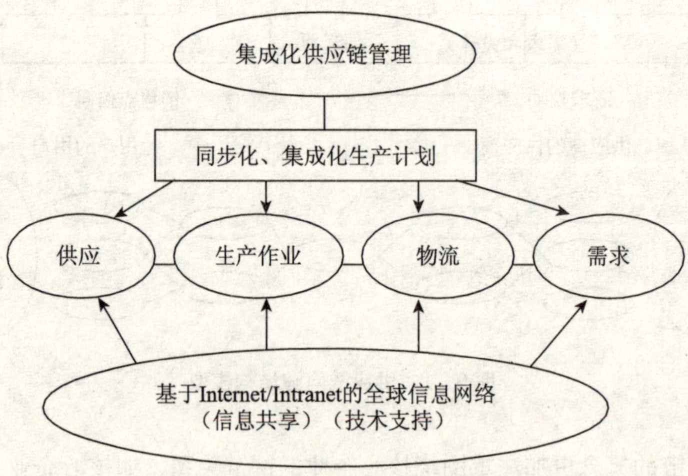

图 9 - 2　供应链管理涉及的领域

我们可以将供应链管理细分为职能领域和辅助领域。职能领域主要包括产品工程、产品技术保证、采购、生产控制、库存控制、仓储管理、分销管理。而辅助领域主要包括客户服务、制造、设计工程、会计核算、人力资源、市场营销。供应链管理包括以下主要内容：

（1）供应链产品需求预测和计划管理；

（2）供应链的设计（全球合作企业、资源、设备等的评价、选择和定位）；

（3）供应商和用户战略性合作伙伴关系管理；

（4）企业内部与企业之间物料供应、配送与需求管理；

（5）基于供应链管理的产品设计与制造管理、集成化生产计划、跟踪和控制；

（6）基于供应链的用户服务和物流（运输、库存、包装等）管理；

（7）企业间资金流管理（成本、汇率、收款等问题）；

（8）供应链交互信息的电子商务管理等。

供应链管理注重总的物流成本（从原材料到最终产成品的费用）与用户服务水平之间的关系，为此要把供应链各个职能部门有机地结合在一起，从而最大限度地发挥出供应链整体的力量，达到供应链企业群体都获益的目的。

2. 供应链管理的目的

供应链管理最主要的目的是增强企业的市场竞争力，通过提高顾客满意度、降低成本、加快企业市场需求的反应速度、扩大市场占有率。即做到五个正确（Right）：以最少的成本，在正确的时间（Right Time）和正确的地点（Right Location），以正确的条件（Right Condition）将正确的产品（服务）（Right Goods）送到正确的顾客（Right Customer）手中来满足客户的需求并达到最大经济利益。

3. 供应链管理的特征

供应链是一个链状结构，由围绕核心企业的供应商、供应商的供应商和用户、用户的用户组成。一个企业是一个链环，链环企业和链环企业之间是一种需求与供应关系。供应链主要具有以下特征：

（1）结构复杂性。因为供应链链环企业组成的结构不同，供应链往往由多个、多类型甚至涉及多国企业构成，所以供应链结构模式比一般单个企业的结构模式更为复杂。

（2）发展动态性。供应链管理因企业的发展战略和适应市场需求变化的需要，其中链环企业需要动态地更新，这就使得供应链具有明显的动态性。

（3）面向用户性。供应链的形成、存在、重构，都是基于一定的市场需求而发生，并且在供应链的运作过程中，用户的需求拉动是供应链中信息流、产品物流、资金流运作的决定因素。

（4）交叉复合性。链环企业可以是这个供应链的成员，同时又是另一个供应链的成员，众多的供应链形成交叉结构，增加了标准管理的难度。

二、供应链设计

（一）影响供应链设计的主要因素

1. 供应链设计与物流系统因素

物流系统是供应链的物流通道，是供应链管理的重要内容。物流系统设计是指原材料和外购件所经历的采购—存储—投料—加工—装配—包装—运输—分销—零售等一系列物流过程的设计。物流系统设计（也称为通道设计）是供应链设计中最主要的工作之一。供应链设计不等同于物流系统设计，供应链设计是企业规模的设计，它从更广泛的思维空间——企业整体的角度勾画企业蓝图，是扩展的企业模型。它既包括物流系统，也包括信息和组织以及价值流和相应的服务体系建设。在供应链设计中，创新性的管理思维和观念极为重要。要把供应链的整体思维观融入供应链的构思和建设之中，企业间要有并行的设计才能实现并行的运作模式，这是供应链设计中最重要的思想。

2. 供应链设计与环境因素

一个设计精良的供应链在实际运行中并不一定能按照预想的那样，甚至无法达到设想的要求，这是主观设想与实际效果的差距，原因并不一定是设计或构想得不完美，而是环境因素在起作用。构建和设计一个供应链，环境因素极为重要。环境因素包括供应链的运作环境，如地区、政治、文化、经济等因素；同时还应考虑未来环境变化对供应链的影响。因此供应链设计的柔性化程度是提高供应链对环境适应能力的保证。

3. 供应链设计与企业因素

从企业的角度看，供应链的设计是一个企业的改造问题。因为供应链管理引进的是一种新的思想，要按照这种思想重构企业的运作框架和战略系统，就要对原有的管理架构进行反思，必要时要进行一些革命性的变革。所以，供应链系统的建设也就是企业或者是企业群体进行业务流程的重构过程。要从管理思想革新的角度，以创新的观念武装企业（比如动态联盟与虚拟企业、精细生产）。

4. 供应链设计与制造模式因素

供应链设计既是从管理新思维的角度去改造企业，也是先进制造模式的客观要求和推动的结果。如果没有全球制造、虚拟制造这些先进的制造模式的出现，集成化供应链的管理思想是很难得以实现的。正是先进制造模式的资源配置沿着“劳动密集－设备密集－信息密集－知识密集”的方向发展才使得企业的组织模式和管理模式发生相应的变化，从制造技术的技术集成演变为组织和信息等相关资源的集成。供应链管理适应了这种趋势，因此，供应链的设计应把握这种内在的联系，使供应链管理成为适应先进制造模式发展的先进管理思想。

（二）供应链设计的原则

设计一个有效的供应链，对于链上的每一位成员来说，都是至关重要的。它不仅可以减少不必要的损失和浪费，而且可以显著地改善客户服务水平，降低运营成本，赢得竞争优势。为了保证供应链的设计能满足供应链思想顺利实施的要求，供应链设计过程中应遵循必要的原则。

1. 战略性原则

供应链的建模应有战略性观点，通过战略的观点考虑以减少不确定的影响。应从全局的角度来规划和设计供应链，使供应链的所有环节都朝着同一个目标运转。另外，在供应链竞争时代，企业的发展战略是依托供应链战略来实现的，供应链的设计应与企业的战略规划保持一致，并在企业战略指导下进行。

2. 创新性原则

创新设计是系统设计的重要原则，没有创新性思维，就不可能有创新的管理模式，因此在供应链的设计过程中，创新性是很重要的一个原则。要敢于打破各种陈旧的思维框框，从新的角度、新的视野审视原有的管理模式和体系，进行大胆的创新设计。进行创新设计，要注意几点：一是创新必须在企业总体目标和战略的指导下进行，并与战略目标保持一致；二是要从市场需求的角度出发，综合运用企业的能力和优势；三是发挥企业各类人员的创造性，集思广益，并与其他企业共同协作，发挥供应链整体优势；四是建立科学的供应链和项目评价体系以及组织管理系统，进行技术经济分析和可行性论证。

3. 系统性原则

供应链设计是一项复杂的系统工程。在设计中，必然会牵涉方方面面的关系，尤其是要考虑战略合作伙伴关系的选择、链上成员如何在以后实践中实现协同、如何实现共赢的目标、如何进行成本分摊和利益分配等具体问题。此外，在供应链设计中，还要系统地研究市场竞争环境、企业现状及发展规划、供应链设计目标等战略性问题。

4. 协调和互补原则

供应链涉及众多的成员和复杂的供求关系，在设计供应链时，应注意强调供应链的内部协调和优势互补。供应链业绩好坏取决于供应链合作伙伴关系是否和谐，因此建立战略伙伴关系的合作企业关系模型是实现供应链最佳效能的保证。只有和谐而协调的系统才能发挥最佳的效能。供应链上各个节点的选择应遵循强强联合的原则，达到资源外用的目的。

5. 发展原则

供应链构建之后不可能一成不变。随着市场环境的变化，链上合作伙伴关系的调整，企业内部组织和其他因素的改变，原有的供应链可能会存在这样或那样的问题。同时，企业常常不只参与一个供应链，并且在不同的供应链中担当不同的角色，供应链中某个企业角色的变化必然会带来供应链的波动甚至构建上的变化。这些都要求在设计供应链时，尽量留有余地。另外，所设计的供应链应具有一定的自适应和自修补能力，能够随着市场环境的变化自我调整、自我优化。

6. 客户中心原则

供应链是由众多的有上下游关系的企业根据市场竞争的需要构建而成的，供应链在成员组成及相互关系方面虽然可以本着发展的原则进行动态的调整，但是，无论如何，都应当自始至终地强调以客户为中心的供应链设计理念。供应链在运作中一般包括新产品开发和设计、原材料采购和产品制造、运送、仓储、销售等活动，虽然是由供应链上不同的成员去做，但都应当围绕客户这个中心来展开。

(三) 供应链设计的过程

供应链的设计分为八个作业过程。

1. 分析市场竞争环境

分析市场竞争环境的目的是找到针对那种产品的开发市场的有效供应链。为此，必须回答：现在产品需求是什么，产品的类型和特征是什么？用户想要什么？用户在市场中的分量有多大？以确认用户的需求和因卖主、用户、竞争产生的压力。

2. 分析企业现状

分析企业现状主要分析企业供需管理的现状（如果企业已经有供应链管理，则分析供应链现状）。这一过程着重的不是评价供应链没计的重要性和合适性，而是研究供应链开发的方向，分析寻找企业存在的问题及影响供应链设计的因素。

3. 提出供应链设计项目

提出供应链设计项目是针对企业存在的问题做出的，分析其必要性和可行性是其重点。

4. 建立供应链设计目标

根据基于产品的供应链设计策略提出供应链设计目标，目标分为主要目标和一般目标。主要目标在于获得高水平用户服务与低库存投资和低单位成本两个目标之间的平衡。一般目标包括：进入新市场，开发新产品，开发新分销渠道，改善售后服务水平，提高用户满意程度，降低成本，提高工作效率等。

5. 分析供应链的组成

分析供应链的组成，提出组成供应链的基本框架。供应链中的成员组成分析主要包括制造工厂、供应商、分销商、零售商以及用户等。如何选择供应链的组成成员，确定选择和评价标准是非常重要的。

6. 分析和评价供应链设计的技术可行性

在可行性的基础上，结合本企业的实际情况为开发供应链提出技术选择建议和支持。方案可行与否是进一步进行设计的基础，如不可行则必须重新设计。

7. 设计和产生新的供应链

在设计供应链时，人们必须借助各种技术手段和科学方法解决以下问题：

(1) 供应链的成员组成，包括供应商、设备、工厂、分销中心的选择和定位以及流转计划和控制等；

(2) 原材料的来源，包括供应商、供应量、供应价格、运输方式、物流量和供应服务质量、服务费用等；

(3) 生产设计问题，包括需求目标预测、产品生产品种、生产能力、生产计划、生产作业计划、供应路径、库存管理、跟踪控制等；

(4) 分销任务和能力设计，如产品服务哪些市场、运输方式、价格等；

(5) 信息管理系统设计；

(6) 物流管理系统设计。

8. 检验新的供应链

供应链设计完成后，要通过科学的方法和技术对供应链进行测试、检验和试运行。其结果会出现三种情况：一是供应链不能运行，则要回到第四阶段，即重新提出供应链设计的目标；二是供应链运行顺畅，这样新的供应链即可运行了；三是供应链在某些环节还存在一些问题，要根据具体问题进行修改或补充。此工作也可在供应链运行过程中进行。

三、供应链战略管理类型

（一）集中型控制战略和分散型战略

在一个集中型的系统中，中心机构为整个供应链做出决策。通常情况下，决策目标在于在满足某种程度服务水平的要求下系统的总成本最小。显然，单个组织拥有整个网络时属于这种情况，在包括许多不同组织的集中型系统中也是正确的。在这种情况下，必须利用某种契约机制在整个网络中分配成本节约额或利润。在一般情况下，集中型控制能够导致全局最优。而在一个分散型系统中，每个机构都寻找最行之有效的战略，而不考虑对供应链其他机构的影响。因此，分散型系统只能导致局部优化。上述观点是较容易理解的。

从理论上讲，一个集中型销售网络至少和分散型销售网络一样有效，这是因为集中型决策者能够做出分散型决策者所做出的全部决策，而且还可以考虑为网络不同地方所作决策的相互作用。

在一个各机构只能获得自己信息的物流系统中，集中型战略是行不通的。然而，随着信息技术的发展，集中型系统中所有机构都能获得同样的信息。在这种情况下，不管在供应链任何地方、不管使用何种查询方式或不管谁在查询，他们所获得的信息都是一样的。因此，集中型系统允许共享信息，更重要的是利用这一信息降低了“牛鞭效应”，提高了预测的准确性。

集中型系统允许整个供应链使用协调控制战略，降低系统成本和提高服务水平战略。当然，有时一个系统不能够“自然”地集中。零售商、制造商和分销商可能都有不同的所有者和不同的目标。在这种情况下，通常实用的方法是形成伙伴关系来达到共享信息的目的。

（二）推动型供应战略和拉动型供应战略

供应链战略经常可划分为推动型战略和拉动型战略。它来源于 20 世纪 80 年代的制造业革命。

1. 推动型供应链战略

在一个推动型供应链中，根据长期预测进行生产决策。一般来说，制造商利用零售商仓库接到订单来预测顾客需求。因此，推动型供应链对市场变化做出反应需要很长时间，由此可能会导致：

（1）当某些产品的需求消失时，供应链库存将过时；

（2）从分销商到仓库接到的订单的变动性要比顾客需求的变动性大得多，即牛鞭效应；

（3）由于需要大量的安全库存而引起的过多库存；

（4）更大和更容易变动的生产批量；

（5）无法让人接受的服务水平。

2. 拉动型供应链战略

拉动型供应链中，生产是由外部需求驱动的，因此生产是根据实际顾客需求而不是预测需求进行协调的（如图 16－6 所示）。为此，供应链要使用快速信息流机制把顾客需求信息传送给制造企业。这将导致：

（1）通过能够更好地预测零售商的订单而缩短提前期；

（2）零售商库存减少，因为零售商的库存水平随着提前期的增减而增减；

（3）由于提前期的缩短，系统变动性减小，尤其制造商面对的变动性变小了；

（4）由于变动性的减小，制造商的库存降低了。

因此，在一个拉动型供应链中，人们通常看到系统库存水平明显下降，管理资源的能力明显加强，与相应的推动型战略相比，系统成本降低了。

（三）供应链联盟战略

供应链联盟战略是指共享收益和共担风险的企业之间那种典型的多方位、目标导向的长期合作关系。供应链联盟战略会为合作双方带来长期战略利益。

1. 零售商—供应商联盟战略

零售商与其供应商之间建立战略联盟在许多行业中十分普遍。传统零售商—供应商合作关系中，零售商对供应商需求的变动远大于零售商看到的需求变动。此外，供应商比零售商更了解自身的提前期和生产能力。因而，当客户满意度变得愈发重要时，在供应商与零售商之间开展合作来平衡双方的认识是非常有意义的。

零售商—供应商伙伴关系的联盟战略可以看做是一个连续体。一头是信息共享，零售商帮助供应商更有效地做计划；另一头是寄售方式，供应商完全管理和拥有库存，直到零售商将其售出为止。在快速反应条件下，供应商从零售商处获得销售点数据，并使用该信息来协调其生产、库存活动与零售商的实际销售情况。根据这一战略，零售商依旧准备单个订单，而供应商使用销售点数据来改善预测和计划。

零售商—供应商联盟战略面临的主要问题是：

（1）使用先进技术，而这些技术往往比较昂贵；

（2）必须在原先可能相对抗的供应商与零售商关系中建立起相互信任；

（3）在战略合作中，供应商往往比以前承担更多责任，这可能迫使供应商增加员工、增加成本，以满足相关责任的要求；

（4）零售商—供应商联盟战略中，随着管理责任的增加，供应商的费用往往逐渐上升。因此，有必要建立契约性关系，使供应商与零售商共享整体库存成本下降的利益。

2. 第三方物流联盟战略

由第三方物流供应商接手部分或全部物流职能的做法是当前很普遍的选择。第三方物流是真正的战略联盟，它集中体现了战略联盟的优势，即集中核心竞争力，体现技术和管理的灵活性等。

在实施第三方物流联盟战略时，购买物流服务的公司必须明确成功的合作关系需要什么，并能向第三方物流提供特定的绩效衡量与需求。物流服务供应商必须诚实、彻底地考虑和讨论这些需求，包括其现实性和关联问题。双方都必须承诺投入时间和精力来实现合作的成功。这是一个互惠互利、风险共担、回报共享的第三方联盟。

物流供需双方是合作者，有效的沟通对任何外购项目走向成功都是必要的。对雇主公司来说，管理者必须确切地沟通、明确为什么外购，从外购过程中期盼得到什么，这样，所有相关部门才能站在同一位置上，并恰当地参与其中。

在与第三方物流供应商合作时应注意的问题有：

(1) 第三方以及为其提供服务的企业必须尊重雇主公司所提供的信息的保密性；

(2) 必须对特定的绩效衡量方式协商一致；

(3) 关于附属合同的特定标准；

(4) 在合同达成前考虑争议仲裁问题；

(5) 协商合同中的免责条款；

(6) 确保通过物流供应商的定期报告来实现绩效目标等。

3. 经销商一体化战略

经销商拥有客户需求和市场的大量信息，成功的制造商在开发新产品时会重视这些信息，这主要体现在经销商与最终用户之间的特殊关系上。

经销商一体化联盟战略可用来解决与库存、服务等相关的问题。在库存方面，经销商一体化可用来创造一个覆盖整个经销网络的库存基地，使总成本最低而服务水平最高。同样，通过将有关需求引导到最适合解决问题的经销商那里，经销商一体化可用于满足客户的特殊技术服务要求。

第四节 国际物流

一、国际物流的概念

我国国家物流标准术语中对国际物流的定义是：不同国家（地区）之间的物流。我国在加入世界贸易组织（WTO）之后，企业的商务运动也日趋国际化，不再是单纯的国内商务，国际商务在企业运营中所占比例越来越大。在运作规律和运行规则方面国际商务与国内商务存在相当大的差异，国际商务包含了进出口业务、交通运输服务、银行和金融、保险业务、租赁和咨询以及结算等各项商务活动。这些商务活动是跨越不同国家进行的，在时间和空间上存在着距离，物流活动的范围也就随之扩大了，物流的内容也就扩展了，国际物流业务也日益重要起来。贸易活动中，当供应和需求分别处在不同地区和国家时，为了克服供需时间上和空间上的矛盾，商品物质实体就需要在不同国家之间跨越国境的流动。国际物流伴随着国际贸易的发展而产生和发展，并成为国际贸易的重要物质基础，各国之间的相互贸易最终必须通过国际物流来实现。

国际物流是国际贸易的一个重要组成部分，各国之间的相互贸易最终都要通过国际物流来实现。国际物流的总目标是为国际贸易和跨国经营服务，即选择最佳的方式与路径，以最低的费用和最小的风险，保质、保量、适时地将货物从某国的供方运到另一国的需方。

二、国际物流的发展

国际物流活动的发展经历了以下几个阶段：

第一阶段：20 世纪 50 年代至 70 年代。

这一阶段物流设施和物流技术得到了极大的发展，配送中心的建设速度较快，电子计算机被逐步地运用到物流管理中，出现了立体无人仓库，一些国家建立了本国的物流标准化体系，国际集装箱、国际联运大幅度增加。物流系统的改善促进了国际贸易的发展，物流活动已经超出了一国范围。但在这一阶段，物流国际化的趋势还没有得到人们的重视。

第二阶段：20 世纪 80 年代。

随着经济技术的发展和国际经济往来的日益扩大，物流国际化趋势开始成为世界性的共同问题。美国密歇根州立大学教授索克斯认为，进入 20 世纪 80 年代，美国经济已经失去了兴旺发展的势头，陷入长期倒退的危机之中。因此，必须强调改善国际性物流管理，降低产品成本，并且要改善服务，扩大销售，在激烈的国际竞争中获得胜利。

与此同时，日本正处于成熟的经济发展期，以贸易立国，要实现与其对外贸易相适应的物流国际化，并采取了建立物流信息网络、加强物流全面质量管理等一系列措施，提高国际物流的效率。

这一阶段，出现了“精细物流”，物流机械化、自动化水平得到显著提高，物流技术突飞猛进，电子数据交换系统得到广泛运用。但这一阶段物流国际化的趋势主要局限在美、日和欧洲一些发达国家。

第三阶段：20 世纪 90 年代至今。

这一阶段国际物流的概念和重要性已为各国政府和外贸部门所普遍接受。世界各国广泛开展国际物流理论与实践的探索。网络技术、条码技术以及卫星定位系统在物流领域得到普遍应用，各大物流企业纷纷投巨资于物流信息系统的建设，物流信息化和物流服务水平大幅度提高。物流无国界的理念被广为接受。

三、国际物流的特点

（一）物流环境存在差异

国际物流跨越不同的国家和地区，物流环境差别很大，尤其是物流软环境的差异，是国际物流的一个非常重要的特点。

1. 语言的不同

国际作业要求货物和有关单证使用国际上都可以看得懂的语言，比如说英语。同时对一些具有地方特征的产品名称等有可能使用当地的语言，有些国家还要求提供用当地语言翻译好的物流单证和海关文件。这就增加了国际物流作业的时间和难度，因为在装运交付前必须将复杂的物流单证翻译完毕。

2. 单证数量不同

国内作业一般只用一份发票和一份提单就能完成，而国际作业往往需要大量的有关订货项目、运输方式、资金融通，以及政府控制等方面的单证和文件。如合同、发票、装箱单、运单、进出口许可证、报关单等。

（二）物流系统的范围更广、更复杂

物流系统本身就是复杂的，国际物流在这个复杂系统上增加了不同国家的要素，跨越海洋和大陆，运输距离更长，运输方式更多样，而且所涉及的内外因素更多，所需的时间更长。范围广阔带来的直接后果是难度和复杂性增加，风险增大。

（三）国际物流的风险性

国际物流由于空间的拓展，涉及因素多，因此其风险较大。国际物流的风险主要包括政治风险、经济风险以及自然风险。政治风险主要指由于所经过国家的政治体制变化或政局的动荡，如罢工、战争等原因造成货物可能受到损害或灭失；经济风险又可分为汇率风险和利率风险，主要指从事国际物流必然要发生的资金流动，因而产生汇率风险和利率风险；自然风险则指货物运输过程中，可能因自然因素的不可抗力，如暴雨、海风等原因引起的风险。

（四）国际化信息系统的支持

国际信息系统建立的难度，一是管理困难；二是投资巨大，而且由于世界上有些地区物流信息水平不均衡因而信息系统的建立更为困难。当前国际物流信息系统一个较好的建立办法是和各国海关的公共信息系统联机，以及时掌握有关各个港口、机场和联运线路、站场的实际状况，为供应或销售物流决策提供支持。如今，“电子数据交换”在国际物流领域得到了广泛的应用，对物流的国际化发展起到了重要的促进作用。

（五）实施国际标准化操作

在国际物流活动中，要使国际间的物流畅通起来必须执行国际统一标准。如果没有统一的标准，国际物流水平难以提高。目前，美国、欧洲基本实现了物流工具、设施的统一标准，集装箱的几种统一规格及条码技术的标准化等，这大大降低了物流费用，降低了运转难度。如果不向国际标准靠拢，国际物流企业必然在转运、换车等许多方面多耗费时间和费用，从而降低其国际竞争力。

四、国际物流的运作模式

（一）国际物流运作系统

国际物流是跨国进行的物流活动，包括在起运地的发货和报关、国际间运输、到达目的地的报关和送货等。如图 9－3 所示，是对国际物流运作系统的一个简单描述，其中国际运输被称为国际物流的动脉和核心所在。

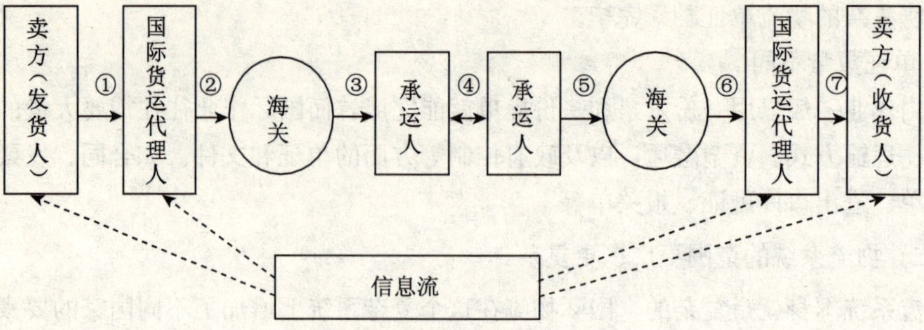

①交货；②报关；③交付；④国际运输；⑤报关；⑥交付；⑦送货

图 9－3　国际物流运作系统图示

（二）报关代理

1. 报关及报关对象

报关是指进出口货物的收发货人及其代理人、进出境运输工具负责人、进出境物品的所有人向海关办理有关货物、运输工具、物品进出境手续的全过程。其中，进出口货物的收发货人及其代理人、进出境运输工具负责人、进出境物品的所有人是报关行为的承担者，是报关的主体，也就是报关人。这里所称的报关人既可以是法人，比如进出口企业、报关企业，也可以是自然人，比如物品的所有人。报关的对象是进出境运输工具、货物和物品。报关的内容是办理运输工具、货物和物品的进出境手续。

2. 报关行为

我国《海关法》规定："进出口货物，除另有规定的外，可以由进出口货物的收发货人自行办理报关纳税手续，也可以由进出境货物收发货人委托海关准予注册的报关企业办理报关纳税手续。"这一规定从法律上明确了进出口货物的报关行为可以分为自理报关和代理报关两类。

（1）自理报关

即进出口货物的收发货人自行办理报关手续的法律行为。进出口单位一般是在本企业进出口行为发生比较频繁的情况下自行招聘合格的报关员，自行办理进出口报关业务。根据我国海关目前的规定，自理报关单位必须具有对外贸易经营权和报关权。

（2）代理报关

代理报关是指进出口货物的收发货人委托其他企业代理其进出口报关手续的法律行为。在这里，接受他人委托办理进出口报关手续的企业称为报关企业。这一类报关企业一般是由熟悉报关业务的报关员构成的，其从事代理报关业务必须经过海关批准且向海关办理注册登记手续。

根据报关时使用的形式的不同，代理报关行为又可以分为直接代理和间接代理两种。直接代理是指报关企业接受进出口货物收发货人的委托，以委托人的名义办理报关手续的法律行为。

间接代理是指报关企业接受进出口货物收发货人的委托，以自己的名义办理报关手续的法律行为。在间接代理的条件下，报关企业对报关行为应承担与收发货人相同的法律责任。

3. 报关的基本内容

由于进出境运输工具、进出境货物、进出境物品的性质不同，海关对其监管要求也不一样。三者的报关形式、报关程序和报关要求也有所区别。

（1）进出境运输工具报关的基本内容

在进出境活动当中，进出境运输工具承担着承运进出境人员、货物、物品进出境的作用。根据我国《海关法》的有关规定，所有进出我国关境的运输工具必须经由设有海关的港口、空港、车站、国界孔道、国际邮件交换局（站）及其他可办理海关业务的场所申报进出境。根据海关监管的要求，进出境运输工具负责人在进入或驶离我国关境时均应如实向海关申报运输工具所载旅客人数、进出口货物数量、装卸时间等基本情况。

总体来说，运输工具进出境报关时须向海关申报的主要内容有：进出境运输工具所载运货物情况；运输工具所载邮递物品、行李物品的情况；运输工具进出境的时间、航次；运输工具服务人员名单及其自用物品的情况；运输工具所载旅客情况；运输工具从事进出境运输的合法证明文件以及其他需要向海关申报清楚的情况（如由于不可抗力原因，被迫在未设关地点停泊、降落或者抛掷、起卸货物、物品等）。

进出境运输工具负责人就以上情况向海关申报后，经海关审核确认符合海关监管条件，海关作出放行决定，至此，该运输工具方可上下旅客、装卸货物或者驶往内地、离境出口。

（2）进出境货物报关的基本内容

按照《海关法》的规定，为了保证货物进出口行为的合法性，提高进出口通关效率，进出口货物收发货人或者他们的代理人在进出口货物时，应当在海关规定的期限内，以纸质报关单或者电子数据报关单方式向海关报告其进出口货物的情况，并随附有关单据，申请海关审查并予以放行，并对所申报内容的真实性、准确性承担法律责任。

（3）报送程序

从海关对进出境货物进行监管的全过程来看，报关程序按时间先后可以分为 3 个阶段：前期阶段、进出境阶段、后续阶段。

前期阶段是指根据海关对保税加工货物、特定减免税货物、暂准进出口货物等的监管要求，进出口货物收、发货人或其代理人在货物进出境以前，向海关办理上述拟进出口货物合同、许可等的备案手续的过程。

进出境阶段是指根据海关对进出境货物的监管制度，进出口货物收、发货人或其代理人在进口货物进境、出口货物出境时，向海关办理进出口申报、配合查验、缴纳税费、提取或装运货物手续的过程。一般货物出入境通关指的就是这一阶段。

后续阶段是指根据海关对保税加工货物、特定减免税货物、暂准进出口货物等的监管要求，进出口货物收、发货人或其代理人在货物进出境储存、加工、装配、使用后，在规定的期限内，按照规定的要求，向海关办理上述进出口货物核销、销案、申请解除监管的手续的过程。

（三）一般进出口货物的通关

一般通关制度是指货物在进出境环节完纳进出口税费，并办结了各项海关手续后，进口货物可以在境内自行处置，出口货物运离关境可以自由流通的海关通关制度。一般货物通关制度包括：以一般贸易方式成交进出口的货物；以易货、补偿、寄售等方式成交进出口的货物；以加工、储存、使用为目的临时进出口，因故或因需转为实际进出口的货物；其他方式进出口的货物（包括进口捐赠物资超过限额的经贸往来赠送品，进料加工贸易中对方有价提供的机器设备，加工贸易以产顶进的产品等）。它运用于不能享受特定减免税优惠的实际进出口。一般货物通关制度的主要特点是必须在进出境环节完纳进出口税费并且交验相关的进出境国家管制许可证件，货物在提取或装运前须办结海关手续，货物进出口后可自由流通。一般进出口货物通常是由进出境环节向海关申报、陪同海关查验、缴纳进出口税费和提取或装运货物四个基本环节组成。

1. 申报前看货、取样

根据《海关法》规定，进口货物的收货人经海关同意，可以在申报前查看货物或者提取货样，但需要依法检验的货物，则应当在检验合格后提取货样。此规则一方面严格要求收货人履行如实申报义务，加速通关；另一方面也可以避免在出现申报内容与实际货物不相符时，当事人以错发货为由逃避承担责任。但是货物进境后有走私违法嫌疑并被海关发现的，海关有权不予同意在申报前看货、取样。

如实申报，交验单证。“如实申报”是指进出口货物收发货人在向海关申请办理货物通关手续时，按规定的格式（指报关单）真实、准确地填报与货物有关的各项内容。“单证”指与所报货物相适应的，凭以支持报关单填报的单据和证件，如各种商业单据、各进出境管理机关签发的管制批准文件等。申报的方式应当采用纸质报关单和电子数据报关单的形式。两种形式均为法定申报，具有相同的法律效力。进口货物的收货人应当自运输工具申报进境之日起 14 日内，出口货物的发货人除海关特准之外应当在货物运抵海关监管区装货后的 24 小时以前向海关申报。进口货物的收货人超过规定期限向海关申报的，由海关征收滞报金。申报是收发货人履行海关义务的一种法律行为，申报人除非经海关同意，否则对海关接受申报后，报关单证及其内容不能修改或撤销。

2. 查验

查验是指海关依法对申报人所申报的进出口货物进行实际的查核，确定其单、证、货是否相符，有无违法情节，可否合法进出，海关有权对所有进出境货物实施查验。海关查验时主要是审核收发货人的申报与实际进出口货物在性质、原产地、货物的状况、数量价格等方面是否一致，并据以确认有无伪报、瞒报和申报不实等走私违法情节。

3. 放行

放行是口岸海关现场监管作业的最后一个环节。对于一般进出口货物，由于放行时其海关手续均已办妥，应缴税款也已缴纳，因此通关手续已全部办完。放行即等于结关。但对保税、减免税和暂准（时）进出口货物解除进出境阶段的海关现场监管，允许货物提运，并未办结海关所有手续的，仍需接受海关的后续监管，因此进出口货物海关放行后有放行即结关或放行未结关两种。

对有下列情况之一的，海关将不予放行：

(1) 违反海关和其他进出境管理的法律法规，非法进出境的；

(2) 单证不齐或应税货物未办纳税手续，且又未提供担保的；

(3) 包装不良，继续运输足以造成海关监管货物丢失的；

(4) 尚有其他未了事情尚待处理的；

(5) 根据海关总署指示，不准放行的。

4. 超期未报货物处理规定

进口货物的收货人自运输工具申报进境之日起超过三个月未向海关申报的，其进口货物由海关提取依法变卖处理，所得价款在扣除运输、装卸、储存等费用和税款后，尚有余额的，自货物依法变卖之日起一年内，经收货人申请予以发还；其中属于国家对进口有限制性规定的，应当提交许可证件，如不能提供则不予发还。逾期无人申请或者不予发还的，全部上缴国库。

(四) 国际运输

国际运输是国际物流系统的动脉子系统。国际物流与国内物流相比，特征和功能都有显著的差异。在国际物流系统中，国际运输所起的作用和所占的地位是远非国内运输在国内物流中的作用和地位可比的。

一般而言，国内运输主要涉及国内运输管理、技术装备等比较简单的问题。而国际运输则涉及国际间物品进、出口的数量、结构、品种、型号、特性及国别，除采用不同的运输方式、运输渠道及运输管理和技术外，还要重视与国际运输相匹配的包装、装卸等有关国际公认的法律条款。国际物流系统中，涉及的国际货物运输方式很多，包括海上运输、铁路运输、航空运输、公路运输等，其中最重要的是国际多式联运。

五、国际物流成本控制

当一个公司涉及全球运作时，物流经理的责任范围就要扩展到国际范围。如何管理好物流的各个环节，将成本降低到最低程度，为客户提供可接受的服务水平，是一个物流经理自始至终需要考虑的问题。然而，一个公司的成本/服务组和在国际市场上将千差万别。例如，物流成本占销售额的比例，在日本和美国要比在欧洲、澳大利亚以及英国高。涉及国际物流的管理者，特别是那些在国外拥有子公司的企业应当清楚地认识到国内和国外物流管理的不同。

在将所有问题都考虑在内后，通常得到的结果是国际物流成本要比国内高。运输距离的增加、单证成本、更高的库存水平、更长的订货周期以及其他因素都使国际物流成本面临着上升的压力。

(一) 可控因素

在这些使成本上升的因素中，有一些是企业内部可以控制的，我们称之为可控因素。

1. 客户服务

客户服务的稳定性在全球运作情况下较难达到。在大多数情况下，公司无法在国际运作中提供与在国内一样稳定的服务。例如，由于国际运输时间更长，通常要跨过多个国家的边界，需要几种不同的运输工具，涉及多次运输和产品搬运，一票货物与另一票货物运输时间通常相差很大。结果，公司需要更多的库存来防止缺货的发生。

在一些情况下，国际市场的客户服务需要更高的水平。例如在日本，那里的平均订货周期要比中国短，大部分的消费品订货能够在 24 小时或者更短的时间内送达。当国内的企业进入日本市场时，就必须面对这种挑战，把自己在日本的服务水平提高到足够高的层次。

客户服务成本相差很大各个国家之间客户服务的成本有很大不同，公司必须分析各个国外市场的客户服务需求，开发能够为每一个区域提供最佳服务的物流规划。有时，由于竞争、独特的客户需求、地理、政府法规等缘故公司不得不负担较高的物流费用。

2. 库存

由于货物运输距离更长以及在货物国际运输中出现的延误，公司在国际市场中不得不维持高于正常水平的库存。从世界范围来看，通常情况下，国内库存的库存占资产总额的10%～20%，而在国际市场运作的公司的库存占其总资产的比例一般为 50%或更多。对于一些高价值产品，库存持有成本和应收账款会非常高。

在零售市场上，人们的购物方式对全球化公司决定库存战略非常重要。美国公司能够对库存施加更强的控制力，因为他们可以通过使用折扣影响客户的订货量。而在其他一些市场，这种做法可能不可行。

由于国外市场的情况可能有所不同，为每一个市场区域制定合适的库存策略和控制流程对于公司来说就显得尤为重要。

国际物流的库存控制要求清楚国际和国内库存管理系统在以下方面的不同：国际系统通常在供应商和客户之间拥有更多的库存点和更多的层次。因此与国内系统相比，国际系统的多级库存系统更复杂，也更普遍。在相同的销售情况下，国际系统的在途库存要比国内运作高许多，这是由更多的库存点、更多的层次和更长的运输时间引起的。

3. 运输

全球运输方式的不同在国际环境下，运输方式的选择和运输管理比在国内环境中复杂得多。虽然不同国家之间运输的模式基本上是相同的，但可能会有各自不同的特点。

世界各国运输基础设施以及运营情况有很大差异。在欧盟，很少有公司拥有自己的运输部门，运输更多地是以外包的形式运作。而在许多国家，运输资源由政府用持有、运营。欧洲的铁路服务通常要好于美国，因为政府或铁路系统的子公司拥有所有权、设备、铁轨、设施维护比较好。日本和欧洲国家由于海岸线和内陆水道长，而且适合运输，水运的使用程度大大高于美国和加拿大。

4. 仓储

尽管仓储活动的基本活动在全世界是相似的，但仍然存在很多差异。国内和国际仓储管理的主要区别在于：所服务的市场大小、存储的产品种类以及手工运作和自动化系统运作的不同。

全球销售情况下使用仓库设施必须回答的几个问题：

- 使用当地仓库市场提供公司的产品是否恰当？
- 是否有足够的仓库运作人员？
- 客户希望以多快的速度完成产品交付？
- 是否可以使用第三方？
- 使用公共仓库和自有仓库的相关成本是多少？

仓库所服务的市场区域就物流网络所涉及的市场区域大小来说，欧洲和亚洲的市场比较小而且相隔紧密。主要是因为在这些地区人口密度比较高。在非洲、南美洲、澳大利亚，所服务的市场地理范围比较大，因为人口聚居中心相隔比较远。

在仓库和配送中心中存储产品的数量和种类在不同地区是不同的。在欧洲，与很多的产品采用专用存储设施，在美国，仓库中通常存储量非常大，种类非常多。

在工业化的国家和地区，自动仓库设施使用比较多。因为那里的劳动力成本相对于产品的其他成本来说比较高。而在国内以及印度等亚非国家里，由于劳动力成本低，自动化设施还没有得到广泛使用。同时世界上自动化系统的成本差异以及支持计算机和信息系统的可获得性的差异也影响了自动化系统的使用。

5. 其他活动

除以上四种因素外，可控因素还包括包装、集装箱化、贴标签、信息系统等。

（1）包装

全球货运比国内货运要求对产品进行更多的保护。长距离运输以及多次搬运增加了造成货损、迟滞、被盗等事件发生的可能性。通常来说，国际运输中的货物丢失或损坏的比例要高于国内。因此，实施物流国际化的物流经理必须更加注重包装的安全性。影响国际运输包装设计的主要因素有：运输方式/运输工具、搬运方式、气候、被盗的可能性、货运费率、关税和客户需求。

所有国际货运包装决策中最基本的一条是货物应当无损坏地到达目的地。物流经理可以遵循以下一些基本的原则，为保证货物安全到达国外目的地提供帮助：①了解产品；②了解运输环境，根据运输途中最艰难的部分进行包装设计；③了解供应商；④为每一种运输方式确定发运国以及收货港可以使用的包装条款；⑤在收货港安排适当的收货。

（2）集装箱化

为了方便产品的搬运和在运输存储过程中保护产品，许多公司转向使用集装箱。集装箱广泛适用于国际物流，特别是在水运是运输网络一部分的时候。

集装箱的优点：①由于集装箱的自然保护作用，货损减少了；②由于越来越多地使用自动物料搬运设备，货物搬运的劳动力成本降低了；③集装箱比其他运输容器更加容易存放和运输，使得仓储和运输成本下降了；④集装箱有各种尺寸，大部分都适合标准化的国际联运；⑤集装箱可以在港口和仓储空间有限的地方作为暂存设施。

集装箱的缺点：①一些地方没有集装箱港口或终端；②即便有这些设施，他们也可能因为大量的进出口货物而超负荷运转，长时间的迟滞是很普遍的；③一个基于集装箱的运输网络需要大量的资金投入。

（3）贴标签

与包装有关的是贴标签。从成本角度来看，贴标签占全球物流成本的比重相对较小。然而，准确的贴标签对于及时有效地进行跨国货物运输是非常重要的。与贴标签相关的重要问题包括标签的内容、语言、颜色以及在包装上的位置。

（4）信息系统

对于一个第一次涉足国际物流的企业物流经理来说，从尽可能多的数据源中获得每一个市场关于业务条件和运作流程的信息是一个很好的建议。互联网是一个获得关于全球商务和物流方面信息的非常有用的资源。

公司出于诸如订单处理、实时传送物流信息、内部网络通话、互联网接入以及电视会议的目的，大量使用卫星通信系统。企业还在跨国制造和商务中使用国际贸易物流软件。国际贸易物流软件被用来“自动处理、跟踪和汇报大量的活动。这些活动通常（但并不总是）与供应链管理、仓库管理、库存管理以及运输管理信息系统相连”。

（二）不可控因素

还有一些因素是企业控制能力范围之外的，我们称之为不可控因素。不可控因素的特征是不确定性和在很多情况下的不稳定性。物流管理人员必须在这样环境中对包括成本/服务水平权衡、制订并实施客户服务计划、衡量物流过程的成本等问题进行决策。

企业经营环境中主要的不可控因素是外国市场的政治法律体系、经济条件、竞争程度、技术可获得性、外国市场的地理分布和不同目标市场的社会和文化标准。

1. 政治和法律环境

当一个公司的运作仅限于一个国家时，物流管理人员只需要考虑一套法律法规，尽管他们可能会非常复杂。而对于跨国公司来说，则必须面对不同国家的不同法律。对于物流管理来说，政治法律环境对企业战略和运作的影响是非常重要的。

通常物流管理人员必须回答三个问题：

（1）政治法律环境影响了哪些供应链、企业和物流战略？

（2）现有的和预期的政治法律环境变化和趋势将对财务产生什么影响？

（3）针对法律环境的变化和趋势会为企业带来什么机遇？

2. 经济因素

在外部环境中，经济环境可能是最重要的因素。一个企业在进入某一个外国市场前，必须对它的主要经济因素作认真分析，包括经济增长率、人均 GDP，储蓄、债务、信贷的适用性等。

经济因素可能会在以下方面对物流产生影响：

（1）一些市场的低成长速度需要物流管理人员在规划中更加小心谨慎，保证每一块钱的物流花费都产生最大的生产率；

（2）在通货膨胀的时期里，为了满足资金流的需求而支付的高额短期借款利息也导致了对物流效率更高程度的关注；

(3) 贸易集团的发展会对物流产生全方位的影响；

(4) 汇率波动增加了决策制定的复杂程度；

(5) 欠发达国家的经济条件的改善将对国际贸易产生影响。

3. 竞争

企业面临来自许多方面的持续上升的竞争压力。

在美国，一些行业的制造商发现他们与亚洲和欧洲的同行相比，处于一个不利的竞争地位。例如微波炉市场上，1945 年美国人发明微波炉，并在 1955 年推向市场，而后却被日本人赶上，现在逐渐掌握在国内企业的手中。

企业应该从以下角度面对物流方面的竞争：

(1) 增加跨国合作、联盟、兼并和收购的数量；

(2) 将更多的过去基于国内市场的公司向国际市场发展；

(3) 24 小时运营的全球通信网络的开发；

(4) 寻找和发展在全球范围内提供运输、仓储、物料搬运和其他物流服务供应商的合作关系。

4. 技术

随着技术发展速度的加快，更多的产品将被技术淘汰。因此公司必须密切注视技术环境的变化。技术发展已经对物流产生了巨大的影响。在仓库布置和设计、运输路线规划和排序中使用图形技术，通过互联网和电子数据交换技术进行全球数据传递物流系统的计算机仿真，客户服务研究中的数据收集和分析，以及卫星通信已经逐渐成为企业必须之举。然而技术的发展也不是没有问题。新技术加快了产品的更新，使得缺乏效率的物流系统更加成为瓶颈。由于对产品的需求时间变短了，产品不能够在运输工具或仓库中滞留，因为销售的损失是无法弥补的。

5. 社会和文化

一个公司运作的社会和文化环境是极为重要的，因为它影响了个人、团体和社会的生存原因和行为方式。需要考虑的因素包括：人们如何表达自己的想法、如何思考、行为方式、员工与所服务的公司的关系、运输系统的组织方式等。

第五节　绿色物流

一、绿色物流的基本概念

(一) 绿色物流的产生

物流作为第三利润源，促进了各国经济的发展，但它具有“二重性，一方面它保证商品的顺利流通，为企业及社会创造效益；另一方面，它又增加成本和环境负担”。如运输工具的噪声、污染排放、对交通的阻塞等，以及生产及生活中废弃物的不当处理对环境所造成的影响。为此，对物流发展提出了新的要求，即绿色物流，或称环保物流。

（二）绿色物流定义

绿色物流是指通过改变原来经济发展与物流、消费生活与物流的单向作用关系，在抑制物流对环境造成危害的同时，形成一种能促进经济和消费生活健康发展的物流系统，从而向循环型物流转变。

（三）发展绿色物流的意义

（1）可以降低燃油消耗，减轻空气污染。运输是物流活动中最主要、最基本的活动，其中运输中车辆的燃油消耗、燃油污染以及噪声污染和光污染，是物流作业造成环境污染的主要原因。

（2）可以缓解交通压力，保证城市交通畅通无阻。随着物流产业的快速发展，物流活动的频繁化以及物流管理的变革，会增加燃油消耗，加重空气污染和废弃物污染，浪费资源，引起城市交通堵塞等，对社会经济的可持续发展产生消极影响。

（3）从废旧物资回收与处理的角度看，减少白色污染。包装材料对环境也会造成破坏，如“白色污染”就是由于在商品流动过程中采用不可降解的塑料制品而形成的。

（4）有助于我国同世界各国实现贸易的良性发展，避免因违反非关税的“绿色壁垒”而对我国出口商品造成影响，保证我国经济持续、快速、健康发展。

（四）如何运行绿色物流

1. 建立高效的工业生产和生活中的废料处理系统

从经济可持续发展的角度看，伴随着大量的生产、消费而产生的大量废弃物对经济社会产生了极其严重的消极影响，这不仅表现为废弃物的处理困难，并容易引发社会可用资源的枯竭和自然环境的恶化。所以，21 世纪的物流活动必须有效利用资源和维护地球环境。降低废弃物物流，从系统构筑的角度看，需要实现资源的再使用（如啤酒瓶等物品的回收处理后再使用）、再利用（不用的物品处理后转化成新的原材料使用），为此应当建立起生产、流通、消费的循环往复系统。

2. 对具有污染性的物流系统进行限制

对物流系统的污染进行控制，即在物流系统和物流活动的规划与决策中尽量采用对环境污染小的方案，如采用排污量小的货车车型、近距离配送、夜间运货（减小交通阻塞、节省燃料和减小废气排放）等。例如发达国家政府倡导绿色物流的对策是在污染发生源、交通量、交通流三个方面制定了相关政策以进行规制。

（1）限制发生源。发生源限制主要是从来源对环境问题进行管理。从当今的物流系统来看，产生环境问题的主要物流根源是货车的普及，即由于物流量的大幅度增长以及配送服务的快速发展，引起在途运输中的货车增加，而在途货车的增加必然导致空气污染的加剧。因此，发生源限制主要包括废气排出限制和基于汽车二氧化氮排放量限制的车辆限制。

（2）限制交通量。交通量限制，主要是发挥政府的指导作用，推动企业从自用车运输向使用专业货运转化，发展共同配送或联合配送，建立现代化的快捷物流信息系统等，以最终实现物流的信息化、效率化。这其中，中小企业物流效率的提高是政府限制的重点。

(3) 限制交通流。交通流限制的主要目的是通过建立都市中心环状道路、道路停车限制以及实现交通管制的高度集中化等来减少交通堵塞，提高配送与运输的效率。

当然，推进绿色物流除了政府加强管制以外，更要重视民间倡导，要充分利用企业的环境保护意识，即积极发挥企业在保护环境方面的作用，想办法使对环境产生的外部经济变为内在经济，力求形成一种自律型的物流管理体系。从当今企业群体或民间组织的举措看，对绿色物流的推进主要表现在通过车辆的有效利用提高配送效率和货物积载率、通过运输方式的改变削减货车运行以及降低单位货车废气排放量等。

总之，从物流管理的角度看，不仅要在物流系统设计或物流网络的组织上充分考虑企业的经济利益（即实现最低的配送成本）和经营战略的需要，同时也要考虑商品消费后的循环物流，这包括及时、便捷地将废弃物从消费地转移到处理中心，以及在产品从供应商转移到最终消费者的过程中减少容易产生垃圾的商品的出现。除此之外，还应当考虑如何使企业现有的物流系统减少对环境所产生的负面影响（如拥挤的车辆、污染物排放等）。

二、生产企业逆向物流

企业的生产系统实质上也是一个物流系统。企业的生产系统是用来支撑生产过程的，而产品生产过程是企业生产系统的核心部分。产品的生产过程就是一个典型的物流过程，它是企业物流系统的主要组成部分，同时它也导致其他的企业物流，如供应物流、销售物流和回收、废弃物流等。

(一) 废弃物物流

1. 废弃物物流的处理方式

(1) 掩埋。按规划地区，做底层技术处理之后，将垃圾用土掩埋。掩埋之后的垃圾可以用于农业种植、绿化等。

(2) 焚烧。可以获取能量，还可以减少垃圾的污染及病菌、虫害的滋生。

(3) 堆放。选择适当位置直接倒放，通过自然净化作用使垃圾风化。此法成本低。

(4) 净化。对废水、废物进行净化处理。

2. 废弃物物流的实施

废弃物物流仍然是由运输、储存、装卸、包装、流通加工和物流信息等环节组成，其物流技术也是围绕这些环节发展的，但因系统性质不同，所以技术特点也有差异。

(1) 使用专用的小型化装运设备。回收与废弃物物流的第一阶段任务是集中。废弃物来自每一个工矿、企业和家庭，由于分布广泛，因此采用多层收集、逐渐集中的方式，广泛使用各种小型的机动车和非机动车。许多废弃物具有脏臭和污染环境的特点，在装运过程中需要专用运输车辆，例如，城市生活垃圾的运输是由环卫系统专用车承担的，因其任务的一致性，在车辆构造方面也可针对作业特点进行专门设计。废弃物的运输路线一般不长。因此，广泛使用汽车运输。但也有利用火车进行长距离运输的情况，有时还会进入国际物流的渠道进行长距离运送。

(2) 储存、包装要求简单。这些物资是以废弃物的形式出现的，一般只有露天堆放场所，但也存在一部分回收物资，如废纸等，在堆放时需要防雨措施，或置放在简易库存房中。废弃物一般也不需要包装，但为了装卸运输方便，可以捆扎或打包。在需要防止废弃物污染环境的特殊情况下，也就应有必要的包装。如具有放射性的核废料，在输送过程中其包装要求是极其严格的，但包装的目的不是为保护包装物资，而是为了防止对环境造成危害。

(3) 流通加工方式多样。由于废弃物种类繁多，性质各异，故流通加工的方式也很多，但此种加工的目的是为流通加工服务的，如利用回收物资作为原材料制造某种产品则应视为生产加工。流通加工的类别有：分拣、分解和分类、压块和包扎，以及切断和破碎。

(4) 须低成本处理。回收与废弃物物流由于所处理的对象价值不高，因此物流费用必须保持在低水平。对废弃物处理费用过高，将加大企业的开支或增加社会福利基金开支。回收物资成本过高，将导致以回收物资为原料的生产企业陷入困境，甚至转而寻求其他途径解决原料问题。

(二) 回收物流

1. 回收物流的处理方式

以印刷企业回收物流为例：

(1) 直接回收使用。包装材料，如木箱、编织袋、纸箱、纸带、捆带、捆绳等可以直接回收使用。

(2) 回收后再生使用。对需要再生利用的排放物，印刷企业可以直接将其分拣、出售，由物资回收企业收购后进行统一的再生处理，重新制造原物品，也称回炉复用。包括：印刷生产过程中产生的不合格的印品；纸张、塑料、金属等各种承印材料经裁切加工形成的切屑；使用过的印刷版材；报废的机器设备等。如日本凸版印刷公司印刷厂的废料、废水和垃圾都可以再生利用。据了解，废水经过净化处理后，可在厂内循环使用；下脚纸是100%再生使用；各种垃圾集中后由厂内的废品处理站处理。

2. 企业实施回收物流的措施

(1) 增强废旧产品回收的意识。不仅企业本身，整个供应链上所有企业都要增强回收物流意识。能够认识到对废旧产品进行回收的重要意义。首先，制造企业应该起到带头作用，向员工灌输这种意识，特别是渠道上的员工，让他们认识到对售出商品要负责；然后，再把这种意识传输给分销商，以取得他们对于废旧产品回收的支持。当然，还要让顾客了解将废旧产品交回给制造企业的必要性。

(2) 制定鼓励政策。企业要从战略高度来考虑和利用回收物流系统，鼓励消费者将其过时的商品退回给制造商，对于回收的废旧产品，要给予消费者一定的经济补偿，不能低于废品回收站的回收价格。

(3) 成立专门部门，建立回收物流系统。要建立回收物流中心，负责安排废弃产品的收集、分拆、处理等工作。回收物流系统的主要任务是收集和运送废旧物品。该系统可以建立在原有的传统（前向）物流渠道上，也可以另外单独重建，或是将传统物流与回收物流系统整合在一起。组织必须确保他们的回收系统与正向物流具有同样的成效。尽管企业还需要一段时间进行发展回收物流系统，对于他们来说，建立一个允许他们快速收回物品，同时尽可能降低成本的物流结构十分重要。这可能意味着最好由第三方组织管理回收系统，或者由那些专注于配送中心建设的组织提供回收物流服务。

(4) 建立回收物流信息系统。发展回收物流系统中的一个最重要环节是应用信息技术。新技术和尖端技术可以帮助企业收集被回收产品的信息。对于回收物流系统，使用条码技术使得物品管理非常简便。在任何时候都可以对所有产品进行追踪，实时的产品状况和损坏信息可以帮助物流经理理解回收物流系统的需求。

数据管理可以使企业追踪产品在客户之间的流动信息，同时也允许企业辨识出于回收目的的产品返回比例。这些信息将会被利用到提高产品可靠性以及识别回收物流系统中的特殊问题上。信息同样也可以运用到提高产品供应的预测水平上去。

(5) 产品设计时的意识。为了更有效地利用废旧产品，应该在产品进行设计时就考虑到"易于再生"标准。这样在选择材料、产品结构设计时都会考虑到以后的分拆、处理等工作的成本，从而能够降低总体成本。日本大金公司为了把空调产品的生产变成"可持续发展"的循环再生产业，在开始设计和生产空调产品时，就考虑到将来如何处理它们的"转世再生"问题，从头规划每件产品的"轮回"。回收物流的发展还处于早期阶段。将来，拥有完善的回收物流系统将是企业生存的条件。

（三）产品的退回物流

产品的退回物流是逆向物流的一个部分，它与再生资源的物流及无价值的废弃物流不同。

退货的过程是：产品送回供应商，进行修理和再销售，或者把产品作报废处理，回收其中的有用部分。包装物一般可以再循环使用。退货产品大多并未丧失使用价值，可以采取综合开发方式继续实现它的使用价值，如开辟新的市场。对退货也可以作为募捐用途，发挥其应有的作用。退货产品一般纳入本企业的生产经营计划统筹管理，也可以由相关企业联合设立退货基地，或者承包给第三方物流进行外部商业化运作。

三、农村逆向物流

（一）农村逆向物流的含义

农村逆向物流实际小于逆向物流概念所包含范围，它是指在农村范围内（县以下地区），农村居民用于生活、生产的资料，以退货为代表特征的物品沿着原方向返回和对已经废弃的产品进行再制造、再使用或再循环的过程。农村逆向物流是按地域不同从整个逆向物流分支出来的，是整个逆向物流的一个不可或缺的部分。

（二）发展农村逆向物流的意义

1. 促进农村循环经济的发展

农村逆向物流是循环经济体系中的薄弱环节，它的功能缺失，会导致广大农村的可循环利用资源长期积压在农村，得不到再利用的机会，资源闲置不用，就是浪费资源。现阶段农村逆向物流发展速度不快，已成为农村循环经济发展的瓶颈，在一定程度上制约了循环经济的发展，农村逆向物流的发展实质上会促进农村的循环经济的发展。这是因为“循环经济的实现需要逆向物流作为支撑，只有构建起顺畅的逆向物流，才能形成封闭的循环流程，物质才能高效、低成本循环，否则循环链将断裂，物质无法循环，循环经济将不能实现商品经济价值的增值”。

2. 符合发展绿色物流的需要

农村虽然不是环境污染的重灾区，但它是环境污染治理较差的地区，且不说工业污染给农村造成的损害，单单是农村的生活污染就已经相当严重。农村的逆向物流业发展落后及对污染控制的不利，使得农村深受其害，包装物对环境的影响就是很好的证明。农用地膜及一次性或不可降解的包装物如塑料袋、玻璃瓶、易拉罐等，在农村不能有效地回收，使得农村环境遭受污染。农村逆向物流就是要为绿色物流建好了一个有力的支撑点，使农村物流业发展避免以牺牲农村的环境和资源为代价，这也正是我国建设社会主义新农村的一项重要内容和任务。

第六节　物流金融

一、物流金融的相关概念

在企业的经营活动中，各企业对资金的需求是很高的，企业资金的支出和收入往往发生在不同的供应链环节和不同的结算时段。在商品采购阶段，具有较强实力供应商（核心企业）往往会利用自身的强势地位要挟下游购买商尽快付款。同时，核心供应商的商品价格波动也会给下游企业的采购带来资金缺口风险。在销售阶段，如果面对的是具有较强实力的购货方（核心企业），销售商的货款收回期也会变长。因此，在企业经营期间，特别是中小企业往往会由于核心企业的原因造成大量流动资金占用或库存的积压。供应链中的制造企业（或零售企业）可能难于根据市场需求及时实现最优的生产量、销售量或订购量，从而导致整个市场商品供应的短缺，严重损害供应链绩效。近年来，核心企业一方面向供应商不断施加降价压力，同时又不断延长向供应商付款的账期，再加上中小企业融资困难的老问题，致使大量供应链面临资金链断裂的风险。财务管理和物流管理的集成能够为企业节约成本，提高资金运作的效率。所以，供应链中的企业希望有新的结算和融资模式来降低交易成本、减少资金占用、快速回收资金和库存的积压。供应链金融利用金融工具创新，把传统的结算工具，如汇兑、银行托收、汇票承兑、贴现、网上支付、信用证等，结合抵押、质押、保兑等业务为供应链物流的运营提供了有效的资金占用的转移。这种商流、物流、资金流的有机结合，使供应链中的不同企业实现了整体协调发展。

1. 结算

位于供应链中的企业，通过对物流、信息流、资金流的控制，组成了一个整体的功能网链结构。物流是实体的流动，信息流是物流、商流、资金流等信息的双向流动，资金流是用户在确认所购买的商品后，将自己的资金转移到商家账户上的过程，其离不开企业之间的结算活动。结算是在商品经济条件下，各经济单位间由于商品交易、劳务供应和资金调拨等经济活动而引起的货币收付行为。结算发展至今，已经有了系统的理论知识，一般按支付方式的不同将结算分为现金结算、票据转让和转账结算。现金结算是收付款双方直接以现金形式进行的结算方式，票据转让是以票据的给付体现双方债权债务关系的一种结算方式，转账结算则是通过银行将款项从付款单位账户划转到收款单位账户的货币收付结算方式。

2. 融资

由于各种结算方式的制约，加上企业处于要做大做强的压力下，企业能否顺利融资变得十分关键。什么是融资呢？《新帕尔格雷夫经济学大辞典》对融资的定义是：融资是指为支付超过现金的购货款而采取的货币交易手段，或为取得资产而集资所采取的货币手段。从狭义上来说，融资是企业募集资金的行为，是企业运用各种方式向金融机构或金融中介机构筹集资金的一种业务活动。从广义上来说，融资就是货币资金的融通，通过金融市场进行筹集或放贷的各种行为。按照不同的标准，融资有不同的分类方法。按融资对象的不同，可以分为直接融资和间接融资。直接融资是不经过金融机构的媒介，由政府、企事业单位及个人直接以最后借款人的身份向最后贷款人进行的融资活动。间接融资是通过金融机构的媒介，由最后借款人向最后贷款人进行的融资活动，如企业向银行、信托公司进行融资等。按照资金性质不同，可以分为债务性融资和权益性融资。前者包括银行贷款、发行债券和应付票据、应付账款等，后者主要指股票融资。债务性融资构成负债，企业要按期偿还约定的本息，债权人一般不参与企业的经营决策，对资金的运用也没有决策权。权益性融资构成企业的自有资金，投资者有权参与企业的经营决策，有权获得企业的红利，但无权撤退资金。供应链中上下游企业无论是业务往来、劳务支付等，都要发生结算和融资活动。我们可以发现，自供应链的概念产生以来，结算与融资就渗透于其业务中。以此为基础而衍生的各种供应链业务，也是随着结算与融资的发展而逐渐完善的。

3. 物流金融

传统物流业务主要包括运输、仓储等内容，涉及运输、储存、装卸、包装、流通加工、配送等活动。在金融危机的影响下，随着商品交易量的减少，很多企业都难以生存，物流企业的转型势在必行。物流规模趋向专业化、大型化、全球化发展，物流业务由最初的仓储、监管、配送服务，发展了价值评估、保险、结算代理、融资、商贸等增值配套服务。金融与物流的业务整合作为新的业务模式，在物流企业转型升级的背景下应运而生。传统的银行贷款主要集中在不动产和第三方信誉担保两种模式。由于中小型企业存在着信用体系不健全问题，所以融资渠道贫乏，生产运营的发展资金压力大。金融与物流相结合，进行金融工具的创新，通过应用和开发各种金融产品，有效地组织和调剂物流领域中货币资金的流动，为物流产业提供资金融通、结算、保险等服务的金融业务。但由于我国相关的法律制度不够完善，企业诚信问题没有得到较好解决，新开展质押监管业务的物流企业缺少相关运作经营，故实际中不少物流企业因为业务体系运作不畅而影响企业的正常经营。发展物流金融能给客户、银行和物流企业带来三方共赢的效果，但也面临风险。一般地，货物质押期间，银行对质押人货物的真实性、合法性负责，而物流企业仅对货物的数量和保管质量负责，物流企业承担质押监管的标的物损失、质量变化、不按规定监管等责任。

在供应链管理模式发展下，企业逐渐转而强调跨企业界限的整合，使得顾客关系的维护与管理变得越来越重要。物流管理已从物的处理提升到物的附加值方案管理，可以为客户提供金融融资的物流供应商在客户的心中地位会大幅度提高，物流金融业务使得物流企业得以控制全程供应链，保证特殊产品的运输质量并长期稳住客户。物流金融将有助于形成物流企业的竞争优势。从国际上看，动产担保已成为最主要的物权担保融资方式，并形成了一套比较成熟的担保模式，约80%的贷款为动产担保。其中，存货、应收账款和知识产权是使用较多的动产担保物，在动产质押中60% 以上是以应收账款为主的权利担保。我国中小企业拥有的存货和应收账款是中小企业不动产价值的1.5倍（占60%）。

物流金融从广义上讲就是面向物流业运营过程，通过应用和开发各种金融产品，有效地组织和调剂物流领域中货币资金的运动。这些资金运动包括发生在物流过程中的各种存款、贷款、投资、信托、租赁、抵押、贴现、保险、有价证券发行与交易，以及金融机构所办理的各类涉及物流业中间业务等。狭义的物流金融可以定义为：物流供应商在物流业务过程中向客户提供的结算和融资服务。物流金融是面向物流业的运营过程的金融产品，有效地组织和调剂物流领域中货币资金的运动。代客结算业务和质押仓单是目前开展的典型业务。

二、物流金融的发展沿革

物流金融必然是以物的流动为核心，存货是物的典型代表，存货质押融资业务必然是它的核心环节。没有存货的流动，没有针对存货的融资，就无从谈及物流金融。因此，西方物流发展循序渐进的模式决定了西方物流金融演进式的发展轨迹，存货质押融资业务的发展在一定程度上代表了物流金融的发展。西方物流金融的发展轨迹如表9-1所示。

表9-1　西方物流金融的发展轨迹

时间	发展特点
19世纪中前期	这一时期的物流金融只有单环节的存货质押融资模式，物流企业的参与有限，业务监管较为机械化
19世纪中叶到20世纪70年代	在美国，由于1954年《统一商法典》的实施使金融物流参与方的法律关系更加统一和明确，从而使业务在1954年后有较为明显的发展。但总的来说，这一时期的金融物流仍然以存货质押融资业务为主，但已开始与应收账款融资业务有机结合，物流企业也开始深度参与，业务监管变得灵活

续表

时间	发展特点
20世纪80年代至今	这一时期因供应链的发展，物流金融在整个供应链链条上进行运作。存货质押融资只有与应收账款融资、预付款等其他融资形式相结合，同时与结算、保险等金融活动等有机结合，保证物流在整个供应链上进行无缝化运行。要求物流企业深度参与，甚至主导金融物流业务，有效沟通银行与借款企业，成为供应链上资金流与物流运作的“超级管家”，这也正是现阶段西方金融物流业务的创新特色所在

进入21世纪以来，研究机构、金融机构、物流企业越来越多地从供应链金融视角开展实践与研究。由于现代物流在中国的跨越式发展，自1999年中储发展股份有限公司开展我国第一单存货质押融资业务以来，近十几年来我国的金融物流业务从无到有，从简单到复杂，在许多方面甚至达到了国际先进水平，呈现了明显的跨越式发展特征。在20世纪90年代以前，我国物流仓储企业很少参与基于存货的质押业务，商业银行对质押存货的价值、品质、销售状况等缺乏足够的信息，对质押存货的运营控制缺少专业的经验和技能，因此出于信贷风险的考虑，银行开展这一业务较为谨慎，从而造成了中小企业丰富的存货担保资源被大量闲置。近些年来，我国物流金融业务在社会各界的大力推动下，在广度和深度上都发展很快，表现出了旺盛的生命力。由于金融物流在我国的跨越式发展，使我国在短短近十年里经历了西方百年走过的历程，在我们国家的物流金融业务呈现出不均衡的发展态势。沿海的业务模式和发展水平明显领先于内地，形成了初级、中级和高级等多种形式金融物流业务在我国共存的格局。由于法律规定，我们国家的银行现阶段不能像西方一样进行混业经营，因此由大型物流企业、银行和借款企业三方合作的物流金融商业模式在现阶段的中国就比较适合。今后我国物流金融的发展趋势必然是借鉴西方发展的经验走具有中国特色的物流金融之路。

三、物流金融在企业经营中的作用

企业在开展金融物流服务的过程中，要在信用管理上，把整个供应链看成一个经济实体，以银行和供应链企业的信用，来提升供应链中企业的信用等级，为其融资提供支持。在市场营销上，突破原有单个金融产品、服务各自为政的局面，进行了有效的整合营销。在服务环节上，整合物流融资、物流结算、物流风险管理、物流金融客服等内容，从而打通了供应商、贸易商、经销商和银行之间的壁垒，实现了物流、商流、资金流和信息流的一体化整合。

金融物流是运用各种金融产品，实施物流、商流、资金流、信息流的有效整合。具体表现为：对供应链内部的交易（包括原料采购、订单生产、成品配送等）进行分析的基础上，运用金融衍生工具（如贸易融资的信贷模型），引入供应链企业、物流企业、金融机构（银行、保险公司），对供应链的不同节点提供封闭的授信支持及其他结算、理财等综合金融与物流服务。

（一）实现信息流、资金流对物流的整合及其成本效益

从国际经验看，供应链物流融资解决方案的实施大都引入电子平台的角色，通过这种平台，企业将订单、收货、确认付款等信息进行及时发布，供应商可以基于这些信息，向电子平台的成员银行提出不同阶段的融资请求，银行相应给予融资批复和出账，电子平台再将买方的结算支付直接导向供应商对银行的还款账户，最终实现银行贷款的回收。这种基于电子平台的融资交易，可以获得一系列的好处：其一，金融物流的电子化手段对于整个供应链而言最大的好处就是降低了端到端的成本；其二，资金流的确定性是经营稳定性的基础条件，通过这种电子商务形式的授信流程，供应商和买方之间由于信息流的传达效率的改善，采购策略、付款条件、季节变量策略和运输手段都得以获得提前的计划，并由此优化了供应链的成本函数和运行效率；其三，通过基于供应链信息流归集、整合下的资金流解决方案，供应链物流融资的企业对需求变化、运输延迟、产品缺货和现金流突然短缺可以做出更快速的反应，供应链系统对需求反应的灵敏性得以提高。

（二）带动供应链各环节的中小企业，凸显龙头企业在供应链中的核心地位

金融物流业务为供应链各环节中的中小企业提供了良好的发展机会，中小企业依附于供应链龙头企业进行融资，以企业的强大信誉与实力作为担保，提升了中小企业在信贷市场上的地位，化解了金融机构的信贷风险，并提高了效率，其本质在于交易成本的节约。中小企业利用企业通过金融物流业务，使得其自身的信用评价增加，获得融资便利、并降低融资成本。对于企业而言，其在整条供应链中的主导地位更加突出，其他环节的企业对其依赖性越强，合作关心越紧密，有利于提升企业的竞争力。

（三）降低库存量和提升存货效率

金融物流是站在供应链全局的高度，从全局角度出发，考虑库存的持有量，相比传统模式下，供应链各节点各自持有库存，导致整个供应链的库存量大大增加，金融物流能够很好的避免这种库存的牛鞭效应。金融物流服务从供应链全局角度出发，对库存进行集中统一管理协调。这样，能够对整个供应链系统运行有一个较全面的掌握，能够协调各个节点企业的库存活动。集中式控制将控制中心放在企业上，由企业对供应链系统的库存进行控制，协调上游和下游企业的库存活动。这样企业也就成了供应链上的数据中心（数据仓库），担负着数据的集成、协调功能，从而在供应链全局的角度提升存货效率。

（四）降低流动资金占用成本，提高资金周转率与利用率

存货占有着大量的流动资金，金融物流业务可以将存货用作融资，获取存货价值一定比例的资金，进行生产经营活动，即实现了由存货变为流动资金，使被大量存货占用的流动资金变现，降低了流动资金的成本，提高了资金的周转率与利用率。

四、物流金融模式与流程

根据金融机构对物流金融业务的参与程度，把物流金融运作模式分为资产流通模式、资本流通模式和综合运作模式。资产流通模式是第三方物流企业利用自身综合实力独立为

客户提供物流金融服务，这种模式一般没有金融机构的参与；资本流通模式是第三方物流企业与金融机构（如银行）合作，共同提供物流金融服务；综合运作模式是资产流通模式和资本流通模式的结合，是第三方物流企业与金融机构高度配合，提供专业化物流金融服务。

（一）资产流通模式

资产流通模式是指第三方物流企业利用自身的综合实力、良好的信誉，通过资产经营方式，间接为客户提供融资、物流、流通加工等集成服务，在这种模式中，一般没有金融机构的参与。这种模式对第三方物流企业的要求较高，第三方物流企业必须具有较强的资本实力、人才队伍、信息支持系统和先进的现代管理技术。资产流通模式一般可以分为垫付货款和代收货款两种模式。

1. 垫付货款模式

垫付货款模式中，发货人、提货人和第三方物流供应商签订协议，第三方物流供应商在提供物流服务的同时，为提货人的采购活动垫付贷款，同时发货人应无条件承担回购义务。垫付货款模式的操作流程（如图 9－4 所示）是：发货人委托第三方物流供应商送货，第三方物流供应商垫付扣除物流费用的部分或者全部货款，第三物流供应商向提货人交货，根据发货人的委托同时向提货人收取发货人的应收账款，最后第三方物流供应商与发货人结清货款。这样一来既可以消除发货人资金积压的困扰，又可以让两头放心。对第三方物流供应商而言，其赢利点是将客户与自己的利害连在一起，“你中有我，我中有你”，客户群的基础越来越稳固。

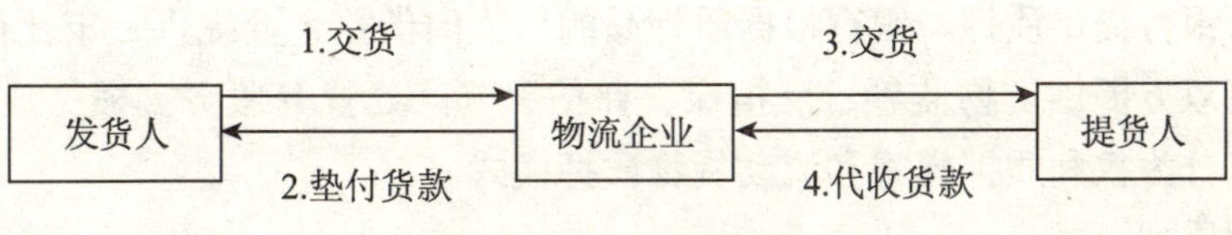

图 9－4 垫付货款模式

垫付货款模式的实质是一种替代采购模式。在实际运作时，物流公司可以在向发货人垫付货款时获得货品所有权，然后根据提货人提供货款的比例释放货品。这种模式对于只有一家供应商面对众多中小型采购商的情形时优势会更加明显，第三方物流企业不仅起到为中小企业提供间接融资的功能，而且可以成为中小采购商的采购中心，起到降低成本的效果。

2. 代收货款模式

代收货款模式不同于垫付货款模式，它是第三方物流企业先向发货人提货，然后向提货人送货时代替发货人收取货款，最后由物流企业和发货人结算。代收货款模式已经在发达地区的邮政系统和很多中小型第三方物流供应商中广泛开展。在代收货款模式（如图 9－5所示）中：发货人与第三方物流供应商签订协议，第三方物流供应商每日向用户送货上门的同时根据合同代收货款，每周或者每月第三方物流供应商与发货人结清贷款。第三方物流企业代收的资金在交付前有一个沉淀期。在资金的这个沉淀期内，第三方物流供应商等于获得了一笔不用付息的资金。物流企业可以将这笔资金进行资本运作，使其增值。在这里，这笔资金不仅充当了交换的支付功能，而且具有资本与资本运动的含义，并且这种资本的运动紧密服务于物流服务上，这不仅加快了客户的流动资金周转，有助于改善客户的财务状况，而且为客户节约了存货的持有成本。

图 9－5　代收货款模式

（二）资本流通模式

资本流通模式是指第三方物流企业利用自身与金融机构的良好合作关系，为客户与金融机构创造良好的合作平台，协助中小型企业向金融机构进行融资，提高企业运作效率。资本流通模式是最基本、最重要的业务模式。目前，大多数研究和实践活动都是集中在这种模式上。这种模式中，第三方物流企业为银企合作搭建平台，消除信息不对称和企业信用体系不发达所造成的“融资”困境。资本流通模式主要有质押模式和信用担保模式两种。

1. 质押模式

质押模式是借款企业以存放于物流企业仓库的货物，或者物流公司开出的代表货物所有权的仓单向银行提供质押，银行根据质押品的价值向借款企业提供一定比例的贷款，物流企业为借贷双方提供货物监管、反担保、评估、资产处置等服务。根据质押物的不同，质押模式可以分为权利质押模式和流动货物质押模式。

（1）权利质押模式

基于权利质押物流金融业务，主要是以代表物权的仓单或者类仓单（如质押入库单、质押货主通知单）出质的质押业务。仓单是由货物保管方向存货人开具的代表拥有货物物权的凭据。在传统的现货交易中，产品从产地到消费地，一般要经过收购、批发、中转、零售等环节。仓单的出现把货物流动转换成为单据的流动，不移动现货也能实现最终的销售目的，这就节省了大量的时间、人力、运杂费、装卸费，减少了商品损耗、迂回运输（二次运输）或重复运输等，大大节约了货物流通费用。由于标准仓单对待销售商品有严格的管理标准和质量要求，所以仓单流通也可以避免现货市场目前出现的上当受骗、质量纠纷、债务链深重和不合理运输等问题，使现货交易更为快捷、方便和安全，可大大提高现货交易的效率和大幅度降低交易成本。另外，仓单流通是一种高层次的现货流通形式，由此也带动了资金的流通，通过等待来卖出好价钱。厂商将产品交仓库制仓单后，如果觉得市场价格偏低，希望或者消费者购买仓单后，暂时还不想用于消费，则可以到银行办理仓单质押业务。在国外认为这是现货抵押，间或出于投机而且有仓储企业的信誉担保。在抵押贷款期限内，如果有必要，银行有权凭仓单到仓库查验货物，仓单在贷款限期满前必须赎回，否则到期后，银行有权委托将仓单或货物进行拍卖。所以，仓单质押贷款一般不会形成银行的不良资产业务。也就是说，仓单具有良好的资金融通功能。

基于仓单质押物流金融业务的运作过程一般如下（如图 9－6 所示）：有融资需求的企业提交申请，并同意遵守业务规则，由仓储企业协助银行对需融资企业进行资质认证、审核，符合要求的融资企业与银行、仓储企业签订三方协定，协议规定服务内容、费用标准、各方的权利和义务等，签订协议后企业就可以开展质押业务；需融资企业将货物发运到仓库，由仓储企业对货物进行验收入库，并根据实际验收情况开具仓单；融资企业将仓单交给银行，银行根据市场价格并参考仓储企业的建议，确定质押物市场价格，然后根据约定的比例（根据具体情况确定质押贷款的贷款比例）确定质押贷款额，并在约定时间内资金到达融资企业比在银行开立的账户；仓储企业根据协议要求对出质仓单所记载的仓储物进行监管，质押期间，仓储企业要定期检查质押物的状况，并与银行及时沟通；融资企业自主进行质押物的销售，销售的货款直接汇入银行看管账户；融资企业全部或部分归还贷款，银行归还仓单或开具仓单分割提货单给融资企业，融资企业凭仓单或仓单分割单提货。

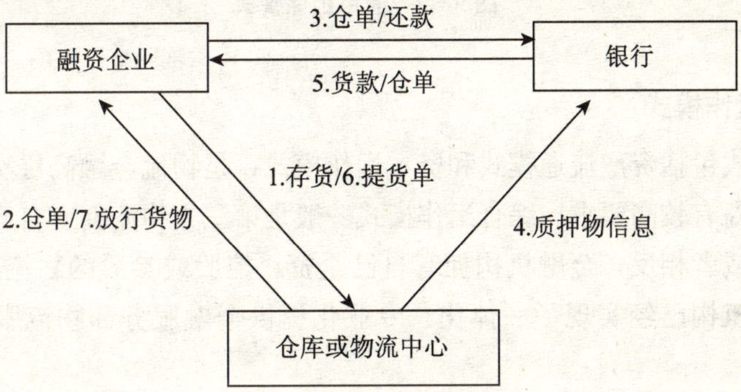

图 9－6　权利质押模式

（2）流动货物质押模式

货物质押模式与仓单质押模式在性质上和若干操作方法、流程上是相同的，最大的不同是货物质押模式是以流动中的货物为质押品。从实际操作来看，基于流动货物质押的物资金融业务有两种类型。一种是对具体货物的实体进行的质押，类似于冻结。仓储企业替银行对相应货物进行特别监管（冻结），融资企业提货时应有银行的允许（解冻或部分解冻的指令）。另一种是在保持质押物的名称、质量、状况不变，同时数量不低于一定量的前提下，质押物可以相对地动态流动。即在保持一定总量的前提下，货物可以正常地进出库，相当于用相同的物品（相同名称、质量、状况、数量）替换标的物品。第一种质押业务对质押物的监管更为严格，保证了质押物的安全，但与此同时使得物资的流动性受到了限制，对融资企业物资的销售过程不利；而第二种业务模式在对物资进行有效监控的同时，允许物资在总体平衡下，保持动态流动状态，这样就有力地支持了融资企业的经营活动。然而，第二种模式也需要仓储企业具有更高的管理水平和资信。

2. 信用担保模式

信用担保模式不需要借款企业向银行提供相应的质押品，而是通过物流公司向银行进行信用担保，再由借款企业向物流公司提供反担保或质押品，来实现融资。信用担保模式（如图 9－7 所示）最有代表和典型的是统一授信模式，它是物流公司按企业信用担保管理的有关规定和要求向金融机构提供信用担保，金融机构把贷款额度直接授权给物流公司，由物流公司根据借款企业的要求和条件进行质押贷款和最终结算。在此模式中，金融机构基本上不参与质押贷款项目的具体运作。物流公司在提供质押融资的同时，还为借款企业寄存的货物提供仓储管理服务和监管服务。该模式有利于企业更加快捷地获得融资，减少原先质押贷款中一些烦琐的环节；也有利于银行提高对质押贷款全过程的监控能力，更加灵活地开展质押贷款业务，优化质押贷款的业务流程和工作环节，节约监督和运行成本，降低贷款的风险。

图 9－7　信用担保模式

（三）综合运作模式

综合运作模式包括资产流通模式和资本运作模式，是物流金融高层次的运作模式，其对物流金融提供商有较高要求。综合运作模式一般是第三方物流拥有自己全资、控股或参股的金融机构，或者相反，金融机构拥有自己全资、控股或参股的物流公司，也就是说，物流公司和金融机构已经实现了一体化，专业化提供金融服务和物流服务相结合的服务（如图 9－8 所示）。

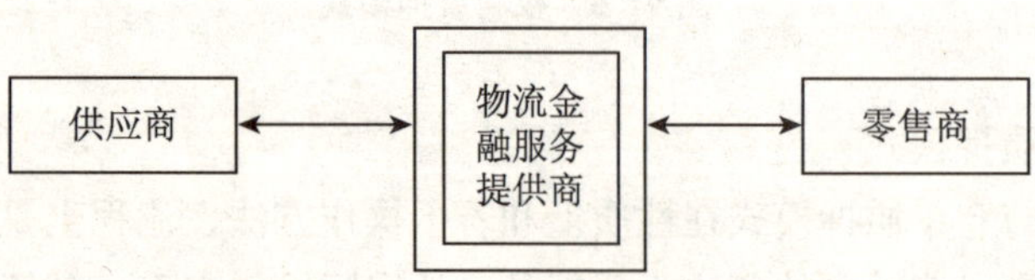

图 9－8　综合运作模式

五、物流金融服务的运作

（一）物流金融服务的内容

1. 融资与结算服务

物流融资是企业将其所拥有的生产资料、存货、商品等动产交给具有合法资格的物流企业保管，由银行、企业和专业物流公司三方或多方签订相关协议，银行依据动产或财产权利为借方企业提供其所需短期贷款。该服务贯穿于企业物流中的采购、生产、加工、仓储、运输、装卸、配送和销售整个流程。当企业物流中的某个环节出现资金缺口时，融资服务就可以解决融资问题。根据企业运营过程中的资金缺口周期以及融资质押物的不同，融资模式可以分为两大模式：第一，基于动产管理的融资模式，该模式具体的业务形式有“仓单质押”、“动产抵押和质押”和“保兑仓”；第二，基于资金管理的融资模式，该模式业务形式有“应付账款管理”和“应收账款管理”。按照质押物所在企业供应链的环节，融资模式可以分为保兑仓融资、存货质押融资和应收账款质押融资。

结算服务是物流企业在为客户服务的同时替客户付款和替客户收款，从而实现货物与资金的同步化。美国快递物流公司 UPS 是物流结算服务的典范。

2. 保险服务

传统保险在物流领域中存在以下缺点：①各环节的投保相对独立，有悖于现代物流功能整合理念。②仅对部分环节进行承保，第三方物流保险存在真空。在传统保险体系下，保险公司并未提供包装、装卸搬运、流通加工、配送等诸多物流环节的保险服务，这就使物流货物的保险出现真空。③制度设计与现代物流不配套，传统保险的高保费率和长保险期，与现代企业物流的准时制（JIT）和快速响应（QR）运行机制不相适应。

在物流业发达的欧美国家，物流综合保险已经被广泛接受。在我国，随着物流的发展将形成物流综合责任险。保险公司应与物流企业进行合作，根据物流企业的具体情况开发出适应企业现代物流的保险产品，实现物流企业经营风险的转移。

3. 风险管理服务

我们可从运营和财务两个角度来管理供应链风险。从财务角度，企业可以通过购买保险、修改供货合同条款和利用期货、期权、远期等衍生工具来降低风险。

（1）供应链部分的外生风险管理

外生风险是指由外部环境不确定性对供应链系统产生的不利影响。外生风险一般不能通过供应链节点企业的努力加以消除，属不可控风险，而只能利用预警系统进行预测和利用金融工具实现风险转移。衍生金融工具是在原生金融工具基础上产生和发展起来的金融工具，风险规避是其最重要的功能。对于供应链中的利率、汇率和生产资料价格等外生风险，我们可以利用相应的衍生金融工具进行风险对冲来实现风险向供应链系统外部转移，从而控制这些风险在整个供应链中的蔓延。

（2）供应链部分的内生风险管理

内生风险是指由供应链系统本身原因产生的风险，可以通过供应链节点企业，特别是核心企业的努力加以克服，或者在各节点企业之间合理共担，以提高积极性，其属可控风险。供应链内部风险主要来自供应链系统各环节之间的关系，它由各环节之间潜在的互动博弈与合作造成。衍生工具是风险管理的一种有效工具，它是一种所有权契约，其价值依赖于另一个潜在变量。在供应链内生风险管理中，我们主要应用期权。期权赋予它的持有者以一个特定价格在特定时间或之前买卖某种资产的权利，但没有义务。供应链合同条款的特征与期权有很多相似之处，回收条款、备份条款、弹性订货量等均为类期权合同条款。

期权常应用于供应链节点中供应链双方的合作与交易。期权可以通过供给弹性、渠道协调、风险共享、信息共享几个角度对供需双方的相互作用产生影响。研究表明，期权应用于供应链管理中可以促进企业之间信息分享、风险分担、紧密合作和提高供应链应对环境变化的能力，从而降低供应链的内生风险。

（二）物流金融服务的风险

物流金融业务是一种新型的具有多赢特性的物流和金融业务品种，但对于每一种业务模式而言，均是风险和收益并存。只有充分认识、理解业务中的风险因素，才能在业务操作中有针对性地采取措施，预防、控制风险，才能使业务健康有序地发展。

风险分析必须从风险产生的源头来进行。从物流金融业务风险产生的来源看，借款企业是物流金融业务的风险来源。虽然我们从银行参与物流金融服务的角度将物流金融业务分为资产流通模式、资本流通模式和综合运作模式。但是，从借款企业提供质押物的角度看，物流金融业务的运作模式只有两种，即基于权利质押的物流金融业务模式和基于流动货物质押的物流金融业务模式。因此，本书为了分析上的方便，在分析物流金融业务的风险时，将物流金融业务从质押物的角度重新分为基于权利质押的物流金融业务模式和基于流动货物质押的物流金融业务模式两种。

从实际情况和现有业务模式看，物流金融业务的风险分为两大类：共性风险和特性风险。特性风险主要是指权利质押中的仓单风险和控制存量下限模式中的存量（数量、质量）控制风险。共性风险是指每种业务模式都涉及的风险，分为欺诈类风险和业务操作类风险。欺诈类风险主要包括：客户资信（质物合法性）风险、提单风险、内部欺诈风险；业务操作类风险主要包括：质押品种选取风险、市场变动风险、操作失误风险。总之，以上各种风险都可以通过规范管理制度和采用新的管理工具（主要是指支持物流金融业务的管理信息系统）得以有效控制，使物流金融业务健康发展，使更多企业从中得到帮助，促进企业的活跃与发展。下面就各种风险以及预防、控制措施做出分析。

1. 共性风险的预防及其控制措施

（1）客户资信（质物合法性）风险

客户资信的风险是贷款难的根源。在传统的贷款业务中，由于中小企业资信差，加上信息不对称和没有健全的信用评价体系，银行对于中小企业出现“惜贷”现象，并且门槛很高，手续烦琐。对于物流金融业务而言，由于有实实在在的物品作为担保，所以对客户资信等级、偿债能力的考察相对简单一些，只要侧重考察企业的业务能力（市场销售能力、以往销售情况）即可，而对客户资信的考察重点是质物的合法性，即融资企业应该具有相应的物权，避免有争议的、无法行使质权的或者通过走私等非法途径取得的物品成为质物。

对客户资信的考察。由于物流企业对借款企业有着较长时间的业务合作关系，对企业的了解比较深入，对于客户资信的考察就相对有了保障。尤其对于使用了信息管理系统的物流企业，可以通过信息系统了解存货人的历史业务情况、信用情况，及时全面地掌握客户资信信息。

对于质物合法性的检查。在对借款企业的资信进行考察的基础上，可以要求借款企业提供与质物相关的单据（如购销合同、发票等），通过检查相关单据的真实性确认质物的合法性。

（2）提单风险

提单风险是指物流企业开展业务时遇到的经常性风险。防止虚假提单造成损失是物流企业控制风险的重点，因此，物流企业对控制此类风险也积累了丰富的经验，形成了一套切实可行的办法。物流企业在办理各种出库业务时要根据预留的印签，进行验单、验证、验印，必要时还要与货主联系或者确认提货人身份。而对于物流金融业务而言，除了进行上述一般的检验外，还应根据业务要求及时与银行联系，取得银行的确认与许可，同时物流企业还可以利用带密码的提单，在提货时进行密码确认，防止假提单的风险。

（3）内部欺诈风险

内部人员作案或者内外串通作案，会给企业带来很大损失。防范此类风险除了管理制度、检查制度的完善和有效执行外，企业还应借助有效的管理监督手段，如采取计算机管理系统辅助业务操作，使业务操作流程化、透明化，保证业务活动可追溯，减少人为的随意性。

（4）质押品种选取

质押品种选取的恰当与否直接关系到物流金融业务的风险大小。为了控制风险，在确保特定物是动产的大前提下，质押物品的选取主要以好卖、易放、投机小为原则。即物品的市场需求量大而稳定，物品的市场流动性好、吞吐量大；物品的质量稳定，容易储藏保管；物品的市场价格涨跌不大，相对稳定。

（5）市场变动风险

市场变动尤其是质物的市场价格下跌，会造成质物价值缩水。为控制此类风险，应在有关物流金融业务操作的协议中约定风险控制的办法。一般应在协议中约定当价格下跌至原价格评估值的一定比例（如90%）或者质物的市场价值总额接近质押金额的一定比例（如130%）时，要求借款企业及时进行补货或还贷，否则银行将对质物进行处置（如拍卖）。

（6）操作风险

物流金融业务涉及物流企业和银行之间的相互协作配合，业务流程相对复杂，其中的操作风险包括物流企业或者银行内部操作失误的风险以及物流企业与银行之间业务衔接操作失误的风险。要防范此类风险，就要求企业有健全的管理制度和先进的管理工具，例如，仓储企业根据各业务环节的功能重新设计业务流程，合理划分岗位，使得各岗位之间能够做到既相互衔接配合又相互监督检查，同时通过先进的计算机业务系统，不但保证业务流程顺畅，还可以让各方及时、便捷地了解质物进出库的情况和在库的状态。由此仓储企业就可凭借丰富的经验、完善的管理制度、优良的信誉以及先进的信息系统减少不必要的失误、损失，控制风险。

2. 特性风险的预防及其控制措施

（1）仓单风险

虽然仓单的应用已经拓展到现货交易、资金融通领域，但是由于仓单市场在中国刚刚兴起，其运作流通机制、对现货和期货市场以及宏观经济的影响、仓单标准化以及相关法律法规等方面都需要进一步研究和积累实践经验。所以通过仓单的物流银行业务，仓单的风险是最不确定和值得研究的问题。

仓单是保管人在与存货人签订的仓储合同的基础上，对存货人交付的仓储物进行验收入库而出具的收据。仓单不仅仅是仓储合同的证明和对货物出具的收据，它更是货物所有权的凭证。我国现行的法律对仓单内容、签发、分割、转让等没有明确的规定，基本上可以参照的只有《民法通则》和《担保法》。而统一、合理的规则对仓单规范、安全、畅通的运作流通起着关键作用。因此，需要专门的法规对仓单的必要内容、签发、转让、分割、提货、效用、标准格式等进行明确、统一的要求，同时进一步明确保管人、货主各自对仓储物的权利和责任。

目前，为了控制物流金融业务中的仓单风险，有的物流企业，特别是实力较强的企业根据本企业的自身情况和经验积累，制定出各自的仓单管理规范或者类仓单单据的管理规范，从企业着手控制风险，起到了一定的效果。但不同的规范也给其他物流金融业务参与方尤其是银行带来了麻烦和一定程度的风险，影响了银行业务规模的进一步扩大。

(2) 存量风险

流动货物质押业务中的控制存量下限的业务模式，需要按规定控制质物的质量、数量。货物是流动的，有进库有出库，因此要求物流企业不但要保证质物的名称、规格型号、材质等属性，还要使质物的库存数量保持在规定的额度内。否则，如果不能控制物品存量，或者物品进出库时没有避免提好补坏、以次充好的现象发生，将给整个业务带来很大的风险，影响物流金融业务的进行。

物流企业开展此类业务时要对仓储物的存量下限进行严格控制。当仓储物的存量达到规定限度时要有应对措施，如警告、冻结。随着物流金融业务的开展，业务量不断增多，仅仅通过人工手段控制存量下限的难度越来越大，容易出现人为失误。因此，企业应通过具有存量下限控制功能的计算机业务管理信息系统辅助操作人员进行仓储物的管理，同时应保证业务系统的正常使用，保证业务数据的实时反映。另一方面，物流企业还应通过业务流程优化、岗位职责规划、相关业务制度的完善，保证货物入库验收、出库检验等相关业务的可靠进行。

练习思考题

一、概念

1. 第三方物流企业
2. 供应链
3. 供应链联盟战略
4. B2B 电子商务模式
5. B2C 电子商务模式

6. B2G 电子商务模式
7. C2G 电子商务模式
8. 绿色物流
9. 逆向物流
10. 物流金融
11. 国际物流

二、选择题

1. 下列选项属于逆向物流的特点（　　）
A. 逆返性　　B. 对于退货或召回产品具有价值递增性
C. 信息传递失真性递增　　D. 对于已报废产品具有价值递增性
E. 无价值性

2. 下列选项不属于电子商务物流的特点（　　）
A. 信息化　B. 智能化　C. 可追溯　D. 柔性化　E. 网络化

3. 逆向物流形成的原因（　　）
A. 经济驱动　B. 退货问题　C. 环境压力　D. 法律压力　E. 产品召回问题

4. 政府的绿色物流管理措施包括（　　）
A. 控制物流活动中的污染发生源　B. 控制企业数量　C. 控制交通流
D. 限制竞争　E. 限制交通量

5. 第三方物流的特征主要包括（　　）
A. 契约关系明显化　B. 业务专业化　C. 管理系统科学化
D. 信息资源共享化　E. 服务针对性

三、简答题

1. 第三方物流给企业带来的优势有哪些?
2. 一些企业抵制第三方物流的原因是什么?
3. 企业在选择第三方物流供应商时要考虑哪些问题?
4. 国际物流中的不可控因素有哪些?
5. 一般货物通关的流程是什么?
6. 请简述供应链设计的作业过程。
7. 简述绿色物流的特征。
8. 废旧物资的使用价值怎么理解?
9. 物流金融服务的内容包括哪些?
10. 物流金融服务的风险有几种? 该如何加以防范?

四、论述题

1. 请阐述供应链管理的基本理念。
2. 请阐述电子商务主要的运行方式。
3. 论述物流金融运作模式，并分别阐述其运作思路。
4. 请举例说明绿色物流的内涵。

5. 论述第三方物流企业与传统物流企业的区别。

课后案例

1. 为确保北京奥运食品供应的安全性，奥运会餐饮供应商俏江南携手中国第一冷链物流供应商山东荣庆物流，全面启用奥运食品、奥运冷链监控和追溯系统。将奥运食品备选供应基地、生产企业、物流配送中心、运输车辆、餐饮服务场所纳入监控范围，对奥运食品种植、养殖源头、食品原材料生产加工、配送到奥运餐桌，进行全过程监控和信息追溯。奥运食品冷链物流对流体的可溯性要求高，实现奥运供给食品的可溯源，从供应源到消费地对食品实施全程监控，确保奥运食品安全。

思考题： 请结合北京奥运食品冷链物流论述食品冷链物流的特殊性和重要性。

2. 废旧电池的组成物质在使用过程中，被封存在电池壳内部，并不会对环境造成影响。但经过长期机械磨损和腐蚀，使得内部的重金属和酸碱等泄漏出来，进入土壤或水源，就会通过各种途径进入人的食物链，危害人类的健康。欧盟通过一项指令，要求强制回收废旧电池，回收费用由厂家负担。目前，国内许多电池制造企业在逆向供应链建设方面认识不足，缺乏畅通的回收渠道。短时间内可能不能很好地迎接欧盟该回收指令的实施。因此，国内电池制造企业应加紧供应渠道的建设。

思考题： 逆向物流形成的原因和特点是什么？

第十章 现代物流的发展

引导案例

中国物流系统技术与装备发展历程与应用现状

一、中国物流系统技术与装备发展历程

中国物流系统技术装备从起步到获得大发展，已经历经 30 多年，可以分成四个阶段。

第一个阶段：从 1975—1985 年第一个十年。物流系统技术设备研制与开发开始起步，但发展缓慢，中国自动化立体库开始了从无到有的过程。

20 世纪 70 年代中期，先进国家的工业技术发生了巨大变化。当时，机械部、电子部为培育新的经济增长点，提出十大国家级技术攻关项目，其中物流系统的核心技术“自动化立体库”就是其中之一。原北京起重运输机械研究所以国外技术为蓝本，依靠自有能力开发出国内第一座自动化立体库，实现了从无到有的历史性突破，由于瞄准了当时世界先进水平，所以独立来看当时与国外先进水平相差并不大。

但是，当时中国对物流系统技术的认识很肤浅，国内工业基础十分薄弱，整体配套能力差，相关的物流系统控制技术、计算机技术水平并不高，同时又片面强调自力更生，整个社会对自动化物流设备的需求也并不迫切，因此尚不具备批量生产的条件，离真正推广应用还有相当一段距离。因此，物流系统的核心技术“自动仓库技术”也仅仅停留在实验室阶段，仅有的几座自动化立体库也大多是示范性工程。

市场需求严重不足无法给技术进步以足够的动力，因此，该技术只能停留在小规模、定制化生产状况中，没有条件向更大范围推广，造成我国自动化立体库技术虽然起点比较高，但在此后相当长的时期内并没有什么大的发展，到 80 年代中期总共只建设了不足 10 座自动化立体仓库。

第二个阶段：从 1985—1995 年第二个十年。随着现代制造业向中国转移，现代物流系统技术也开始引起业界注意，其核心的自动仓储技术获得市场认识，相关技术标准也陆续出台，促进了行业发展。这一期间，自动化立体库的优势被更多的企业所认知，市场需求开始增加。德国德马泰克公司、日本大福公司、村田公司，瑞士公司等国际上先进物流系统集成商的部分技术被引进国内，中国物流系统技术装备集成商也开始起步。在这一时期，国内物流系统集成项目开始有了需求增长，但基本上还局限在烟草、胶片、汽车制造等特殊行业，供应商也不多。

第三个阶段：从 1995—2005 年第三个十年。市场需求与行业规模迅速扩大，技术全

面提升。中国改革开放和经济快速发展，直接带动了现代物流系统需求大幅上升。在这10年中，现代仓储系统、分拣系统及其自动化立体库技术在各行业开始得到应用，尤其是医药、食品、烟草、汽车等行业更为突出。市场需求的拉动也极大地促进了物流系统的技术进步与行业发展。从90年代中期以来，更多供应商进入物流系统集成领域，通过引进、集成世界最先进的技术，使整个行业的技术水平有了显著提高。能够为客户提供成套化、系统化、自动化物流系统的集成商逐渐在竞争力脱颖而出，占领了较大的市场份额，成为行业领跑者，带动了行业的发展。同时，中国还实现了首次向国外出口成套自动化立体仓库设备，进入全球市场。

第四个阶段：从2005年至今。中国物流系统技术与装备进入第四个十年，这10年更是中国物流技术与装备获得大发展的时期，以昆船物流、北京起重运输机械研究院、今天国际、太原刚玉、北京高科、新松机器人、沈飞、自动化所、六维等中国国内企业异军突起，在与国外先进的物流系统集成商竞争中不断发展，在一些中低端项目中具备了较强的竞争优势，有些企业也成功进入高端项目领域。

近年来，中国物流系统的技术取得了长足进步，跟上了国际物流系统技术发展趋势，表现在：一是现代企业物流理念得到进一步树立，信息系统、精细物流、精细供应链等理念深入人心，物流系统与企业生产系统一体化理念得到实际应用；二是企业物流系统设计、系统集成能力增强，烟草、食品、医药、邮政、印刷品、电子等行业自动化物流系统发展很快，航空、金融、军事领域物流系统的市场得到开拓；三是物流系统技术装备紧跟国际水平，多行业、多系列、多品种、多档次、高质量、低成本的物流技术装备成功投入市场。

在自动化物流系统领域，据不完全统计，2009年年底我国已建成的自动仓储物流系统已经超过900座，到2010年年底将突破1000座大关。中国自动仓储物流系统主要分布在电子、烟草、医药、化工、机电、印刷等行业，也逐渐应用于一些流通领域内，作为物流中心或配送中心的集中储存区域。半自动化的立体仓库、机械化立体库、具有现代仓储与分拣功能的物流系统就更多了。

二、中国物流系统技术与装备在各行业应用状况

中国物流系统项目最早出现在汽车、胶卷、烟草等行业，从2000年前后，中国烟草行业物流系统建设率先进入快速发展阶段，短短不过十年光景，烟草行业自动化物流系统获得了巨大发展，自动仓库的普及率大幅提升，从而也领跑了中国现代物流发展，推动了中国物流系统发展进程，成为中国“物流自动化发展的助推器”。

目前，中国物流系统项目已经广泛进入烟草、医药、食品饮料、机械制造、汽车制造、电力、铁路、机场、零售连锁、军队、金融、服装、印刷品、地质勘探、科研院所等众多领域。

根据中国物流技术协会信息中心2010年调查统计分析，不完全统计，在目前中国已经建成的自动化物流系统保有量中，烟草行业占17%、医药行业13%、汽车行业10%、机械制造领域8%、机场占5%、连锁零售业占8%、食品饮料行业占8%、军队系统5%、印刷品行业占4%、其他占22%。

1. 烟草行业

烟草行业从2000年以来，烟草行业目前的自动化物流系统普及率超过了46%，远高于全国20%左右的平均水平。物流系统建设项目加快，市场需求大增，物流工程投资增长很快。2008—2009年是烟草行业"十一五"技改项目建设高峰，尽管有国际金融危机影响，但行业的特殊性使得以自动仓储为主的物流系统建设项目的需求与投资仍然处于领先地位，在烟草生产和商业配送两条主线上发展很快。2010年是"十一五"计划的最后一年，技改工作处于收尾阶段，生产物流系统建设步伐或略有放缓，但在烟草商业配送方面需求会急剧增加，原料物流会大规模发展。

2. 医药行业

医药行业近十年物流系统建设较快，近两年受金融危机影响较小，2008—2009年市场需求较旺，2010年受国家医改的影响，市场需求继续处于上升趋势。

3. 机械行业

机械制造行业是较早开展物流自动化系统建设的行业，近10年来受国际制造业向中国转移的影响，物流系统建设项目也平稳增长。但2008—2009年由于机械制造行业受金融危机影响较大，影响了对自动化物流系统的需求。不过，由于企业已经感受到生产配送型零部件装配自动仓储系统的优势，预计随着经济的好转，市场需求会有较大的增长。

4. 汽车行业

汽车制造行业产销量2009年已经居于世界首位，未来在政策推动下还将再创新高，物流系统技术与装备市场需求也将会有更多市场机遇。

5. 电力行业

电力行业物流系统需求主要集中在电力公司，电力行业开展物流自动系统项目建设较晚，自动化物流系统保有量不多，但市场空间很大，目前市场需求和项目建设较多，2010年及以后几年，随着国家4万亿元电网改造的投入，物流自动仓储系统的市场需求会稳定增长。

6. 铁路行业

铁路系统是物流系统技术装备刚刚开拓的新领域，过去铁路系统的物流自动化系统建设项目保有量不多。近两年随着中国铁路大发展，铁路系统（包括城市地铁系统）对自动化物流系统需求增长较快。2009年铁路系统投资达600亿元，近几年计划总投资超过2万亿元，因此物流自动化仓储项目市场需求会有较大发展。

7. 航空行业

机场物流系统主要包括行李分拣、航空货运、餐食配送等，目前中国国内许多机场中行李分拣系统需求较多，2009—2010年国家进一步加大机场项目投资，市场需求会有平缓上升趋势。

8. 零售行业

零售连锁行业在国家拉动内需、加快流通的政策支持下，对自动仓储和分拣系统的需求会增加较快，家电连锁配送中心的建设项目也将增多，具有一定市场潜力。

9. 军队

军队近几年数十座军用立体仓库加快改造，给很多企业带来了市场机遇。2010年前后，随着大规模军事仓储改造完成，市场需求会有小幅下降。但是随着自动化物流系统在军需、军械保障方面的应用越来越广，今后在国家统一部署下，自动化仓储系统需求数量会较为平稳。

10. 金融行业

金融领域对自动仓储系统有着稳定需求，但由于行业的企业数量不多，每年建设项目也不多。

11. 服装行业

服装行业近两年开始建设自动化物流系统，使服装企业开始认识到自动化物流系统的优势，服装企业众多，目前行业内的物流自动化系统普及率很低，市场前景广阔。

第一节　现代物流理念的发展

一、物流系统化

物流系统是指在一定的时间和空间里。对其所从事的物流事务和过程，作为一个整体来处理，以系统的观点、系统工程的理论和方法，进行分析研究，以实现其空间和时间的经济效益。物流系统是一个复杂的、庞大的系统。在这个大系统中又有众多的子系统，系统间又具有广泛的横向和纵向的联系。物流系统具有一般系统所共有的特点，即整体性、层次性、相关性、目的性、环境适应性，同时还具有规模庞大、结构复杂、目标众多等大系统所具有的特征。

（一）物流系统化的内涵

所谓物流系统化，就是把物流的诸种环节（或各子系统）联系起来，视为一个大系统，进行整体设计和管理，以最佳的结构、最好的配合，充分发挥其系统功能的效率，实现整个物流合理化。

（二）物流系统化的意义

在一个发达的经济社会中，为了适应大规模生产、大规模流通和大量消费的需要，已不能静止地、孤立地去对待这些问题。而必须把社会再生产的过程即生产、分配、流通、消费，看成一个有机的整体。并且是相互制约、相互依存的。如在国民经济大系统中，虽然生产发展很好，但流通不畅，它会给社会经济发展造成影响；反之，流通工作很好，生产发展停滞，同样也会给社会经济发展带来不利。

在物流系统中，也适用这个道理。要实现物流合理化，是对物流系统整体而言的，不只是要求物流过程某一环节的合理化。要把物流系统的诸种功能或各子系统联系起来，进行综合分析研究。以谋求物流大系统的整体经济效益。对物流大系统来说，在各个子系统之间，存在着互相制约、互相依存的关系，有时甚至是矛盾的。例如在包装环节，如果片面地强调节省包装材料和包装费用，不适当地少用包装材料或用低质代用材料，虽然包装环节费用降低了，但由于包装质量差，在运输和装卸搬运过程中，造成货物破损错乱，从物流系统全过程来看，反而是一种浪费。又如在装卸搬运环节，若单纯为了追求数量，不顾质量，不按操作规程作业，甚至野蛮装卸，损坏商品等，也给社会造成了不应有的损失。再如，在联合运输当中，轮船与码头、车与船、船与货之间，如果各个环节衔接不好，就会出现船等泊或车等船、等货的不协调现象，影响物流系统的经济效益。所以，物流系统功能环节，即各个子系统之间，即是独立的，又是互相联系、互相制约的。各子系统环节之间，要紧密衔接，互相适应，特别是前一道环节（工序）要为后一道环节创造条件。各个环节要为物流大系统取得最好的、整体的经济效益创造条件，这才是真正的物流系统化。而物流系统化又是物流合理化的重要前提。

（三）物流系统化的特点

（1）生产、流通企业以物流系统化为总目标进行物流革新，重新构造微观物流系统。由物流系统化的本质含义可知，物流系统化并不是要将全国的物流构成一个总的系统，也不是按照区域规划将区域内、区域间的物流构成一个总的系统，这些都不属物流系统化的研究范畴。物流系统化是作为微观物流组织者的生产、流通企业进行物流系统革新的总目标，是指要将生产、流通企业的包装、装卸、运输、储存、配送、流通加工、物流信息这些以前分开管理的物流活动作为一个总体系统来构造、组织和管理。

（2）物流系统化构造的是子系统相互协调、共同发挥总功能的物流系统，而不是包罗所有子系统的简单拼凑。如果只是将包装、装卸、运输、储存、配送、流通加工、物流信息一一罗列完整，并不能称为物流系统化。物流系统化也并不是让人们去一一研究每个子系统如何更合理，这是因为只把这些物流子系统的功能简单地并列在一起，并不能说明并列在一起的这些功能与没并列之间有什么不同，也不能说明并列在一起的总功能会有什么改进。物流系统化谋求的是物流子系统的协调，是在物流系统目标之下的子系统的协调，因而着重研究的不是各子系统本身，而是各子系统之间的联系、影响、制约关系，是各子系统的功能与总体系统目标之间的关系。当然它以各子系统的研究为基础的，但只是孤立地研究包装、装卸、运输、储存、配送、流通加工、物流信息，仅提出各子系统优化的理论与方法是无论如何也不能说成是物流系统化的。

（3）物流系统化以硬件为基础，以软件为主体。物流系统化所说的把包装、装卸、运输、储存配送、流通加工、物流信息作为一个系统来构造、组织和管理，并不是说企业所实现的物流系统是一个囊括包装、装卸、运输、储存、配送、流通加工、物流信息所有装备的硬件集合体，企业作为物流组织者实施的物流系统化，应该根据本企业物流特性，结合可利用自有及社会物流设施、物流服务，通过物流系统分析和效益费用分析，发现目前物流系统的问题，提出改进物流系统的方案，重新构造出适合于本企业物流特性，以最低的物流总成本完成要求的物流服务的物流系统。

二、物流一体化

（一）物流一体化的内涵

所谓“物流一体化”，就是以物流系统为核心的由生产企业、经由物流企业、销售企业直至消费者供应链的整体化和系统化。它是指物流业发展的一个高级和成熟的阶段。只有当物流业高度发达，物流系统日趋完善，物流业成为社会生产链条的领导者和协调者，才能够为社会提供全方位的物流服务。

物流一体化是物流产业化的发展形式，它必须以第三方物流充分发育和完善为基础。物流一体化的实质是一个物流管理问题，即专业化物流管理人员和技术人员，充分利用专业化物流设备、设施，发挥专业化物流运作的管理经验，以取得整体最优的效果。同时，物流一体化的趋势为第三方物流的发展提供了良好的发展环境和巨大市场需求。

（二）物流一体化的层次

物流一体化的发展可分为三个层次：

（1）物流自身一体化是指物流系统的观念逐渐确立，运输、仓储和其他物流要素趋向完备，子系统协调运作，系统化发展。

（2）微观物流一体化是指市场主体企业将物流提高到企业战略的地位，并且出现了以物流战略作为纽带的企业联盟。

（3）宏观物流一体化是指物流业发展到这样的水平：物流业占到国家国民总产值的一定比例，处于社会经济生活的主导地位。它使跨国公司从内部职能专业化和国际分工程度的提高中获得规模经济效益。

（三）物流一体化的目标

物流一体化的目标是应用系统科学的方法充分考虑整个物流过程的各种环境因素，对商品的实物活动过程进行整体规划和运行，实现整个系统的最优化。在美国等发达国家的企业物流普遍实行了一体化运作，而且企业物流的一体化不再仅仅局限于单个企业的经营职能，而是贯穿于生产和流通的全过程，包括了跨越整个供应链的全部物流，实现由内部一体化到外部一体化的转变。

三、集成化物流

（一）集成化物流的内涵

集成化物流就是将物流服务链上的所有节点企业作为一个整体，通过一定的制度安排，借助于现代信息技术和管理技术的支持，为提供集成化的物流服务而组成的集成化供应链管理体系。

在这个定义中包含着以下几个方面的内涵：

（1）它是基于共同的目标，通过一定的制度安排，将物流服务链上的所有企业通过集成方式形成的物流系统；

（2）它以计算机网络技术和信息技术为支柱，以全球性物流资源为可选对象，综合各种先进的物流技术和管理技术，将节点企业内部供应链以及节点企业之间的供应链有机地集成起来进行管理；

（3）它通过充分利用人员、流程、技术和绩效标准等共享资源，实现协同运作，从而高质量、低成本，快速、高效地提供市场所需的物流产品或服务；

(4) 它是一个由起领导作用的专业化资本或要素将物流系统所需要的其他专业化资本或要素，按一定方式进行构造和整合，形成要素紧密联系、协同运作的物流系统。

(二) 集成化物流的特点

集成化物流主要有以下三方面的特点：

1. 集成化的物流服务

传统的功能型物流企业的运作模式往往是单一功能的，也即它所能提供的物流服务功能只能是单一的、标准的，无法满足客户需要得到包括电子采购、订单处理、充分的供应链可见性、虚拟库存管理、需求预测、客户服务管理等诸如此类的增值服务和个性化服务，从而迫使客户所需要的物流业务不得不寻找几家甚至几十家功能型物流企业来共同承担，一旦出现问题，难以找到真正的责任者。相比之下，集成化物流不仅能提供仓储、运输、搬运、装卸、包装、流通加工、信息处理等基本物流服务，还能提供诸如订单处理、物流方案的选择与规划、货款回收与结算、物流系统设计与规划方案的制定等增值性服务，以及按客户特定的业务流程，设计一整套完善的供应链解决方案的个性化定制服务。在此，客户所需要面对的仅是集成化物流服务供应商，由它全面负责组织、管理、协调"一站到位"的系列化物流服务的全过程。

2. 无缝化的物流服务运作流程

集成化物流是一个大跨度系统，它借助于互联网技术和信息平台，通过标准、规范、制度等机制要素，将节点企业内部供应链和节点企业之间的供应链有机地集成起来，在一个品牌的基础上，实行管理一体化、服务标准化、业务规范化，从而成为一个无缝连接的运作整体。例如，集成化能很好地根据物流服务需求方的采购、生产、销售计划和业务流程，设计、选择最佳的物流运作方案，按时、按量、按品种、保质送达所需的生产地点，并按客户要求把生产线上下来的产品经过运输、储存、搬运、装卸、再封装、贴标签等环节，输送到客户的分销中心或直接运抵各地的零售店。

3. 网络化的物流服务组织

集成化物流通过物流经营管理组织、物流业务组织、物流资源组织和物流信息组织，按照网络式方式在一定市场区域内进行规划、设计和具体实施，最终在其服务市场区域内形成一个由物流干线网络、区域配送网络和市区配送网络所构成的三级物流网络体系，包括无形网络和有形网络。在这个三级物流网络体系中，网点要素（节点企业）之间通过共用的信息平台和共同的业务活动连接在一起，按照分工与合作的原则，各自发挥其所拥有的核心专长，使得每个网点要素的功能都得以放大，从而实现集成化物流反应快速化和物流服务总成本最优化的目标。

四、精益物流

精益思想（Lean Thinking）是起源于日本丰田汽车公司的一种管理思想，其核心是力图消灭包括库存在内的一切浪费，并围绕此目标发展了一系列具体方法。物流管理学家从物流管理角度进行了大量的借鉴工作，并与供应链管理的思想密切融合起来，提出了精益物流的新概念。它是从精益生产的理念中蜕变而来的，是精益思想在物流管理中的应用。

（一）精益物流的内涵

精益物流是指消除物流过程中的无效或不增值作业，用尽量少的投入满足客户需求，实现客户的最大价值，并获得高效率、高效益的物流（GB/T 18354－2006）。精益物流的实质就是运用精益思想对企业物流活动进行管理。

（二）精益物流的实施

发展精益物流，应当分步骤实施，一般应分为两步：

1. 企业系统的精益化

（1）组织结构的精益化：由于我国的大多数企业在计划经济中所形成的组织结构，制约着企业的变革。因此，企业要发展物流，应当利用精益化思想减少中间组织结构，实施扁平化管理。

（2）系统资源的精益化：我国的传统企业存在着众多计划经济下遗留的资源，但如果不进行整合、资源重组，则很难与其他大型物流企业进行竞争，将有可能把自己的优势变为劣势。

（3）信息网络的精益化：信息网络系统是实现精益物流的关键，因此，建立精益化的网络系统是先决条件。

（4）业务系统的精益化：实现精益物流首先要对当前企业的业务流程进行重组与改造，删除不合理的因素，使之适应精益物流的要求。

（5）服务内容及对象的精益化：由于物流本身的特征，即不直接创造利润，所以，在进行精益物流服务时应选择适合本企业体系及设施的对象及商品。这样才能使企业产生核心竞争力。

（6）不断的完善与鼓励创新：不断完善就是不断发现问题，不断改进，寻找原因，提出改进措施，改变工作方法，使工作质量不断提高。鼓励创新是建立一种鼓励创新的机制，形成一种鼓励创新的氛围，在不断完善的基础上有一个跨越式的提高。物流的实现过程中，人的因素发挥着决定性作用，任何先进的物流设施，物流系统都要由人来完成。并且物流形式的差别，客户个性化的趋势和对物流期望越来越高的要求也必然需要物流各具体岗位的人员具有不断创新精神。

2. 物流服务的精益化

物流服务的精益化主要表现在以下方面：

（1）以客户需求为中心；

（2）提供准时化服务；

（3）提供快速服务；

（4）提供低成本高效率服务；

（5）提供使顾客增值的服务。

总之，精益物流作为一种全新的管理思想，势必会对我国物流企业的发展产生深远影响，它的出现将改变企业粗放式的管理观念，使企业尽快适应现代经济社会激烈竞争的环境，保持企业的核心竞争力。

精益物流理论的产生，为我国传统物流企业提供了一种新的发展思路，为这些企业在新经济中生存和发展提供了机会。精益物流理论符合现代物流的发展趋势，该理论所强调的消除浪费、连续改善是传统物流企业继续生存和发展必须具备的根本思想，它使得传统物流企业的经营观念转变为：以顾客需求为中心，通过准时化、自动化生产不断谋求成本节约，谋求物流服务价值增值的现代经营管理理念。可以说，基于成本和时间的精益物流服务将成为中国物流业发展的驱动力。

五、循环物流

循环物流是一个较新的概念，是研究解决资源短缺和减少对环境破坏的物流。循环物流是循环经济的重要组成部分，是指在物的流动过程中，通过物质的循环机制实现资源和废旧资源循环再利用，达到解决资源短缺和减少对环境破坏的物流。循环物流也是绿色物流，它强调从循环经济和环境保护的角度对物流体系进行改进，在物流活动中融入资源、环境可持续发展理念、谋求降低环境污染、较少资源消耗，形成与环境共生的物流系统。

（一）循环物流是一个完整的双向物质循环过程

单向物流把资源使用看成一个单向流动的过程，产品从供方到需方的流程效率和效益受到重视，物品在需求端终止效能后如何处置不是单向物流关注的内容，废弃物品造成的环境污染和由此造成社会利益的损失，一直被单向物流所忽视，虽然近年来有逆向物流的提法，但从本质上看也是单向的，也是从供应链的一端到另一端，只不过是从物品的需方回到供方，方向发生了变化。因此无论正向物流还是逆向物流，都没有把物流看成一个整体的物质循环过程，去从物质循环的整体去优化系统的功能，在重视经济利益的同时，关注环境问题，做到微观利益建立在社会可持续发展的基础上。

（二）循环物流是顺应可持续发展的要求、同循环经济相适应的一种物流模式

循环物流重视环境保护，追求的是社会效益和企业效益最佳平衡的双赢和多赢的物流机制，它强调按照可持续发展的要求，把进入物流过程的物品（产品、不合格品、废品）都视为资源，借助先进资源回收技术，对资源尽可能反复利用，实现资源、物质循环的封闭性和循环性，从根源上解决环境污染问题，减少了对自然界的索取，从源头上减少对环境的破坏，实现经济和社会的可持续的和谐发展。在重视正向物流的同时又强调逆向物流，并把二者统一起来形成资源反复利用、物质循环通路闭合的绿色物流。资源的节约、重复利用、对环境的保护和友好，在物质系统运动环路开放基础上的闭合循环，坚持物质循环不进入自然环境为原则，尽可能减少对自然环境的影响。

（三）循环物流代表今后物流发展的方向

非循环物流是物质资料从供给者到需求者的物理运动，是创造时间价值、场所价值和一定加工价值的活动。所以说传统物流无论是正向物流还是逆向物流，单项物流重视的都是经济利益，属于经济物流。而循环物流不单关注短期的经济效益，更加关注的是长远的环境效益和社会效益，在物流领域实行全社会的可持续发展。循环物流不唯利是图，重视

环境保护，是追求社会效益和企业效益最佳平衡的双赢和多赢物流机制和概念，因此是一种强调质量又强调效益的内涵式物流。从当前社会经济发展趋势和环境形势来看，循环物流代表着现代物流的一个发展方向。

六、物流联盟

20世纪八九十年代，美国为了物流产业的复兴，大力推行"基于物流的联盟"。发展物流联盟和广泛开展合作的思想已经成为美国物流实践的基础。在过去的几十年里，企业间业务关系的特点是建立在权利基础上的对手间博弈。而今，合作最基本的形式是发展有效的组织间联合作业，形成多种形式的业务伙伴关系。这种形式一方面能促使企业从外部寻求物流资源以提高服务效率，降低服务成本；另一方面也可促使两个或两个以上的物流供应者或需求者联合起来，组成物流联盟体。

（一）物流联盟的内涵

所谓物流联盟，是指两个或两个以上的经济组织为实现特定物流目标而采取的长期联合与合作（GB/T 18354－2006）。物流联盟是以物流为合作基础的企业之间的战略联盟，它是介于独立的企业与市场交易关系之间的一种组织形态，是企业间由于自身某些方面发展需要所形成的相对稳定的、长期的契约关系。随着信息技术的高速发展和互联网的日益普及，物流企业所面临的外部市场竞争越来越激烈，物流企业单凭自身内部资源已难以把握快速变化的市场机遇，很难在瞬息万变的环境下生存和发展。因此，整合物流资源组建物流联盟，成为现代物流企业面对现代竞争环境的较为理想的选择模式。

（二）物流联盟的类型

随着供应商、承运商、制造商和物流企业之间的合作日益频繁，企业物流联盟应运而生。物流联盟快速发展，各行业联盟、供应链联盟等物流联盟模式日渐兴起，并进一步衍生出动态物流联盟、项目化物流联盟等多种物流联盟模式。

1. 横向物流联盟

横向物流联盟模式即水平一体化联盟，是指由价值链的各环节中处于平行位置或服务范围相同的两个或两个以上物流企业之间所结成的联盟。如全球著名的物流企业联邦快递（FedEx）公司与Fritz公司的联盟就是典型的横向一体化物流联盟。两者的服务范围相同，联邦快递公司发现航空运输是自己的弱项，于是与Fritz公司结成物流联盟，将其业务外包给Fritz公司。通过组建横向一体化物流联盟不仅能够打破时空限制，而且能使分散的物流产业形成规模经济和集约化运作，提高资源配置效率，降低了成本和单个企业的风险。

2. 纵向物流联盟

纵向物流联盟模式即垂直一体化联盟，是指由价值链的各环节中处于上下游位置的企业，发挥各自的核心能力优势，相互协调，从原材料采购到产品销售的全过程实施一体化合作，所形成物流的战略联盟。如英国的罗兰·爱恩（Laura Ashley）公司与联邦快递的结盟就属于纵向一体化物流联盟。英国的Laura Ashley是一家时装和家具零售商和批发商，它将其关键性的物流业务外包给联邦快递公司后，公司库存货物减少了一半，物流费用减少了10%～12%。补货控制在48小时内，提高了产品的供货质量。

3. 混合的物流联盟

混合物流联盟是指以第三方物流企业为核心，既有处于上下游位置的物流企业，也有处于平位置的物流企业所组成的联盟。其中的第三方物流企业即为盟主，加盟的物流企业即为盟员与联盟的盟员通过签订联盟协议或契约，由盟统筹规划、统一指挥，盟员共同采购、共同配送筑物流市场，形成相互信任、共担风险、共享收益的集约化物流伙伴关系。

4. 区域物流联盟

区域物流联盟是指充分利用独特的区位优势，整合区域间物流资源，实现区域物流资源共享，通过建立区域间协调机制，建立区域物流联盟体系，以实现区域间物流产业的快速发展。区域物流联盟不是指某一个联盟，而是一种由不同层次的联盟构成的一个联盟有机体。区域物流联盟能够充分利用区域内运输、自然等资源，建立有效的铁路运输和物流组织形式，整合区域内铁路运输和物流资源，加快区域物流业一体化进程，提高运输效率；可保障重点企业发展，建立区域内重点企业服务体系，以满足其快速发展的需求。

5. 动态物流联盟

动态联盟是21世纪新型的物流企业管理模式，它是一种以合作协同为主导、风险共担、利益共享的物流企业联盟，它能够很好地应对全球竞争中变化迅速且很难预测的买方市场，能更好地满足顾客的多样化、个性化需求。由于市场经济条件下激烈的竞争，为占据市场的领导地位，供应链应成为一个动态的网络结构，以适应市场变化、柔性、速度、革新、知识的需要，不能适应供应链需求的企业将从中淘汰，并从外部选择优秀的企业进入供应链。供应链从而成为一个能快速重构的动态组织，实现供应链的动态联盟。

6. 项目化物流联盟

项目化物流联盟是以某个具体项目为中心，利用项目管理的理论和方法，由各个物流企业进行合作，形成的相互信任，共担风险，共享利益的联盟。

（三）物流联盟的发展建设

联盟要给成员带来实实在在的利益。联盟采取的每一项措施都要考虑每个成员的利益，使联盟的每个成员都是受益者，并能协调处理成员间的摩擦，提高客户服务能力，减少成本和获得持久的竞争优势。

1. 联盟战略目标与企业的物流战略一致或部分一致

联盟是一个独立的实体，是一个系统一体化的组织，联盟成员需采取共同目标和一致的努力，优化企业的外部行为，共同协调并实现联盟的目标。

2. 联盟成员的企业文化的精神实质基本一致

企业文化往往决定着企业的行为，只有企业文化大体相同的企业才有可能在行为上取得一致，从而结盟。

3. 联盟成员的领导层相对稳定

如果联盟成员经常更换领导层，后一任领导可能不认同前一任领导的决策，导致联盟不稳定性加大，因此领导层的相对稳定是联盟长期稳固发展的重要因素。

第二节 现代物流技术的发展

随着我国经济现代化速度的加快，对于现代物流技术和装备的需求也越来越大。技术是实施物流的必要条件。没有物流技术的发展，物流现代化就是一句空话。物流技术也是随着物流科学的发展和物流不同的阶段而不断变化、不断发展的。物流技术是保证物流现代化的一种必要条件，物流技术水平直接关系物流活动各项功能的水平，是实现物流系统合理化的物质基础。

一、物流技术设备在物流系统中的地位

物流技术设备是构成物流系统的重要组成要素，担负着物流作业的各项任务，影响着物流活动的每一环节，在物流活动中处于十分重要的地位。物流技术设备的布局及水平、物流技术设备的选择与配置是否合理，直接影响着物流功能的实现，影响着物流系统的效益。离开物流技术设备，物流系统就无法运行。

1. 物流技术设备是物流系统的物质基础

物流技术设备是物流系统物质基础，是生产力发展水平及物流现代化程度的重要标志。物流技术设备是为实现物流系统的特定功能而配备的各种必要的技术设备，是生产力要素。物流技术设备的现代化水平的高低对发展现代物流，促进现代化大生产、大流通，强化物流系统的功能有着十分重要的地位和作用。

2. 物流技术设备是物流系统中的重要资产

在物流系统中，物流技术设备的价值所占资产的比例较大，现代物流技术设备既是技术密集型生产资料，也是资金密集型的社会财富。因此，其造价昂贵，建设一个现代化的物流系统所需的物流技术设备购置投资相当可观；同时，购置设备之后，为了维持设备正常运转，发挥设备效能，在设备长期使用过程中还需要继续不断地投入大量的资金。因此，应科学合理地配备设备，优化其效能，发挥设备的投资效益。

3. 物流技术设备涉及物流活动的每一环节

在整个物流活动中，物品从供应地向接收地进行转移要通过包装、运输、储存、装卸、搬运、流通加工配送等多个物流作业环节加以完成。在每一个物流环节中，都要依靠物流技术设备进行相应的物流作业。如果离开这些设备或者物流技术设备的水平不高，就会影响到物流作业的效率，最终影响整个物流系统的效率。

4. 物流技术设备是物流发展水平高低的重要标志

随着生产发展和科学进步，物流活动的各个环节在各自的领域中不断提高技术水平。一个完善的物流系统离不开现代先进水平物流技术的应用。例如，托盘、集装箱技术的发展和应用以及各种运输方式之间联运的发展，促使装卸搬运机械化、自动化，提高了装卸效率和运行质量；高架自动化立体仓库技术的发展和应用大大节约了仓库面积，提高了仓库使用效率；现代计算机技术、网络技术的发展以及物流管理应用软件的开发促使物流向

效率化阶段演进。物流技术设备水平的高低直接关系物流活动各项功能的完善和有效实现，决定着物流系统的技术含量。物流技术设备是物流发展水平高低的重要标志。

二、我国物流技术设备发展现状

改革开放以来，随着经济水平的不断提高，我国物流技术设备产业有了很大发展。近20年来，物流机械的发展速度高于机械工业的平均水平，目前已有各种物流机械及附属配件制造厂家3000余家。和一般机械设备相比，物流机械的市场近年来相对比较繁荣，因此物流机械的产品从质量和品种上都有很大进步，特别是高技术新产品的制造能力在不断提高。

随着计算机网络技术在物流活动中的应用，先进的物流设备系统不断涌现，我国已具备开发研制大型装卸设备和自动化物流系统的能力。总体而言，我国物流设备的发展现状体现在以下几个方面。

1. 物流设备的总体数量迅速增加

近年来，我国物流产业发展很快，受到各级政府的极大重视，在这种背景下，物流设备的总体数量迅速增加，如运输设备、仓储设备、配送设备、包装设备、搬运装卸设备(如叉车、起重机等)、物流信息设备等。

2. 物流设备的自动化水平和信息化程度有了一定的提高

以往我们的物流设备基本上是以手工或半机械化为主，工作效率较低。但是，近年来，物流设备在其自动化水平和信息化程度上有了一定的提高，工作效率得到了较大的提高。1980年，由北京机械工业自动化研究所等单位研制建成的我国第一座自动化立体仓库在北京汽车制造厂投产。从此以后，立体仓库在我国得到了迅速发展。我国的自动化技术已实现了与其他信息决策系统的集成。正在做智能控制和模糊控制的研究工作。

3. 基本形成了物流设备生产、销售和消费系统

以前，经常有物流设备需求，但很难找到相应生产企业，或有物流设备生产却因销售系统不完善、需求不足，导致物流设备生产无法持续完成等。目前，物流设备的生产、销售、消费的系统已经基本形成，国内拥有一批物流设备的专业生产厂家、物流设备销售的专业公司和一批物流设备的消费群体，使得物流设备能够在生产、销售、消费的系统中逐步得到改进和发展。

4. 物流设备在物流的各个环节都得到了一定应用

目前，无论是在生产企业的生产、仓储，流通过程的运输、配送还是物流中心的包装加工、搬运装卸，物流设备都得到了一定的应用。

5. 专业化的新型物流设备和新技术物流设备不断涌现

随着物流各环节分工的不断细化，随着满足客户需要为宗旨的物流服务需求增加，新型的物流设备和新技术物流设备不断涌现。这些设备多是专门为某一物流环节的物流作业，某一专门商品、某一专门客户提供的设备，其专业化程度很高。

三、现代物流技术的发展趋势

从物流理论和科学技术研究与发展迹象来看，物流技术的发展呈现出信息化、自动化、网络化、智能化、柔性化、标准化趋势。把握这些特征，对物流技术装备单机和自动化物流系统的技术创新具有重要的指导意义。

（一）信息化

信息技术是影响现代物流技术发展名副其实的重要技术，条码技术、数据库技术、电子订货系统、电子数据交换、快速反应、有效的客户反应、企业资源计划等技术与观念在现代物流中得到普遍应用。物流技术信息化表现为物流信息收集的数据库化和代码化、物流信息处理的电子化和计算机化、物流信息传递的标准化和适时化、物流信息存储的数字化等。

可以肯定，未来社会将是一个完全信息化了的社会，信息和信息技术在物流领域的作用将会更加明显。在21世纪，随着微电子技术、计算机技术、通信技术、光电子技术、人工智能技术等的飞速发展以及全球信息网络的建成，物流技术的信息化趋势也将得到进一步发展。到那时，信息技术将控制包括运输工具在内的多种物流机械。比如：通过全球定位系统对汽车、轨道车、船只等物资运载工具的精确定位跟踪。而且，信息技术也将用于进行经营状况的分析与预测，以制订经营计划和战略，从而使物流企业的经营管理通过信息化上升到一个新的台阶。

（二）网络化

这里指的网络化有两层含义：一是各个物流企业之间，物流企业与生产企业、商业企业之间，甚至全社会之间均通过通信网络连接在一起。比如：物流配送系统借助于网上电子订货系统和电子数据交换技术来自动向供应商提出订单，通过计算机通信网络自动与下游客户完成订货。二是组织的网络化，即组织的内部网 Intranet。

物流技术信息化是物流技术网络化的基础，物流技术网络化是物流技术信息化的必然。网络化是物流技术未来发展的又一主要特征。借助通信网络进行物流活动，将不仅实现各部门、各企业之间低成本的数据共享，提高物流作业的准确性和可靠性，而且通过电子数据交换和电子信息传递等形式实现无纸化作业，使作业效率大大提高，费用大大降低。当今世界 Internet 等全球网络资源的可用性以及网络技术的普及为物流网络化提供了良好的外部环境，物流网络化不可阻挡。

（三）自动化

德国西门子公司、美国罗克威尔公司、我国的昆明船舶设备集团有限公司相继提出了集成自动化的概念和整体解决方案。昆明船舶设备集团有限公司提出的企业集成自动化包括了单机自动化、过程自动化、物流自动化、信息自动化（信息集成）四个组成部分。

自动化的基础也是信息化，自动化的核心是机电一体化。自动化的外在表现是无人化，自动化的效果是省力化，另外还可以扩大物流作业能力、提高劳动生产率、减少物流作业的差错等。物流技术自动化需要发展的领域比较多，如条码/语音/射频自动识别系统、自动分拣系统、自动存取系统、自动导向车、货物自动跟踪系统等。这些设施可以普遍用于物流作业的流程中。

（四）智能化

这是物流自动化、信息化的一种高层次应用，物流作业过程中大量的运筹和决策，如库存水平的确定、运输（搬运）路径的选择、自动导向车的运行轨迹和作业控制、自动分拣机的运行、物流配送中心经营管理的决策支持等问题都需要借助于大量的知识才能解决。在物流自动化的进程中，物流智能化是不可回避的技术难题。专家系统、机器人等相关技术在国际上已有比较成熟的研究成果，智能化已成为物流技术发展的一个新趋势。21世纪，智能科学技术将在符号智能的基础上突飞猛进，进一步将人类智慧和知识与材料、能量相结合，研制出更加“聪明”的工具，提高物流的作业水平和管理水平。

（五）标准化

未来社会的经济发展，将越来越呈现出国际化、全球化态势。为社会生产服务的物流产业也呈现出社会化与国际化趋势。这就对物流技术提出了新的要求——全球标准化。在未来社会，物流设备、物流系统的设计与制造必须满足统一的国际标准，以适应各国各地区间相互实现高效率物流的要求。比如，运输工具与装卸存储设备的标准化可以满足国际联运和“门对门”直达运输的要求；推进通信协议的统一和标准化，可以满足电子数据交换的要求。

（六）柔性化

未来的社会生产更加趋向于多批次少批量的柔性生产，为了适应这种生产方式的需要，物流系统和设备也要求具有足够的柔性，适应不断变化的发展要求。而且，作业效率要更高，费用要更少。柔性化的物流技术正是适应生产、流通与消费的需求而发展起来的一种新型物流模式，它要求物流配送中心根据消费需求“多品种、小批量、多层次、短周期”的特色，灵活地组织和实施物流作业。比如，为了适应储存运输物资多变的需要，越来越多地使用一种可拆卸或可移动的仓库结构，根据储运方式和货物的品种批量进行拼装组建。20世纪90年代，国际生产领域纷纷推出弹性制造系统PMS、计算机集成制造系统CIMS、制造资源系统MRPⅡ、企业资源计划ERP和供应链管理的概念和技术，这些概念和技术的实质是要将生产、流通进行集成，根据需求端的需求而组织生产、安排物流活动。这些技术将会在未来社会得到进一步的发展和广泛应用，成为物流技术发展的另一重要趋势。

四、现代物流设备的发展趋势

随着现代物流的发展，物流设备作为其物质基础表现出了以下几个方面的发展趋势。

1. 大型化和高速化

大型化指设备的容量、规模、能力越来越大。大型化是实现物流规模效应的基本手段。一是弥补自身速度很难提高的缺陷而逐渐大型化，包括海运、铁路运输、公路运输。油轮最大载重量达到56.3万吨，集装箱船为6790标准箱，在铁路货运中出现了装载71.6

万吨矿石的列车，载重量超过50吨的载货汽车也已研制出来；管道运输的大型化体现在大口径管道的建设，目前最大的口径为1220mm。这些运输方式的大型化基本满足了基础性物流需求量大、连续、平稳的特点。二是航空货机的大型化。正在研制的货机最大可载300吨，一次可装载30个40ft（12.2m）的标准集装箱，比现在的货机运输能力（包括载重量和载箱量）高出50%～100%。

高速化是指设备的运转速度、运行速度、识别速度、运算速度大大加快。提高运输速度一直是各种运输方式努力的方向，主要体现在对“常速”极限的突破。

2. 实用化和轻型化

由于仓储物流设备是在通用的场合使用，工作并不很繁重，因此应该是好用，易维护、易操作，具有耐久性、无故障性和良好的经济性，以及较高的安全性、可靠性和环保性。这类设备批量较大、用途广，考虑综合效益，可降低外型高度，简化结构，降低造价，同时也可减少设备的运行成本。

3. 专用化和通用化

随着物流的多样性，物流设备的品种越来越多且不断更新。物流活动的系统性、一致性、经济性、机动性、快速化，要求一些设备向专用化方向发展，又有一些设备向通用化、标准化方向发展。

物流设备专用化是提高物流效率的基础，主要体现在两个方面，一是物流设备专用化；二是物流方式专用化。物流设备专用化是以物流工具为主体的物流对象专用化，如从客货混载到客货分载，出现了专用运输货物的飞机、轮船、汽车以及专用车辆等设备和设施。运输方式专用化中比较典型的是海运，几乎在世界范围内放弃了客运，主要从事货运，管道运输就是为输送特殊货物而发展起来的一种专用运输方式。

通用化主要以集装箱运输的发展为代表。国外研制的公路、铁路两用车辆与机车，可直接实现公路铁路运输方式的转换，公路运输用大型集装箱拖车可运载海运、空运、铁运的所有尺寸集装箱，还有客货两用飞机，水空两用飞机及正在研究的载客管道运输等。通用化的运输工具为物流系统供应链保持高效率提供了基本保证。通用化设备还可实现物流作业的快速转换，可极大提高物流作业效率。

4. 自动化和智能化

通过机械技术和电子技术相结合，将先进的微电子技术、电力电子技术、光缆技术、液压技术、模糊控制技术使用到机械的驱动和控制系统，实现物流设备的自动化将是今后的发展方向。例如，大型高效起重机的新一代电气控制装置将发展为全自动数字化控制系统，可使起重机具有更高的柔性，以提高单机综合自动化水平，自动化仓库中的送取货小车、智能式搬运车（AHV）、公路运输智能交通系统（ITS）的开发和应用已引起各国的广泛重视。此外，卫星通信技术及计算机、网络等多项高新技术结合起来的物流车辆管理技术正在逐渐被应用。

5. 成套化和系统化

只有当组成物流系统的设备成套、匹配时，物流系统才是最有效、最经济的。在物流设备单机自动化的基础上，通过计算机把各种物流设备组成一个集成系统，通过中央控制室的控制，与物流系统协调配合，形成不同机种的最佳匹配和组合，取长补短，发挥最佳效用。为此，成套化和系统化物流设备具有广阔发展前景，以后将重点发展的有厂生产搬运自动化系统、货物配送集散系统、集装箱装卸搬运系统、货物自动分拣与搬运系统等。

五、推进我国物流技术设备发展的应对措施

借鉴国内外物流技术设备发展的先进经验，结合我国物流发展的实际情况及存在的主要问题，可以采取如下措施来加快我国物流技与设备的发展。

(1) 加快物流技术设备标准化制定工作。物流技术设备标准化对于提高物流运作效率起着至关重要的作用。统一的标准有利于各种设备之间的相互衔接配套，有利于物流企业之间的业务合作，从而缩短物流作业时间，提高生产效率，改善物流服务质量，进而减少物流成本在生产总成本中所占的比重。

(2) 加大对物流技术设备的投资力度，注重章多元化投资。对物流技术设备的实际应用情况进行调查研究，注重发展技术含量高的物流技术设备，有意识地淘汰陈旧落后、效率差、安全性能低的物流技术设备，配置先进物流机械设施，如运输系统中的新型机车、车辆、大型汽车、特种专用车辆，仓储系统中的自动化立体仓库、高层货架，搬运系统中的起重机、叉车、集装箱搬运设备、自动分拣和监测设备等。

(3) 规范物流技术设备各供应商的经营行为，鼓励其扩大经营规模，提高技术水平和设计能力，从而为物流企业提供更好的物流技术设备。

(4) 引导物流企业在选择物流技术设备时，不仅注重设备的价格，还要注重设备的质量、安全性能以及对整个系统的作用，结合自身实际需要选择合适的物流技术设备，使整个系统效益最优。

(5) 提高物流企业以及各级政府对物流技术设备在物流发展中的认识，使他们在进行物流技术设备系统规划、设计时能通盘考虑，避免使用不便和资源浪费。

(6) 无论是物流企业还是各级政府都要把物流技术设备管理纳入物流管理的内容。物流技术设备是物流成本的一部分，应重视物流技术设备的管理和研究，提高物流技术设备的使用效率，尽量减少物流技术设备的闲置时间。同时应注重对物流技术设备安全性能的检查和维修，减缓设备磨损速度，延长其使用寿命，防止设备非正常损坏，保障其正常运行。

第三节　现代物流标准化

当前，随着信息技术、电子商务等的快速发展，国际物流业已经进入快速发展阶段，先进国家为了提高物流运作效率都在积极致力于建立相应的现代物流系统并使之标准化。尤其是随着经济全球化和物流国际化的发展，物流标准化越来越重要，全球范围内受到广泛关注。

我国物流业发展尚属起步阶段，物流标准化工作相对落后于物流业的发展，影响了我

国物流一体化和电子商务的发展，不利于我国物流系统公司与国际物流系统之间的兼容，成为相关部门和机构标准化的工作重点。国内制造、销售及物流企业对物流过程标准化问题也进行重点考虑，将其作为节约物流成本的重要手段。

发达国家为了提高物流运作效率和效益，正在积极致力于建立与之相适应的现代物流系统，并使该系统标准化和规范化。尤其是随着全球经济一体化和物流国际化的发展，物流标准化和规范化作为实现物流合理化、高效化的基础，对促进我国现代物流发展、提高物流服务质量和效率具有重要意义。

一、物流标准化的概念与特点

(一) 物流标准化的概念

物流标准化是指以物流作为一个大系统，制定并实施系统内部设施、机械装备、专用工具等的技术标准，制定并实施包装、装卸、运输、配送等各类作业标准、管理标准及作为现代物流突出特征的物流信息标准，并形成全国及和国际接轨的标准体系，推动物流业的发展。

物流标准化包括以下 3 个方面的含义：

(1) 从物流系统的整体出发，制定其各子系统的设施、设备、专用工具等的技术标准，以及业务工作标准；

(2) 研究各子系统技术标准和业务工作标准的配合性，按配合性要求，统一整个物流系统的标准；

(3) 研究物流系统与相关其他系统的配合性，谋求物流大系统的标准统一。

以上 3 个方面是分别从不同物流层次上考虑将物流实现标准化。要实现物流系统与其他相关系统的沟通和交流，在物流系统和其他系统之间建立通用的标准，首先要在物流系统内部建立物流系统标准，而整个物流系统标准的建立又必然包括物流各个子系统的标准。因此，物流要实现最终的标准化必然要实现以上 3 个方面的标准化。

(二) 物流标准化的主要特点

1. 物流标准化系统是属于二次系统

这是由于物流及物流管理思想诞生较晚，组成物流大系统的各个分系统在没有归入物流系统之前，早已分别实现本系统的标准化，并且经多年的应用和不断发展巩固已很难改变。在推行物流标准化时，必须以此为依据，个别情况固然将有关旧标准化体系推翻，按物流系统所提出的要求重建新的标准化系统，这就必然要求从适应及协调角度建市新的物流标准化系统，而不可能全部创新。

2. 物流标准化要求体现科学性、民主性和经济性

这是标准的“三性”，由于物流标准化的特殊性，必须非常突出地体现这三性，才能搞好这一标准化。科学性的要求，是要体现现代科技成果，以科学实验为基础，在物流中，则还要求与物流的现代化（包括现代技术及管理）相适应，要求能将现代科技成果联结成物流大系统。否则，尽管各种具体的硬技术标准化水平颇高，十分先进。但如果不能

与系统协调，单项技术再高也是空的，甚至还起相反作用。民主性指标难制定，采用协商一致的办法，广泛考虑各种现实条件，广泛听取意见，使标准更具权威，易于贯彻执行。经济性是标准化主要目的之一，也是标准生命力如何的决定因素，物流过程不像深加工那样引起产品的大幅度增值，即使通过流通加工等方式，增值也是有限的。所以，物流费用多开支一分，就要影响到一分效益，但是，物流过程又必须大量投入消耗，如果不注重标准的经济性，片面强调反映现代科技水平，片面顺从物流习惯及现状，引起物流成本的增加，自然会使标准失去生命力。

3. 物流标准化具有较强的国际性

改革开放以来的事实表明，对外贸易和交流对我国经济的发展作用越来越大，而所有的对外贸易又最终靠国际物流来完成。因此，我国的物流标准从运输工具、包装、装卸搬运工具、流通加工等都要与国际物流标准相一致，积极采用国际标准，完善国内标准体系，提高运输效率，缩短交货期限，保证物流质量，有利于促进对外贸易，降低成本，增加外汇收入。

二、实施物流标准化的意义

物流标准化是物流发展的基础。因为物流是一项复杂的系统工程，对待这样一个大型系统，要保证系统的统一性、一致性和系统内部各环节的有机联系，需要许多方法和手段，标准化是现代物流管理的重要手段之一。它对降低物流成本、提高物流效益具有重大的决定性作用，能保障物流活动的通畅，加快流通速度，减少物流环节，最大限度地节省投入和流通费用，保证物流质量，提高经济效益和服务质量。在我国实现物流标准化具有非常重要的现实意义。

（一）物流标准化是实现物流管理现代化的重要手段和必要条件

要使整个物流系统形成一个统一的有机整体，从技术和管理的角度来看，物流标准化起着纽带作用。只有在物流物料从厂商的原料供应，产品生产，经市场流通到销售化解，再回收再生，是一个综合的大系统。由于社会分工日益细化，物流系统的高度社会化显得更加重要。为了实现整个物流系统的高度协调统一，提高物流体系管理水平，必须在物流系统的各个环节制定标准，并严格贯彻执行，只有这样，才能提高物流供应链的效率。标准化是物流作业机械化的前提，没有统一的集装箱尺寸标准，就没有机械化的集装运输业；没有托盘规格标准与叉车、货叉尺寸标准的协调，就没有装卸的机械化；没有标识技术标准化的支持，就没有自动化的货物分拣。例如：在我国，以往同一个物品在生产领域和流通领域的名称和计算方法互相不统一，严重影响了我国的物资流通，国家标准 GB/T 7635《全国主要产品分类和代码》的发布，使全国物品名称及其标识代码有了统一的依据和标准，有利于建立全国性的经济联系，为物流系统的信息交换提供了便利条件。

（二）物流标准化是物流服务质量和物流产业规范发展的保障

目前我国物流业整体水平不高，不同程度地存在着市场定位不准确、服务产品不合格、内部结构不合理、运作经营不规范等问题。只有运用标准化手段，对已进入和即将进入物流市场的企业进行标准化管理，才能确保我国物流业快速发展。对物流产业来说，物流标准化是行业管理的手段和市场准入的门槛，以及交流沟通的平台，进而有利于物流市场的培育和物流产业集中度的提高，有利于物流产业的规范发展；对实际操作物流服务的人来说，物流标准化是服务技能的专业化；对物流企业来说，物流标准化是服务技能的模块化和市场竞争能力的品牌化，进而有利于专业服务技能的培养，有利于物流作业效率的提高，有利于保持服务的一致性，有利于物流服务质量的保证。建立与物流业相关的国家标准，对已进入物流市场和即将进入物流市场的企业进行规范化、标准化管理，是确保物流业稳步发展的需要。

（三）物流标准化是降低物流成本、提高物流效益的有效措施

物流业是一个综合性的行业，它涉及运输、包装、仓储、装卸搬运、流通加工、配送和信息等各个方面。我国的现代物流是在传统行业基础上发展起来的。由于传统的物流被人为地割裂为很多个阶段，而各个阶段不能很好地衔接和协调，加上信息不能共享，造成物流的效率不高。物流标准化是以物流作为一个大系统，制定系统内部设施、机械设备、专用工具等各个分系统的技术标准，制定系统内各个分领域如包装、装卸、运输等方面的工作标准。以系统为出发点，研究各分系统与分领域中技术标准与工作标准的配合性，统一整个物流系统的标准；研究物流系统与相关其他系统的配合性，进一步谋求物流大系统的标准统一。

（四）物流标准化是我国物流企业进军国际物流市场的通行证

一方面国际贸易对各国经济发展的作用越来越重要，国际贸易最终要靠国际物流来完成，各国或地区物流标准的不一致，已成为重要的技术壁垒；另一方面，世界各国的物流公司开始把发展目光集中到我国，物流业受到来自国外同行业的冲击越来越大。我国的物流业基础本来就比发达国家薄弱，要想生存发展，就必须懂得最基本的“游戏规则”，主动与国际接轨。从目前的情况看，物流标准化建设是引导我国物流企业与国际物流接轨、提高国际竞争力、顺利进军国际物流市场的最佳途径。通过实施物流标准化，在运输工具、包装、装卸器具、仓储、信息，甚至资金结算等方面积极采用国际标准，就可以解决国际贸易中的物流技术问题，提高物流效率，并打破因标准不统一造成的技术壁垒。

三、我国物流标准化的发展现状

目前，我国物流标准化方面主要存在以下方面的问题：

（一）部门分割问题严重，标准协调难度大

多年来在计划经济体制下，使得原本是一个系统资源的物流业管理权限分别划归若干个部门。例如，铁路、公路、航空、海运等运输资源，除了像深圳等个别新建城市统一由运输局管辖外，分别直属铁道部、交通运输部、航空总局、海运局等统辖，由于条块分割严重，运输资源无法做到科学有效地统一配置，资源浪费惊人。

管理的体制性障碍直接造成了物流标准化管理工作的落后。标准的归口管理大多数设在各个管理部门的标准化技术委员会。例如，条码标准的归口管理单位是中国物品编码中

心，铁道部科学研究院是我国对 ISO/TC 51（托盘）的技术归口单位，而交通运输部科学研究院除了是集装箱标准的技术归口单位，还是托盘尺寸标准及托盘尺寸为基础的“包装尺寸”、“单元货物尺寸”等国家标准的主要起草单位。而且，目前我国还没有全国性的托盘组织。

管理体制的障碍必然造成了各类运输方式间装备标准不一和物流器具标准不配套。以集装箱为例，海运中集装箱主要以 40ft×8ft×8ft 和 20ft×8ft×8ft 两种箱型为主，而铁路运输有其自有的一套集装箱标准，使得海铁联运必须经过再次拆箱、装箱后才能实现，造成了多次的包装成本及储存费用。同样的问题还出现在公路、航空中。这种运输方式间装备标准的不兼容性影响了我国综合运输的发展，降低了物流效率，限制了成本的节约空间。再例如，我国现有托盘标准与各种各运输装备、装卸设备标准间缺乏有效衔接，降低了托盘在整个物流过程的通用性。目前在国内各物流企业使用的托盘中有的以欧洲标准 0.8m×1.2m 为蓝本，有的以日本 1.1m×1.1m 为标准，更有甚者以自己定义为准，严重影响了货物的运输、仓储、搬运过程中的机械化、自动化水平的提高，影响物流配送的协调运作。

已经成立的全国物流标准化技术委员会及全国物流信息管理标准化技术委员会在负责归口管理我国物流标准化工作中将面临较大的与相关标准化技术委员会及机构协调的困难。

（二）没有形成有利于物流标准化发展的政策法规环境

物流的各项作业分属于不同部门管理，部门制定的众多法规如运输方面的《公路货物运输合同实施细则》《水路货物运输合同实施细则》《铁路货物运输合同实施细则》《航空货物运输合同实施细则》；包装、仓储方面的《关于商品包装的暂行规定》《国家物资储备局仓库设施完好标准》《商业仓库管理办法》《国家粮油仓储设施管理办法》。以及涉及物流企业的工商、税务、海关、检验的企业登记规则及单证的有关法规和规定，虽然对规范作业和行业发展起过积极的作用，但很难适应新形势下的现代物流发展趋势。

（三）物流信息标准化工作滞后

信息技术在现代物流中的作用至关重要，而信息的采集、处理和传递一定要以标准化为基础。目前，企业要建立物流管理信息系统、货物跟踪和信息交换系统，迫切需要物流标识系统、物流数据采集系统、物流信息交换系统等方面的系列标准。

在现代物流管理中，统一的商品信息对供应链成员信息的交换和共享非常重要。目前我国的情况是许多部门和单位都在建立自己的商品信息数据库，但数据库的字段、类型和长度都不一致，形成一个个“信息孤岛”。据中国物品编码中心所做的调查显示：在被调查的 234 家工商企业中，仅有 6 家与贸易伙伴的数据一致，占 2.6%。

（四）有标准而未得到承认和推广

标准化的普及有赖于产业自身的发育程度。目前国内除了宝供物流企业集团有限公司、海尔集团等几家大企业之外，很多从事物流的企业都是从传统行业转型的中小企业。在这些企业中推行物流标准化显然具有很大难度。例如，尽管我国已经建立了物流标识标准体系，并制定了一些重要的国家标准，如《商品条码》（GB/T 12904—2003）、《储运单元条码》（GB/T 16830—1997）、《物流单元的编码与符号标记》（GB/T 18127—2000）等。除了《商品条码》应用较好以外，其他标准在应用上不容乐观，就拿《储运单元条码》来说，应用的正确率不足20%。

四、我国物流标准化的发展趋势

（一）重点开展新兴的信息技术标准化工作

当前，EPC（产品电子代码）是物流与信息管理的新技术，可以通过互联网搭建一个全球的、开放的供应链网络系统，对实物供应链全过程实施跟踪和管理，提高供应链的透明度，降低供应链成本，提高供应链效率、效益和安全保密性。在经济全球化和全球信息化快速发展的今天，EPC已受到世界各个国家和地区的高度重视。

中国国家标准化管理委员会一直十分关注有关EPC技术的发展动态及标准化进程。自2004年以来，先后主办并组织了由有关部委、科研单位、技术研发单位、用户参加的三届联席会及EPC与物联网高层论坛，并于2004年4月22日举行了EPC Global China成立的揭牌仪式，有效推动了我国在及时跟踪国际EPC与物联网技术的发展动态、研究开发EPC技术的相关产品、推进EPC技术标准化、推广EPC技术应用等方面的工作，促进了我国EPC技术与国际的同步发展。

（二）发展全球电子商务数据标准化

进行物流数据的一致性研究，为电子商务打下技术基础，将是未来物流信息标准化的重点。因为，随着电子技术、网络技术的发展，全球经济、全球贸易及电子商务已成为当今的发展趋势。贸易伙伴之间主数据是商务系统中最基本最重要的信息，在不同的经济体系中，全球产品与服务主数据能否共享和一致是提高电子商务效率和效益的关键。而电子商务与现代物流又是紧密联系的，针对当前严重影响现代物流建设与发展的物流数据一致性问题，亟须展开这方面的标准化工作。

物流数据一致性标准的主要内容包括：全球统一的物流信息分类与编码体系；物流信息表示技术标准；物流信息交换标准；现代物流信息维护与管理体系等。

（三）推出物流基础标准、作业标准及其他管理与服务标准

首先，物流基础标准亟须制定，具体指计量单位标准和模数尺寸标准。物流专业计量单位标准是物流作业定量化的基础，目前我国还没有制定出统一的标准。它的制定要在国家统一计量标准的基础上，考虑到许多专业的计量问题和与国际计量标准的接轨问题。物流基础模数尺寸标准是物流系统中各种设施建设和设备制造的尺寸依据，在此基础可以确定出集装基础模数尺寸，进而确定物流的模数体系。目前，尚未形成国家的统一标准。

其次，由于当前我国物流系统中已有的标准主要来自于各分系统的国家标准，而且现有标准多集中于技术方面，对于物流各分系统的作业标准涉及不多。作业标准主要是指各项物流工作制定的统一要求和规范化规定，这方面的标准化也是今后物流标准化的重点。

由于管理和服务在现代经济中的重要地位，今后我们要积极地制定物流管理的相关标

准，使管理标准化，并通过一流的服务来加强市场竞争力。由于人与自然存在矛盾，可持续发展成为世界经济发展的潮流，同样物流在发展过程中也要考虑到环境和资源问题，也要建立与之配套的标准。

就目前来说，还需要进一步加强对物流系统各环节标准和物流系统的配合性标准的研究。对于涉及安全和环境方面的标准，探讨是否制定为强制性标准，如清洁空气法、综合环境责任法。就宏观管理角度来讲，现亟须制定物流企业准入、物流市场规范、物流从业人员资格等标准。而且，物流统计标准、物流成本计算标准等也应尽快制定。

五、加速我国物流标准化发展的对策

为了推动我国物流标准化的发展，使我国物流标准化能够推动现代物流的发展，使物流成为真正的我国经济增长的“第三利润源”，我们应采取如下对策：

（一）充分发挥政府部门的组织和引导作用

政府部门是国家标准的组织制定者和推广者，在国家标准的制定中扮演着重要角色。我国已经成立了中国物品编码中心、全国物流信息技术委员会和全国物流标准化技术委员会等全国物流标准化组织，其委员单位包括有关的科研机构、专业技术标委会、行业协会、物流企业，涵盖交通、铁路、民航、机械、贸易、邮政、出版、粮食、医药、信息产业、军事后勤等多个行业。接下来的工作就是要协调好不同部门和不同行业的利益和观点，统一组织，最大程度地统一标准，结束各自为政的局面。同时，要建立专门的组织出钱、出力，负责全面推广标准。对于企业来说，只要不是强制性标准，可以自由选择。如果任由物流标准自生自灭，其存活下来的可能性微乎其微。

（二）制定物流产业发展政策，创造产业发展机遇

国家有关部门已从全局和战略的高度，加快了培育流通领域大公司大集团的步伐，并针对当前培育大型流通企业运作中存在的突出问题，继续认真研究和制定相应的政策措施，消除流通企业改革和发展的体制性障碍，为流通企业的改革创造良好的环境，如通过制定政策和措施，鼓励物流企业采取整合、并购、联盟、合资或上市融资等方式快速扩大企业规模和实力，鼓励物流企业发展综合业务、塑造品牌形象、参与国际竞争。由政府创产业发展机遇，随着产业不断成熟，物流企业实力增强，集中度提高，对标准化的需求就会增加，物流标准也将会在市场推动下逐步实现。

（三）了解企业需求，保证标准切实可行

多企业确实需要标准，但起草的标准未必符合企业需求。如果没有实际用处，企业自然不会采纳。因此，要调查企业对于标准的需求，可采用典型调查的方法，对涉及的各类企业选取典型进行调查。然后进行综合和统一。也可以让更多的企业直接参与到标准的研究与制定中。并且把一些企业应用较好的标准加以推广，标准的应用率就会提高。

（四）选择好标准化的切入点，以点带线、以线带面

标准化过程是一个渐进的过程，要选择好标准化的切入点，形成示范和连锁效应。物流

标准化应在内部联系紧密、与外部联系相对松散的物流系统中实现才能最终对系统进行优化，所以物流标准化的单位应该是整个供应链，而不是单个的企业。由于核心企业在供应链中起主导作用，可通过市场来控制供应链上下游企业的行为，所以我们选择切入点就是要选择对物流标准化需求迫切的供应链，同时支持核心企业首先进行物流标准化，并依靠这些核心企业的主导作用在整个供应链内逐步实现物流标准化。目前，家电、手机、医药、日化、烟草、汽车等行业，十分重视物流和供应链管理，迫切需要通过物流标准化加强行业内部企业协调，进一步优化供应链，降低物流成本，提高物流服务水平。政府部门应借势加快物流标准的制定及推广，扶持这些核心企业，逐步实现供应链内部标准化，进而实现行业内部乃至整个社会物流标准化。这是一个由点带线、由线带面的连锁和示范过程。

（五）与信息化结合，与国际化接轨

现代物流的核心技术是物流系统的信息化，即借助计算机网络和信息技术，将原本分离的采购、运输、仓储、代理、配送等物流环节，以及物流、信息流和资金流进行统一协调控制，实现完整的供应链管理。因此，软件标准中的物流信息标准尤其重要，是现代物流标准化的关键。随着信息化水平的提高，在业务流程得到合理化、标准化的基础上，要融合先进的管理理念，整合几大软件公司的技术，开发先进的、符合实际的企业资源计划、配送需求计划、供应链管理系统，在企业内推广，从而将物流的标准化固化在企业的营运管理中。随着全球经济一体化进程的加快，国际标准的采用已经十分普遍，是否采用国际标准已经成为企业能否参与国际竞争及能否获得竞争优势的必要条件。物流标准必须与国际标准接轨才能促进中国企业参与到全球供应链竞争中来。

（六）建立物流系统的探察机制，把握物流标准的动态性

当前，科学技术、信息技术和管理科学的发展日新月异，物流设施设备、操作流程、信息系统和管理方法也随之发生新的变革。如果物流标准保持一成不变，就会落后于物流实践，成为物流系统发展的绊脚石。因此，从观念上要把物流标准作为整个物流系统的一部分，保持物流标准和其他要素的协调性，坚持其服务定位，保证其开放性和动态性：从机制上要设立物流系统的探察机制，定期发掘新动向，及时、适时地修正物流标准。

第四节　现代物流合理化

物流合理化是物流管理追求的总目标。它是对物流设备配置和物流活动组织进行调整改进，实现物流系统整体优化的过程。物流合理化是物流学科产生以来学者们一直关注、探讨的一个问题，也是产业界追求、探索的理想化目标。

一、物流合理化的概念

所谓物流合理化是指通过规范的、合理化的物流活动，达到物流资源的最佳配置、物流要素的最佳组合、物流技术的不断创新，在不断提高企业赢利能力和竞争能力的同时，

也利于整个社会的发展。这里的合理化就是对物流整体系统进行调整改进和优化，目的是达到以尽可能低的物流成本，获得尽可能高的物流服务质量，以赢得更多客户。可以从静态和动态两个方面来理解物流合理化；从静态意义看，物流合理化是物流活动所要达到的合理状态；从动态意义看，物流合理化是指物流活动不断朝着合理化方向发展的过程。两者是有机统一、相辅相成的，物流活动既能达到合理化，又不能达到绝对终极合理化。

物流合理化通常包括整体合理化和局部合理化两个方面：

局部合理化指物流系统中各子系统内物流过程合理化，如运输、包装，装卸搬运、仓储、信息处理、流通加工等各项物流功能分别实现合理化。物流过程局部合理化虽然是物流合理化的初级阶段，却是不可或缺的环节和基础。

整体合理化是寻求物流系统整体合理优化。因为各物流子系统之间由于在服务水平要求、物流技术和经营成本等方面存在差异与矛盾，必须从物流大系统的角度，选择合理化的途径。

二、物流合理化的价值

1. 合理化物流保证了基本的服务水平

合理化物流使订货的准确性、配送的高效性和信息交流的通畅性大为提高，有利于实现企业的规模效益。

2. 合理化物流保证了企业的经营利润

合理化物流在权衡了成本与服务的关系后，使快速的物流配送伴随着高质量，增加了商品的价值，使产生的利润超过了发生的成本，保证了企业的赢利能力。

3. 合理化物流扩大了企业的成本降低空间

通过对供应链的协调，实行大批量的采购、规模运输以及合理配送，企业可以在较大范围内选择有利的资源，尽可能多地降低商品进价和物流成本。

4. 合理化物流有利于企业的优化整合

合理化物流对物流系统进行整体优化、合并，减少不必要的物流劳动，消除物流中的作业浪费、时间浪费，提高了物流设施、物流工具的使用效率，提高了物流多元化服务水平，以实现企业资源的优化整合。

三、物流运作中的不合理现象

在一些物流企业的日常运营中经常出现以下不合理的现象：

1. 厂址定位不合理

企业物流空间定位涉及厂址选择、车间和库区厂房的规划与布置、车间内部设备等的设置。这是企业物流合理化的基础、是先决条件，没有这一基础，企业物流就谈不上合理化。目前，我国多数企业厂址都是在计划经济时代产物，当时选址时是按着计划经济模式运行。因此，在市场经济的今天，一些企业厂址定位不太合理。

2. 物流运作中缺乏统一的物流标准

在物流活动中，通过实施物流统一性标准、物流各分系统的技术标准及物流作业规范标准，使物流系统中各环节有机地结合起来，从而实现物流系统的全面贯通。形象地说，物流标准化就像润滑剂，它使物料在流通中减小阻力，甚至达到畅通无阻。目前，我国的标准化组织虽然也制定了一些物流运作国家标准，但在实际运行中，企业对此没给予足够的重视，物流运作中缺乏统一的物流标准。

3. 物流运作信息化程度低

信息伴随着物流活动的全过程，物流信息对指导物流活动具有十分重要的意义，它是实现企业物流合理化的依据和手段。由于我国多数企业对物流信息化重视不够，并没有实现货物从供方到需方的无缝连接，工作效率不高，物流服务质量较差。无法实现信息化对物流服务需求方与物流服务供应方的快速沟通、信息共享的价值。信息化的缺失使参与运作的企业系统性差，运作效率不高，企业资源缺乏有效整合，竞争能力不强。

4. 运输不合理现象突出

目前我国运输中存在很多不合理现象，比如：返程或启程空载行使、对流运输、迂回运输、重复运输、倒流运输、过远运输、运输投入不合理等。显然这些不合理的运输方式，增加了物流运作成本，并没实现物流合理化。

5. 储存不合理

商品储存必须达到一定的量才能满足一定时期内市场需求，但是如果过分强调储存功能，则会造成储存成本上升。合理储存的实质是在保证储存功能实现的前提下，系统投入最少。可是，目前我国多数企业存在过储问题，增加了物流运作成本，物流不合理现象突出。

6. 装卸搬运不合理

提高物流活动总体功能。其目标是节省时间、节约劳动力、节约装卸搬运费用。目前我国装卸搬运的机械化程度低，野蛮装卸依然存在，装卸效率低下，物流不合理现象突出。

四、物流合理化常用的系统分析方法

物流系统化为物流合理化提供了理论基础。物流过程复杂，环节众多，要做到物流合理化，首先要应用系统方法进行系统决策。

1. 总成本法

与计算物流总成本有关的各项业务活动包括：运输、仓储、存货地点和工厂地点；材料和产成品的库存管理；物料搬运、信息流、包括订单处理；物资和产成品的包装、厂间运输；用户服务等。所有这些业务活动是相互联系的。应用总成本法就是将这些同材料和产成品的转移、分类、储存等一系列相关业务活动作为一个整体看待，在保持一定服务水平条件下，在多种物流方案中选择总成本最小的那一个方案。

比如一个销售部门，在同样销量情况下，为了不产生脱销需要适当的库存，若频繁进货、每次进货量小，可以节省储存费用，但却增加了订购费；反之则虽然因减少了订购次数而节省了订购费，却因增加了每次订购量而增加了保管费和流动资金。寻求最佳的订购次数和订购数量，就可使总成本最小。

2. 避免次优化

一个企业的各组成部分尽力完成了各自的本位工作，但企业未能实现整体最佳效果，这就存在次优化问题。华伦罗斯教授以一个拥有优秀队员的足球队输球为例，形象地说明次优化问题。这个足球队的队员在传球、突破等个人技术方面在多次比赛中创造和保持了最佳记录，但是这个球队作为一个整体却常输球。

物流顾问 J. F. 梅奇曾经指出：在今日经营管理中，人们越来越认识到孤立地检查单独一个职能部门的效率，同将各职能部门与物流过程整体联系来考察所实现的整体效益，其意义是完全不同的。为使整个系统有效经营，以达成最佳成本效益指标，各职能部门必须相互协调，密切合作。例如，企业的运输部门牺牲运输的速度和可靠性要求，只片面追求降低每吨公里的货物运费；或选择运价较低的一种运输方式，但需要进行额外特殊包装。这些片面做法，反而会多花费钱，对企业整体效益产生不良影响。同理，包装子系统为了节省成本而采用了低质包装材料，也会造成运输途中的货损货差，反而增加了物流大系统的成本。

产生物流次优化的原因是：当各项物流业务活动按他们各自所完成的一定的管理目标来评价，而这些管理目标又相互矛盾时，就会发生次优化。为了避免次优化，往往要经过理性判断和科学计算。

3. 得失比较分析法

在物流经营决策中，各种备选方案都各有所长，各有所短，有得有失。所谓得失比较分析法，就是在评价各方案时，要比较分析各方案的所得和所失，在保持一定服务水平条件下，选择得大于失的方案，作为最佳方案。

以上阐述的三个系统优化方法是相互联系的，有时还会相互制约。在物流管理过程中，要把它们综合在一起形成通常所说的系统整体观念，运用系统理论和系统方法，将与物流相互联系的各业务环节组合成为统一的整体，并将供货厂商和用户纳入系统管理之中，从系统整体出发，互相协调，做到物流合理化，可得到最大的经济效益。

五、物流合理化的途径

物流系统合理化必须根据物流活动的规律，组织物流各有关部门共同采取有效措施，以合适的成本达到最佳的物流效益和较高的顾客满意度。在众多物流环节的具体运作中，实现物流合理化的途径主要有以下几种：

1. 加强物流计划性

做好物流计划是实现物流合理化的首要条件，也是提高物流服务质量的重要标志。特别要考虑我国交通运输条件，根据购销业务的商流计划，及时地、合理地制订物流计划，妥善安排货物储存和运输。按照顾客要求的时间、地点，有计划地如期地把原材料运到工厂，把商品运到商店或消费者手中，达到顾客满意，提高物流社会效益。

2. 组织物流直达化

物流企业在组织货物调运时，应尽量减少中间环节，特别是物流过程中的运输、储存环节，把货物由生产厂（地）直接运送到销地或用户。既可以加快货物运送，又可以降低物流费用。直达供应或直达运输，是我国物资、商业部门组织物流合理化的主要形式。

3. 组织物流短距化

无论生产物流或销售物流，在组织物流业务活动时，对一般普通的大宗物资或商品，应采取就近、分片供应和调运的办法，使物流的里程最近。即确定适当的供应、销售区域，选择合理的运输路线、最短的运送距离，制订最优的物流合理化方案，达到短距化，以节省运输吨公里，降低物流费用。

4. 组织物资调运钟摆式运输

按物流合理化的要求在组织货物调运时，应强调组织往复、回程货源，避免发生不满载和空车行程，亦称钟摆式运输。如商业部门在组织物流业务时，把工业品从城市运往农村，而把农副产品从农村运进城市，供应居民需要。再有各大城市之间，发展的定向、定时的往复运输，由专人或专门机构，来组织回程货源，这也是运输钟摆化、合理化的一种有效形式。

5. 组织货物调运集中化

物流企业在组织货物配送时，把几个货主的多种商品，凡是发往同一地区、同一方向的，在物流计划的基础上，集零为整，采取混装形式，进行集中运送，以提高车船的装载率，并节省运费。

6. 物流企业社会化

改革开放中的我国经济体制，必须加强横向经济联系，物流企业也应打破部门、地区的限制，面向社会服务，谋求社会整体的物流合理化，提高综合经济效益。

7. 实现物流标准化

在物流作业过程和装载器具等方面全面推行物流标准化，有利于合理的物流衔接和现代化管理。

8. 提高物流服务质量

物流企业属于第三产业的范畴，是经营服务型且以服务为主的企业，因此提高职工素质，制定服务规范，做到保管安全、运送及时、收费合理、信用可靠、服务热情等，为社会提供高标准的服务水平，是物流企业的服务宗旨，同时也是扩大业务范围，发展物流企业，实现物流合理化的基础和保障。

总之，物流合理化是一个复杂的系统工程，企业只有根据自己的实际情况和社会条件，不断强化物流观念，勇于革新，大胆创新，采用先进可行的物流技术，采取科学有效的物流管理，才能进入物流合理化的轨道，在激烈的市场竞争中占有自己的一席之地。

第五节　物联网环境下物流的发展

物流行业不仅是国家十大产业振兴规划的其中一个，也是信息化及物联网应用的重要领域。它的信息化和综合化的物流管理、流程监控不仅能为企业带来物流效率提升、物流成本控制等效益，也从整体上提高了企业以及相关领域的信息化水平，从而达到带动整个产业发展的目的。2010年，国家发改委委托中国工程院做了一个物联网发展战略规划的课题，课题列举了物联网在十个重点领域的应用。物流是其中热门的应用领域之一，“智能物流”成为物流领域的应用目标。

一、物流网的概念

物联网是一种通过信息传感设备，按照约定的协议，把物品与互联网连接起来，进行信息交换和通信，以实现智能化识别、定位、跟踪、监控和管理的新型网络。物联网的研发应用，是信息产业发展的重大飞跃。加快发展物联网，是培育战略性新兴产业、构建现代产业体系的重要内容。

物联网，也称传感网，最初被定义为把所有物品通过射频识别（Radio Frequency Identification，RFID）和条码等信息传感设备与互联网连接起来，实现智能化识别和管理功能的网络。这个概念最早于1999年由麻省理工学院Auto－ID研究中心提出，实质上等于RFID技术和互联网的结合应用。

2005年，国际电信联盟（ITU）在《物联网》报告中对物联网概念进行扩展，指出人类在信息与通信世界里将获得一个新的沟通维度，即从任何时间、任何地点的人与人之间的沟通连接扩展到人与物和物与物之间的沟通连接，并提出任何时刻、任何地点、任何物体之间的互联，无所不在的网络和无所不在计算的发展愿景。但ITU未针对物联网的概念扩展提出新的物联网定义。

2009年，欧盟第七框架下RFID和物联网研究项目组发布了《物联网战略研究路线图》研究报告，认为物联网是未来互联网的一个组成部分，是基于标准的和可互操作的通信协议且具有自配置能力的动态的全球网络基础架构。物联网中的“物”都具有标识、物理属性和实质上的个性，使用智能接口，实现与信息网络的无缝整合。

物联网已经开始用在物流领域。物联网应用于企业原材料采购、库存、销售等领域，通过完善和优化供应链管理体系，提高供应链效率，降低成本。空中客车公司通过在供应链体系中应用传感网络技术，构建了全球制造业中规模最大、效率最高的供应链体系。

二、物联网在物流领域的应用

物联网在物流业的应用落地，这对亟待振兴的物流业来说，是一次绝好的机会，物联网使信息网络产业成为推动物流产业升级、迈向信息社会的“发动机”。在物流业中物联网主要应用于如下四大领域：

（1）基于RFID等技术建立的产品智能可追溯网络系统，如食品的可追溯系统、药品的可追溯系统等；

（2）智能配送的可视化管理网络，这是基于GPS卫星导航定位，对物流车辆配送进行实时的、可视化的在线调度与管理的系统；

（3）基于声、光、机、电、移动计算等各项先进技术，建立全自动化的物流配送中心，实现局域内的物流作业的智能控制、自动化操作的网络；

（4）基于智能配货的物流网络化公共信息平台。

三、物联网时代的智能物流

物流领域是物联网相关技术最有现实意义的应用领域之一，物联网的发展将直接推动现代物流的发展，促进物流行业走向智能化。在物联网时代，物流将实现以下几个方面的升级：

（一）物流信息化升级

目前，我国物流业信息化已进入信息和资源的整合时期，物联网的应用将进一步提高物流设施设备的信息化与自动化水平，促进物流管理过程的智能化发展。现有的物流信息技术主要有计算机技术、条码技术、RFID 技术、电子数据交换技术、全球卫星定位系统、地理信息系统等，在物联网时代，所有的物流设施设备都将嵌入 RFID 电子标签，小到托盘、货架，大到运输车辆、集装箱、装卸设备、仓库门禁等，标签中所记录的信息会帮助物流管理系统实时地掌控各项物流进程，做出最有利的决策。这种高度信息化、智能化的物流管理将有助于物流企业提高物流效率，降低物流成本，并推动整个物流业的发展。

（二）运输智能化升级

现行的物流运输系统借助网络、GPS、GIS 等技术已经可以实现某种程度上的可视化智能控制，随着物联网的发展，运输的智能化管理将进一步升级。运输线路中的某些检查点将装上感应器，自动感应车辆、货物中所贴 RFID 标签中的信息，并实时传输给管理平台，让企业实时了解货物的位置与状态，实现对运输货物、运输路线与运输时间的可视化跟踪管理，并可以根据实际情况实时调整行车路线，准确预知货物的运达时间，在提高运输效率的同时也为客户提供更有质量的服务。

（三）配送中心一体化升级

物联网技术的应用将极大地提高配送中心的运行效率，降低配送中心的管理成本。进入配送中心的每一个货物或托盘都将带有 RFID 标签，其间所记录的与货物或托盘唯一对应的相关信息将成为该货物或托盘在整个物流配送环节的身份标识，借助于感应器所形成的无所不在的感应网络，配送中心将可实现出入库的一体化智能管理。

1. 入库

在配送中心的入库口，当货物通过门禁时，RFID 阅读器会自动读取所有储存在标签芯片中的数据，完成对货物的清点并将货物信息输入主机系统的数据库，与订单进行对比，并更新库存信息。整个收货过程不需要人工对货物数量进行清点。然后，货物被直接送上传送带，入库储存或送到拣货区。库区的货架上装有可读写标签，可以记录下储存在货架上的货物信息，经过 RFID 阅读器扫描后进入配送中心的商品管理系统。这样，所有货物的储存位置和数量便一目了然了。

2. 出库

在出库时，货物被直接送上装有 RFID 阅读器的传送带后，配送中心按照各个零售店面或客户所需要的商品种类与数量进行配货，无须人工调整商品的摆放朝向。

3. 盘点

借助于物联网 RFID 技术可以避免传统盘点投入大、效率低的弊端。在货物的整个在库过程中，配送中心内的 RFID 阅读器会实时监控货物的库存量，可以随时得知货物的数量及每件货物所在的货架位置，根本不用清点商品，最多只需要工作人员将货架上混乱的商品进行整理即可。此外，当货物的库存量下降到一定水平时，系统会自动向供应商传送订单需求，实现自动补货。

四、物联网在物流行业应用中存在的主要问题

目前，我国物联网还处于产业启动期，虽然两会后各地纷纷提出了大力发展物联网的口号与相关方案，但距离大规模的产业化推广还存在很大的差距，主要有以下几个方面的问题。

1. 物联网的应用处于较低层次

目前国内以物为互联的应用需求还是低层次的，难以激发物流产业链中各环节参与和投入的热情。物联网发展需要社会及行业具备良好的信息化基础，而我国社会整体信息化水平还较低，以物联网最相关的物流行业应用为例，近年来的 RFID 始终没有预期的那样得到快速发展。因此，要想推进物联网的发展还需较长一段时期。

2. 物联网核心技术研发能力不高

我国物联网核心技术研发能力不高，不能够完全满足企业应用需求。相对于互联网，物联网的应用要复杂很多，千变万化。例如，作为物联网的传感器，组成的系统千变万化，要适应各种环境应用的特点，就要针对多种个性化的需求生产器件和产品。在面对复杂的需求环境时，我们在芯片技术、敏感器件等基础技术、高精度技术方面与国际先进水平还存在着一定的差距。

3. 技术标准的统一与协调

物联网的发展与应用涉及多种技术与多种行业，而不同的行业可能会采用不同的技术方案，如果各行其是，所形成的大量的专用网将无法连通，不能进行联网，不能形成规模经济，不能形成整合的商业模式，也不能降低研发成本。因此，能否制定统一的技术标准，形成统一的管理机制，是物联网能否大规模普及应用的关键。

4. 安全与隐私问题

物联网建成后所覆盖的领域极为广泛，有电网、铁路、桥梁、隧道、公路、建筑、供水系统、大坝、油气管道等，这些领域涉及国家战略、基础建设以及商业机密，甚至是军事领域的信息。作为物联网关键技术之一的 RFID 标签，其特性决定了任意一个标签所标识的信息都能在远程被任意的扫描，且标签自动地，不加区别地回应阅读器的指令并将其所存储的信息传输给阅读器。这一问题目前还没有很好的解决方案，如果国家机密、商业机密或个人隐私被不怀好意者刻意获取甚至操纵，后果将不堪设想。

5. 商业模式有待完善

物联网的产业链构成复杂，涉及终端制造商、应用开发商、网络运营商、最终用户等诸多环节，各环节利益分配困难，难以实现共赢，进而导致商业模式的不可持续，需要进行商业模式的创新与完善。

6. 管理平台的形成

物联网的价值在于网，而不在于物。传感是容易的，但是感知的信息，如果没有一个

庞大的网络体系，不能进行管理和整合，那这个网络就没有意义。因此，建立起一个全国性的、庞大的、综合的业务管理平台，把各种传感信息进行收集并分门别类的管理，进行有指向性的传输，物联网才能发挥出最大的功效。

7. 物联网物流发展需要切实落地

物联网绝不是互联网的简单延伸，更不可能成为一个物物相联的大网络。物联网在未来世界更多地将以专业网络、局域网络存在，物联网在物流行业应用应该实实在在，既不要把物联网神秘化，更不能把物联网网络虚拟化，物流企业要认识物联网的真实属性和本质，在此基础上大力推进智能物流的发展。

目前，我国的物联网产业仍处于环境的孕育和准备阶段，离大规模的应用普及还有很大距离。作为物联网已经具备初级应用雏形行业之一的物流业，应该抓住机遇，提升行业信息化水平，提高行业整体运行效率。在国家政策的支持以及技术不断革新的大环境下，物流业必将乘着物联网的“东风”迈上新的台阶。

练习思考题

1. 什么是物流一体化？它分几个层次？
2. 集成化物流有哪些特点？
3. 简述物流联盟的内涵与模式。
4. 企业如何实施精益物流？
5. 简述物流技术设备在物流系统发展中的地位与作用。
6. 如何加快我国物流技术设备的发展？
7. 物流标准化有哪些主要特点？
8. 加速我国物流标准化发展有哪些对策？
9. 简述物流合理化的途径。
10. 目前物联网在物流领域有哪些应用？

课后案例

德国货代联盟发展模式分析

德国作为世界经济强国，有着完善的物流服务体系，物流产业社会化和综合服务水平高，注重物流技术研究和专业化、规模化经营，基本实现了以运输合理化、仓储标准化、装卸机械化、加工配送一体化和信息管理网络化为标志的现代综合物流管理与服务。

运输作为物流作业的核心，其组织化程度直接影响到物流生产效率。货物运输组织化程度高是德国物流业发展的显著特点之一，现已形成了以少数大型跨国企业为龙头，以中等规模货运企业组成的联盟为中坚，中小型货运企业为补充的货运组织市场主体。本文以德国最典型的货运代理企业联盟为例，分析了德国货运代理联盟的发展模式、运作特点。

一、货代联盟发展背景

德国货代联盟发展起步于20世纪80年代，成长于90年代，发展于21世纪。20世纪80年代共成立了6家联盟，90年代成立了25家，2000年后成立4家，而且各个联盟都获得了快速发展。德国货代联盟的快速发展一方面是物流业集约化发展的内在需要，另一方面也有其深刻的外在背景，如货代公司的日益壮大、市场的逐步开放以及竞争的加剧等。

1. 德国货代公司的快速发展

德国的货代公司发展起步于20世纪70年代，能够提供仓储、中转、运输以及增值服务，如理货、包装、预装配、呼叫中心、回程货物处理、价格标签等，主要从事货运组织，在道路货物运输环节中发挥着重要作用。目前50%的货代公司提供零担运输，20%提供包裹运输服务，70%的企业能够提供国际货物运输服务。企业规模不断壮大，企业平均从业人员数量从1985年的33人一直增加到现在的64人，自备运输车辆的企业所占比重不断下降，从1990年64%下降到现在的58%。

2. 货运市场的逐步开放

从20世纪80年代中期开始，德国逐步实行货运市场自由化，其历程大致为：1985年开始提出运输服务自由化；1993年年初价格管理全部取消，包括定价、价格体系；1994年欧共体跨国运输限制取消；1997年年底市场准入限制完全取消；1998年短途、长途运输、搬家运输的划分方式取消，到1998年德国基本上实现了货运市场的自由化，只是对用大于3.5吨的车辆（包含挂车）从事经营性道路货物运输的实行准入许可和强制保险，其前提是专业知识、诚信、资本能力（确保竞争能力、运输安全、环境保护）。到20世纪90年代末，基本实现了自由化。

3. 市场竞争的加剧

由于市场开放、燃料价格升高、运输成本提高、欧洲东扩以及企业并购潮的兴起，德国货运竞争日益激烈，特别是中等以下规模企业生存压力逐渐增大。为拓宽运输服务网络、有效利用资源、降低物流成本、提高客户满意度和市场竞争力，越来越多的货运公司走向了联合。

二、货代联盟运作模式

联合的方式有多种，有紧密型的（如参股），有松散型的（如通过签订合同建立合作关系，而各个企业又相对独立，经营仍然比较灵活），另外还有交费式，通过缴纳年费加入一个大的联合体。松散型是德国货代联盟的主要运作模式，下面以Cargoline公司为例，分析德国货代联盟运作模式。

1. Cargoline公司概况

Cargoline公司成立于1993年，由7家中等规模的货物运输企业以合股的形式建立，目前股东数量逐渐增加到15个，其目标是成立一个由中等规模企业组成的联盟，在所有的合作伙伴中推行统一的质量标准，以拓展业务范围，提高服务质量和运输可靠性。

Cargoline 公司 2007 年发货量 6300 万件，工作人员 5000 余人，合作伙伴 46 个，配送点 48 个，每日直达货运线路 800 多条，可转换货箱 3420 个（类似于一个标准集装箱），卡车 2794 辆。主要通过签订合同的方式，在全德国范围内和欧洲大陆不断发展新的合作伙伴，截至目前，已经发展为拥有 70（德国国内 48 个）个成员，业务能力覆盖欧洲的强大联合体，其业务主要是零担货物运输的组织、运输、中转、配送及其相关服务，在德国 2006 年百强物流企业中排第 18 位。在全部 70 个成员中有 48 个成员企业位于德国国内，业务范围覆盖全德国的每一个角落。这些成员国不仅仅局限于一起组建了强大的联合体，其每一个成员大都是拥有悠久历史，在各自地区有着较高的知名度和市场占有率的企业。

2. 合作关系以契约式为主

Cargoline 企业联盟运作模式是相对松散型的，这也是德国物流企业走向联合的主要方式，各成员之间的责任和义务由一系列框架性文件、合同进行制约。

联盟的运作、发展、成员之间纠纷的调解由 Cargoline 公司具体负责，除了 Cargoline 公司的股东之外，各成员和 Cargoline 公司没有隶属关系，成员企业之间在相关业务（主要是运输和配送）进行合作之外，其经营活动是完全独立的。合作关系的基础是一些法律法规和行业公约，法律法规包括：《商法典》（HGB 关于货运代理的规定）、《货运汽车交通法》（GUKG）、《汽车交运输规定》（KVO）、CMR（关于国际道路货物交通运输的一致意见）、SPV（运输保险基本条款）等。行业自律公约包括《德国通用运输条款》（ADSp）、AGB（ADSp 的补充条款）等。

3. 联盟的组织机构完善

Cargoline 联盟的组织管理机构包括：股东大会、全体大会、咨询委员会。股东大会由股东成员组成，主要负责公司发展战略、发展目标以及重要政策，并负责选举 Cargoline 公司总经理以及咨询委员会部分成员。

全体大会：不定期召开，主要对公司发展的重大事项进行商讨，提出相应意见和建议，并选举咨询委员会成员。

咨询委员会：其主要任务是为总经理提供各种意见和建议，并对其工作进行全方位的支持，监管各项合同执行情况。共有 6 名成员，其中 5 名由股东大会选举（4 名选自股东会员，也就是从 15 个股东中间选取，另 1 名为独立委员，来自联盟外部），还有 1 名委员为合同伙伴的代表，由全体大会选举产生，各委员每 3 年选举一次。

作为负责联盟具体运作管理的 Cargoline 公司，其主要职责是：执行股东大会上形成联盟发展战略、规划及目标；负责发展联盟新成员，包括资格审查、谈判、合同签订等；负责制订、修改各成员之间合作规则；负责组织实施各种信息系统的建设、运行；负责组织投标和对大客户的服务；各种服务产品的质量控制；组织宣传、营销等活动。

Cargoline 公司的机构非常精简，设有总经理、业务负责人、公共管理、服务产品负责人、国际业务负责人、重点客户负责人、质量管理负责人、市场营销负责人等职位。总人数为 10 左右。

三、货代联盟组织方式

Cargoline 联盟的主要业务零担货物运输，其货物运输组织模式如下：

1. 共享运输资源

通过联盟企业之间的合作，可以最大限度地优化运输组织，降低运输成本，其主要运输方式有：

(1) 一站式运输：联合体成员 A 将货物直接送到成员 B 那里，B 负责货物的配送，一般用于中、短距离货运；

(2) 集线式运输：主要针对一个较大区域范围但货运量非常少的情况，为方便配送，一般在此区域内多设立一个中转中心，在这里集中进行理货，之后将货物发往各自的配送点，然后再进行配送；

(3) 节点式运输：联合体成员 A 和 B 直接将货物运到两成员所在地的中间商定位置，然后交换货物（直接交换货厢），各自运输对方的货物回来，并负责配送，此种方式一般适合长途运输，且双向均有货源；

(4) 多式联运：对于长距离单向货物运输，也就是没有回程货物的情况下，成员 A 通过铁路将货物发出，由成员 B 从铁路货运站接货，并负责配送。

2. 共享运输中转资源

由于德国面积不大，因而需要进行中转的货物比例不是很大，中转有三个层次：

(1) 国际性货物中转中心：中转仓库面积 6500 平方米，65 个车辆接驳门，主要负责前往或来自其他国家货物的中转，也负责部分国内货物的中转；

(2) 地区性货物中转中心：有两个，北德货物中转中心和南德中转中心，面积各约为 5000 平方米，50 个车辆接驳门，分别负责北部和南部德国的货物中转；

(3) 区域性货物中转中心：有 4 个，主要针对一个较大区域范围但货运量非常少的情况，为方便配送，一般在此区域内多设立一个中转中心，在这里集中进行理货，之后将货物发往各自的配送点，然后再进行配送。

3. 共享配送资源

由于联盟的成员本身都是区域性的企业或者某些公司的子公司，通过不同地区之间企业代为配送，最直观的效果就是其服务范围可以进行无限制地延伸，从而吸引客户，增加业务量和市场占有率。

4. 共享物流信息系统

Cargoline 联盟运作的基础是其完善的信息交换处理能力，其信息交换处理系统主要包括国际物流信息平台、国内物流数据交换中心、收费结算中心和货物跟踪查询系统。

国际物流信息平台 AX4：国外的合作伙伴通过 AX4 平台将货物信息传送到国内物流信息交换中心，在那里货物信息将会被分类处理，并继续传送到相应的国内合作伙伴那里。

信息交换中心：位于国际性货物中转中心内，是整个信息系统的心脏，各成员之间利用其进行货运信息处理、交换和传递。

结算中心：用于各成员之间的费用结算。

货物跟踪和查询系统 CEPRAⅡ：客户可以通过互联网登录该系统，也可以将该系统和企业自身的信息系统对接，对货物的运输状态进行实时查询。

四、德国货代联盟发展现状

根据德国物流及货运代理协会的统计，德国现有 35 个货物运输代理联盟，平均每个联盟有 32 个合作伙伴（不包含国际合作伙伴），合理的分布于德国。这些联盟主要从事零担、包裹与快递以及专业化运输，其中零担货物运输有 11 家，占 34%，包裹与快递联盟有 6 家，占 17%，其他大部分为专业化运输联盟，包括冷冻食品、危险品、汽车整车、自行车、药品、生活用品等，共有 13 家，占 37%。道路货物运输代理联盟在物流行业中占着重要地位，在德国物流企业前 40 强中，有 6 个是这种联合体。

德国货物运输代理联盟的成员多数为中等规模的综合性货物运输企业，业务要涵盖货运代理、运输（部分业务为外包）、仓储等主要方面。联盟成员在准入资格方面，除了能提供综合性货物运输服务，运输质量可靠、信誉好，有一定的市场占有率之外，其所处的地理位置也相当关键。因而，成员企业往往并不是独立的公司，而是一些公司的子公司，有 50%以上的成员是以子公司的身份加入该联盟的。对于一个大的运输企业来讲，其不同的子公司往往加入不同的联盟；另外，同一个企业也可以同时参加多个联盟，前提是参加的联盟之间不能存在业务交叉。

思考题：

1. 德国货代联盟是在什么背景下发展起来的？
2. 德国货代联盟一般有几种运作模式？
3. Cargoline 联盟如何进行货物运输组织？

参考文献

[1] 桂寿平．物流学导论［M］．北京：北京师范大学出版社，2010.

[2] 张旭辉，杨勇攀．第三方物流［M］．北京：北京大学出版社，2010.

[3] 李创，王丽萍．物流管理［M］．北京：清华大学出版社，2008.

[4] 王槐林，刘明菲．物流管理学［M］．武汉：武汉大学出版社，2010.

[5] 周蕾．物流技术与物流设备［M］．北京：中国物资出版社，2009.

[6] 刘源，李庆民．现代物流技术与设备［M］．北京：中国物资出版社，2009.

[7] 李雪松．现代物流营销管理［M］．北京．中国水利水电出版社，2008.

[8] 施国洪．物流系统规划与设计［M］．重庆：重庆大学出版社，2009.

[9] 郝勇，张丽，吴建伟．物流系统规划与设计［M］．北京：北京大学出版社，2008.

[10] 黄福华．物流绩效管理［M］．北京：中国物资出版社，2009.

[11] 沈默，李承霖．现代物流管理［M］．北京：北京大学出版社，2007.

[12] 金汉信，王亮，霍焱．仓储与库存管理［M］．重庆：重庆大学出版社，2008.